LES FRANÇAIS

Les Français

LAURENCE WYLIE, *Harvard University*

ARMAND BÉGUÉ, *Brooklyn College*

in collaboration with
LOUISE BÉGUÉ, *Sarah Lawrence College*

PRENTICE-HALL, INC. Englewood Cliffs, New Jersey

PRENTICE-HALL INTERNATIONAL, INC., *London*
PRENTICE-HALL OF AUSTRALIA, PTY. LTD., *Sydney*
PRENTICE-HALL OF CANADA, LTD., *Toronto*
PRENTICE-HALL OF INDIA PRIVATE LTD., *New Delhi*
PRENTICE-HALL OF JAPAN, INC., *Tokyo*

© 1970 by
PRENTICE-HALL, INC.
Englewood Cliffs, N.J.

COVER ILLUSTRATION: Georges Seurat, *Un dimanche d'été à la Grande-Jatte*. (*Courtesy of The Art Institute of Chicago*)

Library of Congress Catalog Card No.: 71-82803

13-530634-5

Current printing (last digit)
10 9 8 7 6 5 4 3 2 1

Printed in the United States of America

PREFACE

Les Français has been written to help American students understand the French people better. It is my hope—perhaps even my assumption—that students who use this book will be equipped to react intelligently, and not just emotionally, when they are confronted by French behavior which so often puzzles Americans. The principles on which my approach is based can be applied whether the confrontation comes in listening to news from France or reading a French novel, changing a hotel reservation in Paris or arguing with a French taxi driver—or even trying to understand French politics.

The problem of the American's understanding French behavior has fascinated me since 1929, when I went to France the first time. For a college student, brought up in a parsonage in southern Indiana, living in Paris was a year of discovery and puzzlement: Why were the French so like and yet so very different from the people with whom I had grown up? I have spent my professional life seeking the answers, and it is on this search that the book is based.

As a teacher, my favorite courses have been intermediate French and the civilization course, where one finds many students who are fulfilling a language requirement, students who for the most part think they would rather be almost anywhere else. Their initial indifference has been an appealing challenge. But not only have I been challenged to get these students to share my curiosity about the French; of even more importance (from my point of view) is my conviction that the most basic aims of liberal education are served by stimulating a desire to comprehend French behavior. The better we understand the French—or any other people—the better we understand ourselves, our culture, and man generally. This understanding is the goal of liberal education.

During the years, both with my students and with French

audiences, I have tried many approaches to teaching cultural under-standing. One approach has been to utilize, rather than ignore, the clichés—both favorable and unfavorable—by which French and Americans judge each other. This has usually evoked immediate discussion. Of course by bringing these prejudices to light I have sometimes been considered anti-American by Americans, anti-French by the French—depending on which prejudice the listener himself holds. Undoubtedly there will be this sort of mixed reac-tion to sections of the book.

In fact, I think of myself as neither anti-French nor anti-American. In each culture there are aspects that I dislike and that I like. Person-ally, for example, I find it hard to accept the French police system, but at the same time I recognize that it has a necessary function in the structure of French society. I prefer the American system, tempered by the institution of *habeas corpus*, but I am horrified by the violence tolerated within our society. For me, French logic is excessively rigid; I think it often inhibits imagination. Yet, though I prefer the more flexible, pragmatic American mind, I admit that on an international, political level the American approach has sometimes been a menace to world peace. In this book, however, I avoid intruding with such value judgments; they are beside the point. My purpose is to explain, not to judge. Explanation, I hope, will help the reader build a sound foundation for making his own value judgments.

I have long since concluded that in the American setting the methods of the typical *cours de civilisation* are not effective. Ulti-mately much more congenial and successful is an inductive approach, involving student participation through case study and discussion, and utilizing, when appropriate, concepts and information from the behavioral sciences. This approach may at the same time achieve more effectively some of the goals of the traditional civilization course. I have found, for instance, that American students resist the formal study of French history. They are, however, fascinated with learning, by analyzing the textbooks with which the French child is introduced to geography and history, how the French come to conceive of their country and its past. In the process of investigating this problem, the American student must automatically absorb many of the facts of French history.

Basic to my approach to understanding French civilization is the concept of structuralism. I conceive of French culture, French society, French life (whatever one wishes to call this phenomenon) as a vast, complicated, and constantly evolving structure of inter-related parts, which affect each other and are reflected in the configuration of the whole. I see an organic relationship between the way a child is brought up, the way he learns to think about his physical surroundings, his compatriots, and their past, the way his family and the rest of his society are organized, the world of values and attitudes in which he participates, the aesthetic expression he gives these values. All this constitutes the phenomenon that I shall call French culture. To understand this structure it is unnecessary—as well as impossible—to learn all the facts about all of France and all of French life. Our book need not be encyclopedic; we need not describe *all* institutions. What *is* essential is understanding the elements of the structure, their relationships, and how they function. It is within this framework that the present book is conceived.

If we are successful in grasping the concept of the structure, we can put ephemeral facts and events in proper perspective. Régimes fall; laws change. Books are written, cause a furor, and are forgotten. Vogues and intellectual movements pass. Statistics are soon out-of-date. But the structure evolves slowly, and its basic pattern persists. If what we describe in this book is valid, it has relevance to the study of Montaigne, to the customs of the court of Louis XIV, to the Romantic movement, to modern economic planning, to the startling events of 1968-1969. Once we visualize the model, we find that it gives meaning to what might otherwise seem only a kaleidoscope of facts and events.

Although I have tried to rely on scientific principles, I cannot say that *Les Français* is a scientific book. Rather, in the light of my professional and personal experience I have theorized about French culture and used a variety of anecdotes and illustrations to elucidate my hypothesis. These are not, however, scientific proofs. Those I have chosen are simply concrete examples of my conception of French social structure, which to me hangs together and makes sense.

My ideas have evolved during the years. Discussion with students and colleagues, with friends—both French and American—with members of my family, with editors, and, recently, long and fruitful exchanges with Louise and Armand Bégué have contributed to the evolution of my ideas. Nevertheless the responsibility for them is mine alone. I hope *Les Français*, the product of these many exchanges, will now provoke equally creative discussion in the classrooms in which it is used.

Since at least by implication I ask the reader to respect my qualifications to analyze French culture, I should give some indication of what these qualifications are. Early in my career I became aware of a need for direct contact in order to supplement my formal study of French life, especially in areas where I had had no personal experience. After learning techniques of anthropological field work, I tried to fill this gap by living in a southern French village and describing life as my family and I experienced it there. By the time the account was published I was considered as much a social scientist as a language teacher, and at Harvard I have been a member of both the Department of Social Relations and of the Department of Romance Languages and Literatures.

Another year of research in France was the basis for a far more detailed community study, *Chanzeaux, A Village in Anjou*, which a group of students and I wrote together. This second village, in a Catholic, conservative area, contrasted sharply with the politically left, religiously indifferent village I had studied in the Vaucluse.

In addition to my teaching and this research in France, I have also served as cultural attaché at the American Embassy in Paris. During these two years, from 1965 to 1967, I participated in the varied currents of artistic and intellectual life of France (and of Paris, which I had necessarily missed when I was engrossed in life at the village level). I also spent considerable time in provincial university cities, however, because a particular reason for my appointment as cultural attaché was so that I might develop Franco-American university ties.

This long-standing interest in trying to understand the dynamics of Franco-American relations led to my offering a course, in English, on French civilization. Each year I have tried to improve it, introducing new ideas, new material, updating the content. But the concept and structure of the course have remained essentially the same. An old friend and editor at Prentice-Hall, Edmundo García-Girón, suggested that the team of Bégué and Wylie might be able to develop the material into a textbook. Accordingly, the lectures were taped and transcribed, and then the Bégués set about the arduous and subtle task of transforming them into appropriate French for classroom use. *Les Français* is thus the joint product of the three of us. However, since its content is based largely on personal experience, its tone is necessarily personal. I only hope the reader's experience with the French can be as personal and will be as stimulating, as satisfying, as mine has been for me.

LAURENCE WYLIE

P.S. Well aware of the taste, the skill, the tact, and the effort necessary in transforming our manuscript into a handsome volume, the authors gratefully express their admiration for its editor, William Fleig. He has made our work a pleasure.

L.W.
A. and L.B.

TABLE DES MATIÈRES

Quatrième Partie: Symboles

LÉGENDES

LES QUATRE PAGES SUIVANTES: Le penchant des Francais pour l'histoire.

(a) Les deux pages qui introduisent tous les livres *Astérix*, par René
Goscinny et Albert Uderzo, série populaire en France, à la fois
chez les adultes aussi bien que chez les jeunes. (*Dargaud Editeur*)

(b) Les pages 6-7 du beau texte de A. Bonifacio et P. Maréchal,
Histoire de France, Cours moyen. (*Librairie Hachette*)

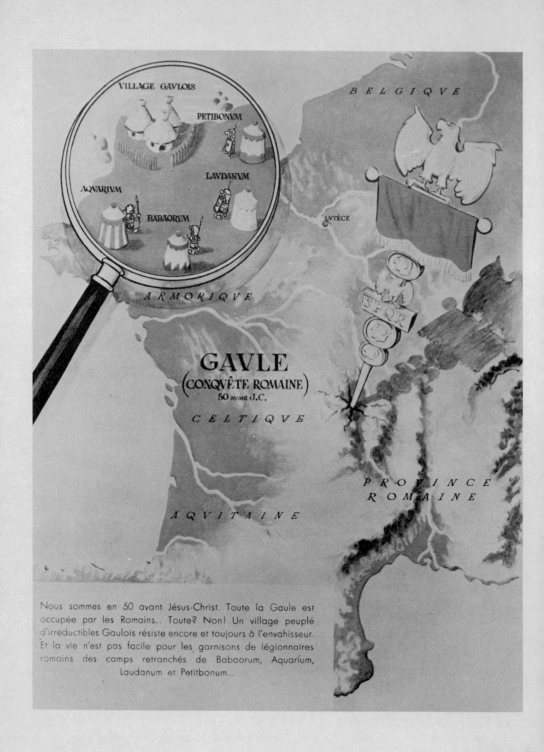

GAVLE
(CONQVÊTE ROMAINE)
50 avant J.C.

VILLAGE GAVLOIS

PETIBONVM

LAVDANVM

AQVARIVM

BABAORVM

ARMORIQVE

BELGIQVE

LVTÈCE

SPQR

CELTIQVE

PROVINCE ROMAINE

AQVITAINE

Nous sommes en 50 avant Jésus-Christ. Toute la Gaule est occupée par les Romains... Toute? Non! Un village peuplé d'irréductibles Gaulois résiste encore et toujours à l'envahisseur. Et la vie n'est pas facile pour les garnisons de légionnaires romains des camps retranchés de Babaorum, Aquarium, Laudanum et Petitbonum...

QUELQUES GAULOIS...

Astérix, le héros de ces aventures. Petit guerrier à l'esprit malin, à l'intelligence vive, toutes les missions périlleuses lui sont confiées sans hésitation. Astérix tire sa force surhumaine de la potion magique du druide Panoramix...

Obélix, est l'inséparable ami d'Astérix. Livreur de menhirs de son état, grand amateur de sangliers, Obélix est toujours prêt à tout abandonner pour suivre Astérix dans une nouvelle aventure. Pourvu qu'il y ait des sangliers et de belles bagarres...

Panoramix, le druide vénérable du village, cueille le gui et prépare des potions magiques. Sa plus grande réussite est la potion qui donne une force surhumaine au consommateur. Mais Panoramix a d'autres recettes en réserve...

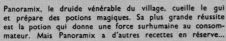

Assurancetourix, c'est le barde. Les opinions sur son talent sont partagées : lui, il trouve qu'il est génial, tous les autres pensent qu'il est innommable. Mais quand il ne dit rien, c'est un gai compagnon, fort apprécié ...

Abraracourcix, enfin, est le chef de la tribu. Majestueux, courageux, ombrageux, le vieux guerrier est respecté par ses hommes, craint par ses ennemis. Abraracourcix ne craint qu'une chose : c'est que le ciel lui tombe sur la tête, mais comme il le dit lui-même : «C'est pas demain la veille!»

4. Le siège d'Alésia.

2 — LA GAULE ET LA CONQUÊTE ROMAINE.

1. Les Gaulois

Un peuple venu de l'Est, les Celtes, s'est établi, il y a 3 500 ans environ, entre le Rhin, les Alpes et l'Océan Atlantique. Ces nouveaux venus ont pris le nom de **Gaulois**. Leur pays s'est appelé la **Gaule**. Les Gaulois sont grands et braves. Ils sont divisés en plusieurs peuples indépendants les uns des autres.

2. La vie des Gaulois

Les Gaulois établissent leurs villages auprès des rivières ou dans les clairières des forêts. Leurs huttes de pierre sont recouvertes de chaume *(fig. 1)*.

Ils cultivent la plupart des plantes que nous cultivons aujourd'hui. Ils filent et tissent la laine et le lin. Ce sont de bons artisans qui savent travailler les métaux, forger des épées, des faucilles, des charrues *(fig. 2)*.

Les Gaulois adorent plusieurs dieux ; leurs prêtres sont les **druides**. Au début de l'hiver, les druides vont cueillir le gui. Ils le distribuent à tous les assistants *(fig. 3)*.

Les Gaulois sont souvent en guerre les uns contre les autres.

3. Vercingétorix et Jules César

En 58 avant Jésus-Christ, un général romain, **Jules César**, envahit la Gaule avec son armée. Il espère battre facilement les Gaulois en profitant de leurs querelles. Les Gaulois s'unissent pour mieux résister aux Romains. Ils prennent pour chef un jeune noble, **Vercingétorix**.

Jules César ne réussit pas à prendre Gergovie, la principale forteresse de Vercingétorix en Auvergne. Il fait venir d'autres soldats d'Italie. Vercingétorix se réfugie dans la forteresse d'Alésia. Il résiste pendant plusieurs mois, puis il est obligé de se rendre *(fig. 4)*.

Jules César l'emmène prisonnier à Rome et il le fait périr. La Gaule devient une province romaine en l'an 52 avant Jésus-Christ.

RÉSUMÉ

1. La Gaule est le nom qu'a porté notre pays pendant plus de 2 000 ans. Ses habitants, les Gaulois, vivent dans des villages. Ce sont des paysans ou des artisans.

2. Jules César envahit la Gaule et triomphe de Vercingétorix en 52 avant Jésus-Christ. La Gaule devient alors une province romaine.

1. Un village gaulois.

2. Le travail du fer.

3. La cueillette du gui.

1. Un village gaulois.

La plupart des Gaulois sont des paysans. Décrivez les huttes que vous voyez. Comment sont-elles couvertes ? Qu'apercevez-vous à l'entrée de la hutte à gauche ? Observez le sabotier au travail. Quels sont ses outils ? Que distinguez-vous, dans la clairière, à l'arrière-plan ?

2. Le travail du fer.

Observez les artisans au travail. Où le fer à travailler est-il chauffé au rouge ? Comment est-il façonné ensuite sur l'enclume ? Que fait l'artisan près du four allumé à l'arrière-plan ? Pourquoi fait-on fondre dans ce four le minerai de fer trouvé aux environs ?

3. La cueillette du gui.

Le **druide** coupe le gui qui a poussé sur un chêne. Décrivez la scène. Qu'est-ce qui montre que le gui est cueilli avec beaucoup de soin ? Que fera le druide, la cueillette terminée ?

4. Le siège d'Alésia.

Alésia, que vous ne voyez pas, est situé sur la colline à droite. Décrivez les fortifications romaines qui l'entourent. Que remarquez-vous en avant de la palissade ? A quoi servent les tours ? Pourquoi les Romains ont-ils construit ce rempart continu ? Que font les soldats romains ? Comment Vercingétorix a-t-il été vaincu ? Qu'est-ce que la Gaule est devenue après sa défaite ?

INTRODUCTION

INTRODUCTION: Plan du livre

Chaque fois qu'on parle de l'entente franco-américaine—sauf peut-être ces dernières années, où le dialogue entre le gouvernement français et le gouvernement américain a été parfois tendu et même interrompu—on en revient à l'amitié qui joint les Etats-Unis et
5 la France depuis deux siècles; on rappelle que les Français ont aidé les Américains dans leur guerre d'indépendance,[1] et qu'à leur tour, les Etats-Unis ont secouru la France pendant les deux dernières guerres mondiales. Les noms de La Fayette et de Rochambeau,[2] de Pershing et de Roosevelt, sont devenus les clichés qui symboli-
10 sent cette amitié franco-américaine.

Sans nier un seul instant l'authenticité et l'importance de cette amitié, il faut toutefois admettre que l'Américain et le Français moyen ont eu de tous temps une certaine difficulté à se comprendre.

On peut affirmer évidemment que les deux nations partagent
15 un même idéal fait de liberté, égalité, fraternité, démocratie, justice, générosité. Mais, quand il faut traduire ces termes abstraits en réalisations concrètes, les éléments qui semblaient devoir constituer la base de l'accord disparaissent. Sur beaucoup de terrains, Améri-

---

[1] Au cours de la guerre de l'indépendance américaine (1776–1783), le gouvernement français a fait don aux colonies rebelles de dix millions de livres ($1 815 000), prêté plus de six millions de dollars et fourni 90% de la poudre à canon utilisée par les patriotes américains pendant les trente premiers mois du conflit (voir L. C. Karpinsky et Charles Bache, *Our Dept to France* [New York: Washington Lafayette Institute, 1926]). Pendant le siège de Yorktown, la France a fourni vingt-sept vaisseaux, alors que les colonies n'avaient pas eu les moyens d'en armer un seul (voir C.-P. Cambiaire, *Le Rôle de la France dans l'expansion des Etats-Unis* [Paris: Editions Messein, 1935], pp. 23–24). Les listes officielles du gouvernement français indiquent que 47 000 militaires français, soixante-deux vaisseaux et treize régiments ont servi en Amérique entre 1775 et 1782.

[2] Le comte de Rochambeau (1725–1807) commandait les troupes françaises (plus de 40 000 hommes) envoyées au secours des Américains.

cains et Français ne se comprennent pas; les malentendus viennent tout d'abord de différenciations simples, élémentaires: la façon d'élever les enfants, d'organiser l'enseignement, d'accueillir les étrangers, de comprendre la discipline individuelle, de pratiquer une religion.

Car, bien que le Français et l'Américain aient beaucoup plus en commun que, par exemple, ils n'ont l'un ou l'autre avec des tribus primitives de l'Australie ou des hauts plateaux de l'Amazonie, ils vivent cependant dans des milieux culturels très différents.

Pour saisir la conduite «bizarre» d'un autre peuple, il faut connaître le vaste complexe culturel dont les actions et la mentalité ne sont que la manifestation. Les Américains se plaignent de ce que les Français ne les invitent pas facilement chez eux. Les Français trouvent que les marques d'amitié des Américains sont faciles et superficielles. Pour comprendre ces critiques, il faut savoir la conception que les uns et les autres se font du foyer familial, du milieu où ils vivent, de l'amitié, de la nature humaine, de l'organisation de leur société respective et de l'intégration de l'individu dans cette société.

Ce livre s'efforcera seulement d'analyser les bases du système culturel français, afin de faire mieux comprendre aux Américains certains traits spécifiques du comportement français.

La recherche de ces bases présente des difficultés bien supérieures aux enquêtes portant sur une petite tribu indienne, qui pourtant ne sont déjà point faciles. Il est possible cependant de donner un aperçu des éléments fondamentaux du système culturel français, et de montrer comment certaines caractéristiques de cette culture peuvent se mieux comprendre dans le contexte général.[3]

Nous commencerons par étudier la manière dont les Français résolvent trois des problèmes essentiels de l'homme. Tous les êtres humains, où qu'ils soient, doivent—même inconsciemment—trou-

---

[3] Le terme «culture» ne sera pas pris ici dans le sens limité de découvertes et de connaissances de ce qui est le plus connu, le mieux exprimé au monde. Nous suivrons plutôt la définition que propose l'anthropologue Clyde Kluckhohn dans *Mirror for Man* (Greenwich, Conn.: Fawcett Publications, Inc., 1959), pp. 20–40 et 151–174; (voir aussi «The Concept of Culture» dans *Culture and Behavior* ([New York: The Free Press of Glencoe, Inc., 1962], pp. 19–73): «By 'culture' anthropology means the total life way of a people, the social legacy the individual acquires from his group. Or culture can be regarded as that part of the environment that is the creation of man. This technical term has a wider meaning than the 'culture' of history and literature. A humble cooking pot is as much a cultural product as is a Beethoven sonata.... To the anthropologist, to be human is to be cultured.» (*Mirror for Man*, p. 24.)

ver une réponse à ces problèmes, et, dans toute société, en dépit de grandes différences individuelles, on peut aboutir à une certaine formule valable pour la majorité.

Le premier problème touche le concept de *l'univers physique* où le Français (ou l'Américain) se trouve placé dès sa naissance, et du rôle qu'il doit y jouer.

Le second se rapporte à sa conception du *temps*. Les Américains disent que les Latins manquent de ponctualité; et pourtant les trains français partent et arrivent à l'heure, tandis que les trains américains sont souvent en retard. Le concept du temps influe sur la façon de considérer le présent, le passé et l'avenir.

Le troisième problème porte sur le concept de *la nature humaine*. L'homme est-il naturellement bon? Toutes choses égales, d'ailleurs, peut-on croire avec confiance que «les autres» vont faire «ce qu'il faut» sans y être forcés? Français et Américains ne répondent pas de la même manière à cette question, et ce sont leurs réponses divergentes qui expliquent en partie le gouvernement de leur société.

Il est évidemment impossible de déterminer comment tous les Français sans exception résoudraient ces problèmes; mais nos sources d'information—les manuels scolaires, par lesquels toute société inculque les «règles du jeu» essentielles aux générations successives— est certainement valable. Nous examinerons donc quelques livres d'histoire, de géographie et les «livres de morale», utilisés dans les écoles.

Nous verrons ensuite comment la société est organisée en France. Et tout d'abord, évidemment, il faudra pénétrer dans l'unité de base—la famille qui, comme dans la plupart des sociétés, est non seulement la forme organisée la plus simple, mais celle aussi qu'imitent d'autres formes d'organisations sociales; ce qui, d'après la manière dont les enfants sont élevés, permet de comprendre pourquoi les Français préfèrent certaines attitudes et un certain comportement. Nous étudierons comment on cherche à adapter les enfants à ce modèle prédéterminé de famille idéale traditionnelle grâce à un enseignement approprié. Et nous verrons aussi comment les enfants, tout en acceptant les règlements officiels, se transmettent une autre série de règles qui leur rend l'existence plus supportable. Nous constaterons également que le gouvernement a toujours trouvé bon et utile d'aider la famille moyenne à se conformer à l'idéal traditionnel.

De la famille nous passerons à l'organisation générale de la société, en insistant sur les aspects que les Américains ont le plus de

Première page de La Défense et illustration de la langue française, *par Joachim du Bellay* (1549). (Bibliothèque Nationale, Paris)

mal à comprendre, et qui sont cependant essentiels à l'ensemble de la culture française.

Nous examinerons d'abord l'organisation générale du système judiciaire, puis l'administration (centrale et locale), dont l'importance est capitale. Nous traiterons ensuite de l'organisation de l'enseignement. Et enfin, nous montrerons dans ses grandes lignes la structure de l'économie nationale et la planification gouvernementale.

Ensuite seront examinés les conventions et les symboles inhérents à chaque culture. Il faut les connaître pour comprendre une culture étrangère, mais malheureusement ils sont très difficiles à distinguer parce qu'ils sont rarement clairs et directs, mais plutôt lourds
5 d'émotions et chargés de significations complexes. Nous tirerons quelques exemples de trois domaines qui intéressent particulière-ment les Américains: la religion, la politique et la littérature. Le comportement religieux français en sera rendu plus compréhensible, le comportement politique paraîtra moins fantaisiste, et la littéra-
10 ture prendra une importance plus grande encore.

Nous parviendrons peut-être ainsi à faire comprendre la mésen-tente entre Français et Américains. Sachant déjà ce que l'Américain moyen pense du Français, nous rechercherons simplement quels sont les clichés français utilisés pour décrire les Américains. Les
15 conceptions et les attitudes qu'ils traduisent font partie du système culturel français, et quand nous arriverons à la fin de notre étude, nous devrions trouver raisonnables, même inévitables, les concepts fran-çais de la vie américaine.

Les analyses présentées ici devraient, me semble-t-il, précéder
20 toute information systématique portant sur la France et sa culture (telles qu'elles apparaissent dans les cours traditionnels de civilisation française). Elles devraient rendre plus compréhensible à l'étudiant américain le sens de la géographie, de l'histoire, des mœurs, de la littérature, des arts, de la religion et de la politique, et ainsi lui
25 permettre de se mieux comporter, le cas échéant, dans un milieu français d'aujourd'hui.

QUESTIONS

1. A l'aide de quelques lectures supplémentaires, dites ce que vous savez de l'aide française aux colonies américaines, entre 1776 et 1783.

2. Nommez plusieurs causes très générales des malentendus qui séparent de tous temps Américains et Français.

3. Dans quel sens le mot «culture» sera-t-il pris ici?

4. Quels sont les trois grands problèmes dont la solution, par les Améri-cains et les Français respectivement, permet de mieux comprendre leur culture?

5. Expliquez brièvement l'usage qui sera fait dans cette étude des livres scolaires français de géographie, d'histoire et de morale.

6. Pourquoi et comment l'étude de la famille est-elle importante?

7. Après avoir examiné la cellule familiale, quel sera le plan général suivi dans ce livre?

8. Nommez les domaines d'où seront tirés quelques exemples de symboles, et dites pourquoi ces domaines intriguent souvent les Américains.

9. Quel avantage pratique l'étudiant américain devrait-il tirer de ce livre?

Première Partie
POINTS DE VUE FRANÇAIS

Nous sommes en octobre. Dans les rues des grandes villes, sur les routes, sur les petits chemins qui vont de la ferme au village, de petits enfants marchent joyeux. Ils vont à l'école.

Les uns voient la ville avec ses larges rues, ses beaux magasins, ses hautes maisons. D'autres traversent la campagne avec ses fermes et ses champs. Certains admirent les montagnes couvertes de forêts. D'autres encore passent près d'une rivière, ou d'un fleuve, ou de la mer.

Tout ce que voient ces petits élèves de tous les pays forme **la terre**.

Vous habitez sur la terre.

Cette terre, qui nous paraît plate, **est ronde** comme une bille ou comme une boule de bilboquet ou comme un ballon rouge.

La terre est ronde comme une boule.

POINTS DE VUE FRANÇAIS
SUR LE MILIEU PHYSIQUE

CHAPITRE 1

Quelle part la formation scolaire accorde-t-elle au milieu physique? à la terre de France? Quelle relation avec la nature enseigne-t-on à l'enfant?

L'écolier français commence à étudier la géographie à l'âge de sept ans, au rythme d'un quart d'heure par jour. Il en continuera l'étude pendant huit à dix ans.[1] Car, en France, l'enseignement de la géographie tient une place importante. Ernest Lavisse,[2] grand historien de la France, considérait la géographie comme la plus philosophique des sciences, comme une «philosophie de l'espace». Elle part du monde qui nous entoure, pour s'étendre au continent, au monde entier, à l'univers; de faits concrets, elle s'élève aux abstractions, en établissant des rapports entre faits et conséquences; elle aide l'individu à les comprendre et à se situer lui-même.

La première leçon porte sur son milieu immédiat, sur la terre; la seconde, sur le soleil; la troisième, sur le jour et la nuit, etc. (Figs. 1,1-1,3).

Les leçons se suivent, toutes construites de la même manière: des exercices pratiques les accompagnent, et certains paragraphes essentiels sont parfois appris par cœur. L'enfant se familiarise ainsi peu à peu avec les éléments qui l'entourent; il reconnaît les points cardinaux (Figs. 1,4-1,6).

Il voit de quelle façon il s'y rattache. Il apprend ensuite à for-

---

[1] A partir de onze ou douze ans, l'élève a généralement une heure de géographie par semaine. Au niveau universitaire, certains étudiants se spécialisent et vont jusqu'à l'agrégation et le doctorat en géographie. L'agrégation est un concours national destiné à sélectionner les professeurs des classes supérieures du lycée; le doctorat d'Etat est le diplôme exigé des professeurs titulaires de chaires d'universités. (Voir Chapitre 19, notes 20 et 21.) Il est aussi intéressant de noter que la plupart des universités américaines n'ont même pas de chaire de géographie.

[2] Ernest Lavisse (1842-1922), historien, membre de l'Académie française. (Voir Chapitre 2, note 1.)

Dans la première image un petit enfant, vêtu seulement d'un caleçon léger, parce qu'il fait chaud, court vers sa maman, qui a mis des lunettes noires pour protéger ses yeux de la grande lumière.

D'où viennent cette lumière et cette chaleur? Vous le savez. Du **soleil**, qu'on voit briller dans le ciel, et *qui éclaire et chauffe la terre*.

Le soleil est une boule, beaucoup plus grosse que la terre. Il paraît petit parce qu'il est très loin de nous, à des millions de kilomètres. Pourtant, même de si loin, *il nous envoie sa lumière et sa chaleur*.

Dans la deuxième image, grand-père tire le vin. Il n'y voit pas très bien car le soleil n'entre pas dans la cave. Il n'a pas chaud non plus puisqu'il a mis un cache-nez.

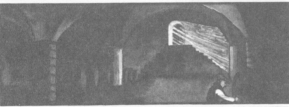

Le soleil éclaire et chauffe la terre.

Fig. 1,2. Le soleil. Louis Planel, Première Géographie documentaire, *3ᵉ édition, 1948.* (Librairie Classique Eugène Belin)

Nous sommes en classe. Tout est clair autour de nous grâce à la lumière du soleil.

Quand le soleil brille dans le ciel et éclaire tout autour de nous, quand nous pouvons lire, travailler ou nous amuser sans allumer une lampe, nous disons, **c'est le jour.**

Mais quand il fait sombre, et que le soleil a disparu, on n'aperçoit plus très bien les objets qui nous entourent. Dans le ciel, presque noir, on voit des points brillants, les étoiles ou, parfois un disque blanc, la lune ; ce n'est plus le jour.

Partout on allume des lampes, dans les maisons, dans les rues de la ville ou du village, dans les vitrines des magasins. *Le soleil n'éclaire plus la terre.* **C'est la nuit.**

Le soleil luit et nous éclaire, c'est le jour.
Le soleil disparaît, c'est la nuit.

Fig. 1,3. Le jour et la nuit. Ibid. (Librairie Classique Eugène Belin)

Dans le cours de la journée le soleil ne brille pas toujours **du même côté**. L'ombre des arbres ou des maisons

nous le prouve bien.

Tous les matins, le soleil apparaît ou se lève du même côté. Ce côté est appelé le *Levant*, et plus souvent l'**Est** (image 1).

Tous les soirs, le soleil disparaît ou se couche du même côté appelé le *couchant* ou

encore l'**Ouest** et qui est en face de l'Est (image 2).

Tous les jours, à midi, le soleil passe par un troisième côté toujours le même, appelé le *Sud* (image 3).

Il n'y a qu'un côté où *le soleil ne passe jamais*. On le nomme le **Nord** et il est

situé en face du Sud (image 4).

L'**Est**, le **Sud**, l'**Ouest** et le **Nord** sont appelés les **points cardinaux**.

Les points cardinaux sont : l'Est, le Sud, l'Ouest et le Nord.

Fig. 1,4. *Les points cardinaux*. Ibid. (Librairie Classique Eugène Belin)

S'orienter, c'est chercher l'Orient et en même temps les autres points cardinaux. Comment ferons-nous ?

Nous savons déjà que le soleil se lève toujours à l'Est. Etendons alors les bras en croix en dirigeant **notre bras droit** vers l'Est. Nous aurons le Sud **derrière nous**, l'Ouest dans la direction de **notre bras gauche** et le Nord, où le soleil ne passe jamais, **devant nous**.

Même la nuit on peut s'orienter puisqu'une belle étoile, l'**Etoile Polaire**, brille toujours au Nord.

Et même quand il y a des nuages et qu'on ne voit ni le soleil le jour, ni l'Etoile Polaire la nuit, on peut encore s'orienter avec un petit instrument, la **boussole**, dont l'aiguille aimantée est toujours tournée vers le Nord.

S'orienter, c'est chercher la place des points cardinaux.

Fig. 1,5. *L'orientation*. Ibid. (Librairie Classique Eugène Belin)

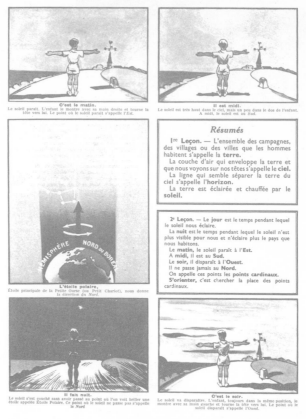

Fig. 1,6. La terre et le ciel. Louis Planel, La Géographie documentaire, *Cours élémentaire, 1956.* (Librairie Classique Eugène Belin)

Fig. 1,7. Le plan du bureau d'un élève; un livre sur le bureau. Ibid. (Librairie Classique Eugène Belin)

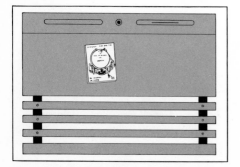

mer des idées abstraites à partir du monde concret qui l'environne; à l'âge de sept ans, il découvre très méthodiquement les premiers rudiments de la cartographie; il part de ce qui est proche de lui, du livre qui se trouve sur son bureau (Fig. 1,7). Puis, il observe un plan de la salle de classe, se rend compte de la position de sa place dans la pièce (Fig. 1,8). Enfin, il observe un plan de l'école, un plan du village, ou du quartier de la ville où il demeure (Figs. 1,9–1,11).

L'instituteur montre des images, des photos de la Pointe du Raz en Bretagne,

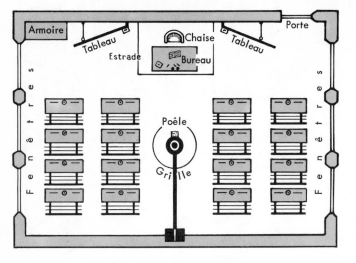

Fig. 1,8. Le plan d'une classe. Ibid. (Librairie Classique Eugène Belin)

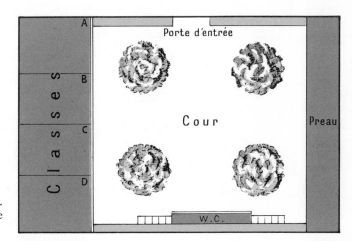

Fig. 1,9. Le plan d'une école. Ibid. (Librairie Classique Eugène Belin)

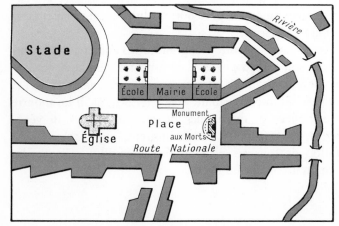

Fig. 1,10. Le plan d'un village. Ibid. (Librairie Classique Eugène Belin)

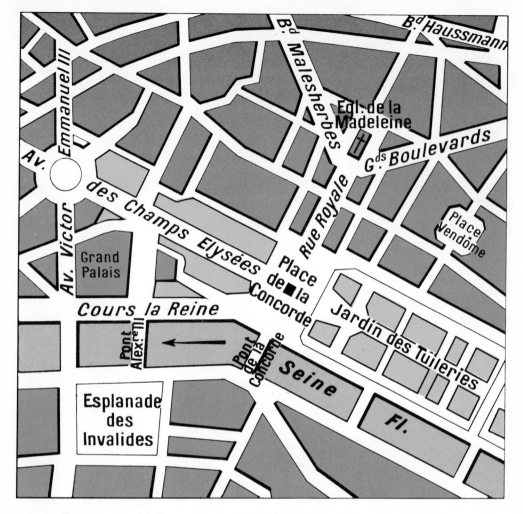

Fig. 1,11. Le plan d'un quartier de Paris. Ibid. (Librairie Classique Eugène Belin)

par exemple; les premières donnent l'impression que l'on marche à même la côte granitique; puis, il montre d'autres vues, aériennes, celles-ci, et prises de plus en plus haut; finalement, il arrivera à expliquer la carte géographique, pure notion abstraite; il en enseignera la lecture, et la fera dessiner.

La troisième étape consiste à apprendre à l'enfant les éléments qui constituent son milieu *physique*. L'instituteur explique les différents types de sols: argileux, granitiques, calcaires, sablonneux; et leurs degrés variés d'imperméabilité (Figs. 1,12–1,16). Il lui montre des images de vallées, de montagnes, de côtes maritimes, de végétations diverses, de cours d'eau, de volcans, etc. (Fig. 1,17).

La définition de tous ces éléments lui apprend à comprendre et à classer ce qu'il voit autour de lui.

Fig. 1,12. L'eau traverse lentement le calcaire, qui est perméable. Ibid. (Librairie Classique Eugène Belin)

Fig. 1,13. L'eau traverse rapidement le sable, qui est perméable. Ibid. (Librairie Classique Eugène Belin)

Fig. 1,14. L'eau ne traverse pas du tout l'argile, qui est imperméable. Ibid. (Librairie Classique Eugène Belin)

Fig. 1,15. L'eau ne traverse pas du tout le granit, qui est imperméable. Ibid. (Librairie Classique Eugène Belin)

Fig. 1,16. Coupe d'un bon terrain. Ibid. (Librairie Classique Eugène Belin)

COUPE D'UN BON TERRAIN

Bonne terre formée d'humus
de sable, de craie, d'argile

Calcaire *limestone*

Sable *sand*

Argile *clay*

Granit *granite*

9ᵉ LEÇON

LE RELIEF

On appelle relief la forme des terres et leur élévation plus ou moins grande au-dessus du niveau de la mer. Cette élévation s'appelle l'*altitude*.

LA PLAINE. — Une **plaine** est un pays plat et peu élevé. Dans les plaines, généralement faciles à cultiver, on trouve de riches cultures.

LE PLATEAU. — Un **plateau** est une plaine élevée au-dessus des terres environnantes. Les plateaux, moins unis et moins plats que les plaines, tombent souvent à pic sur une plaine ou sur une coupure profonde où coule un cours d'eau.

LE COTEAU. — Un **coteau** est une faible élévation de terres, d'un accès facile et généralement aussi bien cultivé qu'une plaine.

LA COLLINE. — Une **colline** est une petite élévation de terres ne dépassant pas 400 à 500 mètres d'altitude.

LA MONTAGNE. — Les **montagnes** sont des masses de terres et de rochers très élevés qui atteignent parfois plusieurs milliers de mètres.

Dans les parties les plus hautes, où il fait très froid, été comme hiver, on trouve de la neige. Cette neige, qui ne fond jamais, se tasse, se durcit et devient de la glace, formant ainsi des glaciers.

10ᵉ LEÇON

LE RELIEF (*Suite*)

ÉTUDE DE LA MONTAGNE. — Le bas de la montagne s'appelle le **pied**. Le haut s'appelle le **sommet** ou la **crête**, ou encore, si ce sommet est très

pointu, le **pic**. La partie inclinée qui va du pied au sommet s'appelle le **flanc** ou la **pente** de la montagne. Un passage élevé entre deux montagnes et qui permet de passer d'un versant sur l'autre versant se nomme un **col**.

LA CHAINE DE MONTAGNES. — Une **chaîne de montagnes** est formée par des montagnes qui se suivent en une ligne assez régulière.

LE MASSIF. — Un **massif** est formé par des montagnes qui s'élèvent irrégulièrement les unes à côté des autres sans suivre une direction déterminée.

LA VALLÉE. — Une **vallée** est un passage assez large et bas entre deux montagnes. Les hommes peuvent y habiter et y faire des cultures. Parfois l'éloignement des montagnes est si grand et la vallée est si plate qu'elle forme une plaine. Toujours un cours d'eau venu de la montagne suit la partie la plus basse de la vallée.

LE VOLCAN. — Parfois le sommet aplati d'une montagne se creuse en forme de cuvette, qui communique avec l'intérieur de la terre, où il y a du feu. De cette cuvette qu'on nomme *cratère*, on voit s'échapper de la fumée, des cendres ou des roches fondues appelées *laves*. Ces montagnes sont des **volcans**. On trouve des volcans dont le cratère est bouché, on dit qu'ils sont *éteints*. D'autres laissent échapper des laves brûlantes. On dit qu'ils sont en activité.

QUESTIONS. — 9ᵉ Leçon. — 1º Qu'est-ce que le relief d'un pays ? — 2º Qu'appelle-t-on une plaine ? un plateau ? un coteau ? une colline ? — 3º Qu'appelle-t-on une montagne ? Que trouve-t-on sur les hautes montagnes ? Pourquoi ?

10ᵉ Leçon. — 1º Comment nomme-t-on le bas d'une montagne ? le haut ? la partie inclinée ? un passage entre deux montagnes ? — 2º Qu'appelle-t-on chaîne de montagnes ? — 3º Qu'appelle-t-on un massif ? — 4º Qu'est-ce qu'une vallée ? — 5º Qu'est-ce qu'un volcan ?

Fig. 1,17. *Le relief*. Ibid. (Librairie Classique Eugène Belin)

La quatrième étape consiste à replacer·l'enfant dans son milieu, pour l'amener à une conception de géographie humaine: comment l'homme s'adapte-t-il aux circonstances?

5 Certains chapitres portent sur «ma» maison, «ma» commune; puis viennent les régions naturelles de France, leurs rapports entre elles, et ceux de la France avec des ensembles plus vastes, comme l'Europe et le reste du monde.[3]

Comment l'enfant est-il amené à comprendre son pays? Il saura d'abord que la France est située à un carrefour des voies aériennes 10 mondiales.[4] En effet, le petit cours d'eau, la Vilaine,[5] au sud du

---

[3] La France a une superficie de 550 000 kilomètres carrés (212 000 *square miles*); elle est beaucoup plus petite que les Etats-Unis, ou la Chine, mais elle est le plus vaste pays de l'Europe après l'U.R.S.S. (l'Union des Républiques Socialistes et Soviétiques). A titre de comparaison, le Texas a 267 000 sqm, et l'ensemble de la Nouvelle Angleterre, des états de New York, New Jersey, Pennsylvanie, Virginie et Delaware recouvre aussi 212 000 sqm.

[4] «Paris, à vol d'oiseau, est à peu près à la même distance de San Francisco que de Changhaï, du Cap Horn que de l'ouest de l'Australie», fait remarquer André Labaste, *Terres et hommes de la Communauté* (Paris: Librairie Armand Colin, 1960), p. 5.

[5] Cours d'eau de 225 km de long qui se jette dans l'Océan Atlantique, au nord de la Loire.

Mont Saint-Michel,[6] se trouve presqu'au centre des terres émergées de l'hémisphère nord.

Fig. 1,18. La . France se trouve presqu'au centre des terres émergées de l'hémisphère nord. André Labaste, Terres et hommes de la Communauté, *1959.* (Librairie Armand Colin)

Située entre le 42e et le 51e parallèles, la France se place en pleine zone tempérée; le 45e parallèle, équidistant du pôle et de l'équateur,
5 traverse le pays, de Valence (sur le Rhône) à Bordeaux (sur l'estuaire de la Gironde, près de la côte atlantique).[7] Un nombre important de routes européennes s'y croisent. Elle est presqu'à la pointe extrême de l'Eurasie; une partie de la Bretagne porte même le nom de Finistère—la fin de la terre. La France forme un isthme, un pont
10 naturel entre deux continents, l'Europe et l'Afrique. Elle est, avec l'Angleterre et l'Irlande, l'un des pays qui accueillent les Américains en Europe, et qui font la transition des Amériques vers l'Asie et l'Europe orientale.

---

[6] Ancienne abbaye bénédictine, construite entre les xiie et xvie siècles sur une petite île aujourd'hui rattachée à la côte; le Mont Saint-Michel se trouve à la limite de la Normandie et de la Bretagne.

[7] En Amérique du Nord, Boston, Chicago et Salt Lake City sont situés sur le 42e parallèle, mais leur climat est surtout continental.

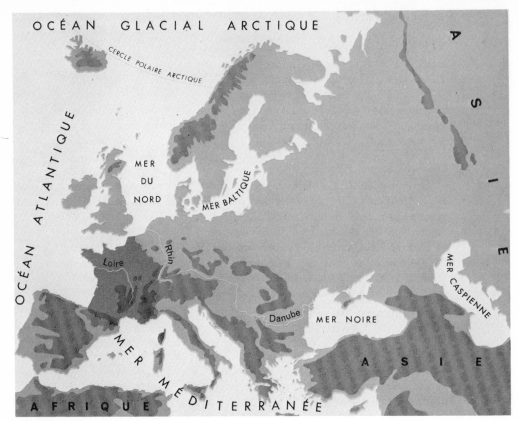

Fig. 1,19. Située entre quatre mers, la France est à la pointe du continent européen. Y. Lacoste et M. Ozouf, Géographie, *Classe de 3ᵉ, 1963.* (Fernand Nathan Editeur)

Fig. 1,20. L'isthme français en Europe. Labaste, op. cit. (Librairie Armand Colin)

On dit parfois que la France a la forme d'un hexagone. Cette notion est actuellement très à la mode (Fig. 1,21). Ainsi, à l'intérieur de cette figure géo-
5 métrique se trouve tout ce que l'on peut souhaiter découvrir au monde: des ca-vernes, des montagnes, des pics, des volcans éteints, des cours d'eau, des cas-cades, des lacs, des plages, des falaises,
10 des plaines; pas de déserts toutefois. A l'école, le maître donne parfois à l'hexa-gone la forme d'une maison, et les écoliers peuvent ainsi imaginer que la France est aussi «leur» maison.

15 Ce sont donc la variété et l'unité qui donnent au pays sa personnalité propre.

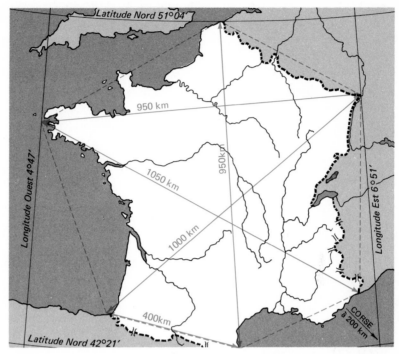

Fig. 1,21. La forme générale de la France peut être inscrite dans un hexagone. Lacoste et Ozouf, op. cit. (Fernand Nathan Editeur)

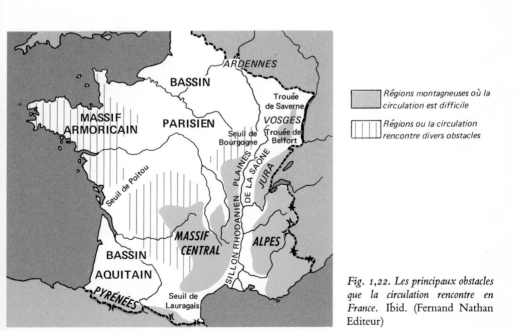

Fig. 1,22. Les principaux obstacles que la circulation rencontre en France. Ibid. (Fernand Nathan Editeur)

Selon les géographes français, il existe treize entités géologiques différentes bien marquées: cinq zones remontant à l'ère primaire, cinq à l'ère secondaire et trois à l'ère tertiaire; quatre seuils les relient, ce qui donne un total de dix-sept zones:[8] d'où grande diversité de sols, de côtes, de relief, etc., comme le découvre tout touriste qui va du nord au sud, de l'est à l'ouest, quel que soit l'itinéraire suivi.

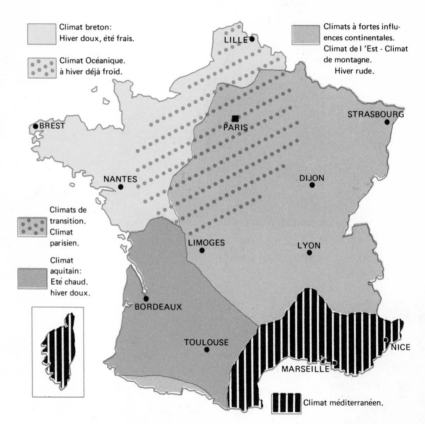

Fig. 1,23. Carte des grandes régions climatiques. Guglielmo, Lacoste, Ozouf, Géographie, *Classe de Ière, 1965.* (Fernand Nathan Editeur)

Le climat aussi est varié, avec trois influences principales: celle de l'Océan Atlantique, celle de la masse continentale et celle de la

---

[8] Datent de l'ère primaire: le Massif Central, le Massif armoricain, les Ardennes, les Vosges, les Maures et l'Estérel; de l'ère secondaire: le Bassin parisien, le Bassin aquitain, le sillon rhodanien (vallée du Rhône), la Plaine d'Alsace, la Plaine des Flandres; de l'ère tertiaire: les Pyrénées, les Alpes et le Jura. Les seuils sont ceux du Poitou, de la Bourgogne, du Lauragais et la Trouée de Belfort.

Méditerranée. L'ouest et le nord-ouest sont pluvieux; et, grâce au Gulf-Stream, dont l'influence est très marquée, il n'y fait jamais trop froid ni trop chaud. Dans les zones placées sous l'influence continentale, par contre, à l'est, l'hiver est froid et l'été assez chaud. Sur la côte méditerranéenne enfin, il fait plus chaud en hiver que partout ailleurs en France, et presque toujours assez sec.

Les manuels font remarquer l'individualité des cours d'eau (fleuves et rivières). La Seine est sage et utile; la Loire, fantasque et longue; la Garonne, aux crues redoutables, descend en torrent des Pyrénées; le Rhône, par contre, autrefois sauvage, est devenu un bon fleuve (conquis par de récents barrages gigantesques), qui part du cœur des Alpes pour se jeter dans la Méditerranée. Les cours

Fig. 1,24. La plus grande partie du territoire français est formée par les bassins fluviaux des quatre grands fleuves. Lacoste et Ozouf, op. cit. (Fernand Nathan Editeur)

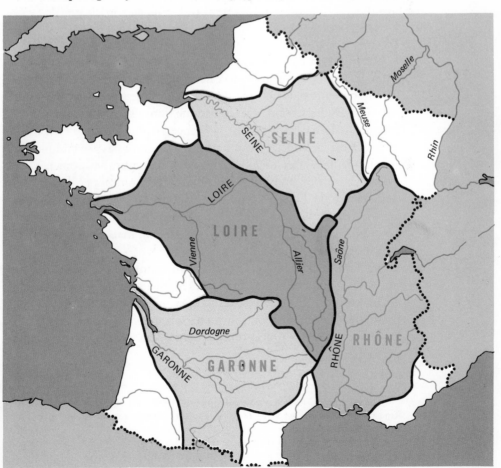

d'eau contribuent donc eux aussi à différencier les régions les unes des autres.

Jules Romains a écrit:[9]

Que les Etats-Unis soient un pays de grandes dimensions, nous le savons depuis l'école. On nous a enseigné que leur superficie égalait à peu de choses près celle de l'Europe.... Bien des écrivains nous ont dit aussi le sentiment d'ampleur, d'accroissement général des proportions, qui s'empare du voyageur dès qu'il met le pied sur le sol américain.... Quand, de chez nous, l'on pense à Boston, l'on voit cette ville dans la grande banlieue de New York. Or elle en est à 330 kilomètres.... Donc j'ai fait d'abord ces 330 kilomètres en express. Puis je suis revenu de Boston par la route, ... et quelques jours après, j'allais à Washington. De Boston à Washington, je me trouvais ainsi avoir parcouru près de 800 km de campagne américaine, quelque chose comme Paris-Arles. Eh bien ... j'avais, une demi-heure avant Washington, l'impression de rouler à une demi-heure de Boston.... Même lumière. Même toucher de l'air. Je ne prétends pas que les différences n'existaient pas: je dis qu'elles étaient infinitésimales pour un œil habitué aux vives modulations, aux ruptures, aux contrastes de chez nous. Rappelez-vous, quand vous avez pris le train du soir à la gare de Lyon, votre réveil du côté d'Avignon, devant les cyprès et les rochers blancs.

5 Les différences en Amérique sont visibles sur des distances beaucoup plus grandes qu'en France. Les Français estiment que la grande variété de leurs paysages place leur pays au-dessus des autres, et ils en sont fiers. La seconde caractéristique dont ils sont également fiers est que, malgré cette diversité, la France a aussi une unité bien marquée. Là est le miracle. Tous les traits divers du pays se complètent 10 et se fondent mystérieusement pour créer une entité harmonieuse.

Or, ce sont de nombreuses générations d'hommes et de femmes qui ont fait la France ce qu'elle est aujourd'hui. Certes, la terre était là («la Gaule était couverte de forêts et de marécages» est une des premières phrases des manuels d'histoire), mais ce sont ses habi-15 tants qui lui ont donné unité et signification.

La France peut donc être aisément comparée à une personne humaine, à une personne idéale. Jules Michelet a dit:[10] «L'Angleterre est un empire; l'Allemagne, un pays et une race. La France est une personne. Sa personnalité, sa variété, son unité, la placent haut dans 20 l'échelle des êtres.» Quels traits accorde-t-on généralement à cette personne?

---

[9] Jules Romains, *Visite aux Américains* (Paris: Flammarion et Cie, 1939), pp. 85–87. Romains, membre de l'Académie française, a écrit un énorme roman-fleuve, *Les Hommes de bonne volonté*.
[10] Jules Michelet (1798–1874), historien français.

1. Elle est intéressante: jamais monotone ni ennuyeuse, à cause de sa diversité.

2. Elle est distincte, différente; ses caractéristiques diverses plaisent à ses habitants comme à ceux qui la visitent, car elles se combinent de manière à donner au pays un caractère original, unique: la France n'est ni l'Europe (les Français tiennent beaucoup à s'en différencier sur ce point-là), ni aucun groupement politique ou pratique, O.T.A.N.[11] ou Marché Commun; elle est semblable en bien des points aux autres pays, mais la France est la France, et rien d'autre.

3. Elle est équilibrée; ni petite ni grande, elle est bien ordonnée, faite de mesure.

4. Elle est saine; des cellules fortes la composent, qui fonctionnent toutes, individuellement, selon leur propre nature, et remplissent bien leurs fonctions, en coopération normale avec les autres cellules, assurant ainsi la santé du corps tout entier; les accidents ou les dangers ne peuvent provenir que de l'extérieur, ou bien d'une cellule qui, pour quelque raison, fonctionnerait mal.

5. Elle est riche, capable de fournir en abondance des produits agricoles et miniers variés; la France est un pays connu pour la qualité de ses aliments et de ses boissons. Tout ceci excite parfois l'envie des voisins moins privilégiés, ce qui lui crée des dangers constants.[12]

6. Elle est sociable: donnant sur quatre mers, elle est hospitalière;[13] ce qui la fait aimer, mais sa générosité lui suscite aussi de graves difficultés.

7. Elle est civilisée et polie; ses bonnes manières lui permettent de s'entendre avec les autres peuples civilisés; ses habitants l'ont transformée selon ses besoins; ils l'ont organisée rationnellement et avec logique.

8. Elle est par dessus tout belle; oui, c'est «la belle France»—elle est soignée et coquette.

9. Elle est douce; c'est le qualificatif qui lui convient le mieux;

---

[11] Organisation du Traité de l'Atlantique Nord (*N.A.T.O.*).

[12] Voir, par exemple, Chapitre 5, note 11.

[13] La France a toujours ouvert largement ses frontières aux persécutés des autres pays: aux Russes blancs, après la Révolution de 1917, aux Italiens fuyant Mussolini, aux Allemands fuyant le nazisme, aux Espagnols fuyant Franco (dont quelques groupes seulement ont été internés), aux Juifs fuyant Hitler, et même en pleine guerre aux Algériens fuyant leur propre pays. Elle n'exige pas en échange de serments de loyauté; elle laisse beaucoup de ces immigrants, quand ils le désirent, vivre entre eux, en communauté. En général, la seconde génération s'adapte bien à la France, et la troisième devient vraiment française.

elle est «la douce France» que proclamait déjà *La Chanson de Roland* (v. 1862) : «Terre de France moult estes dulz pais.»[14]

10. Elle est féminine; la France est une femme, la femme idéale, la patrie. Le patriotisme se trouve ainsi étroitement lié à la terre (ce qui explique «l'Union sacrée»[15] qui parfois fait oublier aux Français leurs différends, et les unit provisoirement).

«*La France est une femme, la femme idéale, la patrie.*» Ici, des timbres-postes montrent des symboles féminins de la France.

Ces remarques risquent de paraître puériles aux Américains, qui pourtant éprouvent, sans s'en rendre compte peut-être, des sentiments analogues à l'égard de leur propre pays. Mais ils auraient tort de considérer comme naïves ces convictions des Français, et de ne pas en tenir compte pour comprendre leur culture.

---

[14] Le vers est pris de l'épopée nationale du XIIe siècle, la première grande œuvre en langue vulgaire, parlée seulement par le peuple illettré qui depuis des siècles transformait et simplifiait le latin des Romains conquérants jusqu'à en faire une langue nettement différenciée qu'on a appelée ensuite le français. Le même phénomène s'était produit en Espagne, en Italie, en Roumanie, marquant ainsi le début des langues nationales.

[15] Référence à l'union de tous les partis politiques devant un grand danger national, comme, par exemple, en 1914.

La géographie sert également à expliquer le concept de la nature physique. Chez l'être humain, on peut distinguer trois attitudes possibles vis-à-vis de la nature: ou bien il se sent subjugué, dominé par elle; ou bien il vit harmonieusement avec elle; ou bien encore il a le sentiment qu'il doit la maîtriser, la dompter.

Le Français a sur ce sujet un point de vue très clair: il estime qu'il doit vivre en harmonie avec son milieu naturel, et toutefois le dominer en quelque mesure. Puisqu'il ne veut pas le modifier de fond en comble, il lui faut l'adapter à ses propres besoins, sans pourtant le détruire ni le renier, car les conséquences en seraient désastreuses.

Violente, désordonnée, chaotique, sans signification par elle-

Un jardin à la française au château de Villandry dans la vallée de la Loire. (Photo par Bernard Silberstein/Monkmeyer)

Un jardin anglais à Londres. (Photo par Silvia Saunders/Monkmeyer)

même, la nature doit être adaptée aux besoins de l'homme, qui peut la transformer par son travail; car l'homme, par son intelligence, lui est supérieur. «L'homme n'est qu'un roseau», dit Pascal, «mais c'est un roseau pensant.»[15]

5 Pierre Massé, commissaire au Plan jusqu'en 1965,[16] parle de sa tâche comme d'un «jeu contre la nature». La fleur de lis,[17] œuvre de stylisation, l'un des symboles représentant la France, illustre bien cette remarque. Et le jardin «à la française», par opposition au «jardin anglais», en est un autre exemple.

10 Le Français s'en tient donc, là encore, à ce qu'il estime un juste milieu; il refuse les paysages partiellement détruits par les *bulldozers*,[18] qui produisent des kilomètres carrés de ciment, ainsi que les paysages intacts, naturels, des jungles et des déserts, admirables, sans doute, mais inhumains et improductifs.

---

[15] Blaise Pascal (1623–1682), écrivain, mathématicien, physicien, dans «Grandeur de l'homme», *Pensées*, No. 347: «L'homme n'est qu'un roseau, le plus faible de la nature, mais c'est un roseau pensant.»

[16] Voir Chapitres 22–23.

[17] La fleur de lis est l'ornement caractéristique des armoiries des rois de France.

[18] Terme accepté par l'Académie française en 1967.

QUESTIONS

1. A quel âge l'enfant français commence-t-il à apprendre la géographie?

2. Pour quelles raisons l'enseignement de la géographie tient-il une place importante en France?

3. Sur quels sujets portent ces premières leçons de géographie?

4. Montrez comment l'enseignement de la géographie va du concret à l'abstrait.

5. Dessinez de mémoire une carte sommaire de la France, une des Etats-Unis et une de l'état où vous vivez.

6. Qu'est-ce que la géologie? Quelles applications pratiques de la connaissance de la géologie peut-on tirer pour comprendre un pays?

7. Entre quels degrés de latitude la France se situe-t-elle?

8. A quel degré de latitude se situe la ville où vous résidez?

9. Qu'est-ce qu'un hexagone?

10. Indiquez et nommez, sur une carte de France, les régions qui correspondent aux différentes époques géologiques.

11. Nommez les trois influences principales que subit le climat français.

12. Nommez, et situez sur une carte de France, les quatre fleuves français. Où se jettent-ils respectivement?

13. Que signifie pour vous la citation de Jules Romains tirée de *Visite aux Américains?*

14. Nommez cinq des traits accordés à la France considérée comme personne humaine.

15. Ces traits pourraient-ils s'appliquer aux Etats-Unis? Expliquez.

16. Quelles sont les trois attitudes à l'égard de la nature que l'homme peut adopter?

17. Quels sont les points de vue du Français sur son milieu physique naturel?

18. Redonnez la citation exacte de Pascal se rapportant au sujet traité ici, et expliquez.

19. Que signifie pour vous la formule que Pierre Massé donne pour expliquer son rôle dans la planification économique en France?

Ce liure fut extrait ⁊ translate du liure du royne de ✦✦✦✦ fait par ✦✦✦✦
✦✦✦✦ de lomme archeuesque de bourges A dremie ✦ monsr ✦✦✦✦ par ✦✦✦✦
de phelippe le bel ✦✦✦✦

Cy commence le prologue de linformacion des princes ✦✦ ✦✦✦✦

eignabit rex et
sapiens erit et
faciet iudicium
(ustiriam in
terra ieremie
xxiii. Le isteup
prophe ieremie
qui fist le liure
des lamentacions

z pleure sur la destruction des iuifs
en demonstrant la cause ✦✦✦✦
feigne pour le fol ⁊ mauuais gou-
nement des roys qui lors regnoient
voulant aussi conseiller ⁊ quil
sentruuoient par la bonne ordonnance quil sauoit par reuelation
qui deuoit aduenir en dormonne
roit troiss vecilie roy ⁊ a quoy ✦✦

POINTS DE VUE FRANÇAIS SUR LE TEMPS

CHAPITRE 2   Quelle est la conception française du temps?
Le comportement des Français s'oriente-t-il vers le passé, le présent
ou l'avenir? Pour comprendre leur attitude envers le passé, nous
examinerons l'enseignement de l'histoire en France. Dans les chapitres
5   sur la famille et l'économie, nous verrons plus clairement leur attitude
envers le présent et l'avenir.

En général, les deux enseignements de l'histoire et de la géographie sont donnés par le même maître, afin d'unifier l'orientation de
l'enfant. L'horaire exige un quart d'heure ou une demi-heure par
10   jour, les premières années, et deux ou trois heures par semaine,
après l'âge de quatorze ans jusqu'à la fin des études secondaires ou
techniques. Toutes les classes suivent le même plan: le maître va du
concret à l'abstrait.

L'enseignement de l'histoire aux tout petits doit être une suite d'histoires
comme en racontent les grands-pères à leurs petits-enfants.[1]

Chaque manuel commence par définir le sujet: l'histoire est en
15   quelque sorte la mémoire de l'humanité; elle joue un rôle capital dans
la formation de l'individu; et ceux qui n'ont pas cette mémoire
restent des enfants. Sur le plan national, les Français estiment que les
Américains, dans la mesure où ils connaissent moins bien leur passé
et y attachent moins d'importance, sont comme des hommes dépour-

---

[1] Ernest Lavisse, *Histoire de France* (Paris: Librairie Armand Colin, 1913), couverture.
Ce manuel est l'un de ceux qui ont le mieux donné aux Français une image de leur passé.
En 1948, trente-cinq ans après sa publication, il en était à sa 46e édition, et les classes primaires
ont continué de s'en servir longtemps après.

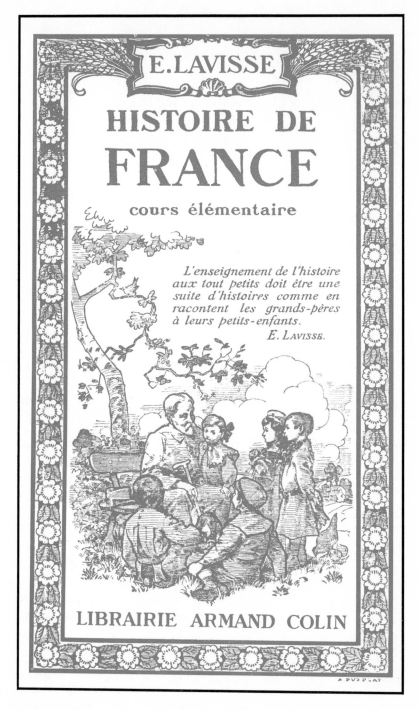

Couverture de la 3ᵉ édition d'un livre d'histoire très employé dans les écoles primaires. (Librairie Armand Colin)

vus de mémoire, et par suite, ne constituent pas tout à fait une nation adulte.

Pour se retrouver dans le passé, il faut des points de repères, des jalons semblables aux bornes kilométriques des routes de France, que le jeune élève étudiera.

En géographie, il apprend quels sont les rapports entre la terre et le soleil, comment la terre tourne, ce qu'est un jour, une année; il passe ensuite aux grandes divisions du temps: avant Jésus-Christ, après Jésus-Christ.

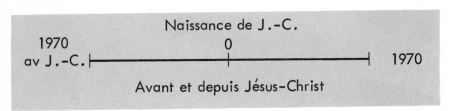

Fig. 2,1.

Et, en histoire, il est amené à constater l'existence d'une véritable chaîne de générations, dont l'image s'impose peu à peu à son esprit, de même que l'image de l'hexagone s'est imposée à lui en géographie.

Après avoir ainsi assimilé ce que l'on peut appeler l'essentiel de l'histoire (divisions principales, grands rapprochements), l'élève en étudie les divers éléments: les régimes politiques (royaumes, empires, républiques), les réalisations intellectuelles, artistiques et scientifiques. Il voit donc l'enchaînement de cause à effet, et aussi la part de l'imprévu, du hasard. De classe en classe, il acquiert des connaissances dont beaucoup sont confiées à la mémoire, car celle-ci est vivement entraînée dès l'enfance.

Une comparaison des manuels français d'histoire et des manuels américains de *social studies* (car on étudie très peu en Amérique l'histoire proprement dite) montre qu'aux Etats-Unis des anecdotes, vraies et imaginaires, se mêlent aux faits, dans un style à la fois simple et verbeux, que viennent couper des citations. L'histoire doit être aussi agréable à lire qu'un roman; mais le manuel français suit la chronologie: il débute avec les habitants des cavernes et s'arrête à la fin de la seconde guerre mondiale.

Le manuel américain fait toujours ressortir le contraste entre les Etats-Unis d'hier, du passé récent et ceux d'aujourd'hui. Ces rapprochements constants ne peuvent manquer de faire voir le pro-

Chaîne partielle des générations.

grès réalisé dans la plupart des domaines. En fait, les deux notions capitales inculquées très tôt à l'élève américain sont celles du progrès et de la grandeur du pays. Son manuel cherche à lui plaire, à l'entraîner dans ses conclusions qui lui démontrent la supériorité des temps actuels sur le temps passé.

Le manuel français, par contre s'appuyant sur la chronologie, fait de son lecteur l'un des maillons d'une longue chaîne historique, et le persuade qu'il est intimement lié à son passé.[2]

QUESTIONS

1. Pour comprendre ce que les Français pensent du temps, quelle méthode est-il bon de suivre?

2. Quels sont les horaires scolaires approximatifs de l'enseignement de l'histoire et de celui de la géographie?

---

[2] C'est ainsi que l'histoire montre que la démocratisation de la société, l'idéologie moderne et le progrès matériel sont les conséquences d'une longue série d'efforts plus ou moins conscients par lesquels, malgré des accidents et des régressions, les hommes sont arrivés lentement et relativement à se forger leur destinée. Cette conception d'une évolution lente, où la volonté doit lutter contre les événements historiques, ne témoigne pas d'un optimisme facile, mais certainement laisse place à l'espoir; chaque individu a la responsabilité et la dignité de continuer cette lente et difficile transformation de la société.

G. Dez et A. Weiler, Orient et Grèce, *1958*. (Librairie Hachette)

3. Quel principe pédagogique le maître suit-il dans ce double enseignement?

4. Quelle définition de l'histoire trouve-t-on généralement au début du livre scolaire?

5. Pourquoi les Français estiment-ils parfois que la nation américaine n'est pas une nation adulte?

6. Expliquez ce que l'on appelle la chaîne des générations.

7. Qu'est-ce qui constitue la trame de l'histoire?

8. Que pensez-vous de la méthode pédagogique qui demande que l'élève apprenne par cœur des textes importants et brefs? Expliquez.

9. Quelles sont les caractéristiques générales du manuel d'histoire américain? Quelles sont celles du livre français correspondant?

10. Comment l'élève français est-il amené à se considérer très lié à son passé?

EN 50 AVANT J.C., NOS ANCÊTRES LES GAULOIS AVAIENT ÉTÉ VAINCUS PAR LES ROMAINS APRÈS UNE LONGUE LUTTE...

DES CHEFS TELS QUE VERCINGÉTORIX DOIVENT DÉPOSER LEURS ARMES AUX PIEDS DE CÉSAR...

OUAP!

CLANG!

LA PAIX S'EST INSTALLÉE, TROUBLÉE PAR QUELQUES ATTAQUES DE GERMAINS, VITE REPOUSSÉES...

MAIS ADDENTZION! ON REFIENDRA!

PON! PON! ON S'EN FA!...

TOUTE LA GAULE EST OCCUPÉE...

BELGIQUE

ARMORIQUE

CELTIQUE

AQUITAINE   PROVINCE ROMAINE

TOUTE? NON! CAR UNE RÉGION RÉSISTE VICTORIEUSEMENT À L'ENVAHISSEUR. UNE PETITE RÉGION ENTOURÉE DE CAMPS RETRANCHÉS ROMAINS...

PETIBONUM

AQUARIUM   LAUDANUM

BABAORUM

TOUS LES EFFORTS POUR VAINCRE CES FIERS GAULOIS ONT ÉTÉ INUTILES ET CÉSAR S'INTERROGE...

QUID?

C'EST ICI QUE NOUS FAISONS CONNAISSANCE AVEC NOTRE HÉROS LE GUERRIER **ASTERIX** QUI VA S'ADONNER À SON SPORT FAVORI: LA CHASSE.

TU REVIENS BIENTÔT ASTÉRIX?

JE SERAI DE RETOUR POUR DÉJEUNER OBÉLIX...

LE VOILÀ!

ON L'AURA!

IPSO FACTO!

SIC!

PAF!

BOUM!

OUILLE!

AÏE

NOUS VOUS LE DISONS: LES ROMAINS Y PERDENT LEUR LATIN!

VAE VICTIS!

QU'EST-CE QU'Y DIT?...

POINTS DE VUE FRANÇAIS SUR L'HISTOIRE

CHAPITRE 3

L'enfant acquiert donc tout d'abord, en classe et chez lui, une certaine conception du temps. Pour lui, le passé devient un trésor—de faits, de légendes, de personnages, d'idées reçues, de symboles—qui suscitent plus tard entre Français adultes
5 une communication faite de réactions connues et attendues.

Lorsque, par exemple, le nom de Charlemagne[1] est prononcé, des souvenirs familiers surgissent: Charlemagne, ami des écoliers, visitait les écoles, s'intéressait plus aux enfants des pauvres qu'à ceux des riches; sa fête, la Saint-Charlemagne, se célébrait naguère
10 dans beaucoup d'établissements scolaires. Le nom de Louis IX (Saint Louis)[2] évoque l'image d'un roi rendant la justice. Celui de Henri IV[3] rappelle la poule au pot du dimanche qu'il avait promise à tous les foyers du royaume, car il recherchait le bonheur et le bien-être de son peuple, changeant sans hésiter de religion pour
15 obtenir la paix en France; une autre image le représente à quatre pattes, en train de jouer avec ses enfants, et faisant ainsi attendre des ambassadeurs étrangers qui désirent le voir.

Ces images visuelles de manuels pour classes primaires cherchent surtout à susciter l'émotion. Les innombrables petits faits et événe-
20 ments qu'elles représentent—inconnus de l'étranger qui n'a pas étudié l'histoire de France en France à l'école primaire—sont, par

---

[1] Charlemagne (742–814), roi des Francs, puis Empereur d'Occident (à partir de l'an 800), a laissé une réputation de bon organisateur et de grand réformateur (justice, enseignement, administration, etc.).

[2] Louis IX (1214–1270), roi de 1226 à sa mort (au cours de la huitième croisade en Tunisie). Il est révéré pour son intégrité et ses réformes.

[3] Henri IV (1553–1610), roi de France à partir de 1589, et mort assassiné par un fanatique, est aimé pour avoir promulgué l'Edit de Nantes (1598), qui, après de longues et odieuses guerres civiles, accordait la liberté de conscience aux protestants et assurait la paix religieuse; il a aussi réorganisé l'économie nationale.

Dargaud Editeur

Charlemagne gronde les mauvais élèves. Ernest Lavisse, Histoire de France, *Cours élémentaire, 3e édition.* (Librairie Armand Colin)

Saint Louis rend la justice sur les marches de la Sainte-Chapelle. Ibid. (Librairie Armand Colin)

Les Parisiens pleurent la mort d'Henri IV. Ibid. (Librairie Armand Colin)

«Henri IV et ses enfants.» Peinture par Ingres. (Photo Buloz/Musée du Petit Palais, Paris)

exemple, 987,[4] 1515,[5] la Saint-Barthélemy,[6] la nuit du 4 août,[7] les Trois Glorieuses,[8] la Commune,[9] l'Union sacrée,[10] le 6 février,[11] etc.; chacun d'eux évoque une époque dans une sorte de langage secret pour initiés; il suffit en effet de prononcer l'un de ces mots-clé en allusion à un événement actuel—tout le monde en comprend l'application; il est inutile d'en dire davantage.

Les timbres-postes présentent souvent de grands personnages historiques.

En second lieu, outre cet ensemble de connaissances historiques factuelles, de légendes, de symboles, d'attitudes, qu'enseignent les

[4] En 987, Hugues Capet devient le premier roi de la troisième dynastie des rois de France (après les Mérovingiens et les Carolingiens). Mais le pouvoir du roi au début est loin d'être absolu et dépend de son accord avec les grands seigneurs; c'est le système féodal. Le domaine et le pouvoir du roi vont désormais s'accroître lentement.

[5] Date de la victoire de François Ier (roi de France de 1515 à 1547) sur les Suisses, à Marignan, près de Milan. Les guerres d'Italie ont fait découvrir à la France la Renaissance italienne, sa littérature, ses œuvres d'art et l'esprit humaniste, qui mène à la mentalité moderne.

[6] C'est la nuit du 24 août 1572, pendant laquelle Catherine de Médicis fait massacrer nombre de protestants; elle marque le début d'une violente guerre civile.

[7] Dans la nuit du 4 août 1789 (au début de la Révolution française), l'Assemblée nationale supprime les privilèges féodaux de la noblesse.

[8] Ce sont les trois journées révolutionnaires de la Révolution de juillet 1830.

[9] Révolte du peuple parisien (18 mars–28 mai 1871), exaspéré par ses souffrances à la fin de la guerre franco-prussienne.

[10] Voir Chapitre 1, note 14.

[11] Le 6 février 1934, 100 000 manifestants de l'extrême-droite tentent d'envahir la Chambre des Députés. Cette tentative de coup d'état provoque le rapprochement des partis de gauche qui, formant le Front populaire, triomphent aux élections de mai 1936; ce gouvernement ne durera qu'un an, mais entreprendra des réformes sociales importantes.

classes primaires, l'écolier découvre ce que l'on peut appeler «la marche de la civilisation».

Catherine de Médicis, responsable de la Saint Barthélemy. Inutile d'ajouter que toute l'histoire n'est pas belle!

Le terme «civilisation» est un autre mot-clé pour la compréhension de la culture française, de même que le mot «démocratie» est essentiel pour la compréhension de la culture américaine. Son origine remonte au XVIIIᵉ siècle, où il signifiait alors, simplement, le fait d'être «civilisé». Il est dérivé du Latin *civis*, «citoyen»; donc membre d'une société, et par conséquent ni «sauvage»,[12] ni «barbare»,[13] ni «naïf»;[14] l'homme civilisé est poli dans ses mœurs et dans ses manières. Et tous les autres êtres civilisés, vivant ensemble, composent une certaine civilisation.

5   Littré,[15] dans son *Dictionnaire de la langue française*, le définit ainsi: «L'ensemble des opinions et des mœurs dérivant de l'action réciproque des arts industriels, de la religion, des arts et des sciences.»

Les programmes prescrits par les bureaux du ministère de l'Education nationale à Paris ajoutent: «Par civilisation il faut entendre le 10 développement (*a*) de la pensée, de la science, de l'art; (*b*) des techniques et de l'économie; (*c*) l'organisation de la vie sociale.»

Quant à «la marche de la civilisation», c'est le même procédé par lequel, des Grecs à nos jours, l'homme est devenu civilisé: il a surmonté son milieu physique naturel pour atteindre au niveau 15 élevé où il se trouve aujourd'hui. Il a su créer une vie sociale, et ses exigences de raffinements matériels et esthétiques impliquent des jugements, des devoirs et des responsabilités complexes.

Léon Blum a dit:[16]

Le problème de la civilisation, tel qu'il se pose depuis que l'humanité a pris conscience d'elle-même, est précisément de substituer aux énergies animales des forces disciplinées, harmonieuses, spiritualisées; de transformer les fanatismes et les idolâtries sauvages en certitudes fondées sur la raison, en convictions fondées sur les exigences de la conscience personnelle.

Donc, grâce aux programmes scolaires, l'enfant acquiert, dans ses 20 classes d'histoire, une certaine idée de la marche de la civilisation. Partie du Proche-Orient, cette civilisation doit au «miracle grec» sa direction et son élan.

Puis, les «barbares» l'emportant sur les Grecs, la civilisation a dû se réfugier à Rome, où elle s'est modifiée et élargie; la notion de 25 l'Etat, celle du droit public y ont pris naissance. De grecque, la langue de la civilisation est devenue latine; mais le culte de l'art,

---

[12] Un *sauvage* est un habitant des forêts, selon l'éthymologie latine (*silva:* «la forêt»;) un sauvage aime vivre seul, loin des autres.

[13] Ce mot, employé par les Grecs pour désigner tout étranger parlant une langue inconnue et incompréhensible, implique qu'un barbare vit en dehors de la société polie et «civilisée».

[14] *Naïf* vient du latin *natus*, qui veut dire «né», (de «naître»); c'est-à-dire qui n'a pas encore l'expérience de la vie.

[15] Emile Littré (1801–1881), positiviste, lexicographe, membre de l'Académie française.

[16] Léon Blum, *A l'échelle humaine* (Paris: Editions Gallimard-L'Arbre, 1945), p. 96. Blum (1872–1954), était écrivain et homme politique, chef du parti socialiste, président du Conseil des Ministres en 1936 et 1937 au moment du Front populaire.

«Vercingétorix se rend à César.» Gravure par Auguste Trichon et Léon-Louis Ehapon. Rapprocher cette gravure célèbre des dessins d'Astérix.

celui de la raison, se sont maintenus; en fait, tout ce qui différen-
ciait l'homme de la bête, Rome l'a préservé.

Ensuite, hélas, la civilisation a subi une éclipse, lorsque les «barbares» sont revenus. Mais, comme toujours, elle s'est relevée dans
5 certains pays; en Gaule, par exemple, dans ce territoire qui a rapidement assumé la responsabilité d'une mission civilisatrice, que la
France ne reniera jamais.

Les résultats qu'elle a tirés de cette mission et qu'elle en tire encore
sont ceux que le monde entier vient voir aujourd'hui: les merveilles
10 architecturales du Moyen Age à nos jours et les manifestations artistiques et intellectuelles modernes. La France demeure le centre
reconnu de la civilisation. Tous les peuples civilisés se tournent vers

elle en quête d'une direction. En 1914 et en 1940, c'est la civilisation que la France défend et pour laquelle elle fait la guerre. Chaque peuple a son idéal qui peut s'exprimer en un mot: civilisation chez les Français, démocratie chez les Américains.

Outre «la marche de la civilisation», il est un autre thème essentiel que l'enfant découvre, celui de l'unification de la France: l'histoire du pays n'est autre en effet que celle de la formation quasi miraculeuse de la nation française. Elle s'est accomplie lentement, de génération en génération, pour atteindre ce degré de perfection et d'unité dont elle jouit aujourd'hui. Le pays, à l'état naturel, n'aurait point donné tout cela. Sur la diversité et la fragmentation originelles, il a fallu, continuellement, que s'exercent le merveilleux travail et l'obstination de l'homme.

Après avoir étudié le cadre physique, situé les régimes politiques, les dates et les personnages importants, l'élève apprend quels régimes ont travaillé pour et contre l'unification, et il les juge en fonction des résultats. Il est fier de Charlemagne, par exemple, parce que l'Empereur a fait l'unité de l'Europe occidentale; mais il découvre ensuite que ses fils et petits-fils n'ont pas su maintenir cette unité, qu'ils ont divisé en trois l'empire carolingien, que Lothaire a pris la Lotharingie, la partie centrale, et qu'à cause de cette division, cette part, appelée depuis lors la Lorraine, était devenue une sorte de *no man's land* entre l'Allemagne et la France. Lothaire peut donc être considéré comme responsable des luttes répétées qui ont eu lieu à travers les siècles à propos de ce territoire.

Ensuite, une date importante, 987, marque la naissance de la France moderne, puisqu'Hugues Capet, duc d'Ile de France, est élu «roi de France» par les évêques et les nobles du pays. Les livres d'histoire insistent vivement sur la mission dont se sont chargés les rois capétiens: réaliser l'unité territoriale.[17]

La France est aussi considérée comme une personne humaine, depuis sa naissance en Gaule, son enfance, son adolescence, et jusqu'à sa maturité d'aujourd'hui; car elle passe toujours dans les manuels modernes pour une nation adulte. Les historiens, évidemment, ne s'entendent pas toujours sur les dates de sa naissance ou de

---

[17] La famille des Capétiens a donné les Capétiens directs (987–1328), dont Hugues Capet (987–996), Louis IX (1226–1270), etc.; les Valois (1328–1589), dont Charles V (1354–1380), Charles VII (1422–1461), Louis XI (1471–1483), François Ier (1515–1547), etc.; et les Bourbons, successeurs en ligne indirecte (1589–1792), dont Henri IV (1589–1610), Louis XIII (1610–1643), Louis XIV (1643–1715), Louis XV (1715–1774), Louis XVI (1774–1793), Louis XVIII (1814–1824), Charles X (1824–1830) et Louis-Philippe (1830–1848) par une autre ligne indirecte.

sa majorité; pour certains, l'adolescence correspond à l'époque révolutionnaire, et pour d'autres, c'est au XVIIe siècle, ou au XVIIIe siècle, que le pays a atteint sa maturité.

La structure de la France est aussi fréquemment comparée à

L'amour de la patrie donne à ses enfants le sens de la fraternité. Gravure par Philibert-Louis Debucourt.

Le 14 juillet à Montmartre. Les enfants sentent qu'ils sont rattachés à leur passé. (Photo par Roger Coster/Monkmeyer)

celle d'une famille. La mère en est assurément la patrie; le père est celui qui agit, qui réalise: c'est le gouvernement, le chef, autrefois le roi; puis viennent les enfants, les citoyens. Les membres, ce sont les familles individuelles, ou bien les régions de France, les provinces, les «pays»[18] ou bien encore jadis les trois états entre lesquels la nation pouvait se diviser: clergé, noblesse et tiers-état.

5

[18] Division territoriale aux dimensions très élastiques; avant 1789, on comptait en France environ six cents «pays».

Ainsi, dans son manuel d'histoire, l'écolier trouve d'abord les faits (c'est-à-dire la trame historique), puis «la civilisation en marche», puis la formation de l'unité française, la croissance de la France en tant que personne et, enfin, l'histoire de la famille française.

Ces thèmes comportent certaines implications psychologiques et sociales qui sont plus importantes encore. C'est d'abord un programme d'identification: l'enfant s'identifie de bonne heure avec les sous-cultures qui le touchent de près, puis il éprouve le sentiment de faire partie de la France, d'être «civilisé». Il se trouve ensuite des modèles (parmi les gens, les grands hommes, les pays, les anecdotes) qui l'aident à faire le point sur lui-même. La manière dont il absorbe les faits compte beaucoup: d'abord une généralisation portant sur la période étudiée, suivie d'une section donnant les faits eux-mêmes et, pour terminer, deux ou trois paragraphes résumant la leçon, à apprendre par cœur.

Il voit sa place dans la suite des générations, et il sait qu'il dépend d'elles. Tout comme l'étude de la géographie l'enracine au sol, celle de l'histoire le lie à son propre passé. Il tire de cette observation un sens de causalité: présent et avenir s'expliquent par le passé, qu'il faut donc bien connaître. Pour l'Américain, par contre, c'est la psychologie actuelle, plutôt que l'histoire, qui sert à expliquer le présent.

Toute discussion avec un Français entraîne, de sa part, un exposé historique de la question discutée. Il tend à expliquer les événements présents comme s'ils se plaçaient dans le passé, et à transposer en quelque sorte le passé dans le temps présent (ce qui est bien autre chose que de dire que le présent résulte du passé). En 1834, par exemple, lorsque les ouvriers en soierie de Lyon se sont révoltés contre les propriétaires des fabriques, les journaux les ont traités de «barbares», les barbares des temps modernes. Pour se faire mieux comprendre, les journalistes ramenaient leurs lecteurs à l'époque où la France se trouvait menacée par des envahisseurs venant de l'est.[19] Ensuite les caricaturistes ont eu plaisir à montrer de Gaulle sous les traits du «roi Soleil», Louis XIV. Lorsque les cultivateurs, pour obtenir une solution de leurs problèmes, ont récemment coupé les routes aux automobilistes, avec leurs tracteurs, et obstrué des rues dans les villes de préfecture,[20] les journalistes ont parlé de «jacqueries», c'est-à-dire des révoltes paysannes du Moyen Age. Et ceci n'est pas seulement une question de

---

[19] Les principaux ont été les Huns, avec Attila, puis les Francs, au Ve siècle, avec Clovis, et, au milieu du IXe siècle, les Normands ou Northmen. (Voir aussi Chapitre 5, note 11.)

[20] Là où réside l'autorité réelle. (Voir aussi Chapitres 17–18.)

53ᵉ ANNÉE. — Nᵒ 2.489   Le numéro : 1 franc   10 JUILLET 1968

28 MAI
Pompidou :
« Mon général,
il faut partir »

Le Canard
enchaîné
Journal satirique paraissant le mercredi

10 JUILLET
De Gaulle :
« Pompidou,
il faut partir »

Maurice et Jeanne MARECHAL, fondateurs.   Pierre BENARD, ancien rédacteur en chef (1936-1946)

Le révolutionnaire de Gaulle
pour un gouvernement impôts - pulaire

La Revue du 14 - Thermidor

Le Canard enchaîné, *journal satirique, présente les événements du jour comme s'ils s'é-taient passés pendant la Révolution.*

vocabulaire, car tous ces symboles du passé font revivre à l'adulte les émotions éprouvées sur les bancs de l'école.

QUESTIONS

1. Faites quelques lectures supplémentaires, et dites ce que vous savez de Charlemagne.

2. Sur une carte d'Europe, indiquez les zones que recouvrait l'empire de Charlemagne.

3. Décrivez les illustrations se rapportant à Charlemagne, à Saint Louis et à Henri IV. Quel est l'objet de ces images visuelles? Expliquez.

4. Après quelques lectures supplémentaires, dites ce que vous savez de la Saint-Barthélemy et de la Commune.

5. Expliquez ce que représentent respectivement les dates de 987 et du 4 août 1789.

6. Comment les êtres civilisés sont-ils définis ici?

7. Comment Littré définit-il une civilisation? Comment les programmes officiels de l'Education Nationale définissent-ils une civilisation?

8. Qu'appelle-t-on ici «la marche de la civilisation»?

9. Selon Léon Blum, quel est le problème de la civilisation?

10. Quel itinéraire la civilisation a-t-elle suivi à travers les siècles?

11. Dans quelle mesure peut-on dire que la France se trouve aujourd'hui au centre de la civilisation? Commentez.

12. Les concepts «civilisation» et «démocratie» s'opposent-ils? Comment?

13. Analysez le second thème de ce chapitre—l'unification de la France.

14. Quelles sont les qualités (multiples et contradictoires) qui permettent de distinguer un «bon» roi d'un «mauvais» roi?

15. Expliquez comment on peut parler de la France comme d'une nation adulte?

16. Comment peut-on comparer la France à une famille?

17. Quelles implications psychologiques et sociales les points de vue français sur l'enseignement de l'histoire comportent-ils?

18. Donnez deux exemples montrant comment les Français transposent généralement le passé dans le temps présent.

INTERPRÉTATION DU PASSÉ
ET CHANGEMENTS SOCIAUX

Chapitre 4   Comme il est étroitement lié au présent, le passé peut servir d'arme politique et d'arme sociale. Puisque chaque Français s'identifie avec certains moments historiques, c'est le blesser gravement que de l'attaquer à travers les éléments du passé qui symbolisent la sous-culture à laquelle il appartient.

Un bon exemple (quoiqu'un peu ancien) de cette identification avec le passé de la France (pour construire le présent) se trouve dans un petit livre paru en 1878, *Le Tour de la France par deux enfants*.[1] Texte excellent de progagande républicaine, il a servi de manuel de lecture pendant une cinquantaine d'années, et il s'en est vendu un demi-million d'exemplaires jusqu'au début du siècle.

C'est l'histoire de deux jeunes garçons, chassés d'Alsace-Lorraine par la guerre franco-prussienne de 1870, et qui vont de ville en ville à travers la France. Partout où ils arrivent, il y a toujours quelqu'un pour s'occuper d'eux, leur parler des grands hommes originaires du lieu, et leur expliquer l'activité du pays. Mme Fouillée, l'auteur, mue par des sentiments vaguement socialistes, tout en dépeignant certains aspects de la vie française un peu après 1870, apprend à ses jeunes lecteurs, agréablement, sentimentalement, ce qu'elle juge bon pour eux de savoir de l'histoire et de la géographie de la France.

Leurs pérégrinations terminées, les enfants retrouvent leur oncle —leur père est mort—qui est en train de remettre sur pied la ferme d'un ami; ils vont l'aider et s'y installer.

Et dans la joie qu'il [Julien, le plus jeune] éprouvait de se voir enfin une patrie, une maison, une famille, . . . il s'élança dans la cour de la ferme, frappant ses petites mains l'une contre l'autre; puis, songeant à son cher père qui aurait tant

---

[1] G. Bruno, pseudonyme de la femme du philosophe Alfred Fouillée (1838–1912), a écrit ce petit texte.

voulu le savoir Français, il se mit à répéter de nouveau à pleine voix: j'aime la France. J'aime la France... la France... France... répéta fidèlement et nettement le bel écho de la colline, qui se répercutait encore dans les ruines de la ferme.

L'histoire et la géographie suscitent ainsi un grand attachement au passé; elles risquent toutefois si elles se limitent à un point de vue étroit ou sectaire de créer dans la jeunesse une mentalité défavorable aux changements sociaux.

5   Mais à l'opposé, une minorité de Français, se sentant en quelque sorte prisonniers du passé, ont sans cesse cherché à rompre violemment leurs attaches; d'où le mythe des chaînes brisées, qui va se répétant à travers les siècles. Jean-Jacques Rousseau s'écrie au tout début de son *Contrat social*: «L'homme est né libre, et partout il est 10   dans les fers.»[2]

---

[2] *Le Contrat social, ou Principes du droit politique* (1762), Livre I, Chapitre I.

Le 14 juillet 1789—la prise de la Bastille. (Ambassade de France/Service de presse et d'information)

La majorité des Français, toutefois, estiment qu'il faut éviter les changements violents.[3] Désapprouvant la passivité autant que la brutalité, ils sont d'avis qu'il faut accepter les choses comme elles sont et chercher à les adapter aux besoins de l'homme. Le change-
5 ment pur et simple n'est point une solution, si paradoxal que cela puisse paraître. En effet, malgré sa réputation, la France n'est pas un pays révolutionnaire; cette réputation s'est créée à cause de quel-ques éclats violents; mais les menaces, les paroles brutales, qui sont fréquentes, ont rarement de suites. Les Anglo-Saxons prennent les
10 manifestations verbales à la lettre, et s'imaginent que la France est toujours sur le point d'exploser et de tout bouleverser. Il y a eu assurément bien des révolutions, mais elles ont toutes été arrêtées par la force; il n'en est pas qui ait réussi immédiatement en tant que révolution; aucun bouleversement violent n'a amené de change-
15 ment vraiment important dans le gouvernement.

Alors, comment arrive-t-on à changer la structure sociale? En s'adaptant aux circonstances et en créant des institutions nouvelles sans détruire les anciennes.

Le développement de l'enseignement en offre un bel exemple: la
20 vieille Sorbonne[4] est toujours là; mais, au cours des siècles, bien d'autres Ecoles[5] se sont ouvertes dans le cadre de l'Université de Paris, et sont indépendantes de la Sorbonne. Car en France, les institutions nouvelles ne font souvent que se juxtaposer aux an-ciennes, sans les remplacer complètement.

25 Il faut donc tolérer le présent (résultant du passé, cause lui-même de tous les malheurs et de tous les bonheurs du temps actuel), et jouir des plaisirs terrestres, plaisirs de la table, du corps en général et de l'esprit.

Au fond, selon les Français, les affaires contemporaines vont
30 plutôt mal, car dans les autres sous-cultures—mais jamais dans celle de celui qui juge—les hommes sont bêtes, égoïstes, paresseux et imprévoyants.

Quant à l'avenir, il constitue une responsabilité assez effrayante, puisqu'il sera la conséquence des actes actuels. Si, dès maintenant,
35 nous n'y travaillons pas avec acharnement et discernement, et si

---

[3] Les élections de 1968, venant immédiatement après les événements de mai, prouvent que les Français n'ont absolument aucun goût pour la violence.

[4] Fondée par Robert de Sorbon (1201-1274) pour étudiants en théologie nécessiteux, la Sorbonne s'est opposée aux Jésuites au XVIe siècle, aux Jansénistes au XVIIe siècle. Elle n'abrite plus aujourd'hui qu'une partie des facultés des lettres et des sciences de l'Université de Paris, qui s'est maintenant tellement développée qu'il a fallu construire d'autres bâtiments dans Paris (déjà insuffisants), et dans la proche banlieue (à Orsay, à Nanterre, etc.).

[5] Voir Chapitre 20.

«La vieille Sorbonne est toujours là.» (Ambassade de France/Service de presse et d'information)

nous ne l'emportons pas sur «les autres», l'avenir sera aussi médiocre que le passé l'a été. Il est donc essentiel de savoir prévoir dans tous les domaines: études personnelles, administration du pays, planification économique. A l'école, il faut toujours faire un plan avant de commencer à rédiger. Et pour les voyages, par exemple, le Français consulte avec soin *Guides* et *Cartes* Michelin,[6] qui permettent de les préparer dans tous les détails.

[6] Cartes et guides pour touristes, très pratiques et complets, édités à l'origine par les frères Michelin, industriels de Clermont-Ferrand, aujourd'hui par la Librairie Hachette. Au lieu d'établir eux-mêmes leur itinéraire, les Américains préfèrent souvent le faire décider par une agence de voyages ou un club automobile (A.A.A., par exemple), y compris les hôtels ou motels où ils s'arrêteront.

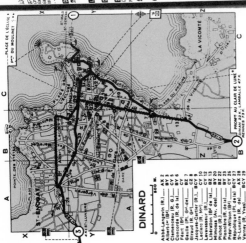

Hôtel de grand luxe.
Hôtel de luxe.
Hôtel très confortable.
Hôtel de bon confort.
Hôtel simple, assez confortable.
Hôtel très simple mais convenable.
Equipement moderne.

Restaurant de grand luxe.
Restaurant de luxe.
Restaurant très confortable.
Restaurant de bon confort.
Restaurant simple, convenable.

La table vaut le voyage.
La table mérite un détour.
Une bonne table.
Repas soignés à moins de 13 F.
Service et taxes compris.

Hôtels agréables.
Restaurants agréables.
Vue belle ou étendue.
Vue exceptionnelle.
Situation tranquille.
Situation très tranquille, isolée.
Piscine de plein air ou couverte.
Chauffage central.
Salle de bain et w.-c. privés.
Salle de bain et w.-c. publique.
Douche et w.-c. privés.
Douche publique.
Garage gratuit ou payant.
Parc à voitures gratuit.
Accès interdit aux chiens.
Mécaniciens réparateurs.

Voir pages 20 à 30.

Tableau de symboles et deux pages d'un Guide Michelin. (Michelin & Cie)

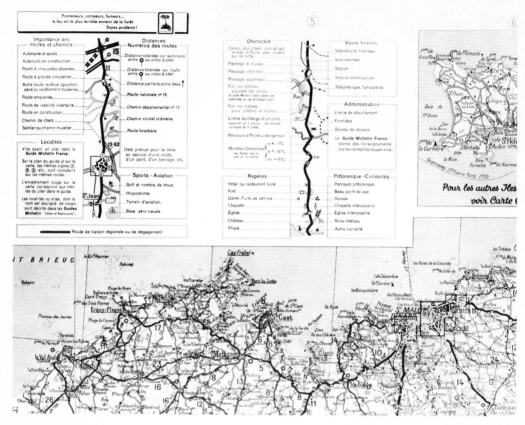

Section d'une Carte Michelin. (Michelin & Cie)

Deux penseurs marquent bien les deux manières de concevoir le temps. Le poète américain Longfellow, dans «Psalm of Life», sorte de credo du XIXᵉ siècle américain, écrit:

> Trust no future, howe'er pleasant.
> Let the dead past bury its dead.
> Act! Act in the living present.
> Heart within, and God o'erhead.

⁵ Le Français, de Gaulle, conclut ses *Mémoires de guerre* par trois paragraphes qui expriment une attitude bien différente envers le passé et son rapport avec le présent:[7]

> Vieille terre, rongée par les âges, rabotée de pluies et de tempêtes, épuisée de végétation, mais prête, indéfiniment, à produire ce qu'il faut pour que se succèdent les vivants.

---

[7] Charles de Gaulle, *Mémoires de guerre* (Paris: Livre de Poche Historique, 1954), Nos. 612–613, p. 337.

Vieille France, accablée d'Histoire, meurtrie de guerres et de révolutions, allant et venant sans relâche de la grandeur au déclin, mais redressée, de siècle en siècle, par le génie du renouveau.

Vieil homme, recru d'épreuves, détaché des entreprises, sentant venir le froid éternel, mais jamais las de guetter dans l'ombre la lueur de l'espérance.

QUESTIONS

1. Quel est le sujet du *Tour de la France par deux enfants?* Dans quel esprit l'histoire est-elle écrite?

2. Comment ce récit peut-il être considéré comme une arme politique et sociale? A quelle époque de l'histoire de France ce livre est-il écrit?

3. Expliquez comment et pourquoi la jeunesse française, formée par cet enseignement de l'histoire et de la géographie, risque de ne pas désirer de grands changements sociaux.

4. Expliquez «le mythe des chaînes brisées».

5. Est-ce que la plupart des Français recherchent des changements sociaux violents? Quel est leur point de vue à cet égard?

6. Selon quels procédés les Français réussissent-ils cependant à modifier la structure de leur société?

7. Qu'est-ce que la Sorbonne? Quelle est son origine?

8. Pourquoi beaucoup de Français estiment-ils que les affaires contemporaines vont plutôt mal? Que pensent-ils devoir faire pour s'assurer un meilleur avenir?

9. Quel est l'intérêt de faire un plan détaillé avant de commencer à rédiger une composition ou un essai? En faites-vous un vous-même? Pourquoi?

10. Préparez-vous soigneusement l'itinéraire d'un voyage de quelques semaines, ou bien préférez-vous partir un peu à l'aventure? Commentez.

11. Quelle philosophie de la vie tirez-vous des vers de Longfellow cités ici? Est-ce la vôtre? Expliquez.

12. Résumez chacune des trois parties du passage extrait des *Mémoires* de de Gaulle. Qu'en pensez-vous?

POINTS DE VUE FRANÇAIS
SUR LA NATURE HUMAINE

CHAPITRE 5   Il est essentiel de savoir, pour comprendre
leur culture, ce que les Français pensent de la nature humaine en
général, et de leurs propres compatriotes en particulier. Et là encore,
les manuels scolaires éclairent la manière dont ils ont été formés.

5   Outre les livres d'histoire qui, nous l'avons vu, fournissent des
modèles de comportement humain et des analyses de cas individuels, il existe certains ouvrages encore plus précis: ce sont les
«livres de morale»,[1] contenant des «leçons de morale», des «lectures
morales» et des textes littéraires; il y a aussi bien entendu les livres de
10   catéchisme.

Et dans ces livres, en gros, l'enfant découvre que la nature humaine est fondamentalement paradoxale, par suite de l'ambiguïté
de l'homme, capable du pire et du meilleur.[2]

---

[1] Ces manuels sont approuvés ou rédigés par les bureaux du ministère de l'Education
nationale à Paris; ils représentent en quelque sorte le point de vue officiel.

[2] Les devoirs des écoliers, les «compositions françaises» (en américain, *well-structured
themes*), constituent aussi d'excellentes sources de documentation pour le sociologue. Voici
quelques sujets de compositions françaises proposés dans un petit magazine bimensuel, *Le
Cycle d'observation*, Classes de 6e et 5e (enfants de onze à douze ans), publié par la Librairie
Fernand Nathan, 15 septembre 1966:

— Un jour, retenu par des contraintes que vous préciserez avec leurs circonstances, vous
avez envié la liberté dont jouissaient d'autres camarades . . . , un ami . . . , des enfants inconnus. . . . Montrez ce à quoi vous étiez astreint . . . , en quoi consistait la liberté des autres . . . ,
les sentiments qui vous agitaient, vos réactions personnelles.

— «Le grand Meaulnes s'est évadé». . . . N'avez-vous pas, parfois, rêvé de vous évader
. . . , de partir seul ou avec des camarades . . . , d'échapper à une surveillance tyrannique . . . ,
de vous esquiver au cours d'une visite ennuyeuse? . . . Avez-vous réussi ou non? Que s'est-il
passé? Racontez.

— Que feriez-vous de vos vacances si, sans considération d'argent, vous étiez libre d'en
disposer?

— Quel métier choisiriez-vous si on vous laissait libre du choix?

— La liberté: la jeunesse moderne se plaint souvent de ne pas être assez libre. Présentez
vos revendications à ce sujet.

Qu'est-ce que l'homme? Selon Pascal, l'homme n'est «ni ange ni bête»; mais il comprend le double aspect de la personne humaine. Pascal nous avertit que celui «qui veut faire l'ange fait la bête».[3] C'est-à-dire qu'il ne faut pas tendre vers un idéalisme absolu; il faut comprendre les faiblesses de la nature humaine. Ainsi deux expressions reviennent fréquemment dans les manuels et dans la littérature française moderne: la condition humaine et la dignité humaine.

Qu'est-ce que la dignité humaine? Les mots «noblesse», «éminence», «importance» et «grandeur» l'expliquent partiellement. Elle résulte du comportement de l'homme, de ses actes et des paroles qui sont conformes aux idées et aux sentiments élevés qui inspirent du respect. Les mots «élévation», «respect» et «exaltation» servent à l'évoquer, ainsi que tous les efforts que fait l'homme pour s'éloigner de l'état animal, matérialiste, pour s'approcher de celui des idéalistes, sans pourtant y atteindre tout à fait.

Les enfants apprennent à sentir et à agir avec un sens de dignité, de conscience d'eux-mêmes, par l'intermédiaire des leçons de morale de l'école; pour les enfants élevés selon la religion s'y ajoute le catéchisme qui ne diffère guère de celui des écoles catholiques aux Etats-Unis.[4]

Les «leçons de morale» laïque ou religieuse insistent tout d'abord sur ce qui sépare nettement l'homme de la bête, à savoir l'esprit humain, l'intelligence humaine. C'est par là qu'il domine la nature, d'une part, et ses propres impulsions, d'autre part (celles qui proviennent de l'animal que chacun porte en soi). Il ne peut pas éliminer totalement la bête en lui, parce que la nature est indestructible; mais il est capable d'en contrôler les forces; c'est là ce que Billebault appelle «la victoire de l'homme».[5] Dans la préface, l'auteur explique:

L'homme a remporté la victoire sur le temps, la nature, et sur son propre tempérament, double victoire, matérielle et intellectuelle, incontestablement.

---

[3] «L'homme n'est ni ange ni bête, et le malheur veut que qui veut faire l'ange fait la bête.» Pascal, «Grandeur de l'homme», *Pensées*, No. 358. (Voir aussi Chapitre 1, note 15.)

[4] L'école publique ne comporte aucun enseignement religieux; les enfants dont les parents le désirent doivent suivre les classes de catéchisme assurées par le curé de la paroisse, ou un abbé, ou, dans les lycées, par un aumônier. Il n'y a jamais en France de discussion pour savoir si des prières peuvent être dites en classe; elles sont toujours interdites dans les établissements d'enseignement laïc. Et, dans les écoles catholiques qui reçoivent depuis 1959 une aide financière de l'Etat, l'enseignement religieux doit être donné strictement en dehors de l'horaire scolaire officiel. Il est naturellement complété et renforcé, à la maison, par les familles catholiques qui suivent de très près la formation de leurs enfants. Il en va à peu près de même dans les milieux protestants et israélites et leurs écoles privées nombreuses.

[5] E. Billebault, *La Victoire de l'homme*, 4e édition (Paris: Editions de l'Ecole, 1962).

«La dignité est quelque chose que l'on sent… le partage de tous les êtres humains.» (Photo par Wylie)

La victoire morale est moins évidente. Certains événements, des guerres horribles, font douter de la nature morale de l'homme. . . . L'amour doit triompher de la haine, des appétits, des désirs, de l'égoïsme; la dignité humaine doit triompher.

Les enfants doivent aussi répondre à certaines questions; par exemple:

Avez-vous envie de rire en voyant un ivrogne couché dans la boue du ruisseau? ou, quand un grand bat un plus petit que lui? Pourquoi ces scènes nous rendent-elles mal à l'aise?

TABLE DES MATIÈRES

La première et la dernière page d'une table des matières qui montrent les lectures exigées dans une

Est-ce qu'un pauvre peut se conduire aussi bien qu'un riche?

Le pilote Guillaumet, après avoir marché seul quatre jours et quatre nuits dans les Andes, son avion étant immobilisé sur un plateau étroit, dit simplement à son ami, Saint-Exupéry: «Ce que j'ai fait, je te le jure, jamais aucune bête ne l'aurait fait.»[6] Pourquoi parle-t-il ainsi?

---

[6] Antoine de Saint-Exupéry (1900–1944), aviateur et écrivain, parle ici de son camarade Guillaumet dans *Terre des hommes* (Paris: Editions Gallimard, 1930), p. 49. Il est aussi l'auteur de *Vol de nuit, Pilote de guerre* et *Le Petit Prince.*

classe de «morale». L. Leterrier et R. Bonnet, Sur le droit chemin, *1946.* (Librairie Delagrave)

On en conclut que la dignité est quelque chose que l'on sent; qu'elle est le partage de tous les êtres humains; et qu'il faut savoir toujours la préserver. Et, tout au long de l'année, maîtres et élèves passent en revue la liste des vertus qui font la dignité et la valeur de l'homme, et celle des vices, dont il faut s'abstenir.

Il est intéressant de se rappeler que les principes de cet enseignement moral sont formulés dans les bureaux du ministère de l'Education nationale à Paris, qui ont fixé également et avec précision la méthode pédagogique à suivre. Chaque instituteur sait exactement ce qu'il faut faire. Toutefois, il préserve sa personnalité; il y a de fortes variantes d'une classe à l'autre, et les inspecteurs ont parfois beaucoup à faire pour maintenir une sorte d'homogénéité.

5   Cette partie du programme scolaire a donc pour but de donner à l'enfant le sens de la dignité et les moyens de la garder. Il devra tenir compte, bien entendu, des limitations de l'homme (que Pascal avait signalées), et de la réflexion plus concrète et terre à terre de

«La condition humaine.» Ici, une école catholique à Chanzeaux. (Photo par Wylie)

Montaigne,[7] qui précise que sur «le plus eslevé throne du monde . . . [nous] ne sommes assis que sus nostre cul».

Ceci nous amène au concept de «la condition humaine», que marquent, d'une part, les faiblesses et les imperfections inhérentes à l'homme, et par-dessus tout la différence énorme entre ses aspirations, son sens de l'absolu, et d'autre part, ses réalisations dérisoires, dans sa vie limitée, écrasée par les contingences, le temps et la mort. Pascal encore, dans le chapitre «Grandeur de l'homme», montre que si la dignité donne à l'homme sa grandeur, la condition humaine est cause de sa misère. Ce qui revient à dire que les hommes (individuellement surtout) ne vivent pas selon l'idéal élevé qu'ils portent en eux; et que les leçons de morale de notre époque ne leur en présentent qu'un faible reflet sur un plan pratique.

En fait, les livres d'histoire fourmillent d'actes malhonnêtes que des individus privilégiés ont accomplis aux dépens de leurs victimes. L'enfant, qui comprend cela parfaitement, apprend, simultanément, à l'école, cette double moralité. La morale des *Fables* de La Fontaine[8] est certes différente de celle des classes dites de morale: le fabuliste ne prêche point la charité chrétienne. Attention, prenez garde, méfiez-vous de tout le monde; il y a toujours quelqu'un qui cherche à vous tromper; soyez humble, sans grande ambition, prudent par-dessus tout, vous pourrez peut-être vous tirer d'affaire. Selon un aphorisme de La Bruyère: «Il n'y a au monde que deux

---

[7] Michel de Montaigne (1533–1592), écrivain et moraliste, auteur des *Essais*, d'où la citation qui suit (Livre III, Chapitre 13 [Paris: Bibliothèque de la Pléiade, 1962], p. 1096).

[8] Jean de La Fontaine (1621–1695), auteur de *Contes* et de *Fables*. «Le Corbeau et le Renard» illustre bien sa morale:

> Maître Corbeau, sur un arbre perché,
> Tenait en son bec un fromage,
> Maître Renard, par l'odeur alléché,
> Lui tint à peu près ce langage:
> «Hé! bonjour, Monsieur du Corbeau,
> Que vous êtes joli! que vous me semblez beau!
> Sans mentir, si votre ramage
> Se rapporte à votre plumage,
> Vous êtes le phénix des hôtes de ces bois.»
> A ces mots le Corbeau ne se sent pas de joie;
> Et pour montrer sa belle voix,
> Il ouvre un large bec, laisse tomber sa proie.
> Le Renard s'en saisit, et dit: «Mon bon Monsieur,
> Apprenez que tout flatteur
> Vit aux dépens de celui qui l'écoute:
> Cette leçon vaut bien un fromage sans doute.»
> Le Corbeau, honteux et confus,
> Jura, mais un peu tard, qu'on ne l'y prendrait plus.

(Livre I, Fable 2)

manières de s'élever, ou par sa propre industrie, ou par l'imbécillité des autres.»[9]

Cette conception de la nature humaine,[10] enseignée dans les classes primaires, nous mène ensuite, plus spécifiquement, à la conception des Français eux-mêmes. Comment apprend-on aux enfants, aux futures générations, la formation du peuple français, la démographie et la répartition de la population sur le territoire?

La première notion enseignée est celle d'une extrême variété ethnique. La France est depuis longtemps un creuset. Les Etats-Unis passent pour être le creuset où se sont fondus les peuples venus d'Europe, mais l'immigration a lieu en France depuis des siècles; il est donc impossible de parler d'une race française.

C'est d'ailleurs la diversité de ses origines raciales qui fait pour une bonne part la grandeur de la France. La belle France, ce pays merveilleux, a évidemment attiré des gens de toutes les autres contrées du monde. Immigrants et envahisseurs s'y sont installés, et en ont fait ce qu'il est devenu aujourd'hui. Ligures, Celtes, Romains, Germains, Normands, Anglais et bien d'autres se sont suivis dans les temps lointains.[11] Plus près de nous, du XIIe au XXe siècles, il y a

---

[9] Jean de La Bruyère (1645–1690), moraliste, «Des biens de fortune», No. 52 dans ses *Caractères*.

[10] Voici la lettre que dans un examen donné dans un département de l'Ouest, un candidat a rédigée comme «composition française»:

Je réponds à ta lettre que j'ai lue avec beaucoup de plaisir et d'intérêt. C'est à mon tour de t'écrire maintenant, et je vais te raconter quelque chose qui me rend furieux.

Comme d'habitude, tout allait normalement dans notre classe, lorsque soudain un petit avion de papier vola au-dessus des têtes, et alla tomber près du pupitre du maître. Toutes les têtes se dressèrent, et quelques sourires apparurent sur nos lèvres. «Est-ce que le coupable veut bien se dénoncer?» dit le maître, indigné. Silence. «Eh bien, puisque personne ne répond, vous viendrez tous en classe demain jeudi.» Un murmure de protestations traversa la salle, mais le coupable garda le silence. Je savais que c'était Durel, car je l'avais vu fabriquer le petit aéroplane. Je l'avais vu se pencher en avant et lancer l'avion d'un geste brusque. Le visage impassible, les yeux sur son pupitre, Durel devait sentir que nous étions tous contre lui. Un sentiment de révolte m'a envahi —de révolte et de mépris. Car j'étais injustement puni; mais j'ai préféré subir cette injustice plutôt que de rapporter un de mes camarades. Ah, Durel, quel lâche! Voilà. Donne-moi de tes nouvelles bientôt.

[11] Les Ligures étaient des peuples (à l'origine ethnique incertaine) installés dans le sud-est de la Gaule. Les Celtes étaient des peuples d'origine indo-germanique dont on retrouve aujourd'hui le type et la langue en Bretagne (et au Pays de Galles et en Irlande). Les Germains, en tribus et groupes variés (Wisigoths, Vandales), ont commencé à envahir la Gaule plus d'un siècle avant Jésus-Christ. Les Normands (ou Northmen), venant de Scandinavie ont envahi la France au IXe siècle. L'invasion la plus dangereuse a été celle des Huns (avec Atilla pour chef) au IVe siècle, mais elle a été repoussée.

eu des immigrants écossais, polonais, russes, espagnols et portugais; beaucoup de familles françaises portent des noms étrangers.[12]

Depuis la fin des guerres napoléoniennes, le nombre d'immigrants a presque toujours dépassé celui des émigrants.[13] Et pourtant, le nombre officiel des étrangers en France n'est jamais très élevé; car les naturalisations (plus faciles à obtenir qu'aux Etats-Unis) y sont nombreuses. Vers 1950, environ 40 000 personnes (venant des pays où abondait la main-d'œuvre non spécialisée dont avait besoin la France) se faisaient naturaliser chaque année. Elles venaient d'Espagne, de Pologne, d'Allemagne, d'Italie et de Belgique; il y avait en outre des Algériens qui, depuis 1946, profitant d'une lé-

---

[12] A titre d'exemples: le général MacMahon, au XIXe siècle; le philosophe Henri Bergson (d'origine judéo-britannique); Marie Sklodowska Curie; Julien Green (romancier contemporain né en Virginie); Pablo Picasso.

[13] Le premier recensement officiel ayant eu lieu en 1801, il est impossible de remonter plus avant avec exactitude. De 1936 à 1946, il y a eu un excédent constant de 28 000 immigrants sur les émigrants. De 1947 à 1954, le chiffre en est passé à 87 000; de 1955 à 1959, à 110 000.

Josephine Baker est plus heureuse en France qu'aux Etats-Unis; elle y vit depuis longtemps. Comme lieutenant-aviateur elle a participé avec l'armée française à la libération du pays. En 1957, elle a reçu la Légion d'honneur à titre militaire. (Ambassade de France/ Service de presse et d'information)

Ils sont tous Français. (Photo par Claire Kuhn/Monkmeyer)

gislation spéciale, entraient en France sans formalités.[14] De très nombreux travailleurs saisonniers arrivent aussi d'Italie, d'Espagne, de Portugal, d'Allemagne et de Pologne.

Les livres scolaires insistent beaucoup sur l'apport, matériel et spirituel, donné à la France au cours de l'histoire par ces groupes

---

14 Même pendant la guerre d'Algérie, le gouvernement français n'a pas arrêté le flot d'Algériens, ou de Nord-Africains, venant chercher du travail en France. Outre les 300 000 ou 400 000 Nord-Africains toujours en France, il y a, depuis une quinzaine d'années, de nombreux Sénégalais et des Portugais, qui se font embaucher pour des travaux durs et pénibles (dans les mines, par exemple), et dans le bâtiment, ou bien travaillent comme manœuvres dans les usines et sur les routes. Le fait d'ailleurs qu'ils sont embauchés comme manœuvres ne constitue pas une discrimination spéciale, car la majorité d'entre eux sont illettrés à leur arrivée en France, ou n'ont encore aucune spécialisation.

sociaux variés. Les Gaulois, par exemple, sont censés avoir donné aux Français leur humour, leur esprit. Ils passent, dans les classes primaires, pour «nos ancêtres» Les Romains ont apporté leur civilisation, le droit, la justice et une attitude rationnelle envers la vie. Les Francs, leur virilité, leur courage et leur génie militaire, et ainsi de suite. Mais quant aux récents immigrants, leur apport culturel n'a encore donné naissance à aucun mythe; Polonais, Italiens du Sud, Arabes, Portugais, Sénégalais, ils viennent pour la plupart de couches sociales moins développées, et les Français pensent jusqu'ici que ces immigrants ne peuvent guère contribuer à la marche de la civilisation. André Siegfried fait remarquer:[15]

> L'étranger qui nous connaît découvre qu'un bon sens inné, une intelligence ouverte, le caractère splendidement humain de l'homme du peuple et du paysan sont nos traits les plus sympathiques. Une tradition vieille d'un siècle dans ce pays qui, jusqu'ici semble privilégié, y a développé en même temps un certain art de vivre et une sagesse fondée sur la modération, car nous avons appris que la vie peut donner beaucoup, mais que nous ne pouvons pas lui demander tout. Ceci est peut-être la vraie civilisation.

Voici donc brièvement ce que l'écolier apprend sur les Français et sur leurs origines. Tout comme dans le cas du milieu physique et celui de l'histoire du pays, les deux mots-clés sont variété et unité, qui, en se combinant, donnent la meilleure des qualités—l'équilibre.

QUESTIONS

1. Qu'a-t-on trouvé précédemment dans les manuels d'histoire sur la nature humaine?

2. Que contiennent les «livres de morale»? Qu'est-ce que l'enfant français y découvre sur la nature humaine en général, et par quel procédé?

3. Donnez la réflexion de Pascal sur l'homme et commentez-la.

4. Quelles expressions trouve-t-on souvent dans les manuels scolaires et dans la littérature française se rapportant à la nature humaine?

5. En quoi consiste la dignité humaine? Illustrez de deux ou trois exemples précis ce que vous entendez par «dignité humaine».

---

[15] André Siegfried (1875–1959), géographe et sociologue, membre de l'Académie française, dans *L'Âme des peuples* (Paris: Librairie Hachette, 1950), p. 6.

6. Dans les livres de morale, quel est le raisonnement suivi pour donner aux élèves le sentiment de la dignité humaine?

7. De quelle sorte de victoire parle le texte cité?

8. Pourquoi la victoire morale de l'homme est-elle douteuse?

9. Donnez votre réponse personnelle à chacune des trois questions posées ici aux jeunes élèves français.

10. Commentez la citation de Montaigne.

11. Que faut-il entendre ici par «condition humaine»? Peut-on envisager une ou plusieurs autres conceptions de la condition humaine? Lesquelles?

12. En vous appuyant sur la fable «Le Corbeau et le Renard», donnez l'essence de la morale de La Fontaine.

13. Racontez à votre façon l'histoire du corbeau et du renard. Que pensez-vous personnellement de la morale que La Fontaine nous recommande d'appliquer?

14. Commentez la remarque de La Bruyère.

15. Pourquoi serait-il inexact de parler d'une race française?

16. Quand peut-on comparer un pays à un creuset?

17. Montrez ce qui sépare et ce qui rapproche immigrants et envahisseurs.

18. Nommez les principaux groupes d'immigrants qui sont venus s'installer en France au cours du XIXᵉ et du XXᵉ siècles.

19. Qu'appelle-t-on un travailleur saisonnier?

20. Quels travailleurs saisonniers trouve-t-on aux Etats-Unis? Quels travaux font-ils?

21. Nommez trois groupes de travailleurs étrangers qui sont employés en France comme manœuvres.

22. De quels pays d'Europe et d'Afrique vient une nombreuse main-d'œuvre non spécialisée?

23. Qu'est-ce que les Gaulois, les Francs et les Romains sont censés avoir apporté, respectivement, au caractère français?

24. Pourquoi l'apport culturel des récents immigrants en France est-il jugé faible?

25. Quels ont été les grands envahisseurs de la Gaule et de la France? En quels siècles ces invasions ont-elles eu lieu?

26. Selon André Siegfried, en quoi consiste la «vraie» civilisation?

27. Dans la «composition française» sous forme de lettre, approuvez-vous la conduite de l'élève qui se laisse punir plutôt que de rapporter un camarade? Pourquoi? Approuvez-vous celle de l'instituteur? Pourquoi?

28. Rédigez une «composition» sur une situation analogue.

QUESTIONS DÉMOGRAPHIQUES

CHAPITRE 6   Si, aux Etats-Unis, on accorde peu d'importance à la démographie, elle joue par contre en France un rôle important dans l'enseignement. Essayons tout d'abord de comprendre ce que le jeune Français voit dans le rapport entre la population de son pays et celle des autres nations européennes. Le Tableau 6,1 montre la population à travers les siècles.

Tableau 6,1 **Evolution de la population française évaluée à diverses époques.**

Epoque de César		6 700 000
Epoque de Charlemagne	8 à	10 000 000
Après l'explosion démographique		
des xive-xve siècles	20 à	22 000 000
1700		21 400 000
1800		27 500 000
1850		36 000 000
1900 (sans Alsace et Lorraine)		39 000 000
1935		42 000 000
1968		50 000 000

A l'époque de Jules César, la population est estimée à sept millions. A la fin du xive siècle, une explosion démographique semblable à celle que nous constatons aujourd'hui double la population en un temps relativement bref. Quatre cents ans plus tard, au xviiie siècle, un nouvel essor se produit; ce tableau montre bien ce que les Français aiment voir.

Le Tableau 6,2 toutefois, où figurent les autres pays européens, est fort intéressant. En effet, si entre 1650 et 1950 la population française a doublé, celle de l'Europe a quintuplé; et le pourcentage des Français par rapport aux Européens n'a cessé de diminuer, alors

Tableau 6,2 **Evolution comparative de la population française. (De 1650 à 1950 la population française a doublé; la population européenne a quintuplé.)**

En 1650 la population française représente	20% de la population européenne
1800	17%
1850	10%
1950	8%

qu'en particulier celui des Russes, des Allemands et des Anglais s'est nettement accru: en 1650, un Européen sur cinq était français, c'est-à-dire que 20% des Européens étaient français. En 1800, ils n'étaient plus que 17%. En 1850, 10%; en 1950, 8%.[1] En d'autres
5 termes, la population française ne s'accroissait pas suivant le même rythme que celle des autres pays. Situation d'autant plus alarmante que le taux des naissances ne cessait, lui aussi, de baisser. De 3,2% en 1800, il tombait à 1,5% en 1935. D'où grande inquiétude chez les Français,
10 qui ont donné à ce mal le nom de «malthusianisme». L'économiste anglais Malthus (1768–1834) prétendait que, puisque seules les catastrophes et les guerres peuvent résoudre le problème
15 de la surpopulation, le meilleur moyen d'éviter ces fléaux était de réduire volontairement le nombre des naissances. Son point de vue est d'ailleurs vivement repris actuellement devant la fantastique
20 explosion démographique à travers le monde. A partir de la fin du XIXe siècle, prêtres, moralistes, sociologues et démographes ont tous alors abondamment commenté le malthusianisme, en affirmant que la nation française était en voie de disparition.

    Mais, jusqu'à la seconde guerre mondiale, le taux des naissances a
25 continué de décroître. Puis, de même que dans le reste du monde, un grand essor démographique s'est produit, et la courbe de la population a vivement remonté en France. (Voir Tableau 6,4.)

    L'accroissement de 20% qu'indique le Tableau 6,4 a causé beaucoup de joie et de satisfaction, car, après soixante-dix ans de déclin,

Tableau 6,3 **Taux de la natalité française.**

Année	Taux
1800	3,2%
1850	2,7
1900	2,2
1935	1,5
1946	2,1
1955	1,9
1968	1,8

---

[1] Toutefois il y a eu un accroissement récent de la natalité, qui semble d'ailleurs temporaire, et en 1966, le pourcentage a atteint 11%.

Tableau 6,4 **Accroissement récent de la population.**

Année	Population
1946	40 500 000
1950	41 000 000
1955	43 117 000
1960	45 355 000
1965	48 920 000
1969	50 000 000

le nombre des «enfants de la patrie» rejoignait enfin celui des pays voisins.

Voilà donc ce que l'enfant français retire de son livre de géographie, de géographie humaine; et voilà comment il apprend que
5 l'accroissement de la population de son pays est souhaitable.

Au sujet de la répartition (idéale et réelle) de la population, il faut distinguer entre la répartition de la population par âges et par générations, et la répartition des habitants à travers le territoire.

Alors que dans l'étude de la France physique et dans celle de
10 l'histoire de France, l'nexagone et la chaîne de la civilisation servent respectivement de points de repères, ici, ce sera le triangle, ou plus exactement, la pyramide.

La Figure 6,1 est tirée d'un manuel destiné à des enfants de quinze

?. 6,1. Ces deux pyramides montrent (a) l'état démographique normal et (b) l'état démo- ?phique anormal résultant d'une faiblesse excessive et persistante de la natalité. Manuel mentaire de démographie française, *1960*. (Alliance Nationale pour la Vitalité nçaise)

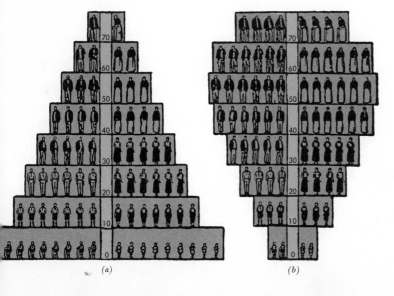

(a)   (b)

ans, au moment où ils étudient les questions démographiques élémentaires; ils apprennent à distinguer une bonne pyramide d'une
mauvaise. La bonne pyramide doit indiquer relativement peu de
vieillards, beaucoup d'enfants et un groupe important d'indivi-
5 dus entre vingt et soixante-cinq ans (ceux qui travaillent, font vivre les autres, et qu'on nomme la «population active»).

L'autre pyramide indique beaucoup de vieillards (qui ne sont pas
économiquement producteurs, et qu'il faut entretenir), très peu
d'enfants (qui pourtant assureraient l'avenir du pays), et un groupe
10 relativement restreint de gens d'âges intermédiaires.

La Figure 6,2 montre l'état démographique réel de quatre pays.

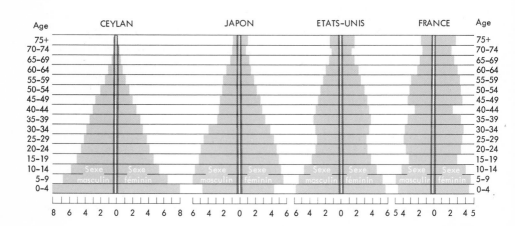

Fig. 6,2.   L'état démographique de quatre pays.

Dans la pyramide de la France (Fig. 6,3) dressée en 1968, la partie
inférieure représente la jeunesse; la partie centrale, la population
active; et la partie supérieure, les vieillards.

15 Qu'y peut-on lire ici de l'histoire récente de la France? Tout d'a-
bord, les conséquences de la guerre y sont très apparentes. En outre,
il y a toujours, bien entendu, dans notre civilisation moderne, plus
de femmes âgées que d'hommes âgés, mais, à cause des morts de
la première guerre mondiale (un million et demi), la proportion en
20 est plus forte en France qu'ailleurs. La pyramide montre aussi
qu'un grand nombre d'enfants qui auraient normalement dû naître
n'ont pas vu le jour, les hommes étant tués ou combattant encore
au front. De plus, le malthusianisme est responsable de ce que l'on

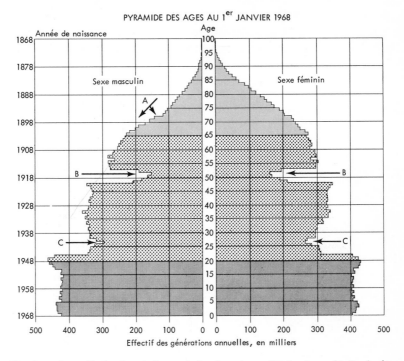

PYRAMIDE DES AGES AU 1ᵉʳ JANVIER 1968

Fig. 6,3. Pyramide des âges de la population française au Iᵉʳ janvier 1968. En A, dans la partie gauche, la brèche correspondant aux pertes militaires de la guerre 1914–1918, qui s'atténue peu à peu à mesure que les survivants vieillissent. En B, des deux côtés, les brèches dues aux classes creuses nées pendant cette guerre. En C, des deux côtés, les brèches dues au déficit des naissances de la guerre 1939–1945 et à la dénatalité antérieure. (Alliance Nationale pour la Vitalité Française)

appelle «les classes creuses»; entre 1920 et 1930, les hommes qui forment les classes militaires[2] sont moins nombreux que les autres années. Ces «classes creuses» sont importantes ici pour deux raisons: d'une part, la population active n'est pas nombreuse, alors qu'il y a beaucoup de vieillards et beaucoup d'enfants; d'autre part, ce sont d'ordinaire les gens de quarante à soixante ans qui sont appelés à gouverner le pays. Or, il y en a très peu ici, et pendant longtemps les dirigeants avaient dû être pris parmi les gens de plus de soixante ans. Et maintenant, tout à coup, les jeunes les remplacent et prennent de plus en plus la direction des affaires publiques et économiques.

---

[2] Le service militaire est obligatoire en France. Tout homme âgé de vingt ans est recensé par les autorités militaires. L'ensemble des hommes ayant vingt ans une année est appelé «classe». Ainsi, la «classe 69» comprend tous les hommes nés en 1949.

Grâce à ce genre de tableaux donc, l'écolier français apprend comment, au cours des temps, par âges et par générations, la population devrait se répartir pour le bien général, et comment elle se répartit en fait.

Fig. 6,4.   Les 95 départements de la France et les 21 circonscriptions d'action régionale (voir Chapitre 17). Le médaillon montre les sept départements créés en 1964; autrefois il n'y en avait que deux aux environs de Paris: Seine et Seine-et-Oise. Guglielmo, Lacoste, Ozouf, Géographie, Classe de Iere, *1965.* (Fernand Nathan Editeur)

Comment se distribue-t-elle dans l'espace, à travers le pays? Comment devrait-elle se répartir? Les Français sont-ils satisfaits ou inquiets de la situation actuelle, et pourquoi?

Des conditions idéales exigeraient que la population soit répartie également sur tout le territoire, avec, peut-être, un noyau central (puisque l'hexagone est une cellule) plus peuplé que le reste du pays; mais encore faut-il que ce noyau ne prenne pas des proportions démesurées susceptibles d'étouffer ou de détruire l'ensemble de la cellule.

Fig. 6,5. Départements et densités de la population. Ce que serait la superficie des départements si elle était proportionnelle à leur population, d'après le recensement de 1954. La Documentation française, N° 144, le 19 décembre 1963.

Que sé passe-t-il en réalité? Il est vrai que les Français sont satisfaits de la densité moyenne de leur population; elle n'est ni trop forte
ni trop faible; à la différence des pays très peuplés (ceux qui ont plus
d'habitants qu'elle au kilomètre carré),[3] la France n'a guère de ré-
5 gions trop clairsemées ni trop denses, et sur ce point-là encore elle
tient le juste milieu.

Il reste cependant de réels sujets d'inquiétude. La Figure 6,6, tirée
d'un manuel, le montre clairement. La boucle supérieure du grand
«8», à l'intérieur de l'hexagone représente un pôle d'attraction très
10 net: c'est Paris; tandis que la boucle
inférieure, correspondant vaguement au
Massif Central, est un pôle de répulsion.
Paris attire des Français de partout, alors
que du Massif Central, vaste zone pauvre,
15 la population s'échappe vers les grands
centres urbains. D'une part donc, se produit ce que l'on peut appeler l'accroissement «monstrueux» de la région parisienne, et, d'autre part, l'exode rural.

20 Le Tableau 6,5 montre le développement et les mouvements des populations
rurales et urbaines. Il y a cent ans, les
Français pouvaient constater que trois
personnes sur quatre vivaient dans des
25 zones rurales, et que la France était donc
un pays essentiellement rural. Elle ne s'en
trouvait que plus forte, la cellule rurale
étant de toutes les cellules familiales celle
que l'on estimait traditionnellement être
30 la plus saine.

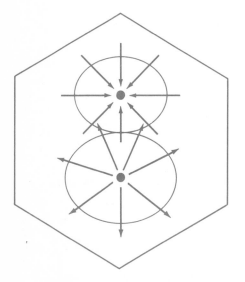

*Fig. 6,6. «L'accroissement mon-
strueux de la région parisienne.»*

Tableau 6,5 **Evolution de la population urbaine
et de la population rurale.**

Année	Urbaine	Rurale
1845	24%	76%
1900	41	59
1946	53	47
1954	56	44
1962	62	38

[3] Voici dans quelques pays la densité (au km²) de la population en 1966: Belgique, 295;
Grande Bretagne, 210; Italie, 160; France, 80; Espagne, 58; Etats-Unis, 20; U.R.S.S., 10.

Mais en 1931, un premier pas est franchi: 51% des habitants vivent dans des centres urbains; et, entre les deux recensements de 1954 et 1962, la population totale s'accroît de 20% (sur le chiffre de 1954), et la population des campagnes décroît de 5%. Grand sujet
5 d'inquiétude chez les Français qui tiennent à ce que leurs racines plongent bien dans le sol.

La Figure 6,7 explique les mouvements de la population; les hachures indiquent les zones qui se sont peuplées aux dépens des autres.

Politiciens, démographes et moralistes observent cette situation
10 nouvelle, s'inquiètent et se lamentent, prétendant que la France est «finie», qu'elle n'est plus la France, puisque la plupart des Français ne vivent plus près de la terre, dans de petites fermes bien ancrées dans leurs traditions; tandis que par ailleurs se poursuit l'expansion «monstrueuse» de la capitale; Paris retient en effet aujourd'hui un
15 cinquième de la population totale; un Français sur cinq vit à Paris ou aux environs de Paris.

Si donc, d'une part, la population se répartit d'une façon générale assez satisfaisante, puisque sa densité moyenne n'est ni trop élevée ni trop faible, d'autre part, l'hexagone est loin d'être peuplé régu-
20 lièrement. Et, étant donné l'attitude traditionnelle des Français à l'égard de la nature, et leur besoin profond d'isolement et d'indépendance, la situation nouvelle est autrement plus grave qu'elle ne le serait aux Etats-Unis.

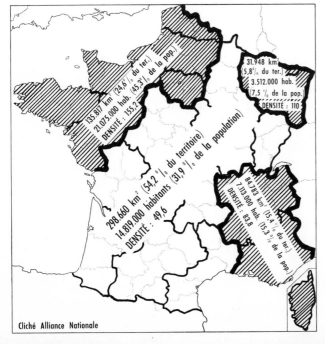

Fig. 6,7. *Densité de la population en France.* Vitalité française, *août-octobre 1963.* (Alliance Nationale pour la Vitalité Française)

Cliché Alliance Nationale

«Paris attire des Français de partout.» Ici, une grand-mère bretonne rend visite à sa fille devenue parisienne. (Photo par Roger Coster/Monkmeyer)

QUESTIONS

1. Donnez les chiffres approximatifs de la population, de la Gaule romaine à la France du XXe siècle.

2. Qu'est-ce que les Français aiment voir dans les tableaux démographiques de leur pays?

3. Que lit-on dans le Tableau 6,2?

4. D'après les Tableaux 6,2 et 6,3, expliquez pourquoi la situation démographique de la France était alarmante.

5. Qu'est-ce que le malthusianisme?

6. Où et vers quelle époque le taux des naissances a-t-il cessé de décroître?

7. Comment faut-il considérer la répartition, idéale et réelle, de la population?

8. Comment distingue-t-on, en démographie, une bonne pyramide d'une mauvaise?

9. Considérez et commentez les quatre pyramides de la Figure 6,2.

10. Qu'est-ce qu'une «classe creuse»?

11. Quelle devrait être, géographiquement parlant, la distribution idéale de la population française? Comment la population française se répartit-elle en fait dans l'espace?

12. Essayez de définir brièvement en quoi consiste la science démographique.

Deuxième Partie
STRUCTURE DE LA FAMILLE

INTRODUCTION

Chapitre 7   La famille française n'a guère fait l'objet de travaux sérieux et scientifiques. Par contre, la littérature, la religion, la politique et la philosophie en ont traité abondamment et de manière confuse.

5   Nous considérerons ici la famille modèle, établie depuis des siècles, et l'idéal qu'elle a représenté, afin de comprendre les lois qui ont été promulguées en France en vue de rapprocher la réalité de cette perfection imaginaire; et afin de voir également comment se réalise la «socialisation» des enfants, et les répercussions qui en résultent dans

10   les rapports entre la société et l'individu.

L'enfant apprend traditionnellement à considérer la famille où il grandit comme un modèle parfait, qu'il appliquera plus tard (en grandissant) aux autres institutions. En d'autres termes, pour comprendre le gouvernement français, par exemple, son comportement

15   vis-à-vis des gouvernements étrangers et la manière dont les Français conçoivent leurs institutions, il faut savoir quelle a été la conception de la vie et du monde donnée à l'enfant.

Cette famille française idéale et traditionnelle a été clairement définie. Le sociologue Le Play et le philosophe Janet ont laissé au

20   siècle précédent d'excellents travaux sur le sujet.[1] Le Play, par exemple, se plaçait à la fois sur deux plans—historique et géographique. Les familles qu'il a étudiées ont été prises à diverses époques et à travers l'Europe, et il a conclu qu'elles se divisent en trois catégories: la famille patriarcale, la famille instable (toujours la famille

25   moderne), et la famille-souche.[2] La première est celle de la Bible, de

---

[1] Frédéric Le Play (1806–1882) était un économiste partisan d'une forte organisation de la famille, de la religion et de la propriété; Paul Janet (1823–1899) était philosophe spiritualiste.

[2] On appelle «souche» la partie du tronc d'un arbre qui s'enracine dans la terre et produit des rejets (*young shoots*), lesquels produiront d'autres arbres.

l'âge d'or; la seconde se rencontre de tout temps dans les milieux ouvriers; mais celle qui l'intéresse vraiment, c'est la famille-souche.

Celle-ci comprend le père, la mère et les enfants; l'un d'entre eux reste parfois auprès des parents pour continuer leur œuvre,
5 tandis que les autres iront faire souche ailleurs, fonder d'autres foyers. Selon Le Play, ce sont là les familles idéales. Chacune d'entre elles, unie par le foyer, forme une cellule complète, capable de se suffire à elle-même. Elle demeure dans une «maison» et constitue un «ménage». Ses membres, fortement liés les uns aux autres, forment
10 le «cercle de famille».[3]

Sa première fonction est de se perpétuer, ce qui s'accorde fort bien avec la conception catholique, selon laquelle le but principal de l'acte sexuel est la procréation. Toutefois, dans cette famille idéale, la procréation même est implicitement limitée; car il faut
15 avoir assez d'enfants pour que la cellule reste forte, mais ne pas en avoir trop, ce qui la mettrait en danger, en la surchargeant et l'appauvrissant.

---

[3] C'est ainsi que *Farrebique*, un film tourné pendant la seconde guerre mondiale, dépeint la vie d'une famille idéale, dans une ferme, dans le sud du Massif Central.

Le *«cercle de famille»*. (Photo par Wylie)

La famille patriarcale existe toujours; mais les sentiments, plus que les nécessités économiques, en font l'unité. (Photo par Wylie)

La seconde fonction est économique, mais elle disparait peu à peu. Dans une ferme traditionnelle, le chef de famille, maintenant âgé, a passé sa vie à arrondir sa petite exploitation agricole, achetant une parcelle par-ci une parcelle par-là, afin d'arriver à un ensemble
5   qui permette à la collectivité familiale d'améliorer son existence. Cet aspect économique, dominant toute leur vie, donne aux individus un but qui les unit, et auquel ils consacrent à peu près toute leur existence. Leurs efforts combinés tendent constamment à renforcer la cellule, et à faire prospérer l'exploitation—le «bien de la famille».
10   Chacun y a sa tâche et son rôle bien marqués; et, toujours selon l'idéal, de plus en plus illusoire, l'unité familiale doit ainsi se suffire à elle-même, et demeurer parfaitement indépendante; toute forme d'interdépendance avec d'autres forces risquerait de l'affaiblir.

La troisième fonction est d'ordre éducatif: il faut transmettre aux
15   enfants les valeurs et les techniques dont ils ont besoin pour continuer la vie économique et l'unité de la cellule, qui, biologiquement et économiquement, dépend de ce transfert. Il faut que l'enfant

apprenne à tout sacrifier au bien de l'unité familiale; il est en quelque sorte un apprenti chez ses parents, et toute sa formation a lieu à l'intérieur du «cercle de famille», qui lui enseigne en somme à vivre et à travailler de la même manière et dans le même sens que ses parents. Mais, à cause de l'école qu'il fréquente, aux tendances beaucoup plus modernes, il ne s'estime point satisfait, et le but idéal recherché ne se réalise jamais parfaitement; il quitte souvent sa campagne pour la ville. Toutefois cette éducation lui a donné une certaine discipline, un sens des valeurs qui lui servira plus tard dans la vie.

La *«famille-souche» se prolonge.* (Photo par Wylie)

La quatrième fonction est d'ordre psychologique. C'est la famille qui donne à l'enfant (et par suite au futur adulte) son sens d'identité: son nom, ses origines, son adresse, une bonne partie de ses connaissances et de ses idées et même, une génération d'avance, le lieu où il sera enterré. L'enfant acquiert en famille les rôles, les valeurs, les attitudes, les techniques, qui lui permettent de vivre, sûr de lui-même et de sa place, une vie complète. La famille est pour lui le premier «cercle» à l'intérieur duquel il peut se sentir en confiance et grandir à l'abri du danger.

La cinquième fonction de la famille est d'ordre social. Ses rapports avec le reste du monde s'établissent de deux manières que l'on peut illustrer par des formes géométriques. Ce sont d'abord des cercles. Chaque famille appartient à certains cercles, en bloc, ou bien ses membres retrouvent individuellement des cercles différents. Ces groupes sociaux partagent avec la famille la plupart de leurs

Une famille célèbre le grand repas de baptême. (Photo par Wylie)

valeurs et de leurs attitudes, même si, à l'intérieur de la famille prise dans son sens le plus large, des désaccords de principes se manifestent. Puis, il y a d'autres cercles: professionnels, idéologiques ou amicaux. La facilité avec laquelle on peut grandir et se développer à l'intérieur des cercles propres à chacun prouve qu'il vaut mieux, semble-t-il, se marier dans son propre milieu. On peut appeler ces cercles «cercles de sécurité», et les opposer aux «cercles d'hostilité» —groupes hostiles, auxquels l'individu et la famille doivent faire face—ce qui, d'autre part, leur permet de s'identifier encore plus vigoureusement.

La famille est en outre une cellule qui se situe dans un ensemble plus vaste, «la ruche», qui est faite d'hexagones (car, lorsque des cercles sont comprimés, on obtient des hexagones).

Les rapports des individus entre eux, leurs rapports avec «la ruche», ont été particulièrement bien définis dans le Code civil.[4] Auparavant, et jusqu'à la Révolution de 1789, les coutumes et les lois variaient tellement d'un lieu à un autre que, selon Voltaire, le voyageur circulant à travers la France devait, de province à province, changer plus souvent de lois et de règlements que de chevaux. Le sud du pays, par exemple, vivait sous le régime de droit écrit (le droit romain), tandis que le nord pratiquait le droit coutumier (qui se retrouve dans le droit anglo-saxon); en outre, chaque province avait ses variantes; la législation réglant les rapports et la fonction des membres de la famille variait même de «pays» à «pays».[5]

«La ruche.»

Le Code Napoléon a été constamment modifié depuis sa mise en application au début du xixe siècle. Les rapports légaux entre époux, par exemple, y sont réglés avec grande précision. Considérée d'abord comme mineure et sous la tutelle de son mari, la femme a vu son sort s'améliorer peu à peu. En 1884, elle peut ouvrir son propre

---

[4] Ce n'est qu'après treize années d'études et de discussions, de 1789 à 1803, que le Code civil (système complet de législation) a pu être promulgué; on l'appelle aussi le Code Napoléon, parce qu'arrivé au pouvoir, Napoléon avait participé très activement à sa rédaction.

[5] Voir Chapitre 3, note 18.

compte à la Caisse d'épargne. En 1907, elle peut, juridiquement, employer son salaire comme elle le désire, et sans autorisation maritale. En 1927, elle est autorisée à garder sa nationalité, quelle que soit

Une femme travaille avec son mari dans un parc à huîtres; une autre fait les foins. (Photos par Wylie)

celle du mari. A partir de 1938, elle ne doit plus, légalement, obéissance à son époux. En 1942, elle reçoit l'égalité devant la loi avec son mari. En 1944, le droit de vote lui est accordé. En 1946, elle bénéficie de l'adoption d'un principe nouveau qui veut qu'à égalité de
5   travail avec l'homme elle jouisse d'un salaire égal. En 1965 enfin, de nouveaux régimes matrimoniaux lui donnent, dans certains cas, une plus grande indépendance financière à l'égard du mari, et une plus grande responsabilité.

Dans ses rapports avec sa fille, la mère, cherchant à la former,
10   doit lui donner une discipline et un sens d'organisation; elle lui transmet toutes ses techniques, ses recettes personnelles, ses connaissances; elle en fait d'ailleurs parfois une rivale (au lieu d'une alliée et d'une aide). Les mères françaises, quand elles craignent l'avenir, ont une tendance à reconnaître le plus tard possible la maturité de
15   leurs filles. Et quand celles-ci, sans se révolter, apprécient les leçons maternelles, elles tendent parfois à accepter volontiers cette situation presque passive. Par ailleurs, et dans le désir de s'améliorer, d'enrichir leur personnalité, elles cherchent à se faire apprécier et gâter par leur père, ce qui crée, naturellement, des tensions entre la
20   mère et la fille.

D'autre part, même dans la meilleure des familles, il y a presque toujours un individu qui est inférieur aux autres membres, ce qui détruit en partie l'équilibre et l'harmonie de la cellule. Or, l'idéal dépendait du bon fonctionnement de tout le mécanisme. Dans la
25   vie normale, en outre, on doit tenir compte des accidents imprévisibles et inévitables: maladie, mort, stérilité risquent de détruire complètement la cellule familiale: l'étranger qui y pénètre par mariage peut également l'affaiblir s'il ne s'y intègre pas totalement. Pour la même raison, l'adoption d'enfants et la situation des enfants illégi-
30   times[6] sont longuement étudiées dans le Code civil. L'adultère de la femme peut entraîner des conséquences graves pour ceux qui l'entourent.[7] L'adultère du mari, par contre, y est à peine mentionné, car il ne détruit pas nécessairement l'avenir de la famille.

Un autre point faible du mariage modèle (dont l'idéal reste inac-
35   cessible) est qu'il est si rigide qu'il ne peut s'adapter aux changements économiques et technologiques. Ni la petite ferme, ni la petite boutique ne sont à même de survivre dans le monde moderne. Aujourd'hui, il faut produire pour vendre sur le marché national,

---

[6] Il y a en France environ 50 000 bébés illégitimes par an.
[7] Thème littéraire fréquent, surtout au XIXᵉ siècle et au début du XXᵉ.

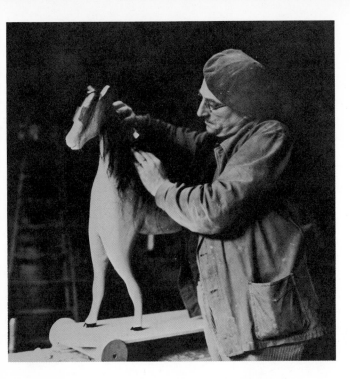

L'artisanat ne suffit plus à la majorité des Français. (Photo par Wylie)

Mais ils ne sont pas tous dans les usines. (Photo par Wylie)

ou même mondial, et il faut acheter ce que l'on ne peut pas produire soi-même sur place. Le modèle de la famille s'appuyait sur un type d'économie agricole qui s'adaptait au capitalisme du XIXᵉ siècle. Il ne convient plus à notre forme de culture où la grande *corporation*, la société anonyme, a remplacé les petits commerces familiaux. Il ne convient pas non plus aux ouvriers qui travaillent en usine. Il ne s'applique pas aux employés, ni aux fonctionnaires, ni aux salariés des grands services publics et privés. Ce type de famille qui n'arrive pas à s'adapter est en voie de disparition. Toute la France est ainsi en état d'évolution et d'adaptation—ce qui est souvent source de détresse et d'incompréhension.

Et il n'y a qu'une minorité qui vit de la terre aujourd'hui. (Photo par Wylie)

Le Français moyen appartient au secteur tertiaire de la population active, celui des services.
(Photo par Wylie)

    Le désir de transmettre les propriétés de la famille de génération en génération est aussi une cause de faiblesse, car, ici, deux idéaux s'opposent: selon un sens de justice, qui date de la Révolution de 1789, chaque enfant doit recevoir une part rigoureusement égale de
5 l'héritage; mais, du point de vue pratique, il vaudrait mieux que les biens familiaux restent indivis, car les propriétés si divisées ne permettent à aucun des enfants de vivre normalement; celui qui garde la ferme, l'exploitation familiale, n'a pas généralement le capital nécessaire pour racheter leur part aux autres enfants. Si les
10 héritiers, désirant leur indépendance, demandent à tout prix chacun leur part, il devient impossible de laisser toute la propriété à l'un d'entre eux. Le principe de l'égalité absolue a donc entraîné le morcellement excessif des terres (comme d'ailleurs dans les autres pays européens); et les familles qui essaient de vivre du produit de

leur ferme divisée—avec justice, et donc très diminuée—tombent fatalement dans une situation économique extrêmement médiocre.[8]

La situation démographique provoque d'autres difficultés. La France est une «ruche» où chaque petite abeille, dans chaque petite

---

[8] C'est pourquoi, jusqu'à la Révolution française, le droit d'aînesse attribuait l'héritage entier au fils aîné, à charge pour lui de pourvoir aux besoins de ses frères et sœurs et d'assurer plus ou moins leur avenir.

Et il habite la ville. (Photo par Sam Falk/Monkmeyer)

cellule, travaille au bien général (du moins peut-on l'espérer). Chaque cellule va produire tous les bons citoyens, instruits et dévoués, dont l'ensemble a besoin pour son bon fonctionnement.

D'une part, le couple français doit avoir autant d'enfants qu'il lui en faut pour que sa petite cellule se maintienne malgré les difficultés, et il doit fournir, d'autre part, les enfants nécessaires pour contribuer par ailleurs à l'autre cellule, la cellule nationale. L'intérêt des deux cellules n'est donc pas identique. La première ne doit pas

comporter, dans chaque génération, plus d'enfants qu'il n'est possible d'élever convenablement; tandis que la grande famille française
a besoin de beaucoup de familles nombreuses pour que la pyramide
de la population se transforme en un beau triangle équilatéral.[9]

5   A la fin du XIXe et au début du XXe siècles, c'est l'intérêt de la
petite cellule qui semble l'avoir emporté. Le mot «petit», péjoratif
en anglais, évoque par contre de grandes qualités dans le petit peuple français, qui aime parler de son «petit» pays, son «petit» village,
sa «petite» ville; il vante son «petit» vin blanc; il mange un «petit»
10 gâteau; les femmes se font faire un «petit» shampooing; on vous
offre un «petit» verre. Pays, verre, vin, etc., n'ont rien de spécial,
mais ils donnent un plaisir fort apprécié de possession et d'humble
bonheur. Sur un autre plan, cela revient à dire que la «petite» boutique où l'on est bien chez soi est préférable à tout, parce qu'elle est
15 à vous, et qu'elle vous plaît telle qu'elle est.

QUESTIONS

1. A quoi sert d'étudier la famille modèle et son idéal?

2. Expliquez le rapport qu'établit l'enfant entre sa famille et les institutions du pays.

3. Comment le sociologue Le Play a-t-il choisi les familles de son enquête?

4. Quels sont les trois types de familles que Le Play découvre?

5. Qu'entend Le Play par une famille-souche?

6. Enumérez les cinq fonctions de la famille que nous examinons ici.

7. Expliquez brièvement la première fonction de cette famille.

8. Quel est le but économique du chef de famille?

9. Expliquez pourquoi certains enfants sont en somme des apprentis chez
leurs parents.

10. Montrez comment l'enfant tire son sens d'identité de la famille où
il grandit.

11. Résumez la fonction sociale de la famille considérée ici.

12. Expliquez en quoi consistent les «cercles d'hostilité» et les «cercles
de sécurité». Trouvez deux exemples tirés de votre observation personnelle.

---

[9] Voir Chapitre 6.

13. Qu'est-ce que le Code civil? De quand date-t-il?

14. Que dit Voltaire de la législation dans la France de l'Ancien Régime?

15. Donnez les principales étapes de l'émancipation de la femme française au XXe siècle.

16. Citez quelques-uns des rapports entre la mère et sa fille. Commentez-les.

17. Comment l'harmonie et l'équilibre de la cellule familiale risquent-ils d'être détruits?

18. Pour quelle raison le cas des enfants adoptés et celui des enfants illégitimes sont-ils longuement étudiés dans le Code civil?

19. Dans le contexte de ce chapitre, comparez l'adultère de la femme et celui du mari.

20. Pourquoi la petite ferme et la petite boutique s'adaptent-elles mal au monde moderne?

21. Analysez les problèmes soulevés par la transmission de la propriété.

22. Donnez votre opinion personnelle sur le partage de la propriété entre les enfants à la mort du père.

23. Qu'est-ce que l'image de la ruche évoque pour vous?

24. Lorsque la pyramide de la population d'un pays a la forme d'un triangle équilatéral, qu'en peut-on déduire?

25. Qu'est-ce que l'adjectif «petit» représente dans la langue populaire?

ENFANCE—PREMIÈRE ÉDUCATION, PREMIÈRES PERCEPTIONS, BONNES MANIÈRES

CHAPITRE 8   Quelles que soient les faiblesses de la famille traditionnelle, son idéal ne peut pas être pris à la légère; un idéal est toujours authentique: il faut donc s'arranger pour que la vie se conforme à l'idéal. Comment s'y prendre? D'abord, en élevant

5   l'enfant, en le «socialisant», c'est-à-dire en prenant un ensemble de mesures qui l'amèneront naturellement à se conformer à son milieu social, pour lui permettre de réussir encore mieux dans la vie que ses propres parents; puis, en laissant aux pouvoirs publics le soin de corriger les faiblesses et les défaillances de la famille. Socialisation,

10   aide et encouragements officiels sont indispensables pour que l'idéal merveilleux dont le XIXe siècle a rêvé devienne une réalité.

La «socialisation» présuppose d'abord que, plus un être se trouve haut placé dans l'échelle biologique, plus il dépend de ce qu'il apprend, et moins il dépend de ses instincts.

15   Toutefois, comme tout animal, de par sa nature, il lui faut de l'oxygène, et de quoi satisfaire sa faim et sa soif. Il doit aller à la selle et uriner. Il a besoin de prendre de l'exercice, puis de se reposer. Outre ces besoins évidents, il en est d'autres, psychologiques, sur lesquels nous sommes encore mal renseignés. Un jeune enfant ne peut

20   grandir normalement que s'il est entouré de soins humains et de tendresse. Il a besoin de contacts physiques avec un autre corps. Nous n'en savons pas beaucoup plus long.

En troisième lieu, l'enfant étant incapable de savoir ce qui lui convient, c'est en général aux adultes à en décider. La culture, ou

25   sous-culture, à laquelle il appartient orientera donc la manière dont ses exigences seront satisfaites. Les parents ont en effet tendance à élever leurs enfants comme ils ont eux-mêmes été élevés, ce qui rend donc la socialisation plutôt conservatrice. Quels sentiments, quelles attitudes, habitudes, valeurs et techniques les parents inculquent-

30   ils à leurs enfants? Quels sont les points de vue français sur la socialisation?

Le premier de ces points de vue porte sur l'enfance, sur la conception que les Français en ont. La famille française accueille l'enfant avec enthousiasme. Elle veut avoir des enfants; elle estime qu'un ménage sans enfant est incomplet; en fait, c'est souvent pour en
5 avoir qu'on se marie, et parfois le ménage dure parce qu'on en a: les enfants donnent à la famille sa raison d'être et son unité. Toutefois, il est admis que l'enfant n'est pas une fin en soi. L'enfance n'est que la première étape de la vie; la vie adulte est le vrai but. L'enfant n'a pas de valeur absolue en soi; il n'est qu'un apprenti-adulte.

10 Comme les Français, nous le savons, respectent le passé, l'âge et la tradition; comme ils placent la vie adulte au-dessus de la jeunesse, il s'ensuit que le bonheur immédiat de l'enfant n'est pas essentiellement important. L'enfant doit apprendre que la vie est dure et difficile, qu'il faut s'y préparer sérieusement; selon l'expression dont se
15 servent souvent les parents: «La vie n'est pas faite pour s'amuser.» Il doit être prêt à affronter le bonheur et le malheur, indifféremment, sans surprise. Le bébé, dépourvu de toute raison et sans discernement, peut sans danger être choyé; mais dès qu'il acquiert un certain contrôle rationnel de l'existence sous ses divers aspects, on n'a plus le
20 droit de le gâter.

Le second point de vue concerne l'étude, l'acquisition de connaissances. Aussi longtemps que l'enfant reste privé de discernement, il ne peut évidemment pas s'instruire par lui-même. Etre humain en puissance, il est aussi un monstre en puissance, surtout s'il est aban-
25 donné à lui-même, car l'être humain contient en lui-même le bien et le mal. Il faut donc le modifier pour la vie sociale, le mouler; la matière première ne se transforme pas toute seule. Par tradition et par principe, il ne vient à l'idée de personne de laisser s'exprimer en toute liberté cette future personnalité. Toute initiative et tout critère
30 en matière de socialisation doivent provenir d'éducateurs attitrés, seuls capables de faire jouer les forces rationnelles: parents, maîtres, professeurs et tous les adultes compétents en matière d'éducation et d'instruction.

La socialisation française doit donc, de par sa nature, être établie
35 sur l'autorité: l'enfant apprend chez lui exactement comme il apprend dans ses livres de classe. On lui enseigne d'abord les principes, ensuite les applications de ces principes, puis, on vérifie, on s'assure qu'il a compris et assimilé. L'école laisse peu de place à son imagination.

40 Le troisième point est celui de la responsabilité des parents. C'est à eux essentiellement qu'incombe le devoir de transformer en un adulte acceptable par la société celui qui, si ses mauvais instincts

On apprend à jouer selon les règles. Ici, un jeu de billes. (Photo par Wylie)

n'étaient pas réprimés, pourrait devenir un monstre: leur enfant,
auquel il faut donner le sentiment de ses propres responsabilités et
de ses limitations, clairement et légalement définies.

Lorsqu'aux Etats-Unis un enfant ou un adolescent commet un
5 acte blâmable, c'est d'abord l'enfant ou l'adolescent que l'on incri-
mine parce qu'on estime qu'il est habitué à une grande indépendance et théoriquement tout au moins entraîné à connaître ses
responsabilités. En France, ce sont toujours les parents qui sont tenus
moralement et légalement responsables des actes de leurs enfants.
10 Un article du magazine *Paris-Match*[1] a illustré fort bien cette prise de
position. Un certain M. Rapin, riche ingénieur, avait un fils, Bill,
mal préparé à la vie, mal «socialisé», dont il satisfaisait tous les désirs.

---

[1] *Paris-Match*, No. 574 (9 avril 1960).

Devenu majeur, «Monsieur Bill» a voulu avoir un bar; son père lui
a acheté un petit café à Montmartre, ignorant que s'y pratiquait le
trafic des stupéfiants; c'est alors que les ennuis ont commencé;
«Monsieur Bill» a <u>emmené</u> une de ses petites amies dans un bois de
la région parisienne, l'a <u>arrosée</u> d'essence, à laquelle il a mis le feu.
Arrêté et jugé, il a été condamné à mort. M. Rapin père est sorti
du tribunal, poursuivi par une <u>foule</u> hostile, qui, spontanément,
refusait toute pitié au père dont le fils avait mal tourné; elle l'accu-
sait bien plutôt d'être antisocial parce qu'il avait mal élevé son garçon. Cet homme était un danger pour la société: il avait produit un
monstre. En tant que père il était totalement responsable. Ceci est
vrai dans d'autres sociétés, dira-t-on peut-être, mais certainement
plus encore en France.

Et ces responsabilités-là <u>pèsent</u> lourdement sur les grandes personnes, et les rendent plus strictes à <u>l'égard</u> de leurs enfants qu'aux
Etats-Unis. Les Français estiment qu'une éducation plus sévère pendant la jeunesse garantit certainement plus de bonheur par la suite;
on est plus heureux dans la vie si l'enfance a été bien surveillée, contrôlée, disciplinée; parce qu'on est équilibré, avec un sens des valeurs,
des devoirs sociaux, des rapports avec les autres. Les enfants sont

L'enfant a toujours son goûter de pain-beurre ou pain-chocolat en rentrant de l'école et avant d'aller jouer. (Photo par Wylie)

même plus heureux au cours de leur enfance et de leur jeunesse s'ils en connaissent les limitations. Les plus malheureux sont ceux qui n'en ont aucune idée, car ensuite ils se trouvent perdus dans la société.

5   Parmi les besoins fondamentaux, le boire et le manger dépassent de beaucoup en France le simple apaisement de la soif et de la faim; ils deviennent, dès la première enfance, des plaisirs de société. Dans une vie qui, au total, n'est pas facile, les plaisirs de la table sont tangibles, stables, ne présentant pas de difficultés imprévues et formant
10   une base simple et normale pour tous les groupes sociaux.

Très tôt, le bébé prend place à la table familiale, et y mange comme les autres dès que possible. Il participe souvent aux cérémonies et aux fêtes, qui se terminent toutes par un bon repas. On attend toujours de lui qu'il ait bon appétit, et l'on s'inquiète s'il n'a
15   pas faim.

Le sevrage se passe d'ordinaire vers le huitième ou le neuvième mois, lentement et très progressivement; il ne doit jamais se faire brusquement.

Aussitôt que possible, les petits doivent apprendre à aller à la
20   selle et à uriner en privé: ces choses-là ne se font pas en public; on insiste beaucoup là-dessus. Jusqu'à cinq ans toutefois, les petits garçons peuvent uriner sans se mettre tout à fait à l'écart.[2] Tout ceci n'est pas imposé par l'hygiène, ou par les mauvaises odeurs; ce que l'on veut, c'est que ces actes s'accomplissent en privé.[3] Attitude très
25   différente de celle des Américains qui, eux, cherchent surtout à éliminer de l'existence saleté, malpropreté, mauvaises odeurs. Ils se félicitent de leurs salles de bains qui évoquent aussi peu que possible les fonctions naturelles. Ils les veulent confortables, garnies de livres, ornées de tableaux, éclairées parfois par une large baie, et
30   enrichies même d'un écran de télévision. C'est ainsi qu'ils arrivent à supprimer les odeurs et la saleté qu'ils redoutent.

L'enfant français, par contre, accepte simplement et beaucoup plus aisément que l'enfant américain ces nécessités de la vie. Il découvre aussi qu'elles lui fournissent un riche vocabulaire, bien
35   utile pour insulter vigoureusement «les autres». Avec le mot «merde» on peut à la fois se libérer et en dire long à celui que l'on injurie.[4]

---

[2] Lorsqu'on circule sur les routes de France, en voiture, on constate que beaucoup d'hommes et de garçons (de cinq à 95 ans) en font autant; mais on juge toutefois cela grossier et incorrect.

[3] Le vocabulaire des enfants est significatif: «aller au petit coin».

[4] Depuis une génération, cependant, le mot «merde» s'emploie plus couramment; il a perdu de sa force et de sa vulgarité.

L'attitude des Français envers les fonctions naturelles est différente de celle des Américains.
(Photo par Wylie)

En ville on trouve des W–C partout. (Photo par David Stemple/Monkmeyer)

Pourquoi voulait-on autrefois que les bébés français soient em-maillottés?[5] Pour soutenir, disait-on, leurs muscles trop faibles à cet âge. Mais depuis déjà longtemps, et bien avant que les préceptes du docteur Spock[6] n'aient été appliqués, les mères françaises ne prati-quent plus l'emmaillottement.

La Croix-Rouge, en matière d'hygiène, recommande de baigner le bébé quotidiennement; si c'est impossible, une fois par semaine; de le dévêtir complètement une fois par jour, et de le laver soigneusement avec une éponge.

Lorsqu'on demande aux Français pourquoi ils ne prennent pas de bains plus souvent, ils répondent la plupart du temps qu'ils n'en ont

---

[5] Comme d'ailleurs les bébés du monde connu—dans l'Antiquité, au Moyen Age et jusqu'à récemment.

[6] Le docteur Benjamin Spock, né en 1903, est l'auteur de *The Common Sense Book of Baby and Child Care* (1946).

pas la facilité (logements trop petits et surpeuplés), ce qui est encore souvent le cas;[7] mais il faut dire aussi que de tout temps ils ont accepté plus simplement que les Américains les aspects désagréables du corps humain. Alors que les Américains souffrent parfois de ce que leur interlocuteur français se tient très près d'eux, et qu'ils aimeraient pouvoir se reculer un peu, les Français, moins sensibles aux odeurs de vin, de nourriture, de sueur, qui, par exemple, se dégagent toujours d'une <u>foule</u> un peu <u>serrée</u>, paraissent beaucoup moins gênés qu'eux dans les mêmes circonstances.

Comment l'enfant apprend-il à percevoir le monde qui l'entoure? Quelles impressions lui en donne-t-on?

On lui enseigne avant tout à bien distinguer les grandes divisions

---

[7] En 1962, 22,6% des résidences principales n'avaient pas l'eau courante en France (42,2% dans les communes rurales, 12,5% dans la région parisienne). Près de 8,5 millions de logements (60%) n'avaient pas de water-closet intérieur (80% en milieu rural, 43% dans l'agglomération parisienne). Vingt-huit pour-cent des ménages français possédaient une baignoire ou une douche (13% dans les communes rurales, 36% dans l'agglomération parisienne). (Voir l'Institut de la Statistique, *Etudes et conjoncture* [septembre 1966].) Toutefois, tous les appartements construits aujourd'hui comportent le confort que nous estimons maintenant nécessaire.

Des enfants «bien élevés». (Photo par Wylie)

du monde réel où il grandit. Tout, dans la vie, peut se diviser et se subdiviser en catégories bien distinctes. A la maison et à l'école, il apprend à reconnaître ces zones différentes, leurs lignes de démarcation bien définies, ce qui les caractérise, comment s'y adapter, comment s'y conduire. L'enfant qui y réussit s'appelle un «enfant bien élevé».

Une anecdote personnelle illustrera la méthode et les résultats. Lorsque j'étais professeur à Haverford College, je suis allé un jour avec ma femme et mes enfants, à Swarthmore College, faire la connaissance d'une jeune Française qui allait venir donner quelques cours dans notre établissement. Elle avait un garçon d'un an et demi, et j'avais pensé que ma femme emmènerait les trois enfants jouer dehors pendant que j'expliquerais à la jeune femme quel allait être son travail. Mme V. toutefois a déclaré qu'il était inutile de faire sortir son enfant, et donc Mme Wylie est partie promener les nôtres. Mme V. a placé alors une grosse boîte dans un coin de la pièce; elle a mis son fils derrière, et elle lui a dit: «Tu vois cette boîte? Il y a une ligne qui va de là à là, et qui traverse la boîte. Toi, tu es de ce côté, il t'appartient, et tu restes là; nous autres, nous restons de l'autre côté de la ligne.» Fort amusé, je me suis imaginé tout de suite ce qui serait arrivé si j'avais utilisé ce stratagème avec mes propres enfants! Mais j'ai eu la stupéfaction de constater que le petit garçon est demeuré tranquillement dans son coin à jouer avec un petit jouet pendant tout l'entretien. De temps en temps, il venait s'appuyer sur la boîte; il nous regardait un instant, puis il revenait à son jouet, sans franchir une seule fois la ligne imaginaire.

Et ce n'est pas un cas exceptionnel; car c'est ainsi qu'on élève les enfants français. Ils apprennent qu'il y a des lignes, des frontières, qui décident de la conduite à tenir. Les enfants «raisonnables» sont ceux qui admettent cette explication. Leur bon sens les amène à penser et à se conduire, dit-on, «logiquement».[8]

Le petit Français apprend à connaître qui il est: tout d'abord, il sait qu'il est un enfant, et non pas un adulte, et que ce qui est permis aux adultes ne l'est pas nécessairement aux enfants. Il apprend que, «chaque chose doit être à sa place»; ceci est très important.[9]

Il sait qu'il est un petit garçon ou bien une petite fille, car garçons et filles ne sont pas élevés pareillement. A l'école, sauf à la Mater-

---

[8] Les Français aiment à se considérer comme un peuple logique; ce qui trouble les Américains, dont la logique est différente.

[9] Aux grandes personnes qui ne se conduisent pas en adultes on dit couramment: «Ne faites pas l'enfant!»

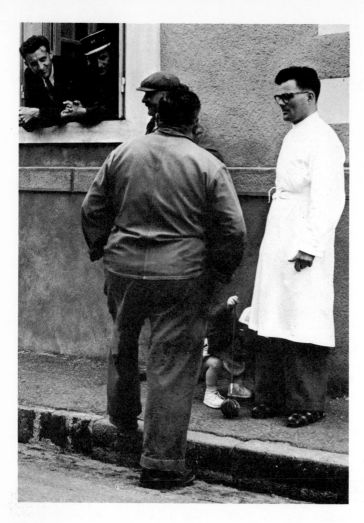

Le petit Français vit sa propre vie; il n'a pas à se mêler aux conversations des adultes. (Photo par Wylie)

nelle,[10] les sexes sont en général séparés, et les maîtres et les maîtresses s'attendent chez les garçons à des réactions différentes de celles des filles. Les instituteurs, et même les institutrices (parmi celles-ci des religieuses), que j'ai connus à Roussillon[11] et à Chanzeaux,[12] m'ont répété: «Oui, la différence de mentalité est grande entre petits garçons et petites filles; pas moyen d'avoir confiance dans les filles. Avec les garçons, on sait toujours où l'on en est; ils sont

---

[10] Ecole publique où les enfants sont admis à <u>partir</u> de l'âge de quatre ans. Le Ve Plan (1966–1970) prévoit que les classes primaires (de six à dix ou onze ans) vont devenir mixtes. (Voir Chapitre 22.)

[11] Voir Laurence Wylie, *Village in the Vaucluse* (Cambridge: Harvard University Press, 1957), et Laurence Wylie et Armand Bégué, *Village en Vaucluse* (Boston: Houghton Mifflin Co., 1961).

[12] Voir Wylie, «Social Changes at the Grassroots», dans *In Search of France* (Cambridge: Harvard University Press, 1963), et Wylie et Bégué, *Deux Villages* (Boston: Houghton Mifflin Co., 1966).

généralement loyaux, tandis que les filles, elles, vous trompent souvent.»

L'enfant sait que l'on ne se tient pas de la même façon en classe et en récréation; la salle de classe n'est pas la cour de récréation.
Quand nous demeurions à Chanzeaux, notre aîné, âgé de onze ans, aimait beaucoup son école. Il nous disait sa satisfaction de se trouver dans une salle de classe où l'on avait l'impression de «se sentir penser», dans un silence parfait, sans être distrait par les conversations des camarades.

Les Français traitent souvent les Américains de «grands enfants», parce que ceux-ci refusent ce compartimentage de la vie, et ne veu-

La prière dans une école catholique. (Photo par Wylie)

lent pas voir les lignes qui en marquent et séparent les différents aspects, mais désirent au contraire que tout soit souple, spontané, adaptable. Dans les rapports entre Français, par contre, il y a toujours un certain rituel à suivre, certaines formes de respect à ne pas négliger. Ce n'est que lorsque l'intimité se fait, par exemple, que le «tu» remplace le «vous», créant dès lors clairement une situation nouvelle.[13]

Les Français trouvent que les Américains ont l'amitié facile et sans discrimination, qu'ils aiment aisément tout le monde, jusqu'au moment où une vraie amitié risque de se déclarer, auquel cas ils reculent par peur de s'engager vraiment.

Cette attitude a ses implications politiques. Les Français veulent que les partis soient bien distincts les uns des autres; d'où leurs critiques du système politique américain, selon lequel, prétendent-ils, les deux partis en présence étant presque identiques, il importe peu d'élire un candidat plutôt que l'autre.

Le professeur Paul Machotka a retrouvé ce même comportement en étudiant ce qui frappe les enfants dans le domaine artistique. En particulier, une douzaine de chefs-d'œuvre ont été montrés à des écoliers de Lille,[14] puis à des écoliers de Newton (Mass.). La comparaison des jugements portés par les deux groupes a révélé (contrairement à ce que l'on attendait) très peu de différences culturelles, mais simplement des différences dans le degré de développement. Et ce qui distinguait vraiment les réactions des uns et des autres était que les petits Français préféraient les tableaux où les contours se trouvaient clairement marqués, tandis que les Américains aimaient mieux ceux qui présentaient des lignes vagues.

Une importance capitale est accordée en France à l'art des rapports entre les personnes. La politesse qu'on exige des enfants choque souvent les Américains, qui n'y voient qu'hypocrisie et malhonnêteté. Les Français savent fort bien que l'honnêteté et la malhonnêteté n'ont rien à voir là-dedans. Selon la phrase de Duclos,[15] moraliste du xviiie siècle, et sociologue avant l'heure, «les hommes savent que les gestes de la politesse ne sont que des imitations de l'estime».

Alors, à quoi bon ces gestes? L'expression populaire qui parle de «l'huile délicate» de la politesse offre la meilleure réponse.

---

[13] Dans la nouvelle génération toutefois, les jeunes gens se tutoient presque toujours immédiatement.

[14] Grande ville du nord de 200 000 habitants.

[15] Charles Duclos (1704–1772), romancier et auteur de *Considérations sur les mœurs*.

En effet, dans un pays où les gens ont tendance à sentir de la méfiance envers «les autres», où ils ne sourient guère, cherchent peu à rendre service à leur prochain, et où l'existence est si compartimentée, un certain lubrifiant est nécessaire pour faciliter les con-

5 tacts. Aux Etats-Unis cette «huile» est moins indispensable parce que les Américains s'efforcent constamment à une bonne entente dans le travail et dans la vie en général. En France, seuls ces raffinements de politesse maintiennent une harmonie apparente et permettent de vivre en groupe sans trop de heurts. La politesse, de plus, sert de

10 critère pour «catégoriser» les gens et leur façon de se comporter. On juge une personne et même on la situe dans une certaine «catégorie» selon les marques et les formules de politesse qu'elle utilise.

Les rites de la politesse aident aux bonnes relations. (Photo par Wylie)

Une petite aventure personnelle illustrera ceci. Le baise-main aux dames

15 m'avait toujours paru très difficile à pratiquer. Elevé dans l'Etat d'Indiana, je m'étais parfois amusé, et un peu par plaisanterie, à baiser la main de quelques Françaises de mes amies aux Etats-Unis.

20 Je ne l'avais jamais pratiqué avec sérieux. Mais, venu en novembre 1962 à Chanzeaux pour y suivre les élections, j'ai fait la connaissance des châtelains du village. J'avais besoin pour mes étudiants de

25 vieux papiers que je croyais savoir en leur possession. On m'avait laissé entendre qu'ils avaient tous été brûlés au cours de la rébellion vendéenne.[16] Lorsque je me suis trouvé devant la châtelaine, je ne

30 sais ni pourquoi ni comment, mais je lui ai, comme spontanément, baisé la main qu'elle me tendait, et, soudain, une véritable transformation s'est opérée. Mme D. m'a invité à son thé de l'après-midi, et,

35 tout naturellement, au cours de la conversation, elle m'a offert de me montrer le chartrier du château, c'est-à-dire la petite pièce où l'on conserve tous les vieux papiers de famille. A mon retour, l'été suivant, j'ai eu accès aux documents, dont certains remontaient au

---

[16] Les guerres de Vendée (1792–1795), au cours desquelles les paysans d'une partie de la Bretagne, de l'Anjou et du Poitou, catholiques et royalistes, ont lutté en vain contre les armées gouvernementales révolutionnaires.

XIVe siècle. Il avait suffi de faire voir que j'appartenais à la même classe sociale que cette dame, et que je savais me tenir dans le monde comme il le fallait.

La Bruyère, moraliste du XVIIe siècle, a d'ordinaire le dernier mot
5 en France en ces matières:[17] «La politesse n'inspire pas toujours la bonté, ou l'équité, la complaisance, la gratitude; elle en donne du moins les apparences et fait paraître l'homme au dehors comme il devrait être intérieurement.»

Ce qu'est le Français au fond de soi ne regarde que lui, mais il
10 respecte les marques extérieures de la politesse, parce qu'elles sont indispensables à sa vie en tant qu'être social.

QUESTIONS

1. Comment fait-on pour que l'existence actuelle tende vers l'idéal de la famille traditionnelle?

2. En quoi consiste la «socialisation»?

3. Nommez les besoins physiques essentiels de tout être humain.

4. Que pensez-vous des besoins psychologiques de l'enfant?

5. Pourquoi est-ce que les parents décident en général de ce qui convient à leurs enfants?

6. Expliquez pourquoi la socialisation dans notre culture a tendance à être conservatrice.

7. Analysez la conception que les Français ont généralement des enfants.

8. Expliquez la notion de l'enfant «apprenti-adulte».

9. Pourquoi est-ce que les parents français estiment que le bonheur immédiat de leurs enfants n'est pas d'une importance essentielle?

10. Que pensez-vous personnellement de la phrase «la vie n'est pas faite pour s'amuser»?

11. A partir de quel moment ne doit-on plus gâter les enfants?

12. «L'enfant est un monstre en puissance.» Expliquez et commentez.

13. Comment la socialisation française fonctionne-t-elle en théorie?

14. En quoi consiste la responsabilité des parents, selon les Français? Qu'en pensez-vous?

---

[17] «De la société et de la conversation», *Les Caractères*, No. 32.

15. Racontez l'histoire de M. Rapin et de son fils, «Monsieur Bill». Que pensez-vous de l'attitude de la foule à la sortie de M. Rapin du tribunal?

16. Expliquez et commentez le raisonnement français selon lequel une enfance intelligemment contrôlée et disciplinée garantit du bonheur par la suite.

17. Votre enfance a-t-elle été heureuse? Expliquez pourquoi.

18. Quelles notions du boire et du manger inculque-t-on au bébé et à l'enfant? Pour quelles raisons?

19. Montrez les contrastes entre Français et Américains dans leur manière respective de satisfaire à leurs fonctions naturelles.

20. Possédez-vous vous-même un riche vocabulaire d'insultes? Pourquoi?

21. Qui utilise principalement le livre du docteur Spock? Pourquoi?

22. Quel minimum d'hygiène le livre de la Croix-Rouge recommande-t-il aux mères de famille?

23. Quels étaient, il y a quelques années encore, l'état du logement et son confort en France?

24. Quand peut-on dire qu'un enfant est «bien élevé» et «raisonnable»?

25. Comment le petit garçon s'est-il comporté pendant l'entrevue de la jeune dame professeur et de M. Wylie?

26. Lesquels, des garçons et des filles, la plupart des instituteurs français préfèrent-ils, et pour quelle raison?

27. Quelles sont les grandes différences entre Américains et Français au sujet des rapports humains, profonds et apparents, et en particulier au point de vue de l'amitié?

28. Comment les écoliers de Lille et ceux du Massachusetts ont-ils réagi devant les mêmes chefs-d'œuvre artistiques?

29. Que pensez-vous de la réflexion du moraliste Duclos?

30. Expliquez l'expression populaire «l'huile délicate» de la politesse.

31. Racontez l'épisode du baise-main et de la châtelaine de Chanzeaux. Qu'est-ce que M. Wylie cherchait à obtenir des propriétaires du château de Chanzeaux?

32. Qu'est-ce que La Bruyère pense de la politesse?

33. Que pensez-vous vous-même de la politesse? La pratiquez-vous? Pourquoi?

DISCIPLINE ET SANCTIONS

Chapitre 9   La discipline imposée aux enfants français semble très stricte aux Américains.[1] Les moyens mis en œuvre pour l'appliquer peuvent se ramener à trois: l'atmosphère, les punitions et les récompenses.

⁵ L'atmosphère est une force particulièrement importante. Le milieu où vit l'enfant, avec le comportement obligatoire qu'il requiert, l'entraîne tout naturellement à se conduire comme on le lui demande; cela lui est d'autant plus facile qu'autour de lui tout s'y prête et chacun l'y pousse. Et d'ordinaire, il fait ce qu'on attend de lui, sinon im-¹⁰ médiatement, du moins assez rapidement.

A l'école de Chanzeaux, en fin d'année scolaire en 1958, l'institutrice a proposé aux élèves de rester à l'école, de 17 à 19 heures, c'est-à-dire après leurs heures régulières (et après les siennes), afin de les mieux préparer aux examens. La plupart des élèves, y compris ¹⁵ notre fils aîné, ont volontiers accepté ce travail supplémentaire (dans leur propre intérêt) sous la direction de la maîtresse; mais le cadet a déclaré: «Jamais de la vie! On ne me prendra pas à passer deux heures de plus en classe parce que les autres le font!» Le premier jour, il est donc resté seul à la maison, après les heures régulières de ²⁰ l'école, sans petits camarades avec qui jouer; le second et le troisième jour, de même. Le quatrième, il est resté à l'école avec les autres, jusqu'à 19 heures, et d'ailleurs sans grand effort, puisqu'il sentait que c'était ce qu'il fallait faire. L'exemple des autres, l'atmosphère, ce qui est établi, ce qui semble naturel à tout le monde, ont beau-

---

[1] Voir, par exemple, parmi les films des quinze dernières années, *Le Ballon rouge*, *Les 400 Coups*. D'autre part, les Américains sont peut-être plus sévères eux-mêmes qu'ils ne se l'imaginent: coucher tôt un enfant, éteindre sa lampe ou lui fermer la porte de sa chambre, exiger qu'il se conforme aux volontés des groupes auxquels il appartient, insister pour qu'il affirme son indépendance très tôt dans la vie, tout ce que l'enfant américain doit apprendre à accepter ne manque pas de lui être parfois assez pénible.

5/

Monsieur Bédouin nous expliqua l'Histoire de France, la dernière chose qu'on fait à l'école, « Alors, où Louis est élu président en 1848 mais, il se met en désaccord avec l'Assemblée, et par le coup d'État du 2 décembre 1851 — Aïe, cinq heures. 'Ran-gez vos affaires, mettez vos cahiers au bout du table)), il claqua ses mains.

Après la piéze il claqua encore ses mains et nous filâmes vers la cour, où il nous donna le signal pour prendre nos cartables et de nous mettre en rangs tout ceci se passa sans un mot. Cela fait il claqua encore ses mains, nous repondâmes (('Sieur))
— ((Les gars, mademoiselle,)) filez)).
Nous marchâmes, deux par deux vers la place de l'Église, avec Mademoiselle à côté de nous en grondant quelques-uns parmi nous — ((Jean Pierre Badaet, là bas, tu t' amuses,)) et un instant plus tard ((David, mets-toi en rang, Michel Bompas, tu te tiens biens, Joseph Rochaud, c'est bientôt fini

Devoir du fils aîné de M. Wylie âgé de onze ans pour sa classe de français à l'école primaire de Roussillon.

la ..... »

Une fois à la place la maîtresse
claqua ses mains, nous arrêtâmes, elle faisait
encore la même geste, nous disâmes « 'Selle »
— « des gars ».

Tout le monde parta criant en haute
voix des choses ~~qui tu~~ dont les gars parlent.

coup plus d'effet que nous l'imaginons. Et puis, évidemment dans bien des cas les parents et les maîtres savent user de persuasion, douce et soutenue, ou de logique, ou bien encore répètent simplement et patiemment les préceptes déjà énoncés.[2]

5 Par ailleurs il y a les punitions, dont les catégories sont très variées. La plus commune consiste à *ridiculiser* le coupable, en soulignant que son comportement attire l'attention des autres sur lui; on fait rire à ses dépens.

Les bonnes manières. Dessin illustrant l'article «Paris, City of Civilized Children». (The Reader's Digest Association, © 1953)

Un second procédé consiste à lui faire *honte*; la maîtresse regarde 10 celui qui a fait quelque chose de mal, et lui dit: «Regarde-moi, regarde-moi bien.» Forcé d'abord de lever les yeux vers la maîtresse, qui le fixe d'un œil sévère, il les baisse ensuite, écrasé de honte.

Le fils aîné de Gauguin,[3] que nous avons eu la bonne fortune de connaître un peu aux Etats-Unis, nous a raconté des histoires où son 15 père revenait de temps en temps. Dans l'une d'elles le fils, ayant menti, le père l'a forcé d'aller à l'école avec un énorme écriteau accroché aux épaules, où il avait peint en grosses lettres le mot «menteur». Et le fils se rappelait les efforts désespérés qu'il avait faits pour échapper au regard des passants, marchant de côté, le dos collé

---

[2] Voir un excellent article de Ruth McKinney, «Paris, City of Civilized Children», dans *Holiday* (avril 1953), où elle raconte ce qui est arrivé à son enfant pendant leur séjour à Paris. C'est un tableau embelli, peut-être, mais dont la vérité poétique mérite réflexion.

[3] Paul Gauguin (1848–1903), peintre, chef de l'Ecole de Pont-Aven en Bretagne; auteur de *Femmes sur la plage* (1891), *Otahi* (1893), *Cavaliers sur la plage* (1902).

aux maisons. Un incident pareil est évidemment rare; et le fils Gauguin a ajouté que les religieuses qui dirigeaient l'école avaient vivement protesté, désapprouvé cette méthode, et grondé le peintre.

5 L'*isolement* est un troisième type de punition sur lequel on ne saurait trop insister. On met l'enfant au piquet dans un coin de la classe ou dans une pièce fermée à clé.[4] L'isolement peut être aussi psychologique: en appelant «Monsieur» un petit garçon, ou «Mademoiselle» une petite fille, la maîtresse place l'enfant dans une catégorie totale-
10 ment différente de la leur—la classe des grandes personnes. Par suite de la distance entre ce qu'il est et le titre qu'on lui décerne, l'enfant se sent tout à fait ridicule. Ce genre de punition est des plus fréquents.

L'*immobilisation* est une quatrième espèce de punition: l'écolier doit rester debout, dans un coin de la salle de classe, par exemple, la
15 tête appuyée contre le mur.

La *privation* de petits plaisirs—jeux, jouets, desserts, fêtes—d'abord promis, et soudainement supprimés, est une autre punition infligée par la famille. Il faut bien dire que les menaces sont plus fréquentes que les privations elles-mêmes.
20 Chez les tout-petits on retire la tendresse et l'affection. A la maison surtout, une grande personne dira: «Tu veux que papa (ou maman ou grand-père) t'aime bien, n'est-ce pas?» A l'école catholique de Chanzeaux, on demandait aux enfants: «Vous ne voudriez pas faire de peine à la Vierge (ou au Petit Jésus), n'est-ce pas?»
25 Dans les milieux peu évolués, les menaces de mutilation servent aussi parfois à faire peur aux enfants. C'est ainsi qu'au village de Roussillon, notre propriétaire avait dit à nos garçons de ne pas s'approcher du puits parce qu'il y avait des rats qui leur mangeraient les doigts de pied. J'ai même entendu des parents dire à leurs enfants
30 qu'il y avait des loups dans le puits en question. Ou bien ils menacent d'enfermer leurs enfants à la cave, où il y a justement des rats qui vont les manger. On entend parler aussi de temps en temps de bohémiens, ou de romanichels, de gendarmes, de loups-garous, etc., qui emportent les petits enfants qui ne sont pas sages.
35 La violence physique, pratiquée çà et là, mais non partout, est acceptée comme une punition. On gifle, on secoue un enfant, on

---

[4] Les éducateurs français modernes désapprouvent aussi la punition du «cabinet noir», qui consiste à enfermer l'enfant dans une pièce sans lumière. Dans le film *Le Ballon rouge*, le petit garçon entre dans la salle de classe accompagné de son ballon; comme c'est évidemment contre les règles, le directeur enferme l'élève dans une petite pièce pour le punir. Dans *Les 400 Coups*, un garçon est mis au piquet derrière un tableau noir.

«Tu veux que grand-père t'aime bien, n'est-ce pas?» (Photo du film *Les Jeux interdits*)

lui tire les oreilles et les cheveux; parfois, c'est parce qu'on a perdu
patience, et qu'on doit se soulager d'une manière ou d'une autre.
Mais, si cette punition est appliquée avec un sens de justice, elle ne
suscite pas d'indignation chez les enfants ou chez les parents; c'est
un moyen reconnu (en famille, par exemple) de faire respecter la
discipline, qui ne dépasse jamais certaines limites.

    Au cours d'une matinée passée à l'école catholique du village de
Chanzeaux, dans «la classe des petits», j'ai relevé les punitions que la
maîtresse, Mlle Bernadette, a distribuées (elle est maintenant religieuse). Douce, gentille, adorée de ses élèves, ce matin-là, après
avoir demandé aux écoliers d'être très sages pour faire plaisir au
Petit Jésus, elle a pourtant grondé Marie pour ne pas avoir bien
suspendu son manteau. Puis, elle a fait honte à Georges, qui a dû
la regarder bien en face, joindre les mains et baisser la tête. Elle a
mis Pierre au piquet. Elle a tiré les oreilles d'Alain. Elle a donné
deux ou trois coups sur la tête de Jean, avec une sorte de canne en
bambou. Elle a donné une gifle à Robert. Elle a tiré les oreilles de

Régis. Elle a pris Maryse par les épaules, l'a bien secouée et lui a
pincé la joue. Elle a grondé Bernard, parce qu'il avait perdu l'élastique qui tenait sa boîte de crayons. Et enfin elle a grondé Jacques,
parce qu'il avait craché sur son ardoise pour la nettoyer. Et tout
cela en moins de trois heures! Aucune brutalité évidemment, mais
quelle abondance de petites punitions et de menaces de punitions!

Les récompenses peuvent probablement se ramener à deux types:
d'abord, la récompense explicite, avec reconnaissance officielle du
travail accompli et du mérite acquis. L'écolier qui travaille bien, par
exemple, reçoit, à sa grande joie, un «bon point», c'est-à-dire une
petite gravure, une sorte de timbre représentant des animaux, des
fleurs ou autre chose. Plusieurs «bons points» lui valent quelque petit
privilège, une jolie image, ou bien l'inscription de son nom sur une
liste qu'on affiche dans la classe. En fin d'année scolaire, a lieu une
importante cérémonie, la Distribution des prix, où les meilleurs
élèves reçoivent leur récompense, un «prix», qui est en général un
livre (livre d'images ou livre de lecture).[5]

---

[5] Selon une coutume récente, chacun a le sien. Il y en a de curieux, véritables prix de
consolation, comme celui accordé à l'élève qui a fait les plus grands efforts, ou bien à celui
qui a fait de gros progrès!

La Distribution des prix. (Photo par Gisèle Freund/Monkmeyer)

Les Français, dès leur jeunesse, aiment les prix, le classement par ordre de mérite, les tableaux où figure leur nom.[6] Chacun préfère naturellement se voir en tête de liste; mais si on n'y est pas, on accepte sa place et on ne compte sur la pitié de personne.

L'autre récompense est psychologique et sans publicité: elle est faite de prestige, de fierté, d'un nouveau sens de responsabilité. En récompense du succès obtenu, l'enfant se voit honoré par sa famille: ses parents sont «fiers de lui». Cette reconnaissance, implicite, le marque pour la vie. Et s'il n'excelle en rien, il peut toujours recourir à la compensation que Jacques, à Roussillon, appréciait par-dessus tout: «Pourquoi est-ce que je travaille tant? Pour qu'on me laisse tranquille!»[7]

Ce qu'il y a de remarquable, c'est que ce système de sanctions fonctionne assez bien, et qu'il amène la plus grande partie de la jeunesse à accepter le comportement qu'on attend d'elle; à condition toutefois que les règles du jeu soient respectées par les adultes. Ce qui révolte les petits Français, comme tous les enfants du monde sans doute, c'est la punition arbitrairement appliquée, la cruauté, l'injustice enfin.

Il est facile de suivre les étapes successives de l'adaptation de la jeunesse dans les dessins d'enfants de quatre à onze ans. Les dessins des Figures 9,1 à 9,4 ont été faits par des enfants de quatre ans. On leur avait demandé de dessiner une grande personne de chaque sexe. Ce qui frappe particulièrement ici ce sont les mains (plus encore peut-être que dans tout autre pays, car les mains, pour les enfants du monde entier, ressortent toujours dans leurs dessins); pour ce dessinateur de quatre ans, elles sont d'une importance capitale: elles servent à attaquer; ce sont des armes offensives.

Le dessin d'un enfant de cinq ans montre également des mains énormes (Fig. 9,5). Puis, un homme, par un enfant de quatorze ans (Figs. 9,6–9,7); une partie de football, par un autre enfant de quatorze ans (Fig. 9,8). Et enfin, un bateau (Fig. 9,9). Tout, dans ces dessins, est remarquablement rationnel, logique, ordonné; toutes les lignes en sont bien nettes.

---

[6] Ils aiment aussi, plus tard, les décorations accordées par le gouvernement; elles étaient devenues si nombreuses (plus de quatre-vingt différents ordres et médailles) qu'en 1964 il a fallu fusionner les différents «Mérites» décernés par les divers ministères en un seul «Ordre national du mérite».

[7] Laurence Wylie et Armand Bégué, *Village en Vaucluse* (Boston: Houghton Mifflin Co., 1961), pp. 54–55. Roussillon est le nom réel du village.

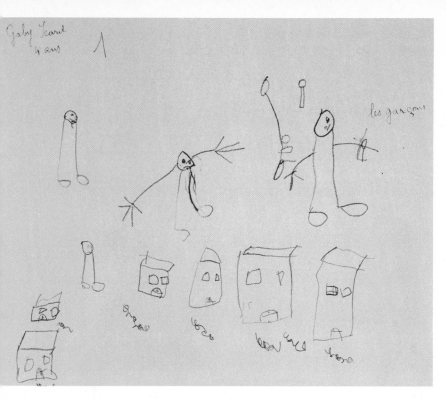

Gaby Jcard
4 ans

les garçons

Fig. 9,1.

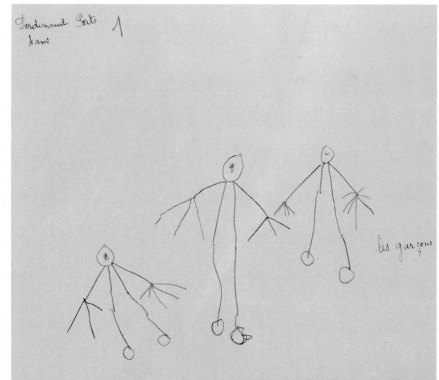

Ferdinand Porte
4 ans

les garçons

Fig. 9,2.

Eliane Cartoux

7 ans $\frac{1}{2}$

une femme.

Fig. 9,3.

I I

son nom Eliane
son age 7 ans $\frac{1}{2}$
jai. dessine un homme

Fig. 9,4.

garçons

1

Raymonde
Bourgues
6 ans –

Fig. 9,5.

I Francine Icard 13ans½
j'ai dessiné un homme

Fig. 9,7.

Fig. 9,6.

I GORGES-MAZZOLINI
j'ai dessiné un homme 13½

III agnel marcel
jais desine des boutbaleur

Fig. 9,8.

Fig. 9,9.

Nous pouvons ainsi suivre l'enfant dans son développement social et psychologique. Grâce à cette socialisation, ses instincts agressifs sont domptés. Les mains qui, par nature, servent à l'attaque physique, prennent de moins en moins d'importance dans ces dessins
5 au fur et à mesure que l'enfant grandit. Et à la fin de ses études scolaires obligatoires, jeune «Français logique», il est prêt à accepter les règles du jeu, n'est agressif qu'en paroles et en imagination, et la société le reconnaît alors comme l'un des siens.

QUESTIONS

1. Comment l'enfant français est-il amené par son propre milieu à se conduire comme on le lui demande?

2. Dites ce que vous savez de la discipline au *kindergarten* et à l'école élémentaire aux Etats-Unis.

3. Expliquez ce que l'institutrice de Chanzeaux a proposé à ses élèves en fin d'année scolaire, et pour quelle raison.

4. Quelle a été la première réaction du fils cadet de M. Wylie quand la maîtresse a proposé aux enfants de rester après la classe? Combien de jours le jeune garçon a-t-il résisté, et pourquoi?

5. Quelle est la punition la plus commune? Qu'en pensez-vous?

6. Racontez ce qui est arrivé au fils aîné de Gauguin.

7. Nommez les manières différentes d'isoler physiquement et psychologiquement l'élève que l'on veut punir. Nommez et commentez deux autres types de punition.

8. Racontez la visite de M. Wylie dans une classe de petits écoliers et quelques-unes des punitions légères dont il a été témoin.

9. Expliquez le système de bons points des classes enfantines.

10. Analysez deux types de récompenses pratiquées à l'école ou à la maison.

11. Commentez les dessins d'enfants reproduits ici.

MODES D'ÉVASION

Chapitre 10 A quatorze ans, avec ce système de sanctions, les enfants sont «bien élevés», c'est-à-dire qu'ils ont accepté le comportement spécial et caractéristique des enfants français. Ils semblent tout aussi heureux que les enfants américains, car ils jouissent de plusieurs échappatoires qui leur permettent de se faire lentement à une socialisation stricte, sans toutefois supprimer leurs exigences personnelles; ils évitent ainsi de se sentir frustrés. Les Anglo-Saxons ont du mal à comprendre, et désapprouvent souvent, le mécanisme spécial d'évasion qui donne aux enfants de France un air «si français».

Dans toutes les cultures, la jeunesse trouve moyen d'échapper à la rigueur de la socialisation; et comme en France, l'adaptation à la vie dans la société est particulièrement stricte, ces moyens ont probablement plus d'importance qu'ailleurs. L'enfant et l'adolescent parviennent ainsi à subir leur dressage social sans perdre leur individualité et leur identité; ils deviennent progressivement des adultes avec des réactions d'adultes. Le comportement qu'ils adoptent pour y parvenir souligne certains des aspects de la culture française.

Le refuge en soi-même est une des échappatoires dont dispose l'enfant, puisqu'alors les pressions extérieures ne peuvent plus l'atteindre. Tant qu'il agit et se conduit comme on lui demande d'agir et de se conduire, on le laisse tranquille; ce qui lui donne l'impression, à mesure qu'il grandit, que ce qu'il pense est son affaire à lui seul, et ne regarde personne d'autre.[1] Ceci explique pourquoi les Français sont si profondément convaincus qu'il faut à tout prix préserver la liberté de pensée—la liberté de conscience—et pourquoi ils ont horreur de mouvements tels que le McCarthisme des années 1953–1954. Ils estiment que la société ne peut absolu-

---

[1] Sauf peut-être pour l'enfant élevé dans un milieu religieux, où les parents s'efforcent de guider et de contrôler son état moral.

ment pas se permettre ce contrôle des opinions; elle n'a le droit que d'imposer certaines limitations à l'individu. Montaigne l'a fort bien dit: «Il se faut réserver une arrière-boutique toute nostre, toute franche, en laquelle nous establissons nostre vraye liberté et principale retraicte et solitude.»[2]

Ceci mène au concept de la pudeur morale aussi bien que physique (très fortes en France et dans les pays latins), c'est-à-dire le sens de ce qu'il est possible de laisser connaître et de ce que l'on ne peut pas révéler. En d'autres termes: «Tout n'est pas bon à dire.»

Lorsqu'il a été question, il y a six ou sept ans, de publier mon *Village in the Vaucluse*,[3] en France, et en français, un peu inquiet, j'ai demandé qu'un avocat français soit consulté. Mes craintes étaient fondées; il a estimé en effet que mon livre risquait d'être poursuivi par la loi portant sur l'intrusion de la vie privée. Il est de même indécent parfois de révéler trop de soi-même.

Il faut donc garder par-devers soi tout ce qui est d'ordre très personnel, sauf en deux situations: entre conjoints et entre amis. Dans le mariage il est bien évident que la confiance doit être complète. Quant à l'amitié, la nature en est différente dans la culture française de ce qu'elle est dans la culture américaine: plus rare, plus solennelle, plus attachante et peut-être plus profonde en France —et surtout au moment où du «vous» l'on passe au «tu».[4]

L'enfant grandit donc, certain qu'il peut toujours se réfugier dans cette «arrière-boutique» de Montaigne, où personne n'a le droit d'entrer. Il y a pour lui deux mondes: le sien, et celui de la société dont il fait partie.[5]

Il en résulte une fissure assez profonde entre ces deux mondes, entre celui de l'identité officielle et celui que crée le sens de la personnalité. Une fois de plus, c'est Montaigne que l'on peut citer; lorsqu'élu maire de Bordeaux, il déclare que le maire et lui-même sont deux personnes bien différentes.[6]

Dès lors que les responsabilités du métier, de la profession, de la

---

[2] «De la solitude», *Essais*, Livre I, Chapitre 39 (Paris: Bibliothèque de la Pléiade, 1962), p. 235. Lorsqu'un client entre dans une boutique française, la porte d'entrée actionne en général une sonnerie (ou une sonnette, ou un timbre), et le boutiquier apparaît alors au fond de la pièce; il vient de l'arrière-boutique, son sanctuaire en quelque sorte, où personne que lui n'a accès.

[3] Voir Chapitre 8, note 11.

[4] Voir Chapitre 8, note 13.

[5] Le meilleur exemple littéraire se trouve peut-être dans *Le Petit Prince* de Saint-Exupéry; au cinéma, dans *Le Ballon rouge*.

[6] «Le maire et Montaigne ont toujours esté deux, d'une séparation bien claire», «De ménager sa volonté», *Essais, op. cit.*, Livre III, Chapitre 10, p. 989.

fonction, sont clairement spécifiées, l'individu n'accepte de remplir professionnellement que ses responsabilités professionnelles. C'est ainsi que l'attitude des fonctionnaires français, par exemple, surprend parfois les Américains, qui ont coutume, aux Etats-Unis, en entrant dans un bureau, de s'adresser d'une manière amicale et personnelle à l'employé qui est derrière le guichet.

Dans un bureau qui ferme à midi, après avoir fait longtemps la queue, s'il ne reste plus qu'une personne devant moi, et qu'il soit 11 h. 58, lorsque mon tour arrive enfin, à midi et douze secondes, le guichet se ferme plus ou moins brutalement à mon nez, ce qui me rend furieux.[7] Mais c'est un fait que les devoirs du fonctionnaire s'arrêtent là, et que cette conception limitée de ses fonctions est en général comprise et admise par le public français.

L'emploi du nom de famille offre un autre exemple de cette séparation entre la vie professionnelle et la vie privée. Aux Etats-Unis, on écrit au «Docteur Untel», au «Doyen Untel», mais en France on ne commence jamais une lettre par «Cher Monsieur Untel» ou «Cher docteur Untel». Il faut faire apparaître seulement la fonction: «Cher Monsieur», ou «Monsieur le doyen», ou «Docteur». Dans les affaires de même il est recommandé d'omettre tout nom de personne ou d'adresser toute correspondance à une seule personne. (Voir Fig. 10,1.)

Une autre conséquence de ce refuge en soi-même est la formation d'une épaisse coquille protectrice tout autour de la personnalité, qui la protégera contre l'intrusion des «autres». L'enfant, qui grandit au milieu des interpellations, des directives et des conseils constants, a vraiment besoin de se construire une cuirasse pour protéger sa personnalité. Formé un peu durement, il est dressé en même temps à résister aux «autres». Il se durcit, ce qui lui fait prendre une certaine attitude générale de détachement qu'on nomme le «je m'en foutisme»,[8] attitude qui consiste à se moquer un peu de tout, à ne prendre rien au sérieux. Quand je déclare «je m'en fous», je veux simplement dire qu'ayant dégagé ma responsabilité professionnelle, et refusé de m'engager plus avant personnellement, je me moque et me désintéresse de l'affaire en question.

---

[7] C'est la pire attitude à prendre. La vérité générale de cette observation souffre des exceptions, qui à leur tour exigent une connaissance profonde, quasi instinctive, des mœurs. Par le sourire, et avec une certaine gentillesse, mais sans la moindre familiarité, bien des faveurs peuvent s'obtenir en se plaçant sur le plan humain. Mais là encore, il est très important de bien comprendre à quelle «catégorie» de personne on a affaire.

[8] Expression grossière; les formes adoucies—«je m'en fichisme», «s'en ficher»—sont courantes dans la langue parlée familière.

CAISSE CENTRALE D'ACTIVITÉS SOCIALES DU PERSONNEL DES INDUSTRIES ÉLECTRIQUE ET GAZIÈRE

17, place de l'Argonne - PARIS (19ᵉ)
Tél. : 205.63.79 — C.C.P. PARIS 20772-80

LE CONSEIL D'ADMINISTRATION

HARVARD UNIVERSITY
Mme Laurence WYLIE
1540 William James HALL

CAMBRIDGE MASSACHUSETTS 02138

Paris, le   19 NOV 1968

Madame,

Nous vous donnons l'autorisation de publier cette lettre, à condition que soit entièrement reproduit le texte de cette correspondance.

Notre Organisme a une gestion démocratique, c'est-à-dire que sa Direction est assurée par des Représentants élus du Personnel. Ces Représentants sont des Personnes ayant des responsabilités sur le plan syndical.

Le courrier doit être adressé d'une manière anonyme à Monsieur le Président de la C.C.A.S., pour qu'un contrôle puisse être exercé afin d'éviter de tomber dans les travers d'une gestion technocratique.

Nous vous prions de croire, Madame, à l'assurance de nos sentiments les meilleurs.

LE PRÉSIDENT

R. LE GUEN

Toute correspondance doit être adressée à Monsieur le Président de la C.C.A.S.

Fig. 10,1.

Puisque le plus précieux de soi se dissimule derrière une muraille, l'expression et le style individuels, qui reflètent en quelque sorte la partie cachée de la personnalité, présentent un grand intérêt. Même dans une école où tous les élèves portent un uniforme, chacun d'entre eux cependant s'arrange pour se différencier des autres par quelque détail vestimentaire. Car personne ne veut être exactement comme tout le monde. On est ce que l'on est. Comme le dit Jean-Jacques Rousseau: «Je ne suis fait comme aucun de ceux que j'ai vus; j'ose dire n'être fait comme aucun de ceux qui existent. Si je ne vaux pas mieux, au moins je suis autre.»[9]

Il faut donc, tout autant que sur l'unité, insister sur l'individualisme, et par suite sur la variété. Le Français, tout en acceptant les contraintes de la socialisation, fait savoir ainsi qu'il n'est pour autant la copie exacte de personne. Cela se voit dans l'art épistolaire, et même dans la simple écriture. Dès l'âge scolaire, les enfants écrivent des lettres qui sont généralement plus faciles à déchiffrer que celles des petits Américains, mais leur personnalité, leur caractère, apparaissent bientôt, surtout dans la signature (qui est, en fait, presque toujours illisible). (Voir Fig. 10,2.)

La crainte de perdre son caractère propre dans un moule uniforme est un thème favori du cinéma français. On parle alors en France, et d'ailleurs en Europe et dans le monde entier, d'«américanisation» à propos de cette mécanisation de l'existence qu'on redoute, car c'est un mythe généralement accepté que les Américains veulent se conformer à un même modèle.[10]

Un autre moyen d'échapper à la pression des «autres» consiste à se dissimuler derrière le mur de la vie privée. Dans certains cas, par exemple, le fisc prévoit un système à forfait, selon lequel le percepteur fixe le chiffre des impôts du petit commerçant ou du petit artisan d'après les données qu'il reçoit de l'intéressé.[11] Et la plupart du temps, le contribuable accepte sans protester, car une contestation l'obligerait à montrer ses livres de comptes (parfois d'ailleurs il n'en tient pas), c'est-à-dire à ouvrir sa «coquille» à un étranger, ce qui lui serait désagréable, tout en risquant aussi d'augmenter le montant de ses impôts.

Cette manière de se retirer à l'intérieur de soi-même n'est pas

---

[9] *Les Confessions*, Livre I, Chapitre I (Paris: Bibliothèque de la Pléiade, 1959), p. 5.

[10] Des films comme *La Belle Américaine, A nous la liberté, Mon Oncle*, tournent en ridicule la mécanisation de la vie moderne (souvent synonyme d'américanisation).

[11] Méthode de moins en moins répandue au fur et à mesure que le petit commerce se modernise.

HARVARD UNIVERSITY

LAURENCE WYLIE
C. Douglas Dillon Professor of the Civilization of France

1540 WILLIAM JAMES HALL
CAMBRIDGE, MASSACHUSETTS 02138

Chers lecteurs,

Voici, pour illustrer une différence culturelle, la signature des auteurs de ce livre. En France comme aux Etats-Unis elle sert à identifier le signataire, mais alors qu'en France elle indique nettement la personnalité de celui qui signe et est par suite souvent difficile à déchiffrer et à imiter, aux Etats-Unis au contraire elle doit généralement être très lisible.

Laurence Wylie   Armand Bégué

Fig. 10,2. La signature des auteurs: M. Wylie, d'Indiana, et M. Bégué, de La Rochelle, France.

On n'ouvre point sa «coquille» à un étranger. (Photo par Wylie)

favorable à l'unité sociale et à la confiance générale; il se développe, par contre, un style personnel très riche. L'image qui me vient à l'esprit est celle d'un charmant parc à la française, que cache un mur très haut et très laid surmonté de tessons de bouteilles.

5 Les enfants américains ne bénéficient pas de cette «voie de secours»; ils sont sans cesse poussés à s'adapter, à s'intégrer au groupe, à sentir et à penser comme «les autres», au lieu de cultiver leur propre personnalité par une introspection constante.

Une autre porte de sortie à la disposition de l'enfant est l'action 10 clandestine. Derrière la muraille solide qu'il s'est construite, il peut manœuvrer, et réaliser en secret ce qu'il ne pourrait accomplir légalement et à ciel ouvert. Cette possibilité d'action clandestine fait corps désormais avec le système social, grâce au «système D»,[12] c'est-à-dire à l'art de se débrouiller, de se tirer d'affaire tout seul.

---

[12] La lettre «D» est l'initiale de «débrouiller». «Brouiller» signifie mêler, compliquer, confondre. «Se débrouiller» veut donc dire se dégager d'une situation difficile par des moyens personnels ou impromptus, mais non pas exactement illégaux.

Comment fabriquer un poulailler selon le «système D»: On prend les pièces et les morceaux qu'on peut trouver et on s'ingénie à en faire un abri. (Photo par Wylie)

Cette action s'exerce aussi grâce à l'existence des bandes de jeunes, que ce soient ou non des délinquants, dont ils font souvent partie.

Cette débrouillardise, qui permet de faire tout ce qui, à son défaut, resterait irréalisable, on l'emploie donc pour sortir d'une situation 5 difficile, pour se tirer d'un mauvais pas. Alors que la société impose ses règles, ses responsabilités et ses institutions à l'homme, celui-ci, dans sa cellule individuelle, jaloux d'une indépendance d'autant plus nécessaire qu'il doit se protéger contre «les autres» et contre l'ensemble, doit manœuvrer en quelque sorte dans la coulisse.

10 L'enfant apprend très tôt à utiliser le «système D», et il fait l'admiration des siens s'il se montre débrouillard, parce qu'on sait qu'il fera son chemin dans la vie.

Il apprend également qu'il peut agir par un système de conspiration. En s'associant à d'autres enfants ou à d'autres adolescents,

Le «système D» au XVIe *siècle: Lettre de Coligny aux habitants de Rouen écrite sur une doublure de gilet, 25 septembre 1562.* (La Documentation française)

contre les adultes, il peut en quelque sorte saboter, à l'école et à la maison, le processus de la socialisation.[13] Ces groupes de jeunes sont probablement mieux organisés et plus stables qu'aux Etats-Unis; les membres en sont plus loyaux; ils parviennent souvent à agir

5 selon leur désir ou leur intérêt, même malgré les interdictions de la société. Et si la vie à la maison, en famille, est parfois difficile et tendue, surtout à partir de l'adolescence, les jeunes Français se détendent à l'intérieur de ces groupes, instruments puissants grâce auxquels ils peuvent faire sentir leurs volontés aux grandes personnes.

10 Malheur au professeur (du secondaire surtout) qui devient la cible de l'une de ces bandes: les jeunes Français peuvent être alors impitoyables, et dès son premier jour de classe, sa première heure de cours, faire ou briser le professeur. Car c'est un peu l'ennemi, et les élèves vont tout de suite essayer de savoir jusqu'où l'on peut aller avec lui;

15 s'il ne prend pas immédiatement les mesures nécessaires pour garder le contrôle ou s'assurer le respect, un «chahut» commence bientôt,

---

[13] Des films et des romans illustrent ce phénomène: *Zéro de conduite*, *Les Faux-Monnayeurs* (d'André Gide), *Les Copains* (de Jules Romains).

c'est-à-dire le bruit, le désordre systématique, sous les formes les plus variées.[14]

L'enfant apprend vite qu'il peut tirer grand parti de ces associations clandestines; l'adolescent, l'étudiant, puis l'adulte conspirent plus ou moins à l'aide de groupes organisés. Et il est impossible de comprendre le fonctionnement des choses en France sans tenir compte des organisations illicites ou non officielles parallèles aux organismes officiels. Une grande partie des affaires, de la politique, de la critique artistique et littéraire, ne peuvent s'expliquer que par les pressions de petits groupes agissant à l'intérieur de la société et à tous les niveaux.

Cette aptitude à s'organiser ainsi est précieuse en temps de guerre et d'invasion. La Résistance[15] et son maquis ont admirablement réussi parce que tout le monde vit en quelque sorte dans le «maquis» depuis l'enfance. C'est peut-être ce qui explique le mal qu'ont eu les forces de l'ordre à supprimer l'O.A.S. (l'Organisation de l'armée secrète, organisme clandestin et vigoureux qui s'opposait au gouvernement pendant la guerre d'Algérie de 1954–1962). Cette mentalité entraîne un certain cynisme. Les Américains voient avec surprise une certaine paranoïa chez les Français, qui ont facilement tendance à rechercher quelque but secret que poursuivraient des conspirateurs.[16]

Une conséquence peut-être de cette attitude est le sentiment de méfiance que donne la proximité de la police; les gens préfèrent en ce cas garder leurs distances, car, semble-t-il, ils craignent toujours qu'on les prenne en faute. A Chanzeaux, la gendarmerie était située dans la petite ville de Saint-Lambert, à cinq kilomètres. Lorsque les gendarmes ont été déplacés à quinze kilomètres de là, la réaction de la population a été intéressante à observer: «C'est une bonne chose de 'les' savoir à quinze kilomètres; à cinquante kilomètres, ce serait

---

[14] Vers 1930, par exemple, à la faculté de Droit à Paris, un professeur avait, semble-t-il, des idées trop libérales pour la majorité des étudiants du moment, qui avaient eu vent aussi de certaines de ses difficultés domestiques: sa femme, prétendait-on, n'était pas fidèle. Alors, dès qu'il entrait dans l'amphithéâtre et prenait la parole, les étudiants ponctuaient ses phrases de «Et ta femme?» «Et ta femme?» Le pauvre professeur a dû éventuellement abandonner ses cours avant la fin du semestre.

[15] Allusion aux années 1940–1944, au cours desquelles nombre de Français résistèrent aux troupes allemandes d'occupation de diverses manières (actes de sabotage, etc.).

[16] A propos, par exemple, de l'assassinat du président Kennedy, bien des Français (et d'autres Européens également) ont cru et croient toujours qu'il y a eu un complot, et que ce n'est pas un seul individu qui a tiré.

Les danses folkloriques—souvent encouragées par les pouvoirs publics—permettent aux jeunes de se détendre. (Photo par Wylie)

encore bien mieux!» Et pourtant jamais personne n'avait été arrêté dans le village paisible de Chanzeaux.

Le dernier effet de ces bandes est de donner aux «conspirateurs» qui en font partie le souvenir des bons moments passés ensemble et des choses accomplies en petits groupes—consolations utiles dans les difficultés de la vie.

QUESTIONS

1. Qu'appelle-t-on un enfant «bien élevé»?

2. Pourquoi les enfants français semblent-ils aussi heureux que les enfants américains?

3. Expliquez en quoi consiste le refuge en soi-même comme échappatoire.

4. Recherchez ce qu'a été, dans ses grandes lignes, le McCarthisme.

5. Qu'est-ce que Montaigne recommande à chaque être humain?

6. Qu'est-ce qu'une «arrière-boutique» au sens propre et au sens figuré?

7. Qu'est-ce que la pudeur?

8. Si vous pouvez jeter un coup d'œil au *Village en Vaucluse*, expliquez les craintes de M. Wylie.

9. Quelles remarques trouvez-vous dans le texte sur l'amitié? Qu'en pensez-vous?

10. Que pensez-vous de l'opinion de Montaigne-maire de Bordeaux?

11. Analysez et illustrez l'attitude générale des fonctionnaires français.

12. Comment faut-il s'adresser au fonctionnaire français pour obtenir de petites faveurs?

13. Montrez comment le titre officiel utilisé au lieu du nom de famille dans la correspondance marque la vie professionnelle.

14. Expliquez et illustrez l'attitude «je m'en foutiste».

15. Que dit de lui-même Jean-Jacques Rousseau au début des *Confessions?*

16. Comment expliquez-vous que «mécanisation» et «américanisation» soient souvent synonymes?

17. Expliquez le forfait fiscal. Qu'en pensez-vous?

18. Définissez le «système D». Donnez-en quelques exemples.

19. Dites ce que vous savez des groupes et bandes des jeunes Français.

20. Qu'est-ce qu'un «chahut»?

21. Racontez le «chahut» organisé à la faculté de Droit de l'université de Paris il y a quelques années.

22. Après quelques lectures supplémentaires, expliquez en quoi a consisté la Résistance pendant la seconde guerre mondiale.

23. Expliquez la méfiance et la susceptibilité de beaucoup de Français.

24. Que pensent la plupart des Français de la police et de la gendarmerie? Avez-vous la même attitude qu'eux? Pourquoi?

25. Quels souvenirs les «conspirateurs» gardent-ils des bandes dont ils ont fait partie?

MODES D'ÉVASION (Suite et fin)

Chapitre 11　　Quelles voies reste-t-il aux enfants pour manifester à leur manière les sentiments qu'il leur est interdit par la société d'exprimer librement?

Ils disposent de trois procédés principaux de substitution: la
5　parole, les yeux et les gestes.

La parole, les mots, sont en France les formes d'agression les plus communes; ils se substituent à l'acte violent. A l'école, le sujet le plus important, à tous les niveaux, demeure l'étude de la langue —parlée et écrite—qui s'associe tout naturellement à l'esprit. Ne
10　pas avoir d'esprit c'est être bête. Une personne spirituelle combine intelligence et virtuosité verbale; ses mots d'esprit la rendent supérieure à celles qui en sont incapables. Sans habileté verbale, sans esprit ou sans bon sens, il est difficile de réussir en France.

L'histoire fournit quelques beaux exemples d'hommes que leur
15　esprit a rendus populaires. Henri IV a eu la langue humectée d'une goutte de vin et frottée d'ail à son baptême, symboliquement, afin de lui garantir de l'esprit! Jean-Jacques Rousseau en manquait, mais, après tout, il était suisse de naissance! Napoléon était un homme très éloquent et spirituel. Une des grandes forces de de Gaulle
20　était son esprit; certains mots du général sont bien connus, comme, par exemple, sa réplique à Jacqueline Kennedy, qui lui disait: «Monsieur le président, vous savez que mes ancêtres étaient français?» Galamment il a répondu: «Et les miens aussi, Madame.»

Les Américains, par contre, se méfient de l'esprit. On a prétendu
25　que la défaite de Stevenson aux élections présidentielles de 1952 était due en partie au fait que c'était un homme spirituel.

Le Canard enchaîné,[1] journal hebdomadaire des plus sarcastiques,

---

[1] Hebdomadaire politique et satirique qui tire à 300 000 exemplaires—plus que *Le Monde* (250 000) et *L'Humanité* (200 000); moins que *Le Figaro* (450 000), *Le Parisien libéré* (900 000) et *France-Soir* (1 500 000).

adversaire de toute autorité, a consacré pendant plusieurs années une rubrique intitulée «la Cour», où de Gaulle et ses ministres figuraient respectivement sous les traits de Louis XIV et de ses courtisans. La langue y était celle de Saint-Simon;[2] les épisodes décrits étaient ceux
5   du lever du roi, de la reine, la réception des ambassadeurs venant des

En-tête de la rubrique régulière du Canard enchaîné.

colonies et des Amériques; l'effet en était prodigieux si l'on se souvient de l'orientation des Français vers le passé. Une des meilleures façons de parler de de Gaulle était d'en faire un personnage du passé; et cette rubrique, «La Cour», passait pour une des lectures favorites
10   du Président de la Ve République.

---

[2] Le duc de Saint-Simon (1675–1755), auteur de *Mémoires*, portant surtout sur l'époque de Louis XIV, écrit dans un style vigoureux et profondément original.

Une autre tradition très française est celle des «chansonniers» que l'on peut entendre dans plusieurs théâtres parisiens ainsi que dans de nombreuses salles de cafés, bars et boîtes de nuit. Les chansonniers sont des chanteurs, ou des diseurs, qui composent leurs propres chansons et poèmes satiriques, et, ces dernières années, la plupart portaient naturellement sur de Gaulle avec des implications sarcastiques.

Ces attaques orales sont parfois cruelles et dures. Et pourtant, ce potinage, cette médisance, sont probablement moins efficaces qu'elles ne le seraient aux Etats-Unis, car, dès l'enfance, le Français se prépare à la défense en même temps qu'à l'attaque. L'attitude «je m'en foutiste», signalée plus haut, lui est d'un grand secours. Les difficultés qu'éprouvent les journalistes américains en France à rapporter et commenter événements et déclarations politiques sont très significatives du même phénomène: ils prennent trop littéralement tout ce qui se dit et s'écrit, et, souvent en France, mots et paroles, simples exutoires, ne servent qu'à libérer l'esprit.

L'expression verbale des Français atteint parfois une virtuosité telle que les mots perdent de leur valeur. Il faut donc se méfier, ne pas se laisser aveugler, et essayer de découvrir la vraie réalité des choses.[3] Les yeux deviennent alors plus importants que la bouche. Ce sont eux qui doivent pénétrer l'épaisse carapace dont chacun s'entoure et se protège, et qui souvent peuvent mieux que la bouche exprimer les sentiments qu'on éprouve.

A Chanzeaux, les rapports entre garçons et filles obéissent à des règles assez strictes: peu ou pas de sorties ou de rencontres seul à seul; les jeunes gens ne se retrouvent qu'en groupes.[4] Comment donc arrivent-ils à se parler en tête-à-tête? «Ils n'ont pas besoin d'échanger des paroles», disent les Chanzéens. «Il leur suffit, par exemple, d'échanger un regard, pendant la moisson, à un repas de noces; les yeux en disent plus long que tous les beaux discours.» Et ce n'est

---

[3] La conception de l'art est éclairée par cette perspective. En effet, l'art ne consiste pas à créer des objets que l'on pend ensuite aux murs. On parle de réalisme, de cubisme, d'impressionnisme et de surréalisme, parce qu'en fait tous les mouvements artistiques ne sont que des tentatives pour briser la réalité que nous croyons voir, et pour parvenir à en comprendre l'ensemble fondamental selon de nouvelles conceptions.

[4] D'ailleurs, en principe, les sorties en groupes, très fréquentes et autorisées par les familles, sont excellentes. Elles éliminent la nécessité, pour une fille ou un garçon, d'avoir «sa» fille ou «son» garçon pour se faire admirer au point de vue social. Les sorties en groupes donnent à chacun un plaisir de communication, d'échange, sans tension; mais si un garçon et une fille se plaisent, commencent à s'aimer, ils savent fort bien se trouver à l'intérieur du groupe, puis prendre des rendez-vous particuliers.

pas, comme les Américains pourraient le croire, une forme de sentimentalisme.

Les gestes, mouvements musculaires, imagés, servent non seulement à souligner toute idée, mais aussi à exprimer les sentiments.[5]
5   Ils font en quelque sorte partie de la culture et servent en outre à enrichir et accentuer la langue. On peut bien en effet connaître la grammaire et la syntaxe, mais si les gestes de la physionomie et des mains n'accompagnent pas la parole, on ne peut pas communiquer pleinement avec les Français.[6]

---

[5] Et même à remplacer fort bien l'agression réelle.

[6] Les photos de Fernandel (artiste comique français) dans *The Frenchman* (New York: Simon & Schuster, Inc., 1948) montrent les admirables réponses muettes du comédien au photographe Philippe Halsman. Le mime Marcel Marceau, excellent représentant de l'art très français de la pantomime, illustre fort bien notre point de vue, de même que l'acteur et metteur-en-scène célèbre Jean-Louis Barrault.

L'art du théâtre peut consister à faire ressortir le refoulement des sentiments normalement caché. Voici Jean-Louis Barrault. (Photo du film Les Enfants du paradis)

Le rêve éveillé, également, permet de donner libre cours aux sentiments. Faute de pouvoir agir, on rêve à ce que l'on aimerait faire. Par suite de la sévérité de la socialisation, les Français, et tout d'abord leurs enfants, semblent doués d'une imagination particuliè-
5 rement féconde.

Les jeunes Français disposent d'un autre moyen d'exprimer leurs sentiments. Erik Erikson[7] l'appelle le «moratoire de l'adolescence», c'est-à-dire la révolte permise en quelque sorte pendant un certain temps et à un moment précis, moment qui vient à la suite de la
10 longue et stricte période de socialisation obligatoire. Lorsqu'une conduite antisociale est acceptée—pourvu qu'elle se conforme à certains rites et respecte certaines limitations, de sorte que ni l'individu ni la société n'en souffre—un sursis est accordé avant que ne commence la vie «sérieuse» obligatoire.

15 A Chanzeaux, une fois par an, les jeunes gens se conduisaient d'une façon étrange, non pas dans leurs rapports avec les femmes, mais en buvant comme des trous et en faisant les quatre cents coups;[8] tout se passait cependant selon des rites bien déterminés.[9] Et avec un rituel qui varie selon la région et la classe sociale, il en est ainsi à
20 peu près partout en France.

Les Français acceptent aisément cette période indéterminée, ce sursis, au sortir de l'adolescence, avant de prendre les responsabilités de l'âge d'homme, parce qu'ils sont persuadés qu'il faut prendre la nature comme elle est et s'y adapter. Il vaut mieux extérioriser les
25 sentiments auxquels on ne peut échapper, et s'en libérer, afin d'éviter plus tard des inconvénients graves, refoulements ou révoltes.

Bien entendu, la formule française est loin d'être parfaite; aucune formule ne peut l'être. Nous avons vu le cas de «Monsieur Bill».[10] Les *teen-agers* font parler d'eux; on les appelle «blousons noirs» ou
30 «tricheurs». On a raconté leurs actes de violence et les destructions

---

[7] Erik Erikson, *Identity and the Life Cycle* (New York: International Universities Press, 1966), *passim*.

[8] Il s'agit ici des jeunes «conscrits», c'est-à-dire des jeunes gens de vingt ans qui vont partir faire leur service militaire (appelé «service national» depuis 1965).

[9] Armés d'une sorte d'enseigne de coiffeur (de coiffeur américain), symbole phallique en forme de hampe de drapeau, avec une trompette et un sac, ils allaient, dimanche après dimanche, chez des jeunes filles, en les priant de fournir du ruban en guise d'ornements, et demandant à boire à leur père. Puis, de porte en porte, ils sollicitaient encore de l'argent afin d'organiser un grand banquet, où ils amenaient les jeunes filles de leur âge. Et souvent, le samedi soir, ils se réunissaient et passaient une bonne partie de la nuit à boire.

[10] Voir Chapitre 8.

Des gars de Chanzeaux au cours d'une de leurs «noces dominicales». (Photo par Wylie)

qu'ils commettent, et on a montré le déséquilibre d'une partie de la jeunesse actuelle.[11]

---

[11] Beaucoup d'études et d'articles montrent combien les jeunes sont maintenant plus éduqués et mieux formés qu'autrefois, par la télévision, le cinéma, certains disques et la publicité sous toutes ses formes.

Une autre mode d'évasion dont disposent les jeunes Français est ce que l'on peut appeler l'institution de «l'oncle». Le terme est emprunté à André Mayer, biologue français.[12] C'est le membre de la famille qui a échappé à la socialisation et qui par suite est différent des autres. «Il s'arrange pour demeurer jeune et rester en dehors de son milieu familial. On ne parle pas de lui devant les enfants, car il leur serait de mauvais exemple: c'est un aventurier.»

La société française a toujours été consciente de ce phénomène et l'a sans cesse redouté. Elle a constamment imaginé des moyens —résorption, assimiliation, élimination—pour se garder contre ces aventuriers.

«L'oncle» existe dans la réalité. Chassé de la famille, ou la quittant de lui-même parce qu'il ne peut pas en accepter les règles, son succès éventuel a une grosse influence et crée une sorte de mythe. «L'oncle d'Amérique» entrait autrefois dans une catégorie un peu spéciale.[13] Il était parti en Amérique (du Nord ou du Sud); il y avait fait for-

---

[12] André Mayer, professeur au Collège de France, dans «Crise de structure de la société française», *The French Review* (octobre et décembre 1942), cite la réponse de Joseph Bédier (critique littéraire et traducteur en français moderne de la *Chanson de Roland*) à ses propres critiques d'une France traditionnelle à l'excès et freinée dans son propre élan par trop de règles et de règlements: «La France n'est pas un pays de grandes traditions mais un pays d'aventuriers . . . car chaque famille française possède un curieux individu qu'on appelle 'l'oncle'.»

[13] La littérature a employé «l'oncle» comme typique du rebelle qui s'est libéré des préjugés familiaux; ou bien comme celui qui a réussi, parce qu'il n'était pas handicapé par les règlements d'une vieille société. D'autres ont échoué. *L'Oncle Jules*, de Maupassant, authentique oncle d'Amérique, n'avait pas été un membre sérieux de la famille dont il ne pouvait accepter les règles; il l'avait quittée, emportant avec lui une bonne somme d'argent appartenant aux siens. Pendant longtemps son nom n'avait pu être prononcé dans la famille. Puis, un jour, on a appris qu'il était en Amérique et qu'il était riche; il allait donc pouvoir restituer l'argent qu'il avait volé en partant. Pendant plusieurs années, la famille s'est construit une image de l'oncle Jules, retournant au pays, les poches pleines de dollars qui allaient leur permettre à tous de mener la grande vie. Un dimanche, la famille, qui demeurait au Havre, a décidé de faire une petite excursion en bateau dans la baie. C'était un jour un peu spécial, car l'aînée des filles était accompagnée de son jeune mari. La famille déjà embarquée, le père, afin de jeter un peu de poudre aux yeux de son nouveau gendre, a proposé à tout le monde le luxe d'une dégustation d'huîtres. A l'autre bout du bateau, un marchand en vendait et les ouvrait devant les clients. Le père, à mi-chemin, s'est arrêté, a fait demi-tour, et, pâle et tremblant, est venu dire à sa femme: «C'est Jules, ce sale marchand d'huîtres.» Qu'a fait la famille? S'est-elle précipitée, les bras tendus, pour accueillir l'oncle? Certes pas. Ils sont tous restés là où ils étaient, pendant toute l'excursion, et au retour, ils se sont hâtés de quitter le bateau pour ne pas être aperçus de l'oncle et pour ne pas infliger sa vue au jeune mari qui ne devait pas savoir que la famille possédait un personnage aussi louche que l'oncle Jules. Et, son rêve détruit, la famille s'est sentie écrasée à tout jamais.

tune, et puis était rentré finir ses jours au pays. Il jouait aussi parfois le rôle de *deus ex machina* dans l'imagination des Français: c'est lui qui pouvait à l'occasion rendre toutes sortes de services inattendus.[14]

La littérature et le cinéma reprennent souvent ce thème du révolté, de l'inadapté, avec parfois une femme comme héroïne: par exemple, la Thérèse Desqueyroux, du roman de Mauriac.[15] Incapable d'accepter la vie de la province et les joies étouffantes de la vie familiale, elle verse de l'arsenic dans le verre de son mari malade. La famille ne réussit à la soustraire à la justice qu'à la condition qu'elle aille vivre à Paris sans jamais revenir au pays.

Il y en a aussi qui réussissent et dont le souvenir s'entoure d'une auréole. Molière[16] en est un bel exemple: au lieu d'accepter la succession de son père comme tapissier du roi, il veut être acteur, c'est-à-dire se joindre à une profession alors si peu recommandable qu'il faudra solliciter une autorisation spéciale pour enterrer chrétiennement le grand comique.

Ce dernier mode d'évasion, important du point de vue de la socialisation, l'est encore davantage du point de vue des changements qui s'opèrent dans la société, provoqués bien souvent grâce aux individus courageux ou indépendants qui refusent de se plier aux exigences de leurs aînés.[17]

---

[14] Il y a quelques années, j'ai été amené à traduire (lecture fascinante) le testament d'un Français de Philadelphie qui avait longtemps servi de chauffeur à un agent de change; intelligent, il avait évidemment su profiter de conversations surprises tout en conduisant son patron; célibataire, bien payé, il avait donc pu faire de bons placements, et à sa mort, il laissait quelque $200 000 au curé de son village en France.

[15] François Mauriac, né en 1885, romancier, membre de l'Académie française, est l'auteur du *Baiser au lépreux* (1922), *Génitrix* (1923), *Thérèse Desqueyroux* (1927). Il a gagné le prix Nobel en 1952.

[16] Molière (1622–1673), comédien, directeur de troupe, auteur dramatique, est le principal auteur de comédies du XVIIe siècle. (Voir Chapitre 29.)

[17] La tendance de chaque génération à se dresser contre los normes de la société ou à s'en évader se fait clairement sentir dans la littérature, à partir du romantisme. Dans la deuxième moitié du XIXe siècle, Baudelaire, Lautréamont, Jarry dénoncent l'hypocrisie de la société. Au XXe siècle, les adolescents de Gide rejettent les valeurs familiales pour affirmer leur personnalité. Puis, après la première guerre mondiale, c'est un grand besoin de liberté, qui mène à l'évasion hors du monde accepté (Alain-Fournier, Marc Chadourne, Morand, Cendrars), et à la recherche de moyens de connaissance et d'expression scandaleusement nouveaux (surréalisme). Plus tard, Malraux et Saint-Exupéry montrent l'individu qui s'affirme par son action. Enfin, pendant et après la deuxième guerre mondiale, l'existentialisme (Sartre, Camus) assure à ceux qui sont assez courageux pour refuser les fausses valeurs sociales qu'ils peuvent trouver leur vérité, en assumant leur responsabilité envers les autres hommes.

QUESTIONS

1. Analysez le procédé principal de substitution—la parole.

2. Que pensez-vous de l'importance des mots d'esprit et de l'éloquence dans votre existence de tous les jours?

3. Procurez-vous un numéro du *Canard enchaîné;* lisez et commentez un article.

4. Pourquoi les attaques verbales sont-elles moins cruelles et moins efficaces chez les Français qu'elles ne le seraient chez les Américains?

5. Qu'appelle-t-on l'attitude «je m'en foutiste»?

6. Comment garçons et filles de Chanzeaux faisaient-ils naguère connaissance? Expliquez.

7. Que faut-il ajouter à la parole pour communiquer pleinement avec les Français?

8. En quoi consiste le rêve éveillé? A quoi sert-il?

9. De quelle manière l'adolescent français se révolte-t-il?

10. Analysez le concept de «l'oncle».

11. Racontez l'histoire du chauffeur français de Philadelphie qui a choisi comme héritier le curé de son village natal.

12. Racontez l'histoire de Thérèse Desqueyroux du roman de Mauriac.

13. Expliquez le courage qu'il a fallu à Molière pour faire sa vie.

INTERVENTION DE L'ÉTAT

CHAPiTRE 12　　　　En dépit des efforts des jeunes générations pour échapper à son contrôle, la famille française n'est pas un mythe, car elle existe fortement, grâce d'abord à son idéal qui plonge dans la réalité; puis, à cause de la socialisation relativement efficace; et
5　enfin, par suite de l'intervention de l'Etat.

Le paternalisme gouvernemental se pratique en France de longue date. Les Français estiment que la mère patrie a le devoir de prendre soin de la famille, et de la protéger contre tous les dangers. Les constitutions des IVᵉ et Vᵉ Républiques l'ont prévu: la nation doit
10　garantir à chaque famille individuelle les conditions nécessaires à son heureux développement. Notion socialiste en apparence, mais c'est bien plutôt le credo conservateur de la grande famille française—la patrie—qui tient à protéger ce qu'elle considère comme l'élément le plus important d'une société conservatrice, la cellule
15　familiale. Cette notion est primordiale.

Les traditions politiques aux Etats-Unis et en France diffèrent donc sur ce point: pour les Américains, le gouvernement est l'émanation des volontés individuelles exprimées, tandis que l'idéologie française traditionnelle, par contre, repose plutôt sur la conception qu'en
20　avaient les Romains. André Siegfried a dit fort bien:[1]

> ... Chez les Latins, la puissance de l'Etat est considérée, conçue comme extérieure et supérieure à l'individu, pour ainsi dire comme transcendante: on peut s'en emparer comme d'une arme, s'en servir comme d'un instrument de domination. L'individu doit s'en défendre, car l'Etat ne lui apparaît pas comme nécessairement bienveillant: une longue expérience l'a rendu fort sceptique à cet égard, à tel point qu'il ne s'étonne ni ne s'indigne qu'on abuse du pouvoir, pour soi et pour ses amis, quand on en a une fois pris possession. Là sans doute est l'explication de l'extraordinaire passion que les Latins apportent dans les

---

[1] André Siegfried, *L'Ame des peuples* (Paris: Librairie Hachette, 1950), pp. 31–32.

luttes politiques. Quelle différence avec la notion anglo-saxonne de l'Etat, expression de la communauté, de l'Etat agent et serviteur du citoyen qui lui a délégué ses pouvoirs!

Comment le gouvernement agira-t-il pour protéger la famille contre ses propres faiblesses? Que faire pour empêcher les défaillances des individus à l'intérieur de la cellule familiale?

Tout d'abord, le Code pénal condamne les actes criminels des
5 parents vis-à-vis de leurs enfants, et réciproquement. Puis, il examine les cas d'intrusion dans la famille d'éléments étrangers, comme, par exemple, le cas des enfants adoptés.

Dans le cas de l'insuffisance des moyens techniques et des risques à prendre pour s'adapter au progrès, la solution est plus complexe,
10 car l'idéal de la famille-modèle, nous l'avons vu, est bien plutôt statique. Et c'est là que l'Etat, sentant qu'il doit intervenir et apporter son aide, a presque toujours favorisé les entreprises familiales. Un tarif protecteur, en vigueur depuis longtemps, protège les producteurs français contre ceux de l'étranger.[2] Au XVIIIe siècle, l'école
15 des physiocrates avait bien essayé de changer cette tradition,[3] ce qui avait provoqué une catastrophe dans certaines régions. Et Napoléon Ier[4] a dû revenir au protectionnisme, qui a prévalu jusqu'à Napoléon III.[5]

En 1860, celui-ci a fait une brèche dans le mur protectionniste qui
20 n'a été close qu'en 1892 par la loi Méline. Méline, député acharné à maintenir la force de la France et de chaque famille française, demande dans son livre, Le Retour à la terre, que le pays se détourne de la révolution industrielle en cours, pour se consacrer uniquement à l'agriculture. Sa plaidoirie se termine ainsi: «Le bien-être d'un peu-
25 ple est semblable à un arbre. L'agriculture en est la racine; les manu-

---

[2] Ce tarif protecteur ne s'applique plus guère qu'aux pays étrangers ne faisant pas partie du Marché Commun, ce qui modifie considérablement la situation actuelle des cultivateurs et des industriels français.

[3] Les physiocrates considéraient au XVIIIe siècle la terre comme l'unique source de la richesse; ils réclamaient la liberté du commerce, de l'industrie et de la vie économique, et ils cherchaient à développer la production agricole par l'organisation de la grande culture et l'immunité de l'agriculteur, et l'abolition des tarifs douaniers entre les provinces françaises (ce qui, permettant la libre circulation des denrées, diminuait les risques de famines). Les physiocrates les plus importants ont été Quesnay, Dupont de Nemours, Turgot et le marquis de Mirabeau.

[4] Napoléon Ier (1769–1821), d'abord général (Bonaparte), puis Premier Consul, enfin Empereur des Français de 1804 à 1815.

[5] Napoléon III (1808–1873), président de la République du 10 décembre 1848 au coup d'Etat du 2 décembre 1851; Empereur des Français de 1852 au Ier septembre 1870.

ARTICLE 356. — Lorsqu'une mineure enlevée ou détournée aura épousé son ravisseur, celui-ci ne pourra être poursuivi que sur la plainte des personnes qui ont qualité pour demander l'annulation du mariage...

Illustration par Siné pour une édition du Code pénal (1959). (Maurice Gonon Editeur)

factures en sont les branches et les feuilles. Si la racine est atteinte, le feuillage tombe, les branches se brisent, et l'arbre meurt.»[6]

Bref, Méline a pu persuader au pays, pour se défendre et pour maintenir la famille dans son état présent, de revenir à l'ancienne tradition protectionniste. L'agriculture et la petite industrie ont été protégées contre les grands organismes sans âme et sans nom, les «sociétés anonymes» (en américain, les *corporations*).

Par conséquent, entre 1930 et 1940, l'agriculture et l'industrie françaises se trouvaient dans un état lamentable parce qu'excessivement protégées; l'évolution de la technique ne s'était pas accomplie; à Chanzeaux, par exemple, en 1946 (après, il est vrai, cinq ans de guerre et d'occupation allemande), dans une ferme on battait encore le blé au fléau.

---

[6] Jules Méline (1838–1925), dans *Le Retour à la terre*.

La mécanisation de l'agriculture est un fait accompli. (Photo par Wylie)

Il est regrettable de constater qu'en cherchant à renforcer la cellule familiale traditionnelle, on n'a fait au fond que l'affaiblir; et que l'intervention de l'Etat a été ici à l'encontre de ses intentions. Aujourd'hui encore, la législation qui continue à travailler dans le même sens est incompréhensible si on n'en connaît pas les motifs historiques.

En 1946, par exemple, le Statut du fermage a voulu que le «fermier» eût toutes facilités pour acheter à son propriétaire la terre qu'il cultivait; les riches citadins, amateurs de terres, sont maintenant évincés; et le propriétaire ne peut chasser son «fermier» sans un jugement du tribunal où siège un jury composé des «fermiers» voisins. Au cas où le propriétaire décide d'exploiter sa propre ferme, il doit venir sur place en diriger personnellement l'exploitation.

L'exemple de Jean Gabin[7] illustre les problèmes d'exécution des lois du fermage. Comme bien d'autres gens riches, Gabin avait acheté plusieurs fermes. Avant la mise en vigueur du Statut de 1946, il avait commencé à donner congé à plusieurs de ses fermiers; il avait abattu quelques-unes de leurs petites fermes, pour en bâtir de plus grandes, plus rentables. Gérant lui-même son domaine, Gabin était retourné à la terre, mais ceci l'avait rendu fort antipathique aux cultivateurs authentiques du voisinage. Un beau soir, on lui a fait un charivari (une sérénade bruyante), et de petites émeutes ont éclaté aux environs. Les vrais cultivateurs refusaient de céder leur place à un capitaliste non cultivateur de métier ou de naissance. Le régime capitaliste s'est donc trouvé menacé par ses propres membres (puisque la petite cellule familiale était mise en péril). Les représentants des cultivateurs ont obtenu des pouvoirs publics l'application stricte du Statut du fermage. Gabin, artiste de cinéma, ne pouvait pas se transformer du jour au lendemain en cultivateur-propriétaire. Ce qui est étrange dans ce cas est donc que ce sont les conservateurs qui, afin de protéger la société, empêchent les gens de devenir propriétaires, refusant ainsi d'appliquer l'un des principes fondamentaux du conservatisme. L'agriculture française, en partie à cause de l'intervention de l'Etat, de la loi Méline et du Statut du fermage, doit résoudre, et pour longtemps encore, de sérieux problèmes.

Récemment le commissariat au Plan[8] s'est tourné plutôt vers l'industrie, négligeant de protéger les petites exploitations agri-

---

[7] Jean Gabin, né en 1904, est un acteur célèbre de cinéma.
[8] Voir Chapitres 22–23.

Jean Gabin, cultivateur amateur. (*Paris-Match* et Pictorial Parade, Inc.)

coles, au grand mécontentement des cultivateurs, qui manifestent parfois l'été en barrant les grandes routes à la circulation automobile avec leurs tracteurs.

Nous savons quel idéal préside au partage—égalitaire—des héritages;[9] il s'oppose à celui qui tend à maintenir intact à tout prix le patrimoine (pour que la cellule soit assurée d'une vie économique

5

---

[9] Le résultat pratique de ce mode de partage est une division excessive parce qu'elle se continue de génération en génération et fait de la France un pays de propriétés de plus en plus petites, au rapport insuffisant, où les techniques modernes demeurent inapplicables.

stable). Et là aussi l'Etat intervient en facilitant le remembrement des terres[10] (plus ou moins bien réussi d'ailleurs), et en prêtant à long terme au fils qui continue à cultiver, pour lui permettre de dédommager les frères et sœurs qui renoncent à leurs droits de succession et quittent la maison et l'exploitation familiales.

L'Etat intervient de plus en matière de démographie, grâce aux allocations familiales de la Sécurité Sociale.[11] D'abord réservées aux fonctionnaires, elles ont été étendues, en 1932, à tous les employés du commerce et de l'industrie; en 1936, aux employés agricoles; en 1938, aux autres cultivateurs, aux petits agriculteurs indépendants et aux artisans ruraux. D'autres formes d'assistance financière se sont ajoutées, comme, par exemple, «l'allocation de la mère au foyer», pour encourager les mères à rester chez elles et à élever leurs jeunes enfants, au lieu de prendre du travail au dehors et de «négliger» ainsi leur famille. En 1939, une prime a été accordée pour le premier bébé des jeunes mariés, et de nombreux textes de lois ont été réunis qui forment un nouveau code, le Code de la famille.

Pendant la deuxième guerre mondiale, le régime de Vichy[12] (à partir de l'été de 1940) avait reconnu à la famille une importance primordiale, et avait pris comme slogan «Travail, Famille, Patrie», en lieu et place de «Liberté, Egalité, Fraternité». Ainsi, plus conservateur encore que les gouvernements précédents, Vichy avait beaucoup étendu les bénéfices des allocations familiales. En 1940, et encore en

---

[10] Il s'agit du regroupement des terres, encouragé par le gouvernement, pour mettre fin au morcellement excessif des petites propriétés: des propriétaires voisins s'arrangent entre eux pour échanger des parcelles de terre de valeur à peu près égale, cherchant toujours à concentrer leur exploitation agricole autour de leur ferme.

[11] Dans le cadre général de la Sécurité Sociale, les allocations familiales sont des prestations (sommes d'argent) mensuelles versées à chaque chef de famille, et calculée d'après le nombre d'enfants. En 1966, avec deux enfants à sa charge, le chef de ménage recevait approximativement $30, $38 avec trois enfants, $51 avec quatre enfants, $90 avec six enfants, etc. Une allocation de salaire unique est versée chaque mois à la famille où seul le père ou la mère travaille. Une allocation prénatale revient à toute jeune femme enceinte (mariée ou non) qui déclare son état dans les délais prévus. A chaque naissance la mère reçoit de nouvelles prestations. Tous les frais d'accouchement et d'hospitalisation sont remboursés. Une allocation de logement est prévue pour certaines catégories de familles indigentes, afin qu'elles puissent se loger dans de meilleures conditions. La plupart des frais pharmaceutiques et médicaux sont remboursés à 80% environ; de même certaines cures dans des villes d'eau ou dans la montagne. Un supplément pécuniaire de congé annuel (la plupart des ouvriers et employés ont droit à quatre semaines de congé annuel payé) est versé aux mères de certaines familles quand elles envoient leurs enfants passer leurs vacances à plus de 25 km de la maison.

[12] L'Etat français (1940–1944), présidé par le maréchal Pétain, a eu son siège à Vichy.

1956 (sous la IVᵉ République), de nouvelles lois ont été promulguées qui, avec les précédentes, constituent ce que l'on appelle parfois «la nouvelle charte».

5 Les Américains ont du mal à comprendre le système français de la Sécurité Sociale, car l'équivalent n'existe pas aux Etats-Unis. En groupant *Social Security, Blue Cross, Blue Shield, Major Medical* et plusieurs assurances personnelles sur la vie, assurances-maladie, -chômage, -vieillesse, etc., ils peuvent commencer à s'en faire une idée générale. Mais l'important ici est de se rendre compte que ce que 10 l'on considère aux Etats-Unis comme un socialisme dangereux est accepté en France depuis bien des années. Et non seulement accepté mais établi en fait par les forces les plus conservatrices du pays, afin d'empêcher des changements radicaux dans la société, en consolidant les éléments de base qui font la 15 stabilité de la France.[13]

La Liberté défend les Droits de l'homme inscrits dans la Constitution. Gravure par Philibert-Louis Debucourt.

Personne ne s'oppose au système: les libéraux l'approuvent pour son orientation socialiste, les conservateurs, parce qu'il préserve la société de jadis. C'est 20 l'Etat qui finance la plus grande partie du programme; l'employeur y participe fortement (tout en grommelant); et l'employé n'y contribue que pour un faible pourcentage de son salaire.[14]

25 Les innombrables ramifications de la Sécurité Sociale sont telles que l'on ne peut rien comprendre à la société française, si l'on n'en connaît pas l'organisation, fort intéressante d'ailleurs. Le 30 système n'est pas à proprement parler gouvernemental; c'est un système mixte, administré par des représentants élus de groupements bénévoles, des représentants du gouvernement et des représentants de 35 la Sécurité Sociale proprement dite.

Quel est l'effet des allocations familiales sur le taux des naissances? Tous les avis sont bons. En France, on dit parfois que les familles indigentes ont des enfants pour se

---

[13] Il en est de même dans plusieurs autres pays d'Europe—en Angleterre, en Allemagne, en Norvège, en Suède, au Danemark—avec bien entendu d'importantes variantes.

[14] L'employeur verse aux caisses de la Sécurité Sociale une somme égale au tiers du salaire qu'il paie à son employé, lequel en verse lui-même environ 6% seulement.

Famille nombreuse à Chanzeaux il y a dix ans. Uniquement à cause des allocations familiales? «Tous les avis sont bons.» (Photo par Wylie)

faire entretenir par l'Etat. Il faut pourtant remarquer qu'elles en ont toujours eu plus que les riches, et que, d'autre part, l'essor spectaculaire démographique français est un phénomène mondial. Or, comme il n'y a point de système mondial d'allocations familiales,

5 il semble bien qu'il ne faille point voir là un rapport de cause à effet, mais plutôt une simple coïncidence.

La responsabilité de l'Etat est toutefois très marquée, et la famille en profite nettement. Le vieux paternalisme gouvernemental a pris des proportions dont les conservateurs, qui ont eux-mêmes

10 préconisé la législation sociale, n'auraient jamais rêvé, et qu'ils n'auraient certainement pas approuvées à l'avance.

De plus, afin d'assurer le bon fonctionnement du vaste et complexe système de la Sécurité Sociale, de nombreux groupements bénévoles et désintéressés se sont formés qui affectent toute la struc

15 ture sociale; il en résulte désormais une certaine interpénétration de ces groupes et des pouvoirs publics.

Les allocations familiales enfin ont modifié la structure même de la famille. Lucien Bernot, dans son étude sur Nouville,[15] montre clairement que dans la famille-modèle le père de famille était le chef de

20 la famille et qu'il était responsable du point de vue financier: c'est par lui que l'argent entrait à la maison. Ceci a changé. Un manœuvre, père de six enfants, recevra en prestations familiales variées une

---

[15] L. Bernot et R. Blancard, *Nouville, un village français* (Paris: Institut d'Ethnologie, 1953).

somme presque égale à celle de son salaire.[16] Ce qui signifie que la
mère de famille (parmi les Français qui gagnent très peu) et ses
enfants sont devenus, économiquement parlant, les égaux du mari
et père de famille. La structure même de la famille n'est donc plus
5   tout à fait la même, car les rapports et la fonction de ses membres
se sont modifiés dans les milieux très humbles en ce qui concerne le
budget familial, bien que leurs rapports puissent fort naturellement
rester les mêmes que précédemment sur le plan de l'affection et du
respect.

10   L'Etat donc, en bon père de famille, s'est volontiers chargé de
protéger l'élément de base de la société, c'est-à-dire la famille française. Le modèle, que dans cette tentative de réforme sociale, il s'est
systématiquement donné, est la famille idéale et mythique du xixᵉ
siècle. Toutefois, les résultats de son action—comme dans le cas de
15   bien des actions humaines—ont été inattendus: en prenant la défense
d'un passé idéal, l'Etat a souvent précipité le changement social.

QUESTIONS

1. Pour quelles raisons peut-on dire que la famille française n'est pas un
mythe?

2. Expliquez en quoi consiste, dans ses grandes lignes, le paternalisme
gouvernemental français.

3. Ce paternalisme est-il dû à des tendances socialistes ou conservatrices?
Expliquez.

4. Qu'est-ce que le gouvernement selon la tradition politique américaine?

5. Résumez la citation d'André Siegfried.

6. Expliquez les mesures générales que le gouvernement français prend
pour protéger la famille contre ses propres faiblesses.

7. Qu'est-ce qu'un tarif protecteur?

---

[16] En 1966, dans un pays où le coût de la vie pour les nécessités essentielles rejoint le coût
de la vie aux Etats-Unis, on observe que près de 700 000 manœuvres reçoivent un salaire
mensuel moyen de 628 francs (environ $120). Mais surtout sur 12 000 000 de salariés de
l'industrie et du commerce, 64% des ouvrières, 31% des employées, 22% des ouvriers et
18% des employés gagnent moins de 565 francs par mois ($113). Le chef de famille toutefois,
s'il a six enfants (ce qui représente des charges considérables), reçoit environ $90 d'allocations
familiales mensuelles, auxquelles il convient d'ajouter la quasi-gratuité des frais médicaux,
pharmaceutiques et d'hospitalisation, ainsi que des réductions importantes sur les transports
publics (train, métro, autobus). Il est loin d'être à l'aise; sa situation est seulement moins
misérable qu'elle ne le serait sans la Sécurité Sociale (*Le Monde*, 21–22 août 1966).

8. Quels sont en gros les avantages et les inconvénients d'un tarif protecteur?

9. Quel était le point de vue des physiocrates? Quels buts poursuivaient-ils?

10. Entre quelles dates, au XIXe siècle, le protectionnisme a-t-il été supprimé?

11. Quelle thèse économique Méline a-t-il soutenue?

12. Quelles ont été les conséquences de la loi Méline? Expliquez.

13. Dites ce que vous savez du Statut du fermage.

14. Si vous avez vu un film où jouait Jean Gabin, dites ce que vous pensez de l'acteur.

15. Racontez les difficultés de Gabin avec ses voisins les cultivateurs.

16. D'où viennent les problèmes que l'agriculture française doit résoudre?

17. Comment les cultivateurs français protestent-ils parfois contre la politique agricole?

18. En quoi consiste le remembrement des terres et quel est le but poursuivi ainsi par l'Etat?

19. Comment les enfants se partagent-ils la succession à la mort de leurs parents cultivateurs-propriétaires?

20. Qu'arrive-t-il si certains des héritiers ne veulent pas ou ne peuvent pas continuer à exploiter la propriété?

21. Analysez les principaux aspects de la Sécurité Sociale française.

22. Donnez quelques chiffres d'allocations familiales.

23. Quel a été le slogan de l'Etat Français sous Pétain? Quel est celui de la République Française?

24. Comment la Sécurité Sociale est-elle financée?

25. Pourquoi libéraux et conservateurs approuvent-ils plus ou moins la Sécurité Sociale?

26. Indiquez quelques-unes des conséquences morales et matérielles de la Sécurité Sociale.

27. Les allocations familiales sont-elles responsables de l'essor démographique français? Expliquez.

28. Comment la structure sociale est-elle affectée par l'administration de la Sécurité Sociale?

29. Comment la Sécurité Sociale change-t-elle en une certaine mesure la structure familiale?

30. Citez quelques salaires mensuels, en francs et en dollars, des salariés de l'industrie et du commerce, en 1966.

LA FAMILLE AUJOURD'HUI

CHAPITRE 13   Il n'existe malheureusement pas de définition bien précise de la famille française actuelle. La plupart des livres
écrits sur ce sujet délicat sont fantaisistes. L'information la plus
sûre porte sur la situation présente des femmes et leur place dans la
5 famille et dans la société, peut-être parce que leur situation est
plus difficile que celle des hommes, et donc que les sociologues s'y
intéressent davantage.

Parmi les fonctions que remplit la famille, considérons d'abord
la fonction économique. La population se divise en population ac-
10 tive et population passive;[1] la partie centrale de la pyramide des
âges représente la population active, celle qui produit. Elle se divise
en trois groupes: dans le secteur primaire se placent les individus
qui produisent à partir de la nature brute (les populations agricoles,
minières, forestières); le secteur secondaire transforme les matières
15 premières du secteur primaire; le secteur tertiaire comprend les diverses catégories de services (les transports, la vente, l'administration).

Or, la famille agricole était autrefois la famille idéale, et constituait la majeure partie de la population. Il ne peut plus en être ainsi.
20 En 1965, l'agriculture, les mines et les forêts ne comptaient plus que
4 100 00 personnes, et leur nombre allait sans cesse en diminuant.
L'industrie, avec 7 460 000 ouvriers et employés, voyait ses effectifs
monter constamment. Et les services occupaient un nombre relativement énorme d'individus: 8 060 000.[2]

---

[1] Voir Chapitre 6, Figure 6,3.

[2] En 1957, les chiffres étaient encore respectivement: 4 700 000 personnes dans le secteur
primaire; 7 200 000 dans le secteur secondaire; 7 000 000 dans le secteur tertiaire. Le V⁰
Plan (1966–1970) prévoit pour 1970 une population totale de 51 000 000 et une population
active de plus de 21 000 000 personnes, le secteur primaire étant réduit d'environ 600 000
personnes au profit des deux autres secteurs.

Donc la famille française d'aujourd'hui n'est plus la famille d'une petite ferme; ses membres sont engagés en totalité ou en partie, soit dans l'industrie, soit dans les services. Du point de vue économique, les conséquences en sont importantes.

5 D'abord, la famille est mieux intégrée que jamais à la société. Il n'est plus possible de parler de la ferme qui suffit à ses propres besoins comme d'une ferme idéale; les sociétés industrielles et commerciales l'ont remplacée. Ensuite, la famille ne forme plus une unité économique; ses membres ne travaillent plus nécessairement 10 à la même entreprise; aujourd'hui, il est normal que les membres se dispersent pendant le jour, allant chacun à un travail différent, et qu'ils se contentent de mettre leurs ressources en commun. Entreprise coopérative, la famille ne cherche plus tant à sauvegarder les biens familiaux, le patrimoine ancestral. Et, par suite, les mariages 15 ne sont plus conçus comme autrefois en fonction de la richesse à préserver; les mariages de raison, arrangés par les parents, ont à peu près totalement disparu.

De plus, la fonction économique des enfants a changé; il ne s'agit

La fonction économique de la famille a cédé le pas aux valeurs psychologiques et aux sentiments. (Photo par Wylie)

plus d'avoir juste assez d'enfants pour faire marcher l'exploitation familiale; la Sécurité Sociale justifie leur existence sur le plan national et permet aux parents d'avoir des enfants pour leur bonheur et par affection. Ainsi les soucis de sécurité matérielle de la famille ont sensiblement diminué, ce qui est bien, puisqu'ils affaiblissaient, précédemment, toute confiance dans l'avenir, et empêchaient les changements techniques. D'autre part, le fisc prélève de plus en plus d'impôts sur le revenu et les successions, de telle sorte que les grosses fortunes sont plus difficiles à créer et à transmettre. Les allocations familiales de la Sécurité Sociale facilitent également, d'une manière indirecte, le développement de l'habileté technique (la compétence ou le talent) des femmes dans la famille; car les travaux du ménage traditionnel (nettoyage, repassage, blanchissage, cuisine, soins aux malades) n'absorbent plus tout leur temps. Une bonne partie de ces travaux se sont simplifiés récemment grâce à une meilleure organisation des services modernes (laveries automatiques, supermarchés) et à un grand développement des équipements ménagers, désormais accessibles aux budgets modestes. Dorénavant, la femme peut souvent aider sa famille en prenant du travail en dehors. Plus de 20% des femmes ont actuellement un emploi; et la population active compte 34% de femmes.[3]

D'autre part, le nombre accru d'enfants s'explique, en partie tout au moins, par le fait que, continuant à désirer se perpétuer, les parents ont maintenent confiance en l'avenir.

Il est certain en tout cas que les parents se donnent le plaisir de voir leurs enfants réaliser les rêves qu'ils n'avaient jamais pu accomplir eux-mêmes. La mortalité infantile étant moindre, ils peuvent accorder plus d'affection aux enfants,[4] dont l'éducation ne pose pas de problèmes sérieux, puisque les frais de scolarité sont à la charge de l'Etat.

La famille porte toujours la responsabilité de la formation des enfants; elle est légalement responsable de leurs actes; elle est chargée de réprimer tous les usages antisociaux réprouvés par la socialisation; mais en fait, son action réelle est de plus en plus faible; sa responsabilité sur ce point est déléguée aux instituteurs, à des moniteurs de colonies de vacances et de «classes de neige», aux chefs du scoutisme

---

[3] C'est-à-dire qu'une femme sur cinq travaille, et qu'un peu plus d'un tiers de la population active totale se compose de femmes.

[4] Le taux de mortalité infantile est passé de 26 pour mille à 11,5 pour mille en cent ans (*Tendances*, juin 1965). Dans les siècles où tant de morts semblaient naturels et acceptables, les parents s'attachaient moins à leurs enfants.

«Les travaux du ménage… n'absorbent pas tout son temps.» (Photo par Roger Coster/ Monkmeyer)

et aux directeurs de sociétés religieuses de la jeunesse.[5] Toutes ces personnes sont devenues indispensables, parce que désormais le père et la mère sortent pour leur travail et passent beaucoup moins de temps à la maison, Elles sont d'autant plus nécessaires que les parents ne peuvent pas donner à leurs enfants la formation technique

5

---

[5] Chaque paroisse, municipalité, école, entreprise commerciale et industrielle, quartier de grande ville, organise sa colonie de vacances annuelle, à la mer ou à la montagne, colonie bien encadrée par des jeunes gens et des jeunes filles enthousiastes et compétents. Certaines écoles, publiques et privées, font passer deux ou trois semaines dans la montagne à des classes entières, et sous la direction de leurs maîtres; les élèves font du ski et continuent une bonne partie de leur programme scolaire.

et intellectuelle dont ils ont besoin. Jadis, le père pouvait préparer son fils à lui succéder dans son métier ou ses affaires; aujourd'hui, ce n'est possible que rarement. Les jeunes doivent acquérir des connaissances techniques, et ils sont, plus que jamais, «les enfants de la patrie».

Psychologiquement, la famille donnait autrefois à l'individu un sens d'identité, et une place sur les registres de l'état civil. L'individu existait ainsi légalement; mais surtout il tirait de sa famille l'impression d'être lié à d'autres personnes à l'intérieur de ce groupe où la confiance était mutuelle, et le sentiment que, puisqu'il en faisait partie, il pouvait sans crainte s'opposer aux groupes hostiles qui l'entouraient; l'enfant apprenait ainsi à découvrir par contraste sa propre identité. Ceci n'est encore vrai que jusqu'à un certain point, car bien qu'il grandisse dans la famille, les obligations qu'il doit y remplir se sont beaucoup allégées. Et il peut plus facilement que jadis devenir quelqu'un par lui-même, parce que le champ de relations sur lesquelles il est à même de s'appuyer ne se limite plus à la famille. Au fur et à mesure que la petite écorce confortable de la cellule familiale a éclaté, l'individu a pénétré de plus en plus dans des groupes extérieurs pour en tirer par la suite un plus grand épanouissement (et d'ailleurs une plus forte socialisation). Par un mariage à l'extérieur de son petit groupe, un homme (ou une femme) d'aujourd'hui élargit sa personnalité au lieu de la limiter à la fonction économique qui constituait autrefois l'élément fondamental de la famille.

Qu'est-ce qu'un Français attend de la vie de famille? Les instituts de sondage d'opinion posent fréquemment les questions suivantes: «Pourquoi une femme se marie-t-elle? Qu'attend-elle du mariage? Que faut-il à une femme pour être heureuse?» L'adjectif «heureux» n'aurait point été employé il y a cent ans; le bonheur alors avait une moindre importance. Quatre-vingt-trois pour cent des réponses tombent dans les trois catégories suivantes: 44% ont répondu «un bon mari»; 22%, «l'amour»; les 17% qui restaient, «un bon foyer où vivre normalement et s'épanouir.».

Une autre question posée aux jeunes filles est: «Pourquoi voulez-vous vous marier?» Les réponses indiquent essentiellement qu'elles désirent se créer une vie, devenir quelque chose ou quelqu'un, atteindre le grand bonheur et finalement avoir des enfants.

Si, par contre, l'on demande aux célibataires plus âgées ce qui leur manque, les réponses sont: «un foyer», «quelqu'un près de soi» ou «une présence».

Le mariage donne aujourd'hui à chacun l'occasion de se réaliser

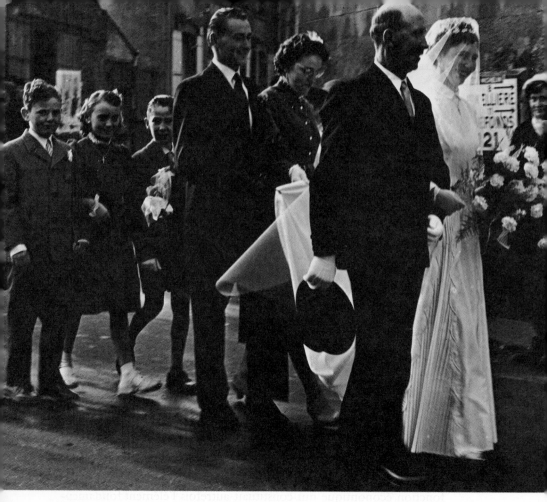

«Pourquoi une femme se marie-t-elle?» (Photo par Wylie)

soi-même, de se rendre compte de ses potentialités. Un nombre considérable de ménages interviewés semblent dépendre d'un accord psychologique et se réfugier dans quelque occupation ou activité de loisir: les époux partagent les mêmes intérêts, ce qui revient à dire
5   que la satisfaction psychologique est un but fort important du mariage.

On a demandé aux femmes mariées depuis dix ans: «Estimez-vous que la vie dans le mariage soit une source de satisfaction? une pure routine? parfois une charge, avec quelques aspects agréables?
10   une source de désillusion?» Quarante et une pour cent ont répondu: «beaucoup de satisfaction»; 18%, «routine»; 25%, «une lourde charge, avec quelque plaisir»; 8% n'avaient pas de réponse; 7% enviaient les femmes célibataires; 66% ont dit qu'elles n'enviaient nullement celles qui n'avaient jamais aimé.
15   Depuis que la fonction psychologique est devenue la fonction

la plus importante de la famille, les thèmes des romans ne sont plus ceux d'il y a cent ans. L'adultère n'y est plus aussi fréquent qu'il ne l'était dans les œuvres de Balzac[6] et de Stendhal,[7] car il n'est plus un problème dans le sens où il l'était autrefois. On se préoccupe moins d'amants et de maîtresses;[8] les époux tiennent surtout à la stabilité d'un mariage fondé sur une union psychologique. Et, si celle-ci se brise, les liens maritaux sont dissous, et chacun recherche un nouveau partenaire. Autrefois, dans des circonstances analogues, les époux demeuraient ensemble afin de maintenir la stabilité économique du couple et préserver le patrimoine familial. Des séparations avaient lieu, et des abandons, mais très peu de divorces. Actuellement, le divorce se pratique en France plus couramment, et a lieu le plus souvent entre 24 et 34 ans, après un mariage de trois à dix ans.[9] Et comme en Amérique, viennent après le divorce beaucoup de seconds mariages, plus stables généralement que ne l'était le premier.

Les principales causes de divorce sont psychologiques : des malentendus graves, l'alcoolisme, la brutalité du mari, le jeu, la mauvaise conduite en général et l'adultère : un adultère qui risque de détruire l'entente psychologique des époux, et qui peut créer une ambiance néfaste pour les enfants.

Il est intéressant de noter ici que les Américains construisent leur famille autour des enfants, et que pourtant ils ne semblent pas s'inquiéter d'eux outre mesure lorsqu'ils ont envie de divorcer. En France aussi, les enfants constituent un des liens solides du mariage, mais à l'encontre des Américains, les Français (dont cependant la culture est centrée sur l'adulte) renoncent souvent à divorcer simplement à cause de leurs enfants.

La fonction sociale de la famille a considérablement changé. L'image de la ruche et des cellules expliquait les contrastes entre la famille-modèle et la société et entre la famille et le gouvernement.

Aujourd'hui, les individus prennent directement une plus grande part à la vie sociale qu'ils n'en prenaient jadis par l'intermédiaire

---

[6] Honoré de Balzac (1799–1850), romancier, auteur de *La Comédie humaine*, dont les livres les plus connus sont *La Peau de chagrin* (1831), *Eugénie Grandet* (1833), *Le Père Goriot* (1834), *La Cousine Bette* (1846) et *Le Cousin Pons* (1847).

[7] Henri Beyle, ou Stendhal (1781–1842), écrivain, auteur de *Racine et Shakespeare* (1823–1825), *Le Rouge et le noir* (1831), *La Chartreuse de Parme* (1839).

[8] Le sujet fréquent des romans français était l'infidélité conjugale, ce qui faisait croire aux étrangers que les Français étaient des gens fort immoraux.

[9] De nos jours, on compte un divorce sur dix mariages en province, et un sur cinq à Paris.

Voilà un père américain comme il en existe beaucoup d'autres. En France, les femmes commencent à travailler, les domestiques disparaissent et les pères se mettent à partager les responsabilités matérielles. (Photo par Sybil Shelton/Monkmeyer)

de la famille; autrefois, seuls les impôts, les écoles, le service militaire, les tribunaux, l'enregistrement des biens, les élections des représentants politiques aux divers échelons, reliaient la famille à la société. Il existe maintenant beaucoup de liens nouveaux entre
5 l'individu et les pouvoirs publics—dans le cas, par exemple, de la Sécurité Sociale. Le gouvernment, d'autre part, gère ou possède beaucoup d'industries et de grands services publics; il s'intéresse même fort activement aux loisirs des citoyens. Les fonctionnaires sont nombreux; les associations d'agriculteurs, les coopératives et les
10 organismes d'assurances mutuelles et de financement se multiplient et accroissent les liens qui unissent, directement et indirectement, l'individu à l'Etat.

Tout ceci constitue un changement radical: la famille est désormais centrée beaucoup plus sur la fonction psychologique que sur
15 la fonction économique; la fonction biologique de la famille et sa fonction éducative ont subi des modifications radicales, et la fonction sociale une transformation totale.[10]

---

[10] Toutes ces questions sont complexes; les généralisations sont peu satisfaisantes. Chaque fois que l'on s'imagine être parvenu à comprendre un certain aspect de la question, surgit un nouvel article ou un nouveau livre qui bouleverse tout. Selon une enquête de 1964, à bien des égards, les habitudes de notre époque ne sont pas très différentes de celles du XIXᵉ siècle. On pourrait penser que, par suite de la plus grande mobilité sociale d'aujourd'hui, les mariages seraient plus fréquents entre gens de régions différentes. Cela ne semble pas être le cas. En général on se marie encore dans son propre milieu. Le plus souvent, les mariés sont de la

Des villageois font la queue chez l'Inspecteur des contributions. (Photo par Wylie)

QUESTIONS

1. Quels sont les éléments constitutifs de la population active d'un pays?

2. En quels groupes, ou secteurs, divise-t-on la population active? Quels sont les chiffres approximatifs actuels de ces secteurs?

3. Est-ce que la famille aujourd'hui forme souvent une unité économique? Pourquoi?

4. Donnez une des raisons pour laquelle les mariages de raison ont à peu près complètement disparu.

5. Comment le rôle économique des enfants a-t-il changé?

---

même région et de la même religion; les jeunes filles ont entre vingt-trois et vingt-cinq ans. La plupart des jeunes femmes ne gardent pas leur indépendance financière. Les garçons comptent que leur fiancée arrive vierge à leur mariage. Ces statistiques générales, qui portent sur la France au total, donc surtout sur la province, ne peuvent tenir compte des groupes et mouvements avancés des grandes villes. Les jeunes de Saint-Germain-des-Prés, ou de bien d'autres endroits évolués, n'ont pas les mêmes valeurs ni les mêmes nécessités.

6. Expliquez pourquoi les soucis matériels des parents ont sensiblement diminué.

7. De quelle manière la Sécurité Sociale facilite-t-elle le développement technologique?

8. Quels sont les travaux ménagers traditionnels?

9. Comment avez-vous participé, ou participez-vous encore, aux travaux ménagers de votre propre famille?

10. Désormais, comment le rôle de la femme moderne s'est-il modifié sur le plan familial?

11. Qu'appelle-t-on la mortalité infantile d'un pays?

12. Quel est le taux de la mortalité infantile en France? aux Etats-Unis?

13. A quelles personnes la famille d'aujourd'hui délègue-t-elle une partie de ses responsabilités? Expliquez pourquoi ces personnes, étrangères à la famille, sont devenues indispensables aux parents.

14. Qu'est-ce que la famille peut donner psychologiquement à chacun de ses membres? Comment?

15. Dans ce même domaine, quelle modification constate-t-on de nos jours? Pourquoi?

16. D'après les réponses qui ont été données aux questionnaires proposés par les sondages d'opinion, qu'est-ce que les femmes recherchent surtout dans le mariage actuel?

17. Sur quels points la bonne entente de beaucoup de ménages semble-t-elle se faire aujourd'hui?

18. Pourquoi le thème de l'adultère dans la littérature est-il moins fréquent qu'il y a un siècle?

19. Donnez les titres d'une douzaine de romans du XIXe siècle, et dites ce que vous savez de trois d'entre eux.

20. Pour quelles raisons y a-t-il plus de divorces aujourd'hui qu'autrefois? Quels pourcentages les statistiques donnent-elles pour la France, les Etats-Unis?

21. Donnez quatre ou cinq causes fréquentes de divorce en France.

22. Quel rôle les enfants jouent-ils dans le divorce de leurs parents?

23. Expliquez comment et pourquoi les particuliers prennent aujourd'hui une part plus grande et plus directe à la vie de la société.

24. Quels sont les liens nouveaux qui unissent l'Etat et l'individu?

25. Que pensez-vous personnellement des sondages d'opinion? Répondez-vous volontiers aux questionnaires de sondage d'opinion? Pour quelles raisons?

Troisième Partie
STRUCTURE DE LA SOCIÉTÉ

INTRODUCTION

Chapitre 14   Que faut-il entendre par «structure sociale»? Ce mot «structure», désignant un des concepts les plus importants des sciences sociales, est devenu le mot-clé de toute analyse.

Il y a quelques étés, je bavardais avec un cultivateur demeurant à la limite de la commune de Chanzeaux; il n'était pas vraiment intégré à la commune, car il n'y avait pas de route menant de chez lui au village; des malentendus entre la municipalité et le propriétaire en étaient cause (chacun se renvoyant la balle pour la construction et l'entretien d'une route). Dans cette ferme isolée, j'ai cependant remarqué sur un coin de table un périodique agricole très connu en France. Je lui ai demandé s'il y était abonné. «Bien sûr», m'a-t-il répondu, «il faut connaître les structures aujourd'hui.» Dans ce lieu reculé de campagne, ce cultivateur éprouvait le besoin de se tenir au courant de l'agriculture moderne et de ses structures.

Il existe de nombreuses structures sociales. L'organisation gouvernementale est la première à laquelle on pense. Mais cet organisme est un des plus évidents de la structure sociale proprement dite, qui comprend beaucoup d'autres organismes tous reliés les uns aux autres, plus ou moins officiels, plus ou moins bien définis, et tous en évolution constante.

Un exemple concret montrera la complexité de la structure sociale. Prenons celui du cultivateur moyen de Chanzeaux. Nous connaissons suffisamment bien M. Robineau pour exposer les diverses places qu'il tient dans les différentes structures de la société. Son nom lui vaut un dossier pour lui et toute sa famille, au bureau de la mairie; il en a un autre à la Sécurité Sociale d'Angers; par son nom (et un certain numéro) il est ainsi rattaché officiellement à la société, Il est d'abord un agriculteur, un paysan, ou plutôt selon le terme actuellement en vigueur, un cultivateur; il est «fermier», c'est-à-dire qu'il ne possède pas les terres qu'il cultive; il est domicilié à

la Brisaderie, dans la commune de Chanzeaux, du département de Maine-et-Loire, dans l'ancienne province d'Anjou, en Vendée (le nom de la région); il est catholique; il exerce ses droits de citoyen à différents échelons de l'organisation politique; il est électeur, mem-
5 bre du conseil municipal, et il fait partie de plusieurs sociétés et ami-
cales; il possède un livret militaire (indiquant qu'il appartient à la «classe 27», c'est-à-dire que, né en 1907, il a accompli son service militaire en 1927), et il se sent très attaché à ses anciens camarades de régiment, avec qui il a fait la guerre: il a donc sa carte d'ancien
10 combattant; comme il a été prisonnier de guerre, il fait partie de l'association des anciens prisonniers de guerre; il est membre de la Confédération générale de l'agriculture, la C.G.A. (syndicat de cultivateurs), ainsi que du Crédit agricole; il vend son blé par l'intermédiaire d'une coopérative; il fait partie d'une association de parents
15 d'élèves, d'une amicale qui se réunit pour boire et bavarder, et, comme il aime lire, il possède une carte de la bibliothéque de la ville voisine. Et la liste des affiliations de M. Robineau à la société est loin d'être complète.

Comment analyser cette liste même partielle? Un certain classe-
20 ment permettra d'expliquer peu à peu les liens divers qui rattachent cet homme à la société.

On dira, par exemple, que certaines de ces affiliations sont officielles, d'autres ne le sont pas. Sur le plan officiel, il est électeur, membre de la paroisse et membre du conseil municipal. A titre privé, il

Au café, on se sent très attaché à ses anciens camarades. (Photo par Wylie)

Même ici trouverait-on peut-être un périodique agricole sérieux; car «il faut connaître les structures aujourd'hui». (Photo par Wylie)

fait partie d'une association qui cherche à obtenir de meilleures routes pour les cultivateurs. Le cercle de ses amis constitue aussi un groupe non-officiel: les loisirs et l'amitié, d'ordre subjectif, sont évidemment moins essentiels du point de vue pratique que la participation
5 à des groupements officiels.

Une autre manière d'analyser la structure sociale consiste à considérer le mode de vie et la classe sociale de l'individu. S'il fallait placer ce cultivateur dans une certaine catégorie, on dirait qu'il appartient à la classe moyenne. La géographie (le nom et la topographie de
10 sa ferme) sert aussi à caractériser clairement cet homme. On peut également catégoriser son affiliation à la structure sociale dans le temps, car quelques-uns des rapports qu'il entretient avec la société sont permanents, d'autres provisoires. Sa qualité d'individu de sexe masculin est permanente, mais le fait qu'il appartient à un groupe
15 chirurgical coopératif régional est évidemment temporaire et ne dépend que de lui. En somme, cette classification dépend du but de chaque association dont il fait partie.

Sur le plan économique, c'est un cultivateur, un «fermier». Sur le plan politique, c'est un citoyen, un électeur. Sur le plan religieux,
20 il appartient à l'Eglise catholique romaine. Sur le plan éducatif, père d'un jeune garçon, il fait partie d'une association de parents d'élèves.

Dans la vie moderne, la complexité de la structure sociale est donc remarquable, et le tableau précis en devient à peu près impossible à dessiner. Il faut se contenter de généraliser.
25
Considérons quelques-uns des modèles qui déterminent en quelque sorte les structures sociales idéales. Le modèle le plus simple est

celui que fournit la famille, c'est-à-dire la première organisation que perçoit l'enfant; et pour cela il sera donc tout à fait naturel d'estimer que toute organisation de la société est modelée sur la famille telle qu'il la voit.

5 Une société organisée peut aussi fonctionner comme le corps humain. Les Français, nous l'avons vu, regardent souvent leur pays comme un corps humain, comme une personne, leur patrie. Ils parlent, tout comme les Américains, des différentes parties qui la composent: le cerveau correspond au gouvernement central; le 10 bras droit est le bras de la justice, etc.

Un autre modèle, nous l'avons vu, est celui de la France «cellule

Les chemins de fer français. (S.N.C.F.)

hexagonale», dont l'écolier français voit souvent l'image. Le réseau des chemins de fer prouve bien cette notion de structure cellulaire.

Un certain sens de la hiérarchie impose enfin à l'enfant un modèle très marquant dès ses premières années d'école; on y insiste en effet beaucoup sur l'organisation hiérarchique de la société. La notion de structure fait voir, par exemple, des niveaux ayant des rapports réciproques, entre le sommet et la base de la hiérarchie; les deux extrêmes coopèrent, chacun donnant quelque chose à l'autre: le sommet accorde protection à la base, et celle-ci allégeance au sommet. Et entre les différentes sections de chacune des couches hiérarchiques, les rapports sont parfaitement et légalement définis: chacun sait exactement sa place, ses obligations et ses responsabilités.

QUESTIONS

1. Pourquoi n'y avait-il pas de vraie route menant à la ferme du cultivateur qui demeurait à la limite de la commune de Chanzeaux? Qu'y avait-il de curieux à ce que ce cultivateur reçoive ce périodique?

2. Quelle est la première structure sociale à laquelle on pense?

3. Quels sont les différents liens officiels ou quasi officiels qui rattachent un Chanzéen moyen à la société?

4. Qu'est-ce qu'un «fermier»?

5. Sur le plan militaire, expliquez ce que signifie «être de la classe 70».

6. Indiquez plusieurs méthodes selon lesquelles on peut analyser la structure sociale.

7. Expliquez pourquoi toute structure sociale est extraordinairement complexe.

8. Indiquez trois ou quatre modèles susceptibles de servir à déterminer les structures sociales idéales.

9. Pourquoi la famille peut-elle être considérée comme le modèle le plus simple de toute structure sociale?

10. Comment l'écolier français est-il amené à associer la structure sociale à celle d'une cellule?

11. Expliquez l'importance accordée en France à l'organisation hiérarchique de la société.

57

Corps législatif.

LOI

Du Trente Ventôse
an Douze

PRÉSENTÉE en projet,
le Vingt huit Ventôse.

COMMUNIQUÉ au TRIBUNAT
même jour.

relative à la réunion des loix civiles
sous le titre de Code civil des
Français.

Art. 5.

Il n'y aura pour tous les articles du Code civil qu'une seule
série de numéros.

Art. 6.

La disposition de l'article premier n'empêche pas que
chacune des loix qui y sont énoncées n'ait son exécution
du jour qu'elle a dû l'avoir en vertu de sa promulgation particulière.

Art. 7.

A compter du jour où ces loix sont exécutoires, les loix
romaines, les ordonnances, les coutumes générales ou locales,
les statuts, les règlemens cessent d'avoir force de loi
générale ou particulière dans les matières qui sont
l'objet des dites loix composant le présent Code.

Collationné à l'original par Nous
Président et Secrétaires du Corps législatif
à Paris, le trente Ventôse, an douze de la République

Fontanes   Lambrecht

G. Joseph Albisson   Buron

DROIT, LOI, JUSTICE

Chapitre 15   Au total, les différences sont minimes entre les Etats-Unis et la France sur le plan théorique du droit, de la justice et des lois. Il est cependant bon de les examiner, puisque c'est dans le domaine légal que l'on trouve les règles gouvernant la société, les «règles du jeu» en quelque sorte.

Il faut trois mots français pour traduire le mot américain «law»: droit, loi, justice. Chacun de ces termes s'emploie soit dans le sens abstrait soit dans le sens concret.

Le *droit*, droit abstrait de l'individu, recouvre également l'ensemble des lois que l'on étudie dans toute faculté de droit. Avec une majuscule, *Loi* a un sens abstrait, général; sans majuscule, *loi* se réfère aux diverses lois que promulgue un gouvernement. Enfin, le mot *justice* se rapporte, d'une part, à ce qui est juste, et, d'autre part, à tout le réseau de moyens pratiques prévus (magistrature et police) pour traduire concrètement la notion abstraite de justice.

Les deux pays croient fermement qu'il faut distinguer le coupable de l'innocent, punir le premier et libérer le second. Ils croient tous les deux en un certain code de preuves à appliquer, et ils croient à la liberté et aux droits de l'individu.

Si les ressemblances sont grandes, les différences pourtant ne manquent pas; les soldats américains, par exemple, se sont plaints très amèrement de la justice française chaque fois qu'ils avaient eu à la subir.[1] Et des sénateurs américains qui étaient allés enquêter en France sur les rapports entre les troupes américaines et les autorités françaises ont déclaré que le système judiciaire français auquel les militaires devaient se soumettre, dans les cas où les délits étaient de son ressort, était injuste et barbare.

---

[1] C'est-à-dire tout au cours des années qui suivirent la fin des hostilités proprement dites de la seconde guerre mondiale, alors que les troupes américaines de libération s'étaient installées en France afin d'obtenir la victoire finale sur l'Allemagne.

Un bref examen historique du système judiciaire français montrera plus clairement ses principales caractéristiques.[2]

Alors qu'en Angleterre, à cause de la Magna Carta, un jury s'est assez rapidement créé, en France il a fallu des siècles pour que, l'autorité centrale s'affermissant, l'unité judiciaire s'accomplisse; elle ne s'est en fait vraiment réalisée qu'en 1804. Pendant longtemps, chaque région, chaque province, a eu ses propres traditions et ses propres institutions judiciaires (et en partie sa propre monnaie et ses propres poids et mesures). Même lorsqu'une province était réunie à la couronne, le plus souvent elle ne les abandonnait pas. D'autre part, la partie nord de la France suivait le droit coutumier, d'origine franque; tandis que le sud, sous l'influence des Romains, appliquait le droit écrit.

Le droit romain a fini par l'emporter sur tout le territoire français. Selon ce droit, puisque le pouvoir se trouve entre les mains de l'homme, les lois sont faites par l'homme et n'émanent point de Dieu. Selon la tradition anglo-saxonne, au contraire, les lois semblent exprimer la loi naturelle que souvent nous sentons en nous-mêmes comme venant de Dieu. Du point de vue français, la loi humaine, franchement détachée de la religion, n'a rien à voir avec Dieu.

De plus, dans la tradition française, puisque le droit émane du pouvoir (de l'Etat), ce sont ses représentants qui font exécuter les lois. Ceci signifie naturellement que la justice est l'affaire de professionnels. La France n'a jamais connu la coutume anglaise du «jugement par ses pairs».[3] La justice y est rendue par un agent nommé par l'Etat (jamais choisi par voie d'élection), formé professionnellement, et qui a tout pouvoir pour faire exécuter les directives données par l'Etat.[4]

---

[2] Un rapprochement succinct entre le développement des systèmes anglais et français montre qu'ils ont commencé à peu près en même temps. Les Normands ayant conquis l'Angleterre, le système anglais s'est trouvé largement fondé sur le droit français. Mais des différences sont vite apparues du fait que l'Angleterre a joui très tôt de l'unité nationale et d'un pouvoir royal fort puissant. Dès l'an 1200, le pouvoir central avait su créer sur tout le royaume une justice uniforme. Pendant les sept siècles suivants, un principe s'est développé. La Magna Carta, arrachée en 1215 au roi Jean «sans Terre», conçue à l'origine pour le seul bénéfice des nobles et limitant le pouvoir royal, s'étendit, au cours de ces sept cents années, pour atteindre finalement les couches populaires. Un des traits essentiels du système anglais était l'importance accordée au «jugement par ses pairs», d'où le système des juges non professionnels: les citoyens anglais étaient jugés par des gens du même niveau social. Un certain jeu loyal était censé animer les juges (les pairs). Un royaume unifié tôt, des juges non professionnels et la pratique d'un certain *fair play* expliquent donc l'essentiel du système judiciaire anglais.

[3] Sauf au Moyen Age, où les nobles étaient jugés par leurs pairs.

[4] Pendant longtemps ce sont les juges de paix qui ont rempli cette fonction; récemment supprimés, ils sont remplacés par le «tribunal d'instance».

D'autre part, procureurs et juges ont longtemps acheté leurs offices à l'Etat; ils étaient propriétaires de leurs charges, qui pendant des années passaient de père en fils par voie d'héritage. Aujourd'hui les magistrats, bien que fonctionnaires, se considèrent comme indé-
5 pendants des pouvoirs publics, et en fait le sont dans une très large mesure. Mais dans le passé, les titulaires de charges croyaient fermement à leurs droits de propriété—«droits acquis»—sur lesquels l'Etat n'avait plus aucun recours (ce qui menait facilement à la corruption et aux abus). Les titulaires de ces charges étaient parmi
10 les éléments les plus conservateurs du pays, car ils étaient en somme copropriétaires de son administration.

Aux Etats-Unis, la situation a toujours été différente, les Américains voulant être traités avec humanité et justice par la société. En France, les lois ont été surtout faites pour protéger la société con-
15 tre les individus subversifs.

Enfin, ce n'est que sous Napoléon Ier que la France a été à même de créer son premier système judiciaire uniforme. Il serait faux, bien sûr, de croire que l'unification ait été parfaitement accomplie après la Révolution. Le passé n'a jamais été totalement aboli. Les Français
20 n'agissent point ainsi. Ils prennent d'ordinaire certains aspects du passé et s'efforcent d'en faire un système logique. En d'autres termes, il s'est plutôt agi dans ce cas de rationaliser tous les systèmes antérieurs.

Le droit coutumier (utilisé autrefois dans la moitié nord de la
25 France) a fourni des règlements portant sur le mariage, la puissance paternelle et la propriété individuelle. Le droit écrit (issu du droit romain, et jadis pratiqué dans le Midi) a donné la plupart des lois concernant les rapports fonciers entre les individus, de même que les obligations et les droits plus abstraits des personnes à l'intérieur
30 d'une société. Les ordonnances royales de jadis ont servi à codifier legs et testaments. Même le droit canon (de l'Eglise) a été largement utilisé pour réglementer, par exemple, le mariage et la légitimité, préoccupations normales de l'Eglise. Le Code criminel, rédigé peu après le Code Napoléon, n'est en réalité que la refonte d'une ordon-
35 nance royale de 1670. En somme, le nouveau système est surtout une révision des systèmes anciens.

Il a duré. Qu'en est-il résulté? Tout d'abord, l'autorité centrale s'est trouvée renforcée; les traditions locales, si fortes auparavant, ont été affaiblies. Le régime est devenu moins démocratique et plus
40 autoritaire, ce qui donne à la France d'aujourd'hui une stabilité plus grande qu'on ne l'estime communément.

Une autre conséquence en a été la nature des lois, et dans la manière de travailler du magistrat, qui n'a pas besoin de disposer d'un

«Ce n'est que sous Napoléon Ier que la France a été à même de créer son premier système judiciaire uniforme.» Tableau de François Gérard. (Ambassade de France/Service de presse et d'information)

grand nombre de livres dans son cabinet, mais qui doit connaître parfaitement les codes, lesquels se ramènent à des formules abstraites qu'il faut appliquer à des situations concrètes spécifiques.

La procédure anglo-saxonne est tout autre : les hommes de loi doivent disposer d'immenses bibliothèques contenant une quantité de cas similaires précédemment décidés, car les magistrats se basent sur la jurisprudence. D'ordinaire, ils partent d'un cas bien déterminé, où un juge a pris telle ou telle décision, et, avec ce point de départ, ils essaieront d'appliquer le jugement antérieur au cas présent.

Les Anglo-Saxons semblent aller du concret à l'abstrait, tandis que les Français procèdent plus communément de l'abstrait au concret. L'étude du droit en est par suite très différente dans les deux pays.

Bien que les codes français soient abstraits, ils ne peuvent cependant prévoir tous les cas possibles, et il arrive souvent en effet que les juges, à la manière anglo-saxonne, doivent s'appuyer sur des cas antérieurs. Par exemple, selon un certain article du Code civil, toute personne est responsable des dégâts causés par des objets qui lui appartiennent. Mais comme le code avait été rédigé avant le développement de l'industrie, un juge, manquant de loi précise, a appliqué en 1896 cet article aux ouvriers, traités ainsi comme des objets appartenant au propriétaire de l'usine. Cette législation a duré jusqu'à ce que le parlement passe des lois nouvelles couvrant plus humainement les situations qui se présentaient dans les usines nouvelles.[5]

Il y a bien entendu une hiérarchie des lois. (Voir Tableau 15,1.)

Nous constatons ainsi que les concepts de la justice et des droits de l'individu, bien qu'importants et respectés en France aussi bien qu'aux Etats-Unis, diffèrent cependant dans leur application, qui est

---

[5] Il est curieux de noter que cette même loi a été invoquée plus tard, lorsque les automobiles ont fait leur apparition. Les passagers d'une voiture n'avaient aucune protection légale en cas d'accident ; la même loi a été appliquée jusqu'au jour où le Code de la route a enfin été promulgué.

Tableau 15,1 **Hiérarchie des lois.**

Code	Année
Code Napoléon (Code civil)	1804
Code de procédure civile et commerciale	1806/1959
Code de commerce	1807
Code pénal	1810
Code d'instruction criminelle	1811
Code forestier	1791–1827
Code rural	1791–1864
Code du travail et de la prévoyance sociale	1901–1924
Code militaire	1857–1858
Code du travail maritime	1926
Code des douanes	1949
Code général des impôts	1950
Code de la famille et de l'aide sociale	1939/1956
Code de la Sécurité Sociale	1955
Code de la mutualité	1955
Code de la route	1921/1954/1958

la Loi, et donc dans le traitement de l'individu. Ceci se produit en partie pour des raisons historiques et en partie à cause des notions sur la responsabilité et les devoirs de l'individu envers la société, et vice-versa, qui varient dans chaque pays.

QUESTIONS

1. Expliquez les sens différents du mot *law* en français.

2. Dans le domaine de la justice, quels points de vue les Américains et les Français partagent-ils?

3. A première vue, qu'est-ce qui fait supposer que les deux systèmes judiciaires français et américains sont différents?

4. Exposez le développement historique du système judiciaire français.

5. Expliquez brièvement la différence entre le droit coutumier et le droit romain.

6. Définissez le «jugement par ses pairs». Quelles sont ses origines?

7. Que signifie les «droits acquis»? Donnez des exemples.

8. Montrez la différence fondamentale entre la procédure anglo-saxonne et la procédure française.

ADMINISTRATION DE LA JUSTICE

Chapitre 16   Nous avons examiné la «Loi» (avec majuscule). Les «lois» (sans majuscule) sont votées par le parlement et promulguées par le gouvernement (à la date de leur publication au *Journal officiel*).[1]

5   Une *ordonnance* est une loi émanant du gouvernement, nécessitée par une raison spécifique, et valable pour un temps bien déterminé; elle doit être approuvée par le parlement. Par *décret*, le gouvernement fait exécuter une loi ou une ordonnance; entre 1930 et 1940, la France a connu, avec l'approbation du parlement, les *décrets-lois*,
10 c'est-à-dire des décrets ayant force de lois.

La Figure 16,1 explique l'organisation de la justice en France à partir de l'ordonnance du 22 décembre 1958. Il y a quatre catégories de juridictions: administrative, civile, pénale et politique. La justice civile traite des différends entre personnes, ou entre sociétés anony-
15 mes et intérêts privés (droits de propriété, divorce, succession, dégâts et dommages). La justice pénale traite des cas où l'ordre public est troublé: crimes, méfaits (tels que vol, agression, meurtre, banqueroute). La justice politique n'est guère utilisée; elle servirait à juger le président de la République en cas de trahison, et les minis-
20 tres, pour crimes commis dans l'exercice de leur fonction.

Ce qui est particulier aux institutions judiciaires françaises, c'est l'existence d'une justice administrative. Elle caractérise le droit français, et elle a été adoptée par de nombreux systèmes judiciaires à travers le monde. Née de la Révolution française, elle examine le cas
25 de toute personne privée qui a été lésée par un représentant de la loi. C'est elle donc qui juge les fonctionnaires qui ont outrepassé les limites de leurs responsabilités dans leurs rapports avec les particuliers.

---

[1] C'est la publication qui chaque jour imprime les lois, décrets, actes et documents administratifs émanant du gouvernement, ainsi que le compte rendu des débats des deux Assemblées.

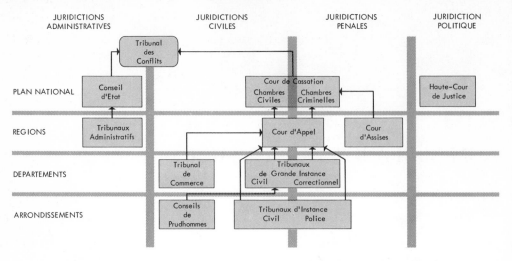

Fig. 16,1. L'organisation juridictionnelle française, d'après l'ordonnance du 22 décembre 1958.

En justice civile et en justice pénale, il existe trois sortes d'infractions à la loi: contravention, délit et crime. Une contravention entraîne une amende ou bien un emprisonnement de un à dix jours. Le délit: de six jours à cinq ans de prison, et des amendes. Le crime:
5 la prison ou la peine de mort.

Les tribunaux d'instance (première et grande instances) et de police traitent des infractions légères et des délits. Pour toute affaire plus sérieuse, il faut aller en cour d'assises. La Cour de cassation, à Paris, est chargée de vérifier la légalité des jugements rendus par les
10 autres cours. Justice pénale et justice civile ont la même structure, les mêmes tribunaux et un recrutement identique des magistrats qui les animent. Il y a aussi des Conseils de Prud'hommes—chargés d'arbitrer les conflits entre employeurs et salariés—et des tribunaux de commerce qui statuent sur les litiges entre commerçants.

15 Les hommes de loi français sont assez différents des hommes de loi américains. Aux Etats-Unis, le même homme de loi peut être tantôt avocat, tantôt procureur, tantôt juge. En France, la spécialisation interdit le passage d'une carrière à une autre. L'étudiant en droit doit d'abord choisir entre la magistrature et le barreau. Les
20 membres de la magistrature sont fonctionnaires; ceux du barreau, ainsi que les avoués, ne le sont pas. Ni les uns ni les autres ne sont sélectionnés par voie d'élection.

Dans la magistrature, il faut distinguer entre la «magistrature debout», le Parquet (c'est-à-dire les procureurs et les avocats géné-
25 raux, chargés de requérir l'application de la loi au nom de la société et du gouvernement) et la «magistrature assise», ou «du siège» (c'est-à-dire les présidents et les juges chargés de rendre la justice dans les différents tribunaux).

Un procès en cour d'assises:
(1) le greffier en chef; (2) l'ac-
cusé; (3) les journalistes; (4) les
avocats de la défense; (5) l'avocat
de la partie civile; (6) le président
de la cour d'assises; (7) un con-
seiller à la cour; (8) les jurés;
(9) la barre des témoins; (10) les
pièces à conviction; (11) le pu-
blic. La France d'aujourd'hui,
1961. (Librairie Hatier)

D'autre part, les charges (ou cabinets) d'avoués s'achètent, aux prix fixés par le gouvernement. L'avoué (celui qui a prêté serment) représente et conseille les parties en présence, auprès du tribunal civil. L'avocat (membre du barreau), personnage souvent brillant et éloquent, défend les accusés devant les juges; c'est lui qui plaide pour le *prévenu* (en correctionnelle, c'est-à-dire devant le tribunal civil), ou pour l'*accusé* (en cour d'assises, pour les crimes).

Considérons maintenant la police française, son organisation et sa hiérarchie. Il y a deux organisations principales (sans parler des polices municipales); une police dépend du ministère de l'Intérieur, l'autre du ministère des Armées. La première, la sûreté nationale, se
5 divise en plusieurs branches:

1. la police des renseignements généraux surveille les frontières et les ports, ainsi que les salles de jeux et les champs de courses;

2. la Direction de la surveillance du territoire est chargée du contre-espionnage et des activités secrètes; elle protège la nation contre
10 les étrangers indésirables;

3. la police de la Sécurité publique groupe et contrôle toutes les polices urbaines; les polices municipales ne se réservent que les affaires peu importantes (circulation en ville, contrôle des prix dans les marchés, etc.);[2]

---

[2] Il y a aussi dans chacune des petites communes de France (sur 38 000 communes, près de 37 000 d'entre elles ont moins de 5 000 habitants et 25 000 moins de 500) un garde champêtre, analogue au *constable* anglais, dont les responsabilités ne sont pas très lourdes.

Fig. 16,2. L'organisation de la police.

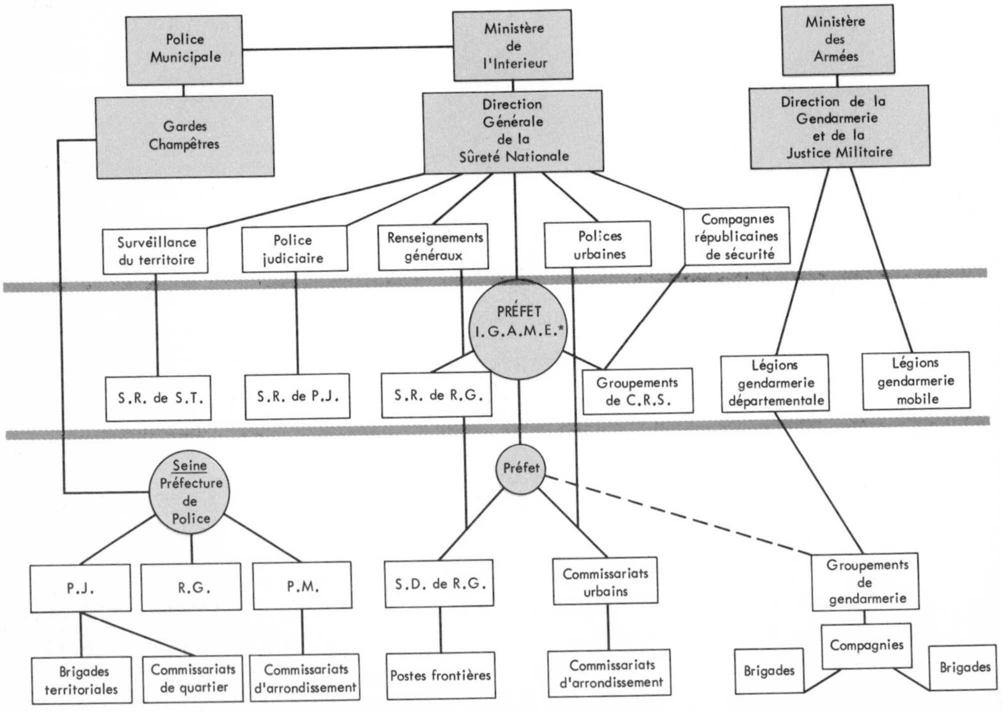

*Inspecteur général de l'administration en mission extraordinaire.

4. la Police judiciaire (la P.J.) poursuit les auteurs de délits et de crimes pour les livrer à la justice; *FBI*

5. les Compagnies républicaines de sécurité (les C.R.S.) corres- *trouble* pondent à peu près aux groupes spécialisés dans les émeutes des *d'étuda* state troopers américains. Lorsque des troubles se produisent quel- *grève* que part en France, les C. R. S. arrivent soudain par dizaines ou par centaines; que ce soit une émeute d'étudiants à Paris, ou bien une inondation dans le Midi, ils ont la réputation d'être violents, brutaux, extrêmement disciplinés—et efficaces. Ils ne peuvent agir qu'avec l'autorisation du ministre de l'Intérieur, qui lui-même s'appuie sur le préfet du département où l'ordre doit être rétabli.[3]

D'autre part, sous l'autorité du ministre des Armées, la Gendarmerie nationale se charge à tous les niveaux (national, régional, local) des affaires rurales importantes. Comme les C.R.S., les gendarmes vivent avec leur famille, dans des casernes, séparés du reste de la population. On ne les trouve jamais dans la localité de leur origine; ils doivent en quelque sorte demeurer étrangers au milieu où ils sont appelés, de façon à remplir plus fidèlement leur rôle d'agent du gouvernement. Militairement organisés, ils circulent en général par deux, à motocyclette ou en voiture. Ce sont eux qui surveillent la circulation routière, et sont chargés depuis quelque temps de porter secours aux automobilistes en panne.

Au moment d'une arrestation, si le gendarme n'est pas tout à fait sûr de lui, il consulte un petit livre qui ne le quitte jamais et où se trouve indiquée toute la gamme des crimes et délits. L'arrestation une fois effectuée, vient l'instruction préliminaire, puis l'accusation ou l'inculpation et enfin le jugement, qui décidera de l'acquittement ou de la condamnation.

Il ne faut pas oublier que le gendarme ou l'agent de police qui effectue l'arrestation jouit d'un statut un peu spécial, puisqu'il ne peut être jugé que par un tribunal administratif. Il commence donc par faire un procès-verbal de ce qui s'est passé—premier élément de ce qui constituera le dossier; ce dossier n'est pas destiné à mettre en jeu un certain *fair play* anglo-saxon, mais uniquement à obtenir la vérité; c'est là le seul but de la procédure française. Qu'elle y réussisse ou non, elle veut avant tout protéger la société contre ceux qui

---

[3] Le préfet représente le pouvoir central dans chacun des 95 départements de la France métropolitaine. Chaque département est divisé en arrondissements (de deux à huit chacun); c'est la plus petite division judiciaire. La Figure 22,5 représente les grandes divisions administratives les plus récentes.

*Un agent de police devant une grille de l'Ecole des beaux-arts pendant les «événements»
de mai-juin 1968.* (United Press International)

risquent de la détruire. Aucun mandat d'arrêt n'est nécessaire, et la loi interdit théoriquement toute brutalité, mais, comme aux Etats-Unis, le «passage à tabac» est assez librement admis (et la police française passe pour être plutôt brutale).

5   Le gendarme peut exiger la garde à vue d'une durée non déterminée.[4] Et la personne arrêtée est censée coopérer avec la police (il n'en va pas de même aux Etats-Unis, où elle est dûment avertie que tout ce qu'elle dira sera retenu contre elle). En France, l'on estime que l'innocent doit aider les autorités à prouver son innocence.

10   Dans le cas de non-coopération les soupçons redoublent, car il apparaît juste et équitable de pouvoir compter sur la coopération totale du suspect, tout devant se passer au grand jour, et non pas à son insu.

Dans la procédure américaine, la police recueille toute l'information possible sur l'individu en cause, obtient un mandat d'arrêt, et procède alors seulement à l'arrestation. Les Français estiment leurs méthodes plus justes parce que rien n'est dissimulé à l'intéressé, et que tout lui est facilité pour qu'il prouve lui-même son innocence. Il peut toutefois y avoir emprisonnement temporaire sans bénéfice

20   d'*habeas corpus*.

Le second chapitre de la procédure française s'appelle l'instruction préparatoire; elle est confiée au juge d'instruction, qui étudie l'affaire. Officier du ministère public et fonctionnaire, il cherche à découvrir une indication suffisante de culpabilité pour justifier une

25   action du tribunal. A partir du dossier qui lui est transmis et qu'il complète, il examine l'affaire en vue d'établir la vérité. Et tout le temps que dure l'instruction, l'intéressé peut rester en prison s'il n'obtient pas sa mise en liberté sous caution.

La reconstitution—parfois dramatique—du délit ou du crime

30   fait partie de la procédure ordinaire; la personne soupçonnée y tient le premier rôle, et elle doit aider les policiers à établir la vérité. Ceux-ci toutefois n'estiment pas qu'elle soit tenue de dire la vérité; car pour un coupable ce ne serait point logique; si donc la personne soupçonnée ment, elle ne sera pas accusée de parjure; elle est censée

35   dire la vérité, mais on ne lui accorde aucune confiance automatique.

---

[4] En 1952, un Anglais, sa femme et sa fille, campant dans le Vaucluse, ont été assassinés; un vieux cultivateur a été arrêté, mais la police n'a pas pu prouver qu'il était coupable du triple meurtre; lui-même et tous les siens, parfaitement unis, ont refusé de fournir le moindre renseignement, et deux années ont passé avant qu'il ne soit jugé. Un autre exemple est celui de Marie Besnard, qui, accusée d'avoir empoisonné plusieurs membres de sa famille, a été finalement acquittée après quatre ans de prison (dont elle a profité pour écrire un livre racontant son aventure).

Caricature par Honoré Daumier intitulée: «Un avocat qui évidemment est rempli de la conviction la plus intime... que son client le paiera bien.» (The Bettmann Archive)

Le juge d'instruction conduit son enquête indépendamment de la police, s'appuyant sur le dossier qui lui a été communiqué. Sa liberté est assez grande: il peut libérer l'intéressé, en rendant une ordonnance de non-lieu, ou bien l'envoyer devant le tribunal compétent;
5 ou encore, il peut décider par lui-même d'une solution plus ou moins équitable. S'il estime que l'inculpé semble coupable, il le fait comparaître devant le tribunal; dans certains cas, il peut demander à ce même tribunal de chercher à prouver l'innocence de l'inculpé (s'il estime, par exemple, que la présomption de culpabilité n'est pas
10 suffisamment établie). Et c'est peut-être là l'origine du cliché américain qui veut qu'une personne arrêtée soit, en France, considérée comme coupable jusqu'à ce que la preuve de son innocence ait été faite. Selon la définition même des Droits de l'homme, ceci est faux. En France, comme aux Etats-Unis, toute personne arrêtée est en
15 principe considérée comme innocente jusqu'à preuve du contraire.[5]

---

[5] Les journaux français, bien plus que les journaux anglais et américains, se mêlent des affaires judiciaires; il n'est pas rare de les voir mener de leur côté leurs propres enquêtes, car ils jouissent d'une grande liberté à cet égard.

Lorsqu'un individu est arrêté, puis inculpé, et qu'il devient «prévenu» ou «accusé» (selon qu'il s'agit d'un délit ou d'un crime), il lui faut passer en correctionnelle (justice civile), ou en cour d'assises (justice pénale).

5   En cour d'assises, il y a toujours trois juges: le président et ses deux assesseurs. Leur verdict, pris à la majorité, est toutefois rendu public comme s'il était unanime. Ces trois juges (magistrature assise) ont devant eux, au tribunal, le procureur ou l'avocat général (magistrature debout).

10   Les membres de ces deux groupes, sortis des mêmes facultés et appartenant au même corps national, ont suivi une carrière très différente. Un certain esprit de corps cependant les rapproche peut-être plus qu'il n'est en principe souhaitable.

    Le jury, en France, n'existe qu'en justice pénale et dans le cas où
15 l'accusé risque d'être condamné à la peine capitale, à l'emprisonnement à vie, ou aux travaux forcés pour plus de cinq ans. Pour tous les crimes qui n'entraînent pas ces peines, le verdict est prononcé par trois juges. Et d'ailleurs, tandis qu'aux Etats-Unis le jury représente un reste du sytème anglo-saxon du «jugement par ses pairs», en

«Le jury... n'a pour but que de faire porter par le grand public la lourde responsabilité morale de la sanction.» (Photo du film *Justice est faite*)

France il n'a pour but que de faire porter par le grand public la lourde responsabilité morale de la sanction. Pour appliquer la peine capitale, il faut que des hommes ordinaires aient accepté la conception du châtiment par la mort d'un de leurs semblables.

⁵ Les jurés, au nombre de neuf, représentent en réalité le public. Les trois juges s'y adjoignent, participent à leurs délibérations, et sont seuls en possession du dossier complet de l'accusé. Les jurés (moins bien tenus au courant du développement de l'affaire que les jurés américains) n'ont pas accès aux documents écrits. En somme, ce ¹⁰ sont des témoins à qui délibérations et vote font partager la responsabilité du tribunal.

Quant aux juges, ils sont beaucoup moins distants et passifs que les juges américains; ils doivent prendre une part active aux débats, et leur but constant est d'établir la vérité. Ils sont les seuls à poser des ¹⁵ questions aux témoins.

Lorsque tous les témoins ont été entendus, ce sont l'avocat général (ou le procureur), et l'avocat pour la défense, qui se chargent seuls de résumer successivement les débats. Et enfin, les neuf jurés et les trois juges, formant le jury, se retirent et délibèrent.

²⁰ La défense est entre les mains de l'avoué et de l'avocat propre-

«L'avocat use de toute son éloquence pour sauver l'accusé.» Caricature par Daumier. (The Bettmann Archive)

ment dit. L'avoué informe son client et la cour de la procédure à suivre. L'avocat use de toute son éloquence pour sauver l'accusé. Sa fonction est un peu différente de celle de l'avocat américain, car, en France, son rôle, comme celui du magistrat, consiste à parvenir
5 à la vérité, tout en s'efforçant vivement, bien sûr, de disculper son client. Aus Etats-Unis, l'avocat se fait sa réputation en questionnant habilement les témoins, en particulier au cours du contre-interrogatoire; en France, c'est la plaidoirie finale qui compte; l'avocat y déploie tout son talent oratoire.[6]
10 Il existe une autre grande différence entre la justice américaine et la justice française: d'une manière générale on peut dire qu'aux Etats-Unis l'individu est mieux protégé et qu'il dispose de plus d'initiative, tout au moins par l'entremise de son avocat. Les acquittements y sont probablement plus fréquents, parce que l'individu y est
15 favorisé. En France, par contre, les condamnations sont relativement plus nombreuses, la société ayant priorité sur l'individu.[7] Il faut la protéger à tout prix. C'est la règle du jeu et l'on s'y conforme. Toutefois, comme la France est un pays d'individualistes convaincus et farou-

---

[6] On trouve des enregistrements des plus belles plaidoiries dans le commerce, grands morceaux d'éloquence fort estimés.

[7] Toutefois la peine capitale a été jusqu'aux dernières années beaucoup plus fréquent aux Etats-Unis (compte tenu du chiffre quadruple de la population).

Le capitaine Dreyfus devant le Conseil de guerre de Rennes. (The Bettmann Archive)

ches, facilement dressés contre l'autorité, le système a toujours déplu. Les Français ont plaisir à montrer que les signes extérieurs, c'est-à-dire les preuves qui servent à condamner les accusés, dissimulent souvent une situation qui pourrait les disculper complètement.

Un cas réel, très connu, et qui a déchiré la France, est celui du capitaine Dreyfus:[8] qui devait l'emporter, l'individu ou la société? Est-ce que la société a le droit, pour se sauvegarder, de punir un individu, qu'il ait commis ou non le crime dont il est accusé? Les intellectuels ont alors réussi à soulever l'opinion publique jusqu'à surmonter finalement les forces les plus conservatrices—l'armée et l'Eglise—qui estimaient légitime de condamner un homme, même si sa culpabilité était douteuse, pour maintenir intact l'ordre, c'est-à-dire l'armée, l'Eglise et la magistrature.

Anatole France[9] a écrit *Crainquebille*, conte où un pauvre marchand ambulant bien innocent reçoit l'ordre d'un agent de circuler; dans la conversation qui s'ensuit, l'agent de police prétend que le marchand lui a dit: «Mort aux vaches!»[10] Or, «vache» est un terme insultant pour désigner un agent. «Je n'ai pas dit 'mort aux vaches'», s'écrie le pauvre homme. «Tu vois, tu viens de le dire», réplique le représentant de l'autorité. Cette petite histoire montre la haine d'Anatole France pour l'autorité et pour la police toute entière, et a été écrite pour soutenir le parti des dreyfusards.

Tous ceux qui, comme lui ont pris la défense de Dreyfus (Zola[11] entre autres) et qui en l'occurence ont eu gain de cause, sont, à leur manière, les révoltés dont nous avons parlé plus haut; ils ne sont pas tout à fait comme les autres puisqu'ils refusent de se plier aux exigences du système social.

La plupart des Français acceptent cependant la société comme elle est, même s'ils l'estiment parfois injuste. Leur attitude vis-à-vis de la police en est toutefois marquée: ils n'éprouvent pas en effet les sentiments fréquent (affection, admiration, confiance) des Améri-

---

[8] Accusé d'espionnage, condamné et déporté à la Guyane en 1894, le capitaine Dreyfus, israélite, a été condamné à nouveau par un conseil de guerre, puis reconnu innocent en 1906 et réhabilité; il est mort lieutenant-colonel en 1935.

[9] Anatole France (1844–1924), romancier, conteur, membre de l'Académie française, a gagné le prix Nobel en 1921. Il est auteur du *Crime de Sylvestre Bonnard* (1881), *Le Livre de mon ami* (1885), *L'Ile des pingouins* (1908), *Les Dieux ont soif* (1912).

[10] «*Hang the dirty cops* (ou *pigs*)», en traduction libre.

[11] Emile Zola (1840–1902), romancier, auteur de *L'Assommoir* (1877), *Nana* (1880), *Germinal* (1885), dans la série des *Rougon-Macquart;* c'est dans un article devenu célèbre, «J'accuse! La vérité en marche, l'affaire Dreyfus», qu'il prend parti pour le capitaine faussement accusé d'espionnage.

*Les couvertures de l'édition illustrée par Siné du
Code pénal (1959). (Maurice Gonon Editeur)*

cains à l'égard de l'agent de police qui fait sa ronde dans le quartier.[12] L'agent de police français, tout comme le gendarme, nous l'avons vu, mène une vie un peu à part des autres citoyens.[13]

5 Sur la couverture d'une édition illustrée du Code pénal, le criminel et le policier se ressemblent beaucoup: chacun accomplit son travail, à l'écart de la société, l'un *contre*, l'autre *pour*.

QUESTIONS

1. Qu'est-ce que le *Journal officiel?*

2. Quelles sont les différentes catégories de juridiction en France?

3. De quels cas traitent respectivement les justices civile et pénale?

4. Expliquez l'originalité de la justice administrative en France.

5. Quelles peines entraînent respectivement les contraventions, les délits et les crimes en France?

6. Comment s'appellent les tribunaux français? Quelles sont leurs fonctions principales?

7. Quelle est la fonction de la Cour de cassation?

8. Qu'est-ce qu'un Conseil de Prud'hommes?

9. Expliquez les différences entre le barreau et la magistrature.

10. Qu'appelle-t-on le Parquet?

11. Quel est le rôle de l'avoué?

12. Nommez les cinq branches de la Sûreté nationale et indiquez leur spécialisation.

13. Dites ce que vous savez des C.R.S.

---

[12] La tendance officielle aujourd'hui cependant est de transformer C.R.S. et gendarmes en bons samaritains: sur les routes, ils dépannent les automobilistes, et sur les plages ils organisent des jeux pour les enfants et les adolescents! Et souvent les romans détectives, ceux de Simenon en tête, et certains films nous présentent la police judiciaire comme intelligente et humaine.

[13] Pierre Bertaux, professeur de lettres à l'université de Lille et ancien directeur général de la Sûreté nationale, écrit: «Lorsque j'ai été chargé d'administrer les cinquante et quelque mille fonctionnaires de la Sûreté nationale, mes amis 'de gauche' me l'ont vivement reproché. Les plus indulgents disaient: 'Toi qu'on aime bien, et même qu'on estime, comment as-tu pu accepter la charge d'activités policières? Et comment peux-tu t'en acquitter? Tu dois être écœuré; ou du moins tu devrais l'être. Tu souffres, ou du moins tu devrais souffrir.' D'autres: 'On se doutait qu'il y avait dans ton âme un recoin pervers, un goût des crocodiles.' D'autres enfin jetaient l'anathème. J'ai compris ce que devait être jadis la réputation d'avoir un pacte avec le diable. Je sentais le soufre. Pour certains, je le sens encore, en dépit des exorcismes.» (*La Nef*, No. 20, pp. 93–94.)

14. Quelles sont les obligations principales de la Gendarmerie nationale?

15. Quelle est la procédure suivie par la justice française après une arrestation?

16. Quels sont les buts primordiaux de la justice française?

17. Expliquez le point de vue français sur la coopération et la non-coopération de la personne arrêtée par la police.

18. Quelle est la tâche du juge d'instruction?

19. Qu'est-ce que la magistrature assise? la magistrature debout? Quel est leur rôle respectif?

20. Comparez les caractéristiques principales du jury français et du jury américain.

21. Quelle généralisation peut-on faire sur la justice française et la justice américaine?

22. Résumez l'affaire Dreyfus.

23. Reconstruisez la situation où se trouvent, dans le conte d'Anatole France, le marchand ambulant et l'agent de police, et leur dialogue. Qu'est-ce que l'auteur veut dire dans ce conte?

24. Quelle est en général l'attitude des Français et celle des Américains à l'égard de la police?

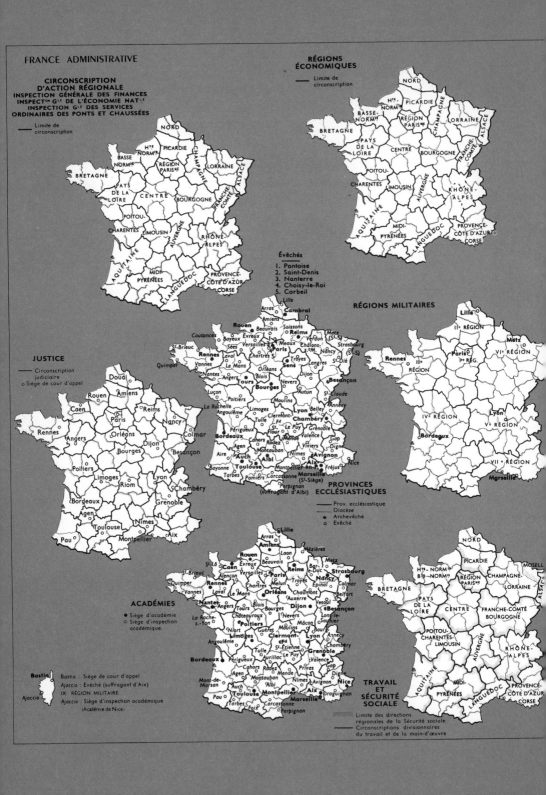

GOUVERNEMENT ET ADMINISTRATION

Chapitre 17 Quand on parle de la structure politique française, il faut éviter la confusion habituelle que font les Américains entre l'administration et le gouvernement. Le mot anglais *government* signifie en français administration, et le mot anglais *administration*, gouvernement. Et lorsqu'aux Etats-Unis, journalistes et professeurs de science politique annoncent que le gouvernement français est tombé (fait fréquent à l'époque de la IIIᵉ et IVᵉ Républiques), il faut simplement comprendre que l'administration française a changé de mains; les Américains n'ont aucune raison d'en être bouleversés, car eux-mêmes subissent un changement de gouvernement sur le plan national tous les quatre ou tous les huit ans, et plus souvent encore sur le plan local.

Il est important de comprendre en quoi consiste l'administration dans le sens français, parce que son rôle dans la vie du pays est capital. En font partie tous les fonctionnaires du cadre national et du cadre départemental, plus la plupart des employés municipaux, la police, la magistrature, l'enseignement, ainsi que ceux qui travaillent à l'Electricité et au Gaz de France, aux Postes et Télécommunications, dans les manufactures de tabac, etc.[1]

Comment cette vaste administration s'est-elle formée et développée? L'histoire de France nous apprend qu'avant la Révolution française chaque province, en se joignant à la couronne, apportait avec elle ses traditions, ses coutumes et sa législation, tandis que, simultanément, la centralisation s'imposait peu à peu au fur et à mesure que le royaume de France se formait. Paris a pris graduellement en mains tous les leviers de commande. Le pouvoir central a progressivement retiré aux villes leurs privilèges médiévaux, et son autorité est devenue absolue.

---

[1] En 1965, il y avait 1 600 000 fonctionnaires en France; aux Etats-Unis, en 1967, le nombre des *Federal employees* s'élevait à 2 903 000; la Ville de New York comptait 300 000 *employees* en 1966.

Deux facteurs avaient néanmoins tempéré cet absolutisme: d'abord, la confusion générale, les divisions variées (militaires, judiciaires, fiscales) de l'Ancien Régime. Ensuite la puissance croissante des administrateurs eux-mêmes. Ils n'étaient pas nobles, mais se recru-
5 taient surtout dans la petite noblesse, la noblesse de robe,[2] et dans la haute bourgeoisie. Avec l'agrandissement et l'unification du territoire, sa complexité croissant sans cesse, l'Etat a joué un rôle de plus en plus important dans la vie des individus, et le rôle des administrateurs bourgeois s'est accru considérablement.
10 A la Révolution, deux grands changements progressivement accomplis—la standardisation de l'organisation administrative et la substitution de la souveraineté populaire à l'absolutisme royal—ont permis l'organisation rationnelle de la France.

Toutes les anciennes divisions ont été supprimées; de nouvelles
15 divisions administratives ont été créées. Les hommes de la Révolution en ont longuement discuté, et il est intéressant de lire les procès-verbaux des comités de l'époque. L'un des projets (qui heureusement n'a pas eu de suite, mais qui montre bien le besoin éprouvé alors d'une solution parfaitement géométrique ou rationnelle) était
20 de quadriller littéralement le pays, chaque carré strictement égal aux autres.

Les dimensions finalement adoptées pour chaque «département» permettaient d'aller à cheval de la limite du département au chef-lieu dans la même journée. Pour détruire le vieux patriotisme pro-
25 vincial, des noms de cours d'eau, de côtes et de montagnes leur ont été donnés; aujourd'hui, on s'y est attaché. On trouve donc, par exemple, les département de la Seine, du Rhône, de la Haute-Loire, de la Gironde, des Hautes-Alpes, des Basses-Alpes, du Jura, des Vosges, etc.
30 La France est demeurée fortement centralisée; la puissance de Paris et celle du gouvernement central n'ont fait que croître. Lorsque Napoléon Ier est parvenu au pouvoir et a codifié et ordonné toute l'administration, le pays a eu un gouvernement extrêmement autoritaire. Ce régime, issu de la Révolution française, et renforcé par
35 Napoléon Ier (considéré comme le créateur de l'organisation gouvernementale de la France moderne),[3] ne s'est relâché que progressivement.

---

[2] C'est-à-dire magistrats et hommes de loi de toutes catégories. Par opposition, la haute noblesse, ou noblesse d'épée, était d'origine militaire.

[3] C'est cet esprit que les Français appellent «l'esprit de l'An VIII», celui de la période révolutionnaire où Napoléon, en 1801, s'est emparé des leviers de commande.

Fig. 17,2. *Les 95 départements de la France et les 21 circonscriptions d'action régionale. Le médaillon montre les sept départements créés en 1964; autrefois il n'y en avait que deux aux environs de Paris: Seine et Seine-et-Oise. Guglielmo, Lacoste, Ozouf, Géographie, Classe de Ière.* (Fernand Nathan Editeur)

Le département est donc la division administrative actuelle qui a succédé à la province de l'Ancien Régime. Pendant 150 ans, l'opinion s'est trouvée fort partagée sur les avantages et les inconvénients de ce découpage. Les conservateurs tenaient à maintenir les traditions et le patriotisme locaux dans la province, et à freiner ainsi les changements sociaux; ils auraient voulu le rétablissement des provinces. Par contre, les plus républicains—les radicaux—étaient pour les départements.

La situation actuelle est curieusement différente. Ce sont les forces les plus dynamiques qui, estimant que les départements sont trop petits pour assurer une bonne administration, insistent pour qu'ils soient groupés et qu'ils forment des zones plus larges; et il est intéressant de constater que les regroupements qu'ils préconisent correspondent souvent aux anciennes provinces.

Dans la Figure 17,1 nous voyons plusieurs grandes divisions administratives: la carte judiciaire, celle de l'Education nationale, du fisc, de la Sécurité Social, des évêchés et archevêchés, ainsi qu'une plus récente division—la circonscription d'action régionale. En reconnaissant la réalité économique de ces régions, le gouvernement cherche à contrebalancer l'importance excessive de Paris et à créer un meilleur équilibre de l'économie nationale.[4]

Les départements, artificiellement découpés pendant la Révolution, existent toujours, bien entendu.[5] Chacun se divise en arrondissements, et les arrondissements[6] en cantons.[7] La commune enfin est la division administrative la plus petite; il y en a environ 38 000, pour la plupart rurales.[8] On trouve qu'elles sont souvent trop petites à notre époque pour le bon fonctionnement du système.

Le gouvernement de la commune est avant tout électif: les membres du conseil municipal sont élus au suffrage universel, et le maire est élu par le conseil. Toutefois, le secrétaire de mairie, celui qui fait réellement marcher les affaires de la commune, est choisi et nommé par le conseil; il connaît mieux que quiconque ce qui se passe sur le territoire de la commune, et c'est lui qui, pour les questions ordinaires, dirige le conseil au nom et à la place du maire. Les régimes successifs ont coutume de le renommer dans ses fonctions, après chaque élection: il est en fait, dans bien des cas secrétaire à vie.

---

[4] Ces soi-disant nouvelles régions correspondent étrangement aux provinces de l'Ancien Régime, qui presque toujours s'étaient constituées selon une unité réelle, économique ou géographique.

[5] Dans le cas exceptionnel du Vaucluse, ses limites coincident presqu'exactement avec celles d'une ancienne province.

[6] Il y a environ 300 arrondissements dans toute la France; il ne faut pas les confondre avec ceux de Paris, Lyon, Marseille.

[7] Il y a environ 3 000 cantons en France.

[8] Voir Chapitre 16, note 2.

Dans les cantons et les arrondissements, les conseils respectifs ne jouent pas un rôle très important. Le conseil général du département, formé des représentants élus des cantons, doit bien approuver le budget; mais c'est le préfet (semblable au *governor* américain),
5 nommé par le conseil des ministres à Paris, qui dirige vraiment les affaires du département.

En d'autres termes, les deux divisions administratives essentielles, la commune et le département, la plus petite et la plus grande, sont sous l'autorité de gens qui n'ont pas été élus par le corps électoral,
10 mais qui ont été nommés par des hommes politiques, eux-mêmes élus: le secrétaire de mairie et le préfet.

Dans la Figure 17,3, ce qui nous intéresse, c'est la voie que suit l'autorité, depuis le président de la République, au sommet, pour passer par les grands corps de l'Etat[9]—le premier ministre, son ca-
15 binet, l'administration régionale—pour atteindre enfin les bureaux départementaux et locaux.

Examinons quelle est l'organisation administrative aux différents

[9] Voir Chapitre 18.

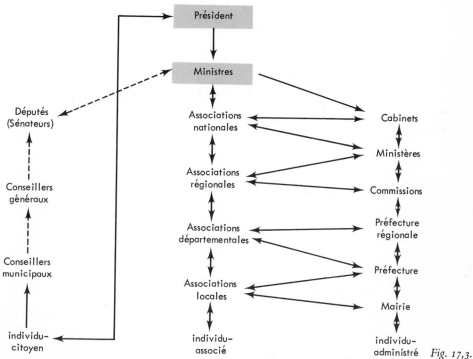

Fig. 17,3.

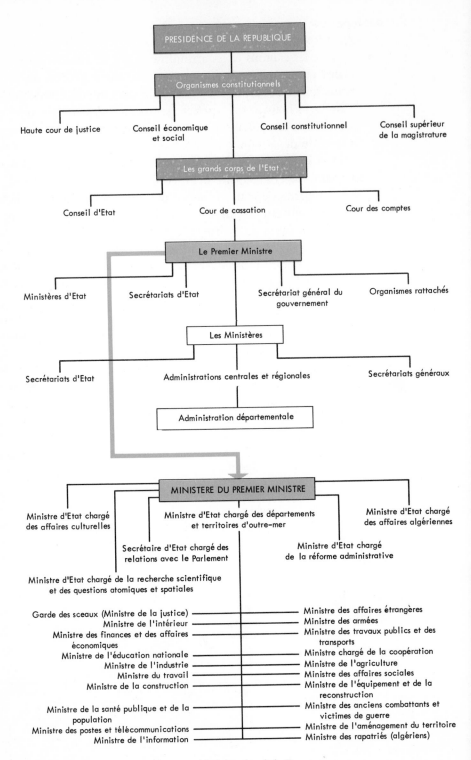

Fig. 17,4. Administration de la France.

échelons. La Figure 17,4 montre le cabinet du premier ministre : au sommet le premier ministre, entouré des ministres d'Etat qui, officiellement, ne font pas partie à proprement parler du cabinet. Les cases inférieures représentent les différents ministères : justice, inté-
5 rieur, finances et affaires économiques, éducation nationale, industrie et commerce, travaux publics et transports, télécommunications, agriculture, équipement et logement, affaires sociales, santé publique et population, armées, anciens combattants, jeunesse et sports, et information.
10 Chaque ministre s'entoure également d'un cabinet. Voyons, par exemple, l'organisation du ministère de l'Intérieur. Il y a d'abord le cabinet du ministre. Puis, viennent cinq bureaux : les affaires politiques, le territoire, la direction centrale des affaires administratives et financières, la direction générale de la Sûreté nationale et ses sub-
15 divisions, le contrôle des collectivités locales (les communes, dont s'occupe le ministre de l'Intérieur), et enfin, le Service national de la protection civile. Tous ces bureaux sont à Paris, et c'est de là que partent les ordres, les directives, les circulaires et les instructions.

Dans le département, le préfet représente le gouvernement ; il
20 détient cinq fonctions principales : agent du pouvoir central, il veille à ce que la commune et son maire appliquent les lois et les règlements ; premier fonctionnaire du département, il contrôle les services de toutes les administrations publiques (enseignement, télécommunications, fisc, travaux publics, etc.) ; il est le chef de la

Fig. 17,5. Le préfet, premier fonctionnaire du département.

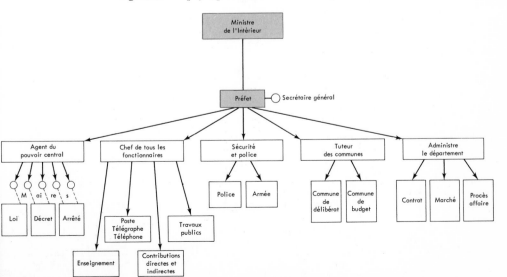

police; en tant que tuteur des communes, il doit approuver leur budget; et enfin, il s'assure que la loi est respectée dans les contrats, les marchés et dans les tribunaux. Entouré d'aides nombreux, il réside à la préfecture, au chef-lieu du département.[10]

Quant au maire, qui administre la commune, il a, dans les grandes villes,[11] son chef de bureau et un secrétaire général.[12] La Figure 17,6 montre les divers services de la mairie: administration générale, finances, police, santé publique, enseignement et beaux-arts, travaux publics et état civil.[13]

L'autorité descend du président de la République, ou du premier ministre, jusqu'au dernier échelon de la hiérarchie. Cette situation offre un inconvénient: tous les postes administratifs (à part les tout premiers) relèvent ainsi de deux chefs. L'inspecteur d'académie,[14] par exemple, reçoit des instructions à la fois du préfet

---

[10] Chaque préfet a sous ses ordres deux ou trois sous-préfets qui siègent chacun dans des villes de moindre importance, les sous-préfectures.

[11] De 200 000 à 300 000 habitants.

[12] Ces administrateurs sont nommés et non choisis par voie d'élection.

[13] Le maire n'a pas toujours été élu. Au XIXe siècle, le pouvoir central le nommait et le révoquait. De nos jours, il peut encore être révoqué.

[14] Position qui rappelle celle du *superintendent of schools* aux Etats-Unis. Actuellement, il y a en France une vingtaine d'Académies, chacune dirigée par un «recteur», qui préside en même temps aux destinées de l'université située dans les limites territoriales de la dite Académie.

Fig. 17,6. Administration d'une commune.

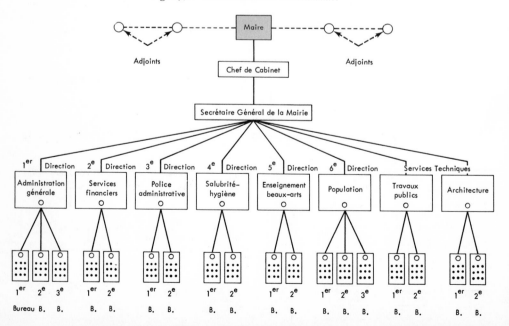

et du ministre de l'Education nationale à Paris. Ceci est vrai de tout fonctionnaire au niveau local et au niveau départemental; chacun a deux supérieurs, l'un à Paris, l'autre sur le plan local ou régional. Il en résulte parfois quelques conflits, mais, bien entendu, le préfet appuie toujours Paris.

QUESTIONS

1. Que représentent les mots «administration» et «gouvernement» pour un Français et pour un Américain?

2. Nommez une demi-douzaine de catégories de fonctionnaires français.

3. Résumez la formation historique de l'administration française.

4. Quels sont les deux facteurs qui ont tempéré l'absolutisme de l'autorité centrale?

5. Comment se divise la noblesse sous l'Ancien Régime?

6. Quelles nouvelles divisions administratives la Révolution a-t-elle créées?

7. Citez le nom d'une dizaine de départements français actuels. Pourquoi et comment est-on arrivé à ce découpage territorial?

8. Qu'est-ce que conservateurs et républicains ont respectivement pensé pendant longtemps de la division de la France en départements?

9. Quelle est l'opinion qui prévaut aujourd'hui à propos des dimensions actuelles des départements?

10. Quelles sont les subdivisions du département?

11. Combien y a-t-il de communes en France? Comment se partagent-elles la population totale?

12. Expliquez le fonctionnement de la commune.

13. Dites ce que vous savez du secrétaire de mairie.

14. Nommez dix ministères actuels. Décrivez les fonctions de cinq d'entre eux.

15. Expliquez sommairement les fonctions du préfet.

16. Nommez une demi-douzaine de services publics dont se charge la mairie.

17. Dans l'administration du département, quels sont les administrateurs nommés par Paris et les administrateurs élus au suffrage universel?

18. Qu'est-ce qu'un recteur?

FONCTIONNAIRES—
GRANDS CORPS DE L'ÉTAT

Chapitre 18 Dès le XVIIIᵉ siècle, la puissance des fonctionnaires est établie. Napoléon Iᵉʳ les considère comme des soldats
dans la vie civile, totalement assujettis au contrôle de leurs supérieurs et toujours prêts à exécuter leurs ordres.[1] Il s'est en outre formé
5 chez eux une tradition de loyalisme envers l'autorité—quelle qu'elle
soit—et plus encore envers leur métier; cette tradition se maintient
sans varier beaucoup selon le régime politique en exercice; les fonctionnaires accomplissent constamment et loyalement leurs tâches.
En somme, ils incarnent l'Etat durable, et non le pouvoir du moment
10 (dont ils ne sauraient dépendre); politiquement, ils restent neutres.
Lors des changements rapides de régimes (entre 1845 et 1855, par
exemple, et entre 1868 et 1875), il est surprenant de constater qu'en
plein bouleversement politique, les postes essentiels de l'administration n'ont pas changé de mains.[2]

15 Cette stabilité s'explique aussi par le fait que les hommes politiques (qui se renouvellent fréquemment) doivent, lorsqu'ils arrivent
à leur poste, se fier entièrement à l'expérience et à la compétence des
fonctionnaires qui, à peu près permanents, savent faire exécuter les
lois et les règlements.

20 Au cours du XIXᵉ siècle (sous Louis XVIII, Charles X, Louis Philippe et Napoléon III)[3] la puissance des hommes politiques n'a fait

---

[1] Les surnommant «ronds-de-cuir» à cause du coussin de cuir qu'ils plaçaient sur leur
chaise pour la rendre plus confortable, les caricaturistes et les hommes de théâtre ont souvent
tourné en ridicule les petits fonctionnaires (les employés des postes, des chemins de fer, par
exemple).

[2] La coutume américaine du «limogeage» du personnel à chaque changement de régime
est à peu près inconnue dans l'administration française.

[3] Louis XVIII, petit-fils de Louis XV, et frère cadet de Louis XVI, est roi de France de
1814 à 1824. Charles X, le troisième et dernier des frères de Louis XVI, est roi de France
de 1824 à 1830. Louis Philippe (1773–1850), fils du roi de «Philippe Egalité» (un cousin de Louis
XVI aux idées libérales qui avait voté la mort du roi en 1793) est «roi des Français» de 1830
à 1848. Napoléon III (1808–1873), neveu de Napoléon Iᵉʳ, est élu président de la République
(du 10 décembre 1848 au coup d'Etat du 2 décembre 1851), et devient empereur des Français
de 1852 au Iᵉʳ septembre 1870.

que s'accroître. Sous la Troisième République (1875–1940), elle s'est exercée dans le sens conservateur.[4] Mais, plus récemment, la France a changé, et ces changements ont été souvent provoqués par certains fonctionnaires qui désiraient voir le pays se moderniser, améliorer ses méthodes de travail et son économie générale.

Dans un sens ou dans l'autre donc, les fonctionnaires exercent une grande influence. Leur nombre (comme dans tous les autres pays) a augmenté au fur et à mesure que l'Etat et la technique se sont développés. En 1914, 469 000 fonctionnaires travaillaient pour l'administration centrale; en 1956, ils dépassaient le million; en 1960, et si l'on compte une partie des salariés du secteur public,[5] plus de 6% de la population active française est au service de l'Etat.

---

[4] Dans *La France à l'heure de son clocher* (Paris: Calmann-Lévy, Editeur, 1955), Herbert Luethy insiste sur ces tendances conservatrices, qui ont parfois freiné les régimes politiques partisans de changements sociaux.

[5] C'est-à-dire les cadres des industries nationalisées.

Un porteur de la S.N.C.F. (Société nationale des chemins de fer français). (Photo par Lida Moser/ Monkmeyer)

Les fonctionnaires forment presqu'un corps d'«intouchables», a-
vec, nous l'avons vu, un système judiciaire spécial et, depuis 1946,
un Statut de la fonction publique, qui définit clairement leurs droits
et leurs obligations par rapport à la société française.

5 Comment devient-on fonctionnaire? «On n'y entre pas comme
dans un moulin»,[6] dit-on de la fonction publique. Mais les examens
(ou concours) d'entrée passés (longs et souvent difficiles), le stage
terminé, et la titularisation acquise, on est accepté, et il faut des
raisons très sérieuses pour être renvoyé de son poste: les statuts
10 prévoient minutieusement toutes les causes possibles de renvoi; et,
même pour démissionner, le fonctionnaire doit, dans certains cas,
en faire la demande par la voie hiérarchique, et obtenir l'autorisation
de ses supérieurs.[7]

Un avantage dont ils jouissent est celui de la sécurité matérielle.
15 Ils peuvent même prendre un long congé—sans traitement, mais sans
perdre toutefois leurs droits à leur ancien poste ou à un poste simi-
laire, à l'avancement, à la retraite et aux autres privilèges de leur catégorie; ils peuvent, avec les mêmes garanties, obtenir un détachement
ou une autre position hors de leur cadre propre.[8] Les statuts de la
20 fonction publique leur garantissent aussi la liberté de pensée, d'expression, d'association, et le droit de se mettre en grève.[9]

Parmi les devoirs et obligations auxquels ils sont astreints, et outre
les responsabilités professionnelles dont ils doivent s'acquitter convenablement,[10] le respect des règlements est assez strict; ils doivent

---

[6] Stanley Hoffmann, professeur d'économie politique à l'université de Harvard, est
l'auteur de plusieurs livres sur la vie politique en France et a collaboré avec Charles Kindleberger, Jesse Pitts, Laurence Wylie, Jean-Baptiste Duroselle et François Goguel à *In Search
of France* (Cambridge: Harvard University Press, 1963).

[7] Il ne s'agit pas ici des fonctionnaires subalternes: facteurs, employés des chemins de
fer, etc.

[8] Ceci s'applique en particulier aux hauts fonctionnaires de l'administration centrale
(les ministères à Paris). Les membres titularisés de l'Education nationale obtiennent aussi dans
certains cas leur détachement des cadres français pour aller enseigner à l'étranger tout en gardant
leurs droits (avancement, pension, retour quasi automatique à volonté dans les écoles, lycées
ou universités de France). Aux Etats-Unis, il y a ainsi chaque année de 100 à 200 «détachés»
de ce genre.

[9] A l'exception de la police et des C.R.S., pour ce dernier point.

[10] Ils participent aussi parfois à l'organisation de leur propre division. Dans chaque grande
administration, il y a deux comités: le premier veille aux intérêts matériels des membres.
En principe, par exemple, aucune discrimination n'existe contre les femmes fonctionnaires;
leurs droits et leurs obligations sont ceux de leurs collègues masculins. Mais les postes supérieurs leur sont évidemment attribués moins fréquemment. Le second comité, le comité technique paritaire (composé pour moitié de délégués des employés subalternes), prend part à
l'organisation et au fonctionnement techniques du service auquel ils sont attachés.

être complètement «désintéressés»,[11] et aucun cumul ne leur est permis.

Les grands corps de l'Etat[12] jouent dans l'administration française un rôle important que l'on connaît mal à l'étranger.[13]

5   Les hauts fonctionnaires—membres à vie des grands corps de l'Etat—sont parfois surnommés les «mandarins».[14] Ce sont eux qui assurent la continuité du gouvernement. Alors que les ministres —hommes politiques—ne font souvent que passer, les hauts fonctionnaires, bien assis dans leur poste et conservateurs par principe,

10 garantissent au gouvernement sa continuité.

Quelle est l'origine sociale des «mandarins»? La stabilité qu'ils assurent profite-t-elle seulement à un certain segment de la société? Au cours des trente ou quarante dernières années, les partis politiques libéraux ont souligné, en protestant vivement, que les hauts

15 fonctionnaires des bureaux ministériels et des grands corps de l'Etat sortaient presque uniquement des classes sociales supérieures (ancienne noblesse et haute bourgeoisie). Pourvus d'une profonde culture, solidement préparés en droit et en administration, parisiens pour la plupart, ils sortaient de riches familles industrielles ou du milieu

---

[11] Aucun *conflict of interests* n'est toléré, et, d'une manière générale, comparés à ceux de nombreux autres pays, les fonctionnaires français ne sont guère corruptibles ou corrompus.

[12] Les grands corps de l'Etat comprennent le Conseil d'Etat, l'Inspection des finances, la Cour des comptes, le corps préfectoral et le corps diplomatique.

[13] Le Conseil d'Etat est rattaché au ministère de la justice; l'Inspection des finances et la Cour des comptes, au ministère des finances et affaires économiques. Leur développement, la qualité de leurs membres et les fonctions qu'ils remplissent en font des institutions de premier plan.

Le Conseil d'Etat (la plus haute cour de juridiction administrative, nous l'avons vu plus haut) est chargé de régler les différends entre l'Etat et les particuliers. Il doit également conseiller le gouvernement en matière de législation. Il aide par conséquent à la préparation des lois, et si, par la suite, ces lois amènent des différends avec des particuliers, il aura aussi à juger ces litiges. Son influence se fait donc sentir dans les trois branches du gouvernement: législative, exécutive et judiciaire.

L'Inspection des finances, de son côté, est responsable des opérations financières de l'Etat, à tous les niveaux: national, départemental et local. Elle vérifie même les comptes d'organismes semi-gouvernementaux, comme ceux de certaines banques, les Caisses d'épargne, ceux de la Sécurité Sociale, etc., qui relèvent à la fois du secteur public et du secteur privé de l'économie générale.

La Cour des comptes joue un rôle à peu près parallèle à celui de l'Inspection des finances. Elle vérifie toute la comptabilité de l'Etat à tous les niveaux. Et en matière de budget et de comptabilité, toutes les administrations sont amenées à tirer parti des conseils qu'elle leur donne dans son rapport annuel.

[14] On appelait ainsi le fonctionnaire chinois. Le mot aujourd'hui suggère lettré influent, milieu cultivé fermé, autorité héréditaire.

Le président de Gaulle à une réception avec des «mandarins». (Ambassade de France/Service de presse et d'information)

aisé des professions libérales; beaucoup d'entre eux, continuant en quelque sorte une tradition, appartenaient à des familles comptant déjà des «mandarins».

Après la seconde guerre mondiale, pour donner satisfaction à cette
5 opposition libérale, une grande Ecole a été créée, en 1945, l'Ecole nationale d'administration.[15] Le concours d'entrée y est très dur. Une «petite porte»[16] toutefois, démocratique, est ouverte aux fonctionnaires qui possèdent cinq années d'ancienneté de service dans l'administration; il leur faut subir les mêmes épreuves du concours
10 d'entrée, mais ils reçoivent un certain nombre de points d'avance, ce qui les favorise un peu et équivaut à la longue préparation théorique des autres candidats (ceux qui s'efforcent d'entrer par la «grande

---

[15] Elle se trouve à Paris, rue des Saints-Pères, d'où le nom qu'on lui donne parfois: l'Ecole des saints pères.

[16] Par opposition à la «grande porte», l'entrée normale et régulière et qui a beaucoup de prestige.

porte»). Une fois admis, l'élève est considéré comme un membre normal de la fonction publique.[17]

Le Tableau 18,1 nous donne la profession et le milieu des parents des élèves qui ont fréquenté l'E.N.A. entre 1953 et 1963.

Tableau 18,1 **Origines sociales des membres des grands corps de l'Etat et du corps diplomatique sortis de l'E.N.A. de 1953 à 1963.**

Profession des parents	Conseil d'Etat	Inspection des finances	Cour des comptes	Affaires étrangères	Totaux
Hauts fonctionnaires	23	31	26	23	103
Artisans et commerçants	6	12	5	4	27
Chefs d'entreprise (industrie)	—	5	6	5	16
Cadres du commerce et de l'industrie	13	14	11	10	48
Employés de commerce et de l'industrie	2	3	1	3	9
Professions libérales	9	9	11	7	36
Sans profession, rentiers, propriétaires	1	1	—	—	2
Cultivateurs, exploitants, agricoles	1	6	1	2	10
Ouvriers	2	—	—	—	2
	57	81	61	54	253

5   Sur les 253 élèves qui sont passés par l'Ecole au cours de ces dix années, 103 étaient fils de hauts fonctionnaires. Près des deux cinquièmes donc se sont recrutés dans les familles de «mandarins» qui administraient déjà les affaires du pays.[18]

D'autre part, les diplômés de l'Ecole nationale d'administration
10 aboutissent en majorité aux ministères: au ministère des finances, par exemple, environ 85% des postes les plus importants, c'est-à-dire treize ou quinze, sont occupés par d'anciens élèves de l'Ecole. Plus de 50% des directeurs de bureaux en viennent également. Au

---

[17] Et il touche un traitement pendant les deux années et demie que durent les cours. C'est le «présalaire», que touchent également d'autres catégories d'étudiants, assez avancés dans leurs études. Ils sont aussi inscrits à la Sécurité Sociale. Les élèves de l'E.N.A. passent à peu près la moitié de leur temps à l'Ecole même; la seconde moitié consiste en un stage dans l'un des grands corps de l'Etat; il faut y ajouter deux mois dans un grand bureau commercial ou industriel. A la sortie, une carrière est assurée à chaque diplômé, selon son rang.

[18] Par contre, nous remarquons que deux d'entre eux viennent de familles d'ouvriers, dix de familles d'agriculteurs, vingt-sept de milieux d'artisans et petits commerçants. Les autres ont pour père un chef d'entreprise, un directeur commercial ou industriel, un employé de bureau, ou bien un membre d'une profession libérale.

L'Ecole nationale d'administration. (Ambassade de France/Service de presse et d'information)

ministère des Armées, il y en a 7%, et au ministère des travaux publics, 6%. En d'autres termes, les postes les plus importants de la haute administration française vont à d'anciens élèves de l'E.N.A. (de même qu'aux diplômés d'autres grandes Ecoles).

5   Comme ces fonctionnaires peuvent se faire détacher de leur ser-

Une séance à la Chambre des comptes de Paris au XVIe *siècle.* (La Documentation française)

vice, l'influence de l'E.N.A. s'exerce aussi en dehors des sphères gouvernementales. Au Conseil d'Etat nous remarquons que 88 de ses membres sortent de l'E.N.A.; mais 35 d'entre eux sont «détachés», c'est-à-dire que près de 40% des diplômés de l'Ecole qui ont été nommés au Conseil d'Etat occupent actuellement un autre poste plus ou moins gouvernemental, ou bien travaillent dans le secteur privé. L'influence de l'E.N.A. se fait sentir dans d'autres milieux de la société. Et il en est de même à la Cour des comptes: 90 sortent de l'E.N.A., et 35, c'est-à-dire près de 40%, sont détachés à d'autres fonctions. Quant aux Inspecteurs des finances, 88 sur 115 travaillent dans un autre service gouvernemental ou dans le secteur privé.

Nous conclurons donc que l'influence des grands corps de l'Etat (ainsi que de l'E.N.A.) sur le gouvernement (sur ce que l'on appelle

Tableau 18,2 **Les anciens élèves de l'E.N.A. dans les cabinets ministériels (au 30 juin 1963).***

Désignation des ministères ou Secrétariats d'Etat	Nombre total des membres du cabinet	Nombre des anciens élèves de l'E.N.A.	Pourcentage
Secrétariat général de la présidence de la République	15	3	20
Cabinet de la présidence de la République	6	3	50
Secrétariat général pour la Communauté et les Affaires africaines et malgaches (fonctionnaires français)	5	4	80
Premier ministre	22	8	36,36
Affaires algériennes	8	2	25
Relations avec le parlement	5	—	—
Affaires culturelles	10	4	40
Départements et territoires d'outre-mer	11	—	—
Réforme administrative	7	3	42,85
Recherche scientifique	11	2	18,18
Justice	10	—	—
Affaires étrangères (cabinet du Secrétaire d'Etat)	6	—	—
Intérieur	9	1	11,11
Ministère des Armées	14	1	7,14
Finances	15	13	86,66
Budget	9	4	44,44
Coopération	10	3	30
Education nationale	11	2	18,18
Affaires étrangères (cabinet du ministre)	8	2	25
Jeunesse et sports	6	3	50
Travaux publics	15	1	6,66
Industrie	10	—	—
Agriculture	8	3	37,50
Travail	10	8	80
Santé publique	6	1	16,66
Construction	10	1	10
Anciens combattants	10	—	—
Postes et télécommunications	9	1	11,11
Information	8	4	50
Rapatriés (d'Algérie)	10	5	50
TOTAL	294	82	27,89

* Non compris les chefs du secrétariat et les militaires: 30%

aux Etats-Unis *the Administration*), et sur la société toute entière, demeure très grande.

Une situation nouvelle cependant est créée de nos jours par les

Tableau 18,3 **Les membres des grands corps de l'Etat issus de l'E.N.A. et en fonctions en dehors de leur corps d'affectation (31 mars 1963).**

Nombre total des membres du Conseil d'Etat issus de l'E.N.A.	Nombre total des membres du Conseil d'Etat issus de l'E.N.A. et en fonctions en dehors du Conseil d'Etat	Pourcentage
88	35	39,77
Nombre total des membres de la Cour des comptes issus de l'E.N.A.	Nombre total des membres de la Cour des comptes issus de l'E.N.A. et en fonctions en dehors de la Cour des comptes	
90	35	38,88
Nombre total des membres de l'Inspection des finances issus de l'E.N.A.	Nombre total des membres de l'Inspection des finances issus de l'E.N.A. et en fonctions en dehors de l'Inspection des Finances	
115	88	76,52

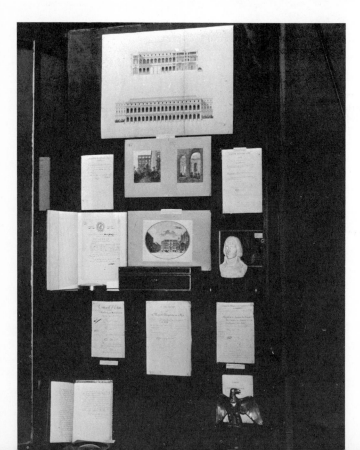

Vitrine présentant quelques documents sur la création de la Cour des comptes en 1807. (Ambassade de France/Service de presse et d'information)

hauts fonctionnaires «détachés» qui se mettent à faire de la politique, en se plaçant dans les postes politiques de l'administration française. Ces diplômés de l'E.N.A., membres «détachés» des grands corps de l'Etat, maintenant mêlés activement à la politique, conservent
5 naturellement des liens étroits avec leurs anciens condisciples et collègues. Et ils influent désormais sur un milieu où ils étaient jadis *personæ non gratæ*—celui du pouvoir législatif, de l'Assemblée Nationale, et du cercle des collaborateurs immédiats du premier ministre. Qu'arriverait-il, se demande-t-on, si le gouvernement
10 perdait la faveur populaire?

QUESTIONS

1. Analysez la position des fonctionnaires français vis-à-vis des hommes politiques.

2. Quelle est, semble-t-il, l'attitude générale des fonctionnaires vis-à-vis de l'autorité et de leur métier? Essayez d'expliquer la puissance dont ils jouissent. Dans quels sens leur influence s'exerce-t-elle? Quel était leur nombre en 1914? En 1960?

3. Qu'est-ce que le Statut de la fonction publique? De quand date-t-il?

4. Quels avantages y a-t-il à être fonctionnaire?

5. Indiquez quelques-uns des devoirs et des obligations des fonctionnaires.

6. Qu'entend-on par fonctionnaire «détaché»?

7. Expliquez l'expression: «C'est une personne tout à fait désintéressée.»

8. Indiquez les fonctions principales du Conseil d'Etat.

9. Quel est le rôle des Inspecteurs des finances?

10. Que sont les «mandarins»?

11. Qu'appelle-t-on la «petite porte» et la «grande porte» de l'E.N.A.?

12. Où vont beaucoup de diplômés de l'E.N.A.?

13. Où et comment l'influence de l'E.N.A. se fait-elle sentir?

14. Comment les grands corps de l'Etat jouent-ils un rôle important dans la vie gouvernementale française?

15. Que se passe-t-il de nos jours quand de hauts fonctionnaires «détachés» se mêlent de politique?

ORGANISATION DE L'ENSEIGNEMENT

CHAPITRE 19   Dans l'enseignement français, tout changement s'accomplit d'abord, et n'est rationalisé que plus tard. C'est ainsi que, par exemple, à côté de l'Université de Paris,[1] et pour répondre à des besoins nouveaux, la Sorbonne s'est fondée.[2] Plus tard et pour d'autres raisons, le Collège de France a été créé.[3] Ensuite, un enseignement toujours plus pratique, moins théorique, a été jugé indispensable, et plusieurs «grandes Ecoles»[4] ont été fondées —par la Convention en 1793-1794, puis par Napoléon Ier, puis par les gouvernements suivants et jusqu'à notre époque: L'Ecole centrale, Polytechnique, les Arts et métiers, etc.; et nombre d'Instituts se sont ouverts. L'ensemble le plus récent est celui du Centre national de la recherche scientifique (en 1945), le C.N.R.S.[5]

Outre ce procédé de développement un peu spécial au cours de l'histoire, l'enseignement français a été marqué par les problèmes suivants: la lutte entre l'Eglise et l'Etat, les problèmes sociaux et

---

[1] L'Université de Paris s'est formée progressivement au cours du Moyen Age; reconnue officiellement par Philippe Auguste et par le pape en l'an 1200, elle comprenait quatre facultés ou collèges: théologie (la faculté la plus importante), médecine, droit canon et la faculté des arts (par où il fallait passer pour accéder aux autres).

[2] Le «collège» de Sorbonne a été fondé en 1253 sous le règne de Saint Louis par Robert de Sorbon pour les étudiants pauvres de théologie; c'était à l'origine une sorte de dortoir; puis la faculté de théologie y a donné ses cours, et Sorbonne et faculté de théologie sont devenues pour un temps synonymes.

[3] Le Collège de France, fondé par François Ier en 1530, a aujourd'hui une cinquantaine de chaires; les professeurs ne sont pas des fonctionnaires; ils sont nommés par le chef de l'Etat sur proposition de l'Institut de France; ils fixent librement le programme et l'horaire de leurs cours, ouverts gratuitement à tous, qui traitent de sujets hautement spécialisés, que les grandes Ecoles et l'Université n'offrent pas. Le but initial était de présenter un enseignement nouveau, grec et hébreu (nécessaire à la culture humaniste de l'époque), et qui n'était pas donné par l'Université de Paris.

[4] Voir Chapitre 20.

[5] Voir Chapitre 20.

l'opposition entre les partisans de la culture générale et ceux qui préconisent la formation technique.

Jusqu'au XVIᵉ siècle, l'Eglise s'était chargée entièrement de l'enseignement; puis le pouvoir séculier, profitant du mouvement humaniste, a pu en prendre une part modeste. C'est ainsi que la Renaissance avait introduit en France des études grecques profanes avec le Collège de France; puis la culture a lentement impliqué des connaissances de plus en plus nombreuses en lettres et en sciences qui dépassaient complètement le cadre de la religion. A la fin du XVIIIᵉ siècle, la première constitution révolutionnaire a stipulé que tous les citoyens avaient droit à un minimum d'enseignement public et gratuit.[6]

Du début du XIXᵉ siècle jusqu'à nos jours, c'est-à-dire depuis que le catholicisme n'a plus été une religion d'Etat, la lutte entre l'Eglise et l'Etat pour le contrôle des écoles a été intense. Les libéraux ont affirmé que les ordres religieux s'efforçaient clandestinement de capter le contrôle total des études et des programmes; les catholiques, par contre, ont traité les francs-maçons[7] de pieuvres qui vou-

---

[6] Selon la Constitution de 1793, l'instruction doit être «commune à tous les citoyens»; c'est la première fois qu'on enregistre la conception d'un enseignement ouvert à tous.

[7] Membres d'une société d'entraide secrète qui, en France, ont poursuivi et poursuivent avec acharnement des buts politiques et anticléricaux.

Le Collège de la Sorbonne en 1550. (Ambassade de France/Service de presse et d'information)

laient saisir tous les rouages scolaires et universitaires, afin de détruire la religion chez les enfants; toutes accusations évidemment exagérées. Il est vrai que les francs-maçons étaient arrivés à dominer l'enseignement public, et que sous la IIIᵉ République, le ministre de l'Instruction publique se trouvait toujours être l'un d'eux.

Le Collège de France. (Ambassade de France/Service de presse et d'information)

Quoiqu'il en soit, depuis la Révolution, c'est l'Etat qui a la responsabilité de l'enseignement, et ceci a été récemment réaffirmé dans la Constitution de 1946, modifiée par celle de 1958 (la Constitution de la Vᵉ République). Aujourd'hui, la situation est légèrement moins tendue: d'une part, l'Eglise de France a beaucoup évolué depuis la seconde guerre mondiale, et d'autre part, grâce à l'action un peu arbitraire du Président de Gaulle, la plupart des écoles privées reçoivent une aide financière appréciable.[8] Les établisse-

---

[8] En application de la loi Barangé (en 1951) et de la loi Debré (en 1959). En fait, l'école privée est subventionnée en ce sens que ses professeurs (s'ils remplissent certaines conditions) sont payés par l'Etat.

ments de l'enseignement privé ne se sentent donc plus les parents
pauvres de l'enseignement public.[9]

De plus, il s'est posé jusqu'à récemment un problème délicat
d'ordre social. La Révolution française[10] avait conçu l'enseignement
à peu près comme il est organisé de nos jours aux Etats-Unis.[11] Il y
avait trois niveaux: primaire, pour les jeunes enfants; secondaire,
correspondant approximativement au *high-school* américain; et enfin,
universitaire.

Le lycée (ou le collège), du niveau secondaire (ou enseignement
du second degré), devait préparer aux études supérieures les enfants
qui semblaient capables de les poursuivre; ils venaient en général
de la bourgeoisie. Mais on a ensuite ajouté dans les établissements
secondaires des classes primaires, qui donnaient d'avance à l'élève
une orientation plus souple et une préparation plus culturelle en vue
des classes secondaires à venir. Il en est donc résulté deux types complets et parallèles d'enseignements: d'une part, un enseignement du
premier degré—simple, pratique, préparant aux métiers manuels agricoles et industriels, ainsi qu'aux petits emplois subalternes, allant
du jardin d'enfants jusqu'à quatorze ans—et d'autre part, un enseignement «secondaire», allant d'un autre jardin d'enfants jusqu'au baccalauréat, et qui menait éventuellement aux études universitaires (le
troisième degré).

Cette situation a subi de grosses modifications. Comme la scolarité obligatoire pour toute la France va maintenant jusqu'à l'âge de
seize ans, on a créé dans l'enseignement du premier degré des Collèges
d'enseignement général, d'où les élèves ont, de bonne heure, la
possibilité théorique de passer (s'ils semblent devoir s'y maintenir)

---

[9] Autrefois, à Chanzeaux, les instituteurs et institutrices des deux écoles catholiques
considéraient leurs collègues des écoles publiques avec amertume et jalousie. Lorsque les
subventions de l'Etat out été versées, à la condition expresse que maîtres et maîtresses obtiennent dans un délai de cinq ans un certain diplôme (le baccalauréat), les gens du village n'ont
plus eu besoin de recueillir eux-mêmes les fonds nécessaires à l'entretien des écoles et au
traitement du personnel. Mais une situation curieuse s'est tout de même présentée. Le directeur
n'avait pas le baccalauréat; sa femme l'avait; elle a donc été nommée directrice de l'école à
sa place (le mari, directeur jusque-là, possédait un Certificat qui n'était valable que dans les
écoles catholiques), en attendant que le mari ait réussi à ses examens. Redevenu ainsi simple
instituteur et sous les ordres de sa femme, il a eu de plus le malheur d'échouer deux fois à
l'oral de l'examen. Il a finalement été reçu, et leur double traitement considérablement augmenté, ils sentent désormais qu'ils appartiennent beaucoup plus à la communauté que jadis.

[10] Par le décret du 15 septembre 1793.

[11] Les deux dernières années du lycée sont toutefois reconnues généralement comme
correspondant aux deux premières années du *college* américain. En somme, les jeunes Américains qui terminent leurs études au *8th grade* suivaient en France l'enseignement du premier
degré, et ceux qui vont au *high-school* (avec la perspective d'aller à l'université) seraient dans
un lycée.

Classe d'arithmétique dans une école primaire. (Photo par Gisèle Freund/Monkmeyer)

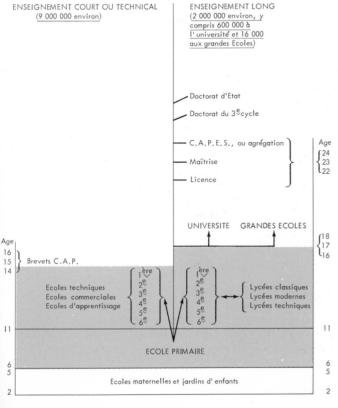

ENSEIGNEMENT COURT OU TECHNICAL
(9 000 000 environ)

ENSEIGNEMENT LONG
(2 000 000 environ, y
compris 600 000 à
l' université et 16 000
aux grandes Ecoles)

— Doctorat d'Etat

— Doctorat du 3^{e}cycle

— C.A.P.E.S., ou agrégation
— Maîtrise
— Licence

Age
{ 24
{ 23
{ 22

UNIVERSITE   GRANDES ECOLES

{ 18
{ 17
{ 16

Age
16
15   Brevets C.A.P.
14

1ère
2^e
3^e
4^e
5^e
6^e

1ère
2^e
3^e
4^e
5^e
6^e

Ecoles techniques
Ecoles commerciales
Ecoles d'apprentissage

Lycées classiques
Lycées modernes
Lycées techniques

11   11

ECOLE PRIMAIRE

6   6
5   5

Ecoles maternelles et jardins d' enfants

2   2

*Fig. 19,1. Organisation de l'édu-
cation en France.*

dans l'enseignement du second degré, c'est-à-dire dans un lycée (classique, moderne ou technique); ils pourront alors continuer des études menant au baccalauréat, puis à l'université. Toutefois, très peu d'élèves du C.E.G. le font: les nécessités et l'étroitesse de leur milieu social les en empêchent;[12] ils restent donc dans les Collèges d'enseignement général et terminent leurs études vers l'âge de seize ou dix-sept ans, après avoir obtenu probablement un Certificat d'aptitudes professionnelles.

Jadis, le jeune villageois intelligent et doué pour les études, après avoir terminé le cours complémentaire (supprimé depuis une dizaine d'années), allait souvent dans une Ecole normale d'instituteurs, et trois ans plus tard, il retournait à l'école de son village pour faire la classe à de nouvelles générations d'enfants de la campagne. C'est ainsi que les divisions sociales se perpétuaient.

Mais, depuis trois ou quatre ans, l'école unique est définitivement réalisée dans les petites classes. Les enfants de tous les milieux sociaux

---

[12] Et cela malgré des bourses assez nombreuses offertes aux familles nécessiteuses (dont les enfants réussissent à un certain examen). On pourrait relever une situation analogue dans certains milieux américains.

Rentrée scolaire au Lycée Honoré de Balzac, Paris (1965). (Ambassade de France/Service de presse et d'information)

reçoivent vraiment la même formation, jusqu'au moment où ils devront choisir, d'après les conseils de leurs professeurs, entre les diverses voies qui leur sont offertes.

Un cycle d'observation et d'orientation, d'une durée de quatre ans, permet en effet aux professeurs (aidés de psychologues) d'étudier l'enfant de onze à treize ans, dans les classes de 6e, 5e, 4e, et 3e. D'après cette observation systématique on cherche à déterminer ce que l'élève pourrait faire plus tard dans la vie, et dans quelle voie par conséquent son éducation doit être dirigée. Dans la réalité, ce but est encore loin d'être atteint, car, entre autres obstacles, les psychologues ne sont pas en nombre suffisant dans tous les établissements scolaires.[13]

Selon le but envisagé et le nombre d'années consacrées aux études, on distingue quatre sortes d'enseignements: (1) un enseignement général long, (2) un enseignement général court, (3) un enseignement technique court, (4) un enseignement technique long.

L'enseignement long—général ou technique—se donne dans les lycées; l'enseignement technique long se poursuit dans des écoles professionnnelles qui forment des techniciens, des laborantins, des assistants de recherches, etc. L'enseignement technique court s'adresse aux futurs artisans et ouvriers (par exemple dans la charpenterie, la menuiserie, l'électricité, l'électronique, la plomberie, la mécanique, etc.). L'enseignement général court enfin convient aux enfants qui ne dépasseront pas un niveau correspondant au *8th grade* américain.

Ce qui distingue aussi l'enseignement français, c'est l'absence de bonnes écoles privées du genre que l'on trouve, par exemple, en Nouvelle Angleterre, qui forment le caractère des enfants selon un

---

[13] La situation réelle toutefois est loin d'être encore très nette. Jusqu'à onze ans environ les directives ministérielles demandent un enseignement élémentaire non différencié pour tous les enfants. Mais, pour l'enseignement moyen qui suit, de onze ans à seize ans environ, il est recommandé que déjà quatre catégories soient constituées, les deux premières groupant les élèves qui vraisemblablement feront des études prolongées, tandis que les catégories III et IV arrêteront leurs études vers seize ans ou peu après, pour quelque raison que ce soit: aptitudes de l'enfant, situation financière des parents, etc. De plus, le latin, bastion traditionnel de l'enseignement secondaire de jadis, n'est définitivement plus offert en classe de 6e, et il ne sera bientôt probablement pas enseigné avant la classe de 4e.

D'autre part, les méthodes pédagogiques préconisées sont en voie de profonde transformation. Analyses grammaticales et analyses logiques, de même que l'explication de texte seront remplacées par d'autres méthodes, moins abstraites, plus concrètes, qui permettront l'étude du français à partir de l'usage courant de la langue, parlée et écrite des élèves, pour arriver au «bon usage».

Notations chiffrées et classement des élèves sont découragés, afin de diminuer l'esprit de compétition et une excessive importance accordée aux examens.

Cours de cuisine à l'Ecole nationale d'enseignement technique à Montluçon. Préparation de tomates farcies. (Ambassade de France/Service de presse et d'information)

certain esprit et un certain idéal. En France, il n'y en a guère que trois qui aient une grande réputation, ce qui est très peu.[14] Il n'existe pas non plus la sorte de discrimination que l'on trouve en Angleterre entre les écoles privées et les écoles tenues par les municipalités et les comtés. En France, l'enseignement public, gratuit à tous les

---

[14] L'Ecole des Roches, pensionnat pour garçons, en Normandie; les frais y sont fort élevés (pour les budgets français); c'est probablement la seule école française à s'efforcer d'implanter quelques-unes des méthodes pédagogiques britanniques.

L'Ecole Alsacienne, à Paris même, où un bon nombre des professeurs sont «détachés» de l'enseignement public; ses anciens élèves comptent parmi eux des personnalités du monde des lettres et de la politique.

Le Collège Cévenol, dans le sud du Massif Central, est un pensionnat de direction protestante; il reçoit des fonds privés américains; l'enseignement y est mixte (comme à l'Ecole Alsacienne).

niveaux, attire naturellement la majorité des élèves, d'autant que la qualité des instituteurs et des professeurs est très contrôlée par l'Etat. Mais il existe—principalement dans les villes—des «cours privés», payants,[15] où les enfants se retrouvent dans le même milieu social que leurs parents; certains sont laïcs, mais beaucoup sont catholiques, et offrent donc en plus un enseignement religieux. Dans l'un et l'autre cas, les classes sont en général plus petites que dans les établissements publics, et les enfants sont mieux suivis; ainsi, ceux qui sont moins doués ont plus de chances de terminer leurs études que dans un lycée, où le passage d'une classe à l'autre ne s'obtient strictement qu'avec les notes nécessaires.

Toutefois, comme l'enseignement français est très centralisé, les écoles privées doivent accepter cette centralisation administrative, puisque tous les élèves et tous les étudiants—quels que soient l'école, le lycée ou l'institut qu'ils fréquentent—subissent les mêmes examens s'ils veulent obtenir les seuls diplômes valables, les diplômes de l'Etat.

Une autre caractéristique de l'enseignement en France est le désaccord permanent entre les partisans de la culture générale et les

---

[15] Mais les prix en sont très bas par comparaison avec ceux des écoles privées américaines.

Cours de typographie dans une école technique. (Photo par Gisèle Freund/Monkmeyer)

partisans de la formation technique. On y discute depuis le XIXe siècle pour savoir s'il vaut mieux donner aux enfants une culture générale et humaniste ou bien une formation professionnelle et scientifique. Au fond il s'agit de savoir si l'on vise à former une élite
5 cultivée ou bien si l'on cherche à démocratiser la société, en insistant sur le technique, le pratique et le moderne. Jusqu'à ces dernières années, c'est le principe de l'élite qui l'emportait: l'enseignement français du second degré cherchait à donner une culture générale; c'était son caractère distinctif. Aujourd'hui encore, même dans ses
10 divisions techniques, il tend beaucoup plus que l'enseignement américain à donner une solide formation générale. En France, la spécialisation vient plus tard. C'est assez l'opposé de ce qui se passe aux Etats-Unis, où le *high-school* donne une certaine formation pratique, qui peut suffire pour trouver un métier à ceux qui ne
15 continuent pas leurs études. Mais l'étudiant qui continue doit, au *college*, suivre des cours généraux pendant deux années, avant de pouvoir se spécialiser dans une matière quelconque.

Le programme d'études du second degré offre une variété d'options menant chacune à un baccalauréat avec des spécialisations en
20 lettres, en langues anciennes ou vivantes, en mathématiques, en sciences (physiques, naturelles ou expérimentales), en économie politique et sciences humaines.[16]

Au niveau de l'université, qui est également en pleine réforme, la licence ès lettres ou ès sciences a correspondu jusqu'ici à peu près
25 au *Master's* américain.[17] Le C.A.P.E.S., certificat d'aptitudes péda-

---

[16] Depuis 1966, pour se présenter à l'examen du baccalauréat, il faut d'abord avoir été accepté dans la dernière classe du lycée, où l'on entre désormais sur dossier (notes et opinions des professeurs au cours des deux années précédentes).

En classe de première, l'avant-dernière classe du lycée, l'élève a le choix entre huit options; et dans la classe du baccalauréat proprement dite, il en a cinq.

En première, dans les quatre sections classiques A, A', B et C, le programme contient du grec ou du latin, une langue vivante (en A), des sciences (en A'); B contient du latin, deux langues vivantes, des sciences humaines; C, du latin, des sciences, une langue vivante. Les deux sections modernes, M et M', demandent respectivement des sciences et deux langues vivantes, et des sciences expérimentales et une langue vivante. Les deux sections techniques enfin, T et T', insistent, la première sur les sciences, une langue vivante, et les techniques industrielles, la seconde sur les faits économiques et deux langues vivantes.

Dans la classe du baccalauréat, cinq options sont offertes: philosophie, sciences expérimentales, mathématiques, mathématiques et techniques, économie politique et sciences humaines.

[17] Le nouvel enseignement supérieur comporte trois cycles: les deux années du premier cycle permettent d'obtenir le Diplôme universitaire d'études scientifiques ou littéraires. Les deux années du deuxième cycle mènent à la Licence, au C.A.P.E.S., et / ou à la Maîtrise. Le troisième cycle enfin conduit à la préparation de l'Agrégation ou au Doctorat du troisième cycle.

gogiques à l'enseignement secondaire,[18] est un concours régional qui sanctionne une certaine formation et un stage pédagogique; il est exigé pour enseigner dans les établissements du second cycle. L'agrégation,[19] par contre, est un concours national, assez dur, destiné à pourvoir les chaires des classes supérieures des lycées. Les agrégés reçus parmi les premiers entrent d'emblée, sur simple demande, dans l'enseignement supérieur, comme assistants dans une université, ou comme chercheurs au C.N.R.S.; dans l'un ou l'autre cas, ils sont censés préparer un doctorat.[20] En général, l'agrégation est considérée comme l'équivalent du doctorat américain, car elle s'obtient environ au même âge, avec le même niveau à peu près de connaissances et d'aptitudes. Leur préparation et le genre des épreuves à subir sont toutefois fort différents.

Dans la Figure 19,2 nous retrouvons l'organisation hiérarchique traditionnelle: au sommet, le président, puis le premier ministre; puis le ministre de l'Education nationale, dont les inspecteurs généraux et les directeurs, hauts fonctionnaires, exécutent les instructions. Il y a trois grandes Directions, communes aux trois cycles ou degrés: l'une se charge du recrutement; une autre, de la gestion matérielle et financière de tous les établissements d'enseignement; la troisième,

---

[18] Il y a aussi le C.A.P.E.T., pour l'enseignement technique (dans les lycées techniques —enseignement technique long).

[19] Au concours d'agrégation (c'est-à-dire un concours différent pour chaque matière principale d'enseignement: lettres classiques, lettres modernes, histoire, chimie, etc.), il y a beaucoup de candidats pour un nombre limité de postes (dans les classes supérieures des lycées, et comme assistants dans les universités): la proportion est souvent de un reçu sur dix candidats (toujours très bien préparés). Le concours, annuel et national, comporte de longues épreuves écrites, suivies (pour ceux qui ont été admissibles à l'écrit) d'épreuves orales publiques devant un jury unique pour toute la France.

[20] Il y a actuellement trois doctorats: le doctorat d'Etat (dont il s'agit ici), le doctorat d'université et le doctorat du troisième cycle.

Le doctorat d'Etat (à la différence du *Ph. D.* américain, destiné surtout à montrer par une étude limitée et précise les possibilités de travaux ultérieurs du candidat) est le résultat de longues et minutieuses recherches, et il témoigne d'une érudition solide; il ne s'obtient souvent qu'après dix ans, vingt ans de travail. Il exige une thèse principale et une thèse secondaire. La longue soutenance orale et publique de ces thèses dans un grand amphithéâtre de la Sorbonne est un événement universitaire où les membres du jury demandent au candidat de justifier les points qui leur semblent douteux, et ils tentent parfois de le confondre, à moins que celui-ci ne réussisse à susciter une discussion entre les professeurs eux-mêmes!

Le doctorat d'université (plus près peut-être du *Ph. D.*) s'obtient des diverses universités de France, et plus rapidement (de deux à quatre ans); et il convient mieux aux étrangers qu'aux Français, auxquels il n'ouvre aucun débouché officiel.

Le doctorat du troisième cycle, moins prestigieux que le doctorat d'Etat, plus contrôlé que le doctorat d'université, est destiné principalement aux futurs directeurs de laboratoires ou de travaux pratiques des universités françaises.

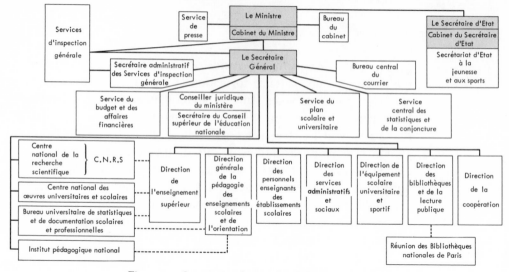

Fig. 19,2. *Organisation du ministère de l'éducation nationale.*

des programmes d'études et de la formation des instituteurs et des professeurs. Un bureau s'occupe spécialement de l'enseignement du français dans les lycées et instituts français établis à l'étranger.[21]

QUESTIONS

1. Dites ce que vous savez de l'Université de Paris.

2. Faites une brève histoire de la Sorbonne.

3. Qu'est-ce que le Collège de France?

4. Posez clairement les problèmes qui ont marqué ou qui marquent encore l'enseignement français.

5. Qu'est-ce que la Constitution de 1793 a stipulé en matière d'instruction?

6. Pourquoi, au cours des 150 dernières années, la lutte pour le contrôle de l'enseignement a-t-elle été si intense entre l'Eglise et l'Etat?

7. Que savez-vous des francs-maçons américains et des francs-maçons français?

8. Pourquoi la situation est-elle un peu moins tendue aujourd'hui entre l'école publique et l'école privée?

9. Pourquoi jadis l'enseignement privé se disait-il le parent pauvre de l'enseignement français?

10. Comment la Révolution française avait-elle conçu l'enseignement? Expliquez les trois niveaux.

---

[21] Il y a plus de 150 lycées et instituts français a travers le monde (hors de France), et plus de 30 000 maîtres et professeurs français (dont beaucoup d'entre eux sont détachés des cadres réguliers de l'enseignement français) enseignant dans plus de cent pays étrangers.

11. Quels étaient les buts du premier degré, ou enseignement primaire proprement dit?

12. Quels étaient les buts de l'enseignement du second degré—enseignement donné au lycée ou au collège?

13. Quelles classes a-t-on ajoutées au lycée, et pour quelles raisons?

14. Qu'est-il résulté de l'addition de ces classes primaires dans les lycées? Montrez le parallélisme auquel on est ainsi arrivé entre les deux enseignements prévus par la Révolution.

15. Qu'est-ce que le cours complémentaire? le cours d'enseignement général? A quels élèves s'adressent-ils?

16. Jusqu'à quel âge va la scolarité obligatoire?

17. Pour quelles raisons, avant les dernières réformes destinées à unifier l'enseignement, y avait-il peu de passages du cours complémentaire au lycée?

18. Comment les réformes récentes tendent-elles à diminuer les anciennes divisions sociales? Commentez.

19. En quoi consiste le cycle d'observation et d'orientation?

20. Nommez les quatre types principaux d'enseignement dits de formation. Résumez le but poursuivi par chacun d'entre eux.

21. Quelles sont les trois écoles privées françaises les plus connues? Dites ce que vous savez de chacune.

22. Indiquez quelques-uns des avantages de l'enseignement privé en France.

23. Quel est votre point de vue personnel sur l'enseignement privé en général? Donnez vos raisons.

24. Expliquez le conflit qui persiste en France (et aux Etats-Unis) entre les partisans d'une culture générale et les partisans d'une formation technique. Donnez votre point de vue personnel sur ce sujet.

25. Nommez les différentes options du baccalauréat qui sont offertes aux lycéens.

26. Indiquez les grandes divisions de l'enseignement supérieur dans les universités françaises.

27. Qu'est-ce que la «licence»?

28. Qu'est-ce que le C.A.P.E.S.? A quels postes mène-t-il?

29. Qu'est-ce que l'agrégation? A quels postes mène-t-elle?

30. Quels sont les trois types de doctorats français?

31. Expliquez et commentez la centralisation de l'enseignement français. Quels avantages et quels inconvénients y voyez-vous?

32. Dans le cadre administratif de l'enseignement, qu'est-ce qu'une «académie»?

GRANDES ÉCOLES,
CORPS SAVANTS, CENTRE NATIONAL
DE LA RECHERCHE SCIENTIFIQUE

CHAPITRE 20   Passer par l'université n'est pas le seul moyen de faire des études avancées. Les grandes Ecoles, assez mal connues aux Etats-Unis, jouent un rôle important en France. Il en existe une cinquantaine, qui se trouvent pour la plupart à Paris.[1] L'une des plus anciennes, Polytechnique, forme des ingénieurs civils et militaires. Son concours d'entrée est l'un des plus difficiles. On peut dire qu'elle combine (avec certains aspects militaires en plus) le Massachussetts Institute of Technology, California Tech., et Carnegie Tech.

A l'Ecole normale supérieure de la rue d'Ulm,[2] le concours d'entrée est également très dur. Fondée en 1808, «Normale» jouit d'un prestige tel que les élèves ont à leur sortie leur carrière assurée. Des séries de conférences y sont faites, mais aucun cours régulier n'y est donné; les élèves s'inscrivent selon leurs désirs aux différentes facultés de l'Université de Paris. Il y existe un esprit, une attitude spéciale; c'est un peu un collège dans le sens anglais du mot, un collège pour l'élite intellectuelle très sélectionnée, et qui produit non seulement des professeurs, mais éventuellement des hommes d'Etat, des hommes de lettres, de grands industriels.[3]

En 1881, à Sèvres, à côté de Paris, une seconde Ecole normale a

---

[1] D'autres grandes Ecoles, parmi les plus importantes, sont l'Ecole nationale d'administration, l'Ecole nationale des eaux et forêts, celle du génie rural, l'Institut national agronomique, l'Ecole nationale supérieure des mines, celle des ponts et chaussées, celle des postes et télécommunications, l'Ecole supérieure de physique et de chimie, l'Ecole centrale des arts et manufactures, les Beaux-Arts, le Conservatoire d'art dramatique, le Conservatoire national de musique, l'Ecole nationale supérieure des arts décoratifs, celles d'Education physique, d'aéronautique, du génie maritime, l'Ecole nationale de l'air, l'Ecole navale, l'Ecole interarmes (autrefois Saint-Cyr).

[2] Près du Panthéon.

[3] Les normaliens obtiennent facilement leur «détachement» hors de l'enseignement.

été créée pour les jeunes filles.[4] Sèvres, de plus, possède aujourd'hui une caractéristique intéressante: c'est un centre très actif de pédagogie moderne, d'où sont partis bien des projets de réformes, comme, par exemple, celui des «classes nouvelles».[5]

5 L'Ecole nationale des Chartes prépare les paléographes, les bibliothécaires en chef (des grandes bibliothèques) et les conservateurs de musées.[6]

L'Ecole nationale des beaux-arts et l'Institut d'Etudes politiques (couramment dénommé Institut des Sciences politiques) sont mieux 10 connus aux Etats-Unis sans doute parce qu'ils acceptent volontiers les étudiants étrangers. L'Institut d'Etudes politiques, fondé à titre privé au XIXe siècle (en grande partie par des intellectuels judéo-protestants), a été nationalisé après la seconde guerre mondiale. On y voit aujourd'hui l'école française par excellence des sciences politi-15 ques, où les étudiants venant des classes sociales aisées cherchent à entrer, car il est de bon ton de faire son droit et «sciences-po.». Cela peut mener à une carrière diplomatique.

---

[4] Deux autres Ecoles normales supérieures, à Saint-Cloud (pour les hommes), et à Fontenay-aux-roses (pour les jeunes filles), de fondation plus récente, permettent de préparer également l'agrégation et le C.A.P.E.S. (le certificat d'aptitude pédagogique à l'enseignement secondaire).

[5] Depuis 1946, ces classes nouvelles, appelées aujourd'hui «classes pilotes» (au nombre de plusieurs centaines), remplacent le cours-conférence traditionnel par le travail dirigé, selon les méthodes actives.

[6] Une pépinière de conservateurs!

L'Ecole des hautes études commerciales. (Ambassade de France/Service de presse et d'information)

L'Ecole des hautes études commerciales (H.E.C.), relativement récente, forme de futurs hommes d'affaires.[7]

Toutes les grandes Ecoles relèvent de l'enseignement supérieur, tout en gardant leur autonomie et leur indépendance vis-à-vis des universités; et elles jouent un rôle capital dans la vie intellectuelle et dans la vie technique du pays.

Les grands corps savants, réunis en bonne logique dans un admirable bâtiment appelé l'Institut de France, au bord de la Seine, comprennent cinq académies. La plus connue, l'Académie française, a été fondée par Richelieu[8] en 1635 pour tenter d'organiser le monde des lettres de son temps.[9] L'élection à l'Académie française représente pour les intellectuels la consécration officielle d'une carrière déjà très avancée; son prestige, diminué à l'heure actuelle, est encore très grand.

Les autres académies, moins connues, sont l'Académie des inscriptions et belles-lettres, l'Académie des sciences, l'Académie des beauxarts et l'Académie des sciences morales et politiques.[10] L'Institut de France groupe aussi des érudits et des chercheurs dans les domaines de l'histoire, de la science, des beaux-arts et des sciences sociales.

L'organisme de l'enseignement français le plus récent et toutefois très important est le C.N.R.S.—le Centre national de la recherche scientifique. Créé en 1939, il s'est surtout développé depuis la fin de la seconde guerre mondiale. Il était tout spécialement nécessaire pour remédier à la situation chaotique de la recherche en France.

Le gouvernement en effet, par tradition, ne s'intéressait qu'à l'enseignement, et très peu à la recherche proprement dite. L'industrie et le monde des affaires n'encourageaient guère les chercheurs. Les savants en étaient donc réduits à travailler dans les pires conditions matérielles. Pasteur[11] et les Curie[12] ont été autrefois des exem-

---

[7] H.E.C. est certes moins prestigieux (et moins difficile) que Polytechnique, Normale ou l'E.N.A. Faute de pouvoir entrer dans celles-ci, l'étudiant de milieu bourgeois se contente du monde des affaires (ce qui éclaire bien la mentalité française moyenne à l'égard du commerce). Une école plus récente encore, établie à Fontainebleau, rappelle beaucoup la Harvard Business School: l'Institut européen d'administration des affaires.

[8] Armand Jean du Plessis de Richelieu (1585–1642), cardinal, ministre de Louis XIII, homme d'Etat vigoureux et excellent organisateur.

[9] On appelle «immortels» les quarante académiciens qui la composent; ses quarante «fauteuils» sont rarement tous occupés en même temps, car les membres survivants prennent leur temps avant de décider, par élection, quel personnage déjà illustre aura l'honneur d'occuper le fauteuil vacant.

[10] Les deux premières ont été fondées par Colbert, en 1664 et 1666; les deux autres, en 1795.

[11] Louis Pasteur (1822–1895), chimiste, biologiste, membre de l'Académie française, célèbre pour ses travaux sur la prophylaxie de la rage, sur l'asepsie, a découvert les bacilles.

[12] Pierre Curie (1859–1906), physicien, et sa femme, Marie (1867–1934), ont découvert le radium. Ils ont gagné le prix Nobel en 1903; elle seule en 1911.

Richelieu, fondateur de l'Académie française. Peinture par Philippe de Champaigne.

ples illustres de cet état de choses. Il leur a fallu lutter péniblement pour trouver l'argent nécessaire à leurs travaux, des locaux, des aides et des instruments. Sans assistance ni encouragements d'un milieu où la recherche pure était préférée à la recherche appliquée, d'autres savants se voyaient obligés de prendre un poste dans un musée ou dans un bureau ministériel, pour pouvoir, à l'aide de leur modeste traitement, poursuivre leurs recherches pendant leurs heures de loisirs.

En organisant la recherche sur des bases logiques et rationnelles,
5 le C.N.R.S. a heureusement modifié cette situation: il encourage la recherche de bien des façons; il commissionne des chercheurs pour le gouvernement et pour des organismes privés; il équipe des laboratoires et des centres d'études; il finance la publication de travaux;

Vue partielle de la séance publique annuelle des cinq Académies, 1962. (Ambassade de France/Service de presse et d'information)

il s'exerce dans tous les domaines de la science, ou plutôt de la con-
10 naissance. L'une des branches se spécialise dans les sciences exactes (elle correspond à la National Science Foundation américaine). Une autre se charge des sciences humaines et comprend la littérature et la philosophie; c'est-à-dire que le gouvernement français soutient non seulement les sciences pures et les sciences sociales (de même que

le gouvernement à Washington), mais encore des travaux, et des activités, qu'aux Etats-Unis on considère comme accessoires—la philosophie et la littérature.[13]

Nous voyons ici, d'une part, les efforts accomplis en vue d'une
5 organisation rationnelle, et nous constatons, d'autre part, qu'une foule d'organisations participent par leurs délégués ou leurs représentants à l'administration du C.N.R.S. C'est-à-dire que cet organisme n'est point uniquement entre les mains de fonctionnaires, mais qu'il pénètre les activités du pays tout entier.

10 C'est non seulement dans son organisation mais aussi dans son esprit et son atmosphère que l'enseignement est très différent en France et aux Etats-Unis. Aussi l'étudiant américain est-il parfois déçu à son arrivée en France, alors que ce devrait être pour lui une grande aventure intellectuelle. D'abord il est gêné par une quantité
15 de détails matériels: les universités sont actuellement surpeuplées; les bibliothèques n'ont pas toujours assez de places, ni même de livres, pour satisfaire tous les lecteurs; il faut souvent attendre et faire la queue avant de pouvoir consulter un ouvrage. Par ailleurs, parmi les avantages dont l'étudiant peut profiter, il a celui de s'in-
20 scrire simultanément à plusieurs Facultés et Instituts: aux Lettres, aux Sciences politiques, au Droit; les frais d'inscriptions, de laboratoires et d'examens y sont presque nuls. On peut constater aussi que les étudiants jouissent d'une bien plus grande liberté qu'aux

---

[13] Le C.N.R.S., tout comme les autres institutions françaises, est fortement hiérarchisé. Un trait assez original toutefois le caractérise—son régime mixte, c'est-à-dire que sa direction se partage entre des fonctionnaires proprement dits et des personnes travaillant à titre privé pour le gouvernement. Récemment, le C.N.R.S. a pris une grande extension. En 1966, le personnel chercheur comprenait 184 directeurs de recherche, 517 maîtres de recherche, 1 201 chargés de recherche, et 3 053 attachés et stagiaires de recherche. Le nombre des techniciens dépassait 7 000. Et au total, les effectifs du C.N.R.S. se partageaient sciences exactes et sciences humaines dans les proportions suivantes: environ 80% pour les premières et 20% pour les secondes. Pour l'année 1967, il était prévu un millier de plus de chercheurs et de techniciens, et 2% de plus dans les sciences exactes et 2% de moins dans les sciences humaines. En théorie, université et C.N.R.S., enseignement et recherche, sont séparés; mais en fait, étant donné la pénurie de professeurs, en particulier dans les sciences, certains chercheurs et professeurs relèvent des deux institutions. D'autre part, sur le plan humain, le C.N.R.S. a joué un rôle important de stabilisateur dans une époque assez bouleversée. Les «jeunes», courageux, ambitieux, qui avaient été pendant tant d'années frustrés, attendant en vain d'être reconnus par les générations précédentes, peuvent maintenant, après leurs premiers diplômes, se faire reconnaître par leurs professeurs; s'ils ont de la valeur et une certaine force créatrice, le C.N.R.S. leur accorde des subsides qui leur permettent de se marier et de commencer une famille, en toute sécurité, tandis qu'ils poursuivent leurs recherches (scientifiques ou littéraires), ou complètent leur doctorat avec un train de vie modeste mais assuré. Et ceci non seulement dans des directions immédiatement rentables, mais aussi dans des directions purement culturelles (littéraires, historiques, artistiques).

La salle de sculpture romaine à l'Ecole des beaux-arts. (Ambassade de France/Service de presse et d'information)

Etats-Unis; parvenus à l'enseignement supérieur, ils ne se préoccupent plus vraiment que de leurs examens et concours. Il n'existe pas de *campus* à proprement parler, ni d'activités para- ou extra-universitaires recommandées ou encouragées, pas de doyen qui surveille,
5 qui contrôle la vie, la manière de se vêtir, le comportement des étudiants. Leurs associations, à tendances politiques ou à buts pratiques, cherchent à obtenir, par exemple, des avantages spécifiques de l'Etat en matière de Sécurité Sociale, et surtout, ces derniers temps, s'efforcent de faire étendre le bénéfice du «présalaire» (celui
10 auquel ils estiment avoir droit en tant qu'étudiants déjà spécialisés se préparant à une carrière) à de nouvelles catégories d'étudiants.

L'Américain est souvent stupéfait de découvrir si peu de rapports entre professeurs et étudiants en France. Malgré de grands changements survenus au cours des vingt dernières années sur ce point-là, professeurs et élèves maintiennent leurs distances; une
5 barrière semble les séparer, et certaines marques de respect (quelle que soit la valeur réelle du professeur) sont encore de rigueur. De plus, le professeur n'estime pas qu'il soit dans son rôle de se préoccuper des mauvaises notes qu'il aura attribuées à l'élève, ni des difficultés que peut rencontrer l'étudiant pour obtenir tel ou tel livre.
10 Il peut fort bien, dans un cours universitaire, ne recommander aucune lecture, ou ne pas donner de bibliographie. C'est à l'étudiant à

Conférence magistrale à la Faculté de droit. «L'Américain est souvent stupéfait de decouvrir si peu de rapports entre professeurs et étudiants en France.» (Ambassade de France/Service de presse et d'information)

faire le nécessaire, d'après la nature et le programme général du cours, et d'après le genre d'examen final (le tout fort bien défini par ailleurs et à la disposition de tous les intéressés).[14]

Toutefois, si les professeurs guident de loin seulement les étudiants, et si les études sont peu contrôlées en cours d'année, il ne s'ensuit

[14] Il faut savoir toutefois qu'un étudiant qui entre dans une Faculté, après avoir réussi aux épreuves du baccalauréat, se place à peu près au niveau du *junior* de *college* américain. Donc, s'il est intelligent et travailleur, il apprend à organiser son travail, sa documentation et ses recherches. Puis il se groupe avec des camarades pour les préparations aux examens et aux concours, et pour des échanges d'idées et de points de vue extrêmement profitables. Les conférences des professeurs restent souvent formelles, d'autres au contraire sont très vivantes; certaines se vendent chez les libraires du quartier, ronéotypées; d'autres encore sont régulièrement radiodiffusées en direct. Et dans les cafés voisins, il est toujours possible à ceux qui ont manqué le cours de vérifier, grâce à de longs bavardages, ce qui a été réellement dit ou fait dans l'amphithéâtre!

«Le barrage des examens de fins d'années est extrêmement rigoureux.» (Ambassade de France/Service de presse et d'information)

pas que les étudiants travaillent peu ou mal. Le barrage des examens de fins d'années—des certificats et des diplômes—est extrêmement rigoureux. On ne reçoit souvent que la moitié, le tiers ou même le quart des candidats, qui n'auront qu'à tenter leurs chances à la pro-
5 chaine session—ce qui les retarde d'autant. Et après quelques ten-tatives, les étudiants «sérieux», qui veulent «arriver», travaillent donc intensément, poussés par leur propre désir et par leur ambition.[15]

QUESTIONS

1. Nommez dix grandes Ecoles.

2. Résumez les buts et le fonctionnement de l'Ecole de la rue d'Ulm.

3. Qu'est-ce que Sèvres, Saint-Cloud, Fontenay-aux-roses? Indiquez ce qui les différencie.

4. Expliquez pourquoi «sciences-po.» occupe une place importante parmi les grandes Ecoles.

5. Qu'est-ce que l'Institut de France? Recherchez-le sur un bon plan de Paris.

6. Que représente l'Académie française? Quels sont ses buts? Que pense-riez-vous personnellement d'un corps savant semblable pour votre pays, par exemple? Présentez aussi objectivement que possible les deux côtés de la question.

7. Qu'est-ce que le C.N.R.S.? Qu'est-ce qui a motivé sa création? Mon-trez comment le C.N.R.S. aide la recherche dans tous les domaines de la connaissance.

8. Dites ce que vous savez de Pasteur et de ses découvertes.

9. Dites ce que vous savez de Pierre et de Marie Curie et de leurs travaux.

---

[15] A la rentrée universitaire 1967–1968, les effectifs d'étudiants se présentaient ainsi:

facultés de lettres	177 840 (dont 52 540 à Paris)	
facultés de sciences	145 460	38 860
facultés de droit	112 050	41 230
facultés de médecine		
et dentisterie	61 170	19 170
facultés de pharmacie	17 480	4 210

Au total: 514 000; deux ans plus tôt, ils étaient 412 000; un an plus tard, 612 000. Le nombre d'enseignants d'autre part s'élevait en 1967–1968 à 23 585 (2 621 de plus que l'année précédente). De plus, les Instituts universitaires de technologie comptent aujourd'hui près de 10 000 étudiants. (Association pour la Diffusion de la Pensée française, News Brief from France, le 11 novembre 1967.)

10. Pour quelles raisons l'étudiant américain est-il parfois déçu à son arrivée en France?

11. De quels avantages, matériels et autres, l'étudiant français semble-t-il bénéficier?

12. Qu'appelle-t-on «présalaire»?

13. Dites ce que vous savez des méthodes générales de travail de l'étudiant français au niveau universitaire.

14. Donnez votre opinion sur ces méthodes et le genre de vie de l'étudiant français tels que vous les comprenez. Quels en sont les avantages et les inconvénients?

15. Quelle est en moyenne la proportion des «reçus» aux examens universitaires? Commentez librement.

L'ÉCONOMIE FRANÇAISE

CHAPITRE 21

L'examen de l'économie française montre comment les structures s'établissent selon la tradition, et combien elles diffèrent de celles des Etats-Unis. Les Américains, qui ne les comprennent pas toujours, posent à ce sujet des questions auxquelles il est difficile de répondre. Pourquoi en France les cultivateurs et les chauffeurs de taxi font-ils la grève contre le gouvernement? Pourquoi de Gaulle a-t-il maintenu l'Angleterre hors du Marché Commun?[1] Pourquoi l'industrie des tabacs se trouve-t-elle entièrement entre les mains de l'Etat? Pourquoi les Français ont-ils récemment acheté des quantités de l'or américain?

Toutes ces questions relèvent de l'économie, domaine très complexe, particulièrement sujet à controverses, et où deux économistes ne sauraient que rarement s'accorder sur un seul sujet. En prenant le problème sous l'angle de l'organisation sociale et non sous celui de la théorie, le système économique français devient plus clair, et le comportement des Français s'en trouve par suite mieux expliqué.

Pour les Français, les principes de l'organisation de l'économie sont identiques à ceux de l'organisation de la justice, de l'administration et de l'enseignement: le modèle en est toujours l'idéal traditionnel de la famille (voir Chapitre 13). Son concept s'est certes modifié depuis la fin de la seconde guerre mondiale, mais la plupart des Français demeurent convaincus que la famille offre un juste symbole de l'unité de base du système économique: le père dirige l'affaire ou la firme; la mère le seconde en conservant l'esprit et le patrimoine de la famille; les enfants travaillent ensemble sous la direction des deux parents. L'économie française a été conçue dans

---

[1] Les membres actuels du Marché Commun sont la France, l'Allemagne fédérale, l'Italie, la Belgique, les Pays-Bas et le Luxembourg.

son ensemble selon ces mêmes lignes: le gouvernement correspond au père de famille; la terre française, féconde et bien aimée, représente la mère; les divers secteurs de l'économie, les régions économiques ou géographiques, des familles individuelles, correspondent aux enfants. Parmi les conséquences de cette conception, certaines permettent de faire la lumière à la fois sur les problèmes économiques de la France d'aujourd'hui et sur les questions que les Américains soulèvent à ce sujet.

L'une de ces conséquences est que les entreprises familiales prédominent dans le monde économique français. Aux Etats-Unis, bien entendu, il y a également beaucoup d'entreprises familiales: on songe tout de suite à la compagnie Ford. Mais en France ce cas se répète à des milliers d'exemplaires, et le nombre de grandes *corporations* en est d'autant plus réduit; car le terme français qui les désigne—société anonyme—implique absence d'âme, organisme avec lequel il est dangereux de traiter; les rapports avec des organismes à l'échelle humaine, comme la petite ferme et la boutique familiales, la famille d'artisans, offrent plus de sécurité. Certaines de ces entreprises, modestes au départ, sont devenues de très grandes firmes: les Schneider, les Michelin, les Peugeot, les Rothschild,

Les usines Peugeot font vivre Sochaux, petite ville de 8 000 habitants, près de Belfort aux pieds de la chaîne du Jura. (Service Photo Peugeot)

les de Wendel. En dépit des changement récents, un observateur compétent a pu écrire: «La moitié environ des grandes entreprises françaises sont encore dirigées par des hommes qui ont des attaches plus ou moins directes avec les familles régnantes de l'économie.»[2]

Le nombre des grandes entreprises est limité, car aujourd'hui en France:

> plus de 400 000 firmes n'ont qu'un seul employé. Aux Etats-Unis, avec une population quatre fois plus grande, il n'y en a que 240 000; un tiers des employés travaillent dans des firmes employant chacune plus de 1 000 personnes; et 75% sont employés dans des firmes qui ont chacune plus de cent personnes. En France, moins de la moitié des travailleurs se trouvent dans des affaires employant plus de 1 000 personnes. Plus de 500 000 affaires françaises n'ont aucun employé, et 1 300 seulement emploient plus de 500 personnes.
>
> La prédominance des petites affaires est encore plus marquée dans le monde du commerce: sur près de 1 000 000 d'établissements commerciaux, 680 000 n'ont aucun employé, 190 000 n'en ont qu'un, et 600 magasins seulement à travers tout le pays emploient chacun plus de cent personnes.[3]

Il résulte de cette situation que l'économie française a eu de tout temps tendance à être conservatrice. Pourquoi faire courir des risques au patrimoine familial? Les conseils de famille, où dominaient les gens les plus âgés—par conséquent conservateurs par définition—ne le désiraient nullement. Il valait mieux, semblait-il, être prudent, renoncer à s'agrandir, à expérimenter de nouvelles méthodes de production et de marketing, à encourager la recherche. Une tentative d'expansion est toujours susceptible d'échouer; et si elle réussissait elle aboutirait alors à un tel développement de l'affaire que celle-ci devenue société anonyme, la famille en perdrait le contrôle. D'autre part, comme les relations familiales jouent un plus grand rôle dans le choix des directeurs que leur formation technique, firmes et commerces sont souvent mal dirigés ou administrés.

Le gouvernement enfin (voir Chapitre 12) prenait encore dans un passé récent toutes mesures pour protéger de la compétition l'entreprise familiale. Celle-ci ne se sentait donc nullement poussée (ne serait-ce que pour subsister) à perfectionner méthodes et fonctionnement; tandis que les affaires d'autres pays plus avancés, sans cesse mues par l'esprit compétitif, se trouvaient tenues à de constants changements. Dans la France traditionnelle, le réinvestissment

---

[2] Michel Drancourt, *Les Clés du pouvoir* (Paris: Librairie Arthème Fayard, 1964), p. 106.
[3] Erik Olin Wright, *The Power Structure of France*. Manuscrit non publié (écrit 1967).

Vendange en Médoc, région de Bordeaux. (Photo par Feher/Monkmeyer)

des bénéfices dans l'affaire familiale passait pour peu sage; il semblait plus sûr de les placer dans le patrimoine national. Il valait mieux vivre de «rentes»[4] du gouvernement (d'où le mot «rentier», devenu presque synonyme de petit capitaliste) que d'«actions» (payées par l'industrie). C'est ainsi que d'autres pays ont bénéficié de cette même confiance:[5] bien des Français qui, selon les recommandations de l'Etat, avaient fait des placements dans des valeurs gouvernementales étrangères, les ont vus ensuite disparaître entièrement par suite des inflations et des révolutions qui ont précédé, accompagné ou suivi la première guerre mondiale. Ces faits expliquent en partie l'importance que les Français attachent à l'or comme garan-

---

[4] A l'origine, la rente était la somme des intérêts rapportés par les obligations (ou les bons) émis par l'Etat; aujourd'hui, le mot s'applique à tous les placements d'argent; le «rentier» est celui qui vit du fruit de ses placements.

[5] Les placements français commencèrent vers 1888, et en 1913, 17 000 000 000 de francs avaient été investis dans les emprunts successifs du gouvernement russe. (Voir Georges Michon, *L'Alliance franco-russe* [Paris: A. Delpeuch, 1927], p. 127.)

tie de sécurité absolue. L'or déposé au fond du «bas de laine» ne rapporte rien, mais l'inflation n'en diminue pas la valeur. L'or placé dans le coffre d'une banque suisse est encore plus en sécurité, parce qu'en cas de crise le gouvernement français ne peut y toucher.

5 La famille-modèle suscite une double loyauté: d'une part, il faut protéger le patrimoine de l'unité familiale, et d'autre part, le gouvernement a le droit et le devoir de contrôler la richesse de la famille nationale française. Sous cet angle, l'économie française étonne vivement les Américains. Comment se fait-il qu'en France,

10 pays capitaliste, le gouvernement puisse dominer ainsi le secteur économique? C'est un fait que le gouvernement français a toujours eu des fonctions et des pouvoirs que nous retrouvons volontiers dans les pays socialistes et communistes; mais ici c'est l'esprit conservateur des Français qui est clairement responsable de la situation.

15 L'Etat a toujours estimé qu'il était de son devoir de maintenir et de diriger l'économie du pays.

Depuis déjà longtemps le gouvernement s'est inséré dans le monde des affaires, c'est-à-dire qu'il ne s'est plus contenté de légiférer, réglementer et préserver le patrimoine national tout en

20 protégeant les producteurs; jusqu'à un certain point, il s'est posé en rival des particuliers. Cette situation s'est présentée, par exemple,

L'avenir sera dur pour les petites entreprises familiales comme celle du maire de Chanzeaux, qui fabrique des paniers de vendangeurs. (Photo par Wylie)

quand il a décidé de lancer sa propre industrie de la soie.[6] Sous
Napoléon Ier, le café faisant défaut, le gouvernement a introduit
la chicorée en France, et plus tard d'autres produits lorsque le besoin
s'en est fait sentir. Il a pris en charge un grand nombre de services
d'utilité publique. Nous avons signalé le cas des grandes banques
(la Banque de France, nationalisée en 1946, avait été fondée entre
1800 et 1806).[7] La poste (depuis 1839 et 1851), le téléphone et le
télégraphe (un peu plus tard), ont été désormais gérés par l'Etat;[8]
les chemins de fer (déjà aidés en 1842) ont été nationalisés à partir
de 1937; les compagnies du gaz et de l'électricité l'ont été après
la seconde guerre mondiale, de même que les compagnies d'exploitation du charbon, et, partiellement, celles de la navigation, de
l'aviation, du bâtiment. Au cours des cent dernières années, l'Etat
a également pris en charge certaines des industries et entreprises
qui semblaient être utiles pour le pays et se trouvaient en même
temps en mauvaise posture économique ou financière.[9]

C'est aussi pour en tirer bénéfice que le gouvernement s'est
parfois mêlé de gérer des affaires commerciales et industrielles.
Pendant des siècles il s'est chargé de la production et de la vente
du sel; chaque Français avait l'obligation d'en acheter chaque année
une certaine quantité; c'était à la fois l'impôt de la «gabelle» et
un monopole d'Etat—extrêmement impopulaires et immédiatement
supprimés à la Révolution. Avec les tapisseries des Gobelins et de
Beauvais, les glaces de Saint-Gobain et les porcelaines de Sèvres,
le gouvernement (sous Colbert déjà) était producteur.[10] En 1811,
l'industrie des tabacs est devenue un autre monopole, auquel on a
ajouté, en 1872, celui des allumettes.

Le paternalisme économique gouvernemental, avec une certaine
évolution, est donc encore maintenant le facteur principal des
structures économiques. Selon le président des Charbonnages de

---

[6] En 1470, Louis XI a installé des artisans italiens et grecs à Tours, qui devint ainsi le
premier centre de la soie, avant Lyon, Montpellier et Paris. Les rois Louis XII, Charles VIII
et François Ier se sont ensuite beaucoup intéressés à l'industrie de la soie.

[7] Les trois banques nationalisées les plus importantes (en plus de la Banque de France)
sont la Banque Nationale de Paris, le Crédit Lyonnais et la Société Générale.

[8] Le secteur des Poste et Télécommunications dépend du ministère du même nom à
Paris; les P. et T. administrent une Caisse d'épargne nationale très populaire, et leur système
de chèques postaux permet la plupart des opérations bancaires.

[9] Au cours de l'été de 1965, la revue française hebdomadaire *Entreprise* a donné la liste
d'environ 500 affaires commerciales et industrielles dont l'Etat français était, pour une raison
ou pour l'autre, le patron.

[10] Sous J.-B. Colbert (1619–1683), ministre de Louis XIV et grand homme d'état, l'industrie et le commerce ont véritablement pris leur essor.

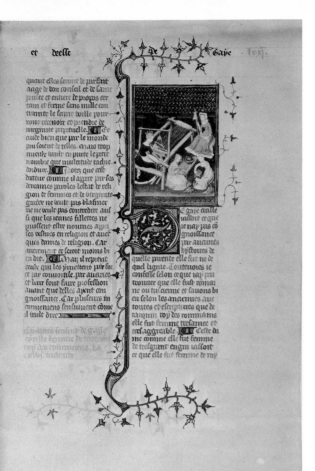

Un métier à tisser au début du XVᵉ siècle. (Bibliothèque Nationale, Paris)

Aujourd'hui, un métier à tisser de la manufacture des Gobelins. (Ambassade de France/Service de presse et d'information)

France (industrie nationalisée), «l'Etat français, comme producteur et comme acheteur, contrôle en fait un tiers de l'économie nationale, et possède le secteur public le plus important de tous les pays non socialistes».

Plusieurs phénomènes très étonnants pour les Américains découlent de cette situation: pourquoi fait-on grève contre le gouvernement? Les Etats-Unis connaissent les grèves monstres dirigées contre les grandes compagnies d'automobiles ou contre les grandes industries de l'acier. En France, le gouvernement est l'employeur le plus important, et il règle si étroitement l'économie nationale par le moyen du contrôle des prix et des salaires, l'organisation complexe de la Sécurité Sociale, la réglementation du commerce extérieur, etc., que finalement c'est lui qui inaugure ou tout au moins approuve tout changement. Il en est ainsi pour les tarifs du métro et des taxis parisiens, le prix de vente des pommes de terre, des cigarettes, les redevances du téléphone, du gaz et de l'électricité, le montant des retraites-vieillesse, la longueur de la semaine de travail, les avantages marginaux accordés aux travailleurs à tous les niveaux. Les syndicats n'ont donc qu'une ressource: faire pression sur le gouvernement par la menace de grève ou la grève, souvent généralisée et groupant plusieurs grands services publics. Toutefois, le fait que malgré le caractère dominateur des pouvoirs publics en matière d'économie, les grèves y soient tolérées—même contre les pouvoirs publics—prouve bien que la France n'est point communiste.

Dans cette organisation générale il peut arriver que le gouvernement soit accusé de favoritisme, bien qu'il soit censé tout diriger avec un esprit parfait de justice et d'égalité. La devise de la République Française, «Liberté, Egalité, Fraternité», est toujours un idéal vivant. La France a connu des révolutions déclenchées par des injustices que le pouvoir commettait à l'égard de certains groupes économiques ou certaines classes sociales. Soupçons et jalousies ont envenimé le sentiment de classe qui était solidement ancré en France. En 1930, par exemple, les partis de gauche ont accusé le gouvernement de favoriser la classe sociale que représentaient les 200 familles,[11] et même d'en subir le joug.[12] Après la seconde guerre

---

[11] Les 200 familles étaient composées essentiellement de gros capitalistes: les Michelin, et surtout les propriétaires d'aciéries, les grands métallurgistes de Lorraine, par exemple, comme les de Wendel, familles alliées avec des familles similaires allemandes, et avec la haute finance. Actuellement on devrait plutôt parler des «200 managers». (Voir, parmi d'autres, Jean Beaumier, *Les Grandes Affaires françaises* [Paris: Editions René Julliard, 1967].)

[12] Les conservateurs, d'autre part, accusaient les dirigeants des syndicats ouvriers de recevoir de l'argent de l'étranger, afin de renverser l'ordre établi. Déjà sous Napoléon III,

«Le gouvernement a récemment compris que… les méthodes agricoles doivent subir de profonds changements.» (Photo par Wylie)

mondiale, les classes possédantes ont accusé le gouvernement de gauche de chercher à augmenter leurs impôts fonciers lorsque les pouvoirs publics ont décidé de bloquer le prix des loyers. Hier encore, les partis politiques qui composaient la Fédération de la Gauche accusaient le gouvernement gaulliste d'être dominé par les grands capitalistes de France.

L'accusation de favoritisme peut venir des diverses régions du pays. En Bretagne ou dans le sud du Massif Central, on accuse l'Etat de favoriser les riches plaines du nord et de l'est (où l'aide

---

les journaux qualifiaient d'immorales les tentatives des travailleurs pour se grouper en associations, et leurs syndicats furent poursuivis par les lois. La liberté de grève avait pourtant été reconnue en 1862 par Napoléon III; mais c'est seulement la loi du 30 juin 1881 (sur le droit de réunion) et celle du 21 mars 1884 (relative aux syndicats professionnels), qui ont accordé vraiment le droit de grève; et en cela la France était une des nations les plus avancées du monde (aux Etats-Unis, il date de 1914).

technique et fiscale est évidemment d'un rapport beaucoup plus fructueux).

D'autres accusations viennent de certains secteurs économiques. Pendant des années, par exemple, l'Etat a favorisé l'agriculture aux dépens des autres secteurs, parce que la petite ferme familiale passait pour garantir la stabilité de la société. Or, le gouvernement a récemment compris que, pour le bien général, les méthodes agricoles doivent subir de profonds changements, et il a cessé de favoriser les petites exploitations agricoles qui ne sont pas rentables. Les cultivateurs bretons alors se déclarent «les enfants déshérités de la nation», et au cours de grèves et de manifestations contre les pouvoirs publics ils demandent instamment leur juste part de la richesse de la France.

Mais la France de cette génération n'a pas éprouvé uniquement des difficultés dues à son traditionnalisme; elle a connu des réussites. Après la seconde guerre mondiale, l'économie française semblait moribonde. Les Anglais et les Allemands, autrement dynamiques, avaient pris les mesures nécessaires; leur économie s'était rapidement redressée, tandis que celle de la France atteignait aux yeux du monde un niveau désespérément bas.

Puis, assez vite, il semble qu'un miracle se soit produit. Des économistes qui avaient rédigé des épitaphes sur la mort de l'économie française se sont mis à chercher des explications pour la nouvelle vitalité dont le pays faisait preuve. La France rejoignait le niveau de l'Allemagne fédérale et dépassait celui de la Grande Bretagne. En 1962, dix ans après cette remontée spectaculaire, l'O.C.D.E. écrivait dans son rapport annuel:[13]

L'opinion internationale est vivement impressionnée par les progrès de l'économie française depuis 1959, l'accroissement de sa productivité, le contrôle de son inflation et l'étendue du rétablissement de ses finances extérieures. On voudrait pénétrer les soi-disant secrets du «miracle français», avec l'espoir d'en tirer des leçons utilisables peut-être ailleurs . . . .

. . . La France occupe une bonne place parmi les principales puissances industrielles qui ont fait les progrès les plus rapides dans le développement, au cours des dix dernières années, du produit national brut par individu employé.

Le gouvernement américain a envoyé alors en France une mission d'études pour essayer de comprendre et expliquer le phéno-

---

[13] L'Organisation européenne de coopération économique s'est transformée en 1961 en Organisation de coopération et de développement économique par l'adjonction du Canada, des Etats-Unis et du Japon.

mène. La plupart des économistes ont dit que la remontée de la France était due à la «planification» économique complexe du gouvernement français; peu remarquée tout d'abord, ses effets s'étaient progressivement fait sentir. Sur son influence exacte les ex-

«L'opinion internationale est vivement impressionnée par les progrès de l'économie française depuis 1959.» Ici, le déchargement des Renault à New York. (Renault, Inc., de France)

perts ne sont point d'accord; mais sa place dans la France moderne semble telle cependant qu'elle mérite bien tout un chapitre de notre étude.[14]

Il est incontestable d'autre part que le relèvement de l'économie française a eu des causes multiples, et qu'autour de l'année 1965 il a semblé moins spectaculaire qu'une dizaine d'années plus tôt. Toutefois, d'après le produit national-brut par individu, selon les prix courants et le taux d'échange, la France était encore économiquement riche, mais naturellement moins que les autres pays traditionnellement riches:

Etats-Unis	$3 500	Allemagne fédérale	$1 900
Suède	2 500	Royaume Uni	1 810
Canada	2 460	Japon	850
Suisse	2 330	Espagne	570
France	1 920	Turquie	250

Il serait superflu de considérer tous les aspects du problème. Seuls les facteurs se rapportant à l'organisation de l'économie sont importants, car ils ont probablement causé le changement.

---

[14] Voir Chapitre 22.

La petite entreprise familiale n'existe presque plus. Cette forge, photographiée en 1950, est devenue depuis un garage. (Photo par Wylie)

La petite entreprise familiale avait longtemps servi de modèle
à l'organisation de l'économie; la plupart des Français la considéraient comme la source du succès et du bonheur; et après la seconde
guerre mondiale encore ils caressaient le rêve de pouvoir revenir
aux beaux jours d'avant 1914. La réalité était autre: l'excessive
protection par l'Etat de la petite exploitation non rentable empê-
chait de comprendre que l'économie était stagnante. Le rêve s'est
finalement dissipé, semble-t-il, autour des années 1950–1952. Les
Français ont alors compris que tout était changé pour de bon, et
que le retour au bon vieux temps n'était plus possible. Les gens plus
âgés ont dû abandonner leur poste de commande aux jeunes qui,
inquiets du sort de leurs propres enfants, sont convaincus que les
solutions de la génération précédente ne s'appliquent plus au présent.

La population rurale est descendue à 20% de la population totale.
Le gouvernement n'a donc pas pu continuer à soutenir le mythe
de la famille française idéale vivant dans une petite ferme, assez
isolée et suffisant presque à ses propres besoins. Le Français moderne
typique au contraire est désormais un citadin, gagnant sa vie dans
le secteur tertiaire (dans les services) plutôt que comme travailleur
industriel (secteur secondaire). Les petites fermes et les petites bouti-
ques ne sont plus soutenues par l'Etat. Le mouvement poujadiste
a symbolisé la fin d'un rêve.[15]

Par contre, le gouvernement a relancé la modernisation et la
réorganisation de l'économie. Jouant toujours son rôle paternaliste,
il a pu réaliser des changements qui, par d'autres moyens, auraient
demandé beaucoup plus de temps. Par son contrôle financier et
fiscal il a su encourager vivement placements et réinvestissements
dans l'industrie, en particulier l'espèce d'investissement et de modernisation envisagée par la planification. La T.V.A. (taxe à la valeur
ajoutée) qui prélève un impôt à chaque stade de la production a
été inaugurée. En dégrevant systématiquement une compagnie ou
une industrie, si elle entreprend de se moderniser, l'Etat peut agir
sur une vaste section de l'économie. Ce système d'imposition a si
bien rapporté au gouvernement que d'autres pays—dont les Etats-
Unis—sont en train d'en étudier les modalités en vue d'appliquer
chez eux un procédé semblable.

La France, ayant été en quelque sorte un pays «sous-développé»,
prolongeant un modèle ancien et trop étroit, est parvenue à une

---

[15] Pierre Poujade (né en 1920), fonda en 1954 l'Union de défense des commerçants et
artisans (U.D.C.A.) qui manifesta contre les contrôles fiscaux. Le mouvement connut une
grande et brève popularité parmi les «économiquement faibles». (Voir Stanley Hoffman,
Le Mouvement Poujade [Paris: Librairie Armand Colin, 1956].)

abondance de production et d'achats de biens de consommation. Autrefois, alors que la famille traditionnelle refusait d'acheter à crédit pour ne pas risquer son patrimoine aujourd'hui, la famille moderne s'est mise à acheter libéralement à crédit et à satisfaire ainsi des besoins longtemps contenus, en même temps qu'à activer l'industrie et le commerce. Autos, salles de bains modernes, appareils de radio et de télévision,[16] plaisirs de vacances, distractions et loisirs, jadis considérés déraisonnables, exorbitants, sont devenus rapidement objets indispensables à la famille, articles de nécessité. La publicité a pris l'allure *Madison Avenue*. Les Français ont utilisé le mot «américanisation» pour décrire l'ensemble des transformations qui s'opéraient; le terme «modernisation» aurait été plus à propos.

Les affaires ont alors été très prospères, les investissements dans l'industrie du pays fort profitables; et les Français n'ont pas été les seuls à s'intéresser à cette possibilité de profits. Le capital est venu de l'étranger, en particulier des Etats-Unis, où assez rapidement des firmes américaines ont acquis de gros intérêts dans des maisons françaises.[17] General Electric s'est

«L'allure Madison Avenue.» (Photo par Irene Bayer/Monkmeyer)

[16] A titre d'exemple, il y avait 633 300 postes récepteurs de télévision au 1er janvier 1958, et plus de 6 000 000 au 30 septembre 1965.

[17] Plusieurs centaines de compagnies américaines opèrent actuellement en France. Selon J.-J. Servan-Schreiber, *Le Défi américain* (Paris: Editions Denoël, 1967), p. 18, «depuis 1958, près de 2 000 affaires ont été créées par les Américains en Europe». Il est bon de noter toutefois que la plupart des fonds investis sont obtenus en Europe même: en 1965, sur les 4 000 000 000 de dollars investis en Europe, 10% seulement étaient des transferts directs provenant des Etats-Unis (*ibid.*, p. 26). Et d'autre part, les dividendes rapatriés aux Etats-Unis sont plus importants que les sorties de fonds des Etats-Unis pour financer les nouveaux investissements (*ibid.*, p. 52).

emparé de Bull, la petite compagnie française d'ordinateurs qui tentait de se lancer et de rivaliser avec IBM. Chrysler a pris le contrôle des automobiles Simca. Time-Life a acheté la majorité des actions dans une des plus grandes maisons de l'édition française.[18]
On pourrait citer beaucoup d'autres cas.[19] Le mouvement a causé une très forte inquiétude chez les Français. Certains d'entre eux ont pensé qu'ils étaient américanisés. Est-ce que l'économie française allait devenir la propriété des Etats-Unis?

A nous autres Américains, cette crainte semble mal fondée, car nous savons bien que nous ne cherchons à menacer personne. Nous souhaitons seulement que chaque pays et chaque peuple

---

[18] Renseignement communiqué oralement à l'auteur.

[19] En 1963, les firmes américaines contrôlaient en France 40% de la distribution du pétrole, 65% de la production des surfaces sensibles, 65% du matériel agricole, 65% du matériel de télécommunications et 45% du caoutchouc synthétique (J.-J. Servan-Schreiber, *op. cit.*, p. 25).

Beaucoup de marchés locaux sont pittoresques, mais ils ne satisfont plus les besoins du monde moderne. L'agriculture en souffre. (Photo par Wylie)

soient libres de choisir démocratiquement sa direction, sa destinée. Mais si nous pouvions nous voir comme les autres nous voient, nous comprendrions la menace qu'ils sentent, due moins à nos vices et nos faiblesses qu'à nos vertus. Une des principales vertus
5 américaines est l'adaptabilité. Bien qu'au cours des vingt dernières années les affaires européennes en général et les affaires françaises en particulier se soient étonnamment modifiées, elles sont encore menées beaucoup plus rigidement que les nôtres—ce qui ralentit l'initiative et l'application de nouvelles techniques.[20]
10 On dit volontiers qu'un vendeur français est totalement incapable de rivaliser avec un vendeur américain, simplement parce que celui-ci sait adapter rapidement sa façon de traiter l'acheteur. Le vendeur français, limité, freiné par l'organisation stricte de sa firme, perd du temps à obtenir les difficiles changements administratifs néces-
15 saires; et lorsque le Français les a enfin obtenus, l'Américain a déjà conclu sa vente ailleurs.

Les industriels français essaient, pour se protéger, de fusionner leurs compagnies, de créer des industries plus vastes afin d'être en meilleure posture pour rivaliser avec les industries américaines.[21]
20 L'Etat encourage tout spécialement ces fusions. Malheureusement cette méthode ne réussit que médiocrement; car les industriels français préfèrent—s'ils en ont l'occasion—se joindre à des firmes plus dynamiques américaines et mieux rivaliser ainsi avec les autres industries européennes. Cette situation ne fait qu'accroître l'influence
25 des Etats-Unis.

Les Français se sont donc mis à apprendre les méthodes américaines en affaires. Comme l'enseignement en France ne prévoit aucun cours sur ce sujet, les écoles américaines ont attiré beaucoup de jeunes Français. La Harvard Business School reçoit plus de
30 candidatures françaises que toutes les autres facultés de Harvard réunies. Cependant, en France, pour répondre à ces demandes, plusieurs écoles ont été créées en marge de l'enseignement officiel. L'Ecole des Hautes Etudes commerciales, à Jouy-en-Josas, près de Paris, est organisée sous les auspices de la Chambre de Commerce
35 de Paris. Elle cherche à offrir le même type d'enseignement que l'on trouve dans les écoles d'administration commerciale aux Etats-Unis. L'Institut catholique de Paris a aussi ouvert l'Ecole Supérieure

---

[20] Une bonne partie de l'excellent livre de Servan-Schreiber illustre ce point.
[21] Voir *Le Monde* (7–8 janvier 1968) qui signale soixante regroupements d'entreprises au cours de l'année 1967.

des sciences économiques et commerciales, l'E.S.S.E.C. A Fontainebleau fonctionne une école internationale, l'Ecole de gestion.
Tout ceci témoigne des efforts de la France pour moderniser son
économie.

5   Enfin, en s'associant avec les cinq autres pays de la Communauté
européenne économique—le Marché Commun—et en se joignant
à des organismes spécialisés—la Communauté européenne du charbon et de l'acier, la C.E.C.A., et la Communauté européenne de
l'énergie atomique, l'Euratom—la France s'est efforcée de surmon-
10 ter l'impossibilité pour chaque petit pays européen, séparé, de lutter avec les pays gigantesques des Etats-Unis et de l'Union So-
viétique. Avec le traité de Rome, négocié en 1957 et appliqué à
partir de 1959, un immense effort a été fait pour supprimer éventuellement toutes les barrières économiques et démographiques entre
15 les six pays membres. Il était alors prévu que les barrières s'abais-
seraient peu à peu et qu'elles auraient totalement disparu en 1969.
Les difficultés à surmonter ont été formidables, mais le calendrier
des prévisions a été assez bien observé. Dans l'ensemble, le Marché Commun a réussi (alors que la C.E.C.A. et l'Euratom ne sont
20 jamais vraiment bien partis).

Les syndicats, comme partout, font pression sur le gouvernement. (Ambassade de France/
Service de presse et d'information)

D'autres pays ont essayé d'entrer dans le Marché Commun. Plusieurs en sont devenus «membres associés». Le cas le plus spectaculaire est celui du Royaume Uni, lié étroitement au Commonwealth britannique et aux Etats-Unis, et qui, il y a une dizaine d'années, était franchement hostile au Marché Commun, dont il parlait comme d'un nouveau blocus napoléonien destiné à maintenir les Anglais hors du Continent. Les liens du Commonwealth s'étant affaiblis et l'économie britannique passant par de durs moments, le Royaume Uni a décidé de poser sa candidature officielle au Marché Commun. Elle a été rejetée surtout à cause de la décision du président de Gaulle, et les Américains ont eu du mal à comprendre pourquoi.

Notre explication de la façon dont les Français ont besoin d'organiser leur vie éclaire ce point. Ce concept—sujet fondamental de notre étude—constitue l'obstacle essentiel au développement des institutions européennes internationales. En général, les Anglo-Saxons estiment que si un groupe d'individus ou de nations tombent d'accord pour former un organisme, ils pourront à la longue créer une entité vivante. De Gaulle, et la plupart des Français avec lui, ont estimé que l'organisation formelle ne se peut réaliser que lorsque l'entité s'est développée, d'elle-même et graduellement, pour aboutir à une vie bien à elle. C'est aussi simple que de dire «A» doit rester «A» et ne peut devenir «B» parce que «A» est «A» et «B» est «B». Quand de Gaulle disait «La France doit rester la France», il n'estimait point—et les Français non plus—faire acte de chauvinisme, mais bien plutôt énoncer une déclaration simple et logique. L'identité française, obtenue et réussie après tant d'efforts à travers tant de siècles, de Gaulle se refusait à la diluer dans une entité vague n'existant que dans l'esprit des organisateurs.

Le Marché Commun, organisé avant son arrivée au pouvoir, non seulement il ne l'a pas détruit, mais il s'est sans cesse efforcé d'y maintenir intacte l'identité de la France, et il a toujours encouragé le développement organique des Six, sans pourtant laisser l'organisation l'emporter sur les fonctions réelles. Estimant désormais que le Marché Commun s'est assuré une existence justifiée comme entité vivante, il n'était point disposé à lui faire courir des risques par l'incorporation d'éléments extérieurs, disparates, hétérogènes. Il jugeait, à la veille du référendum du 27 avril 1969, que le Royaume Uni ne s'était pas encore suffisamment détaché de ses liens extérieurs pour pouvoir entrer dans le Marché Commun et en être partie inhérente et convaincue. De plus, le Royaume Uni a eu et a encore à résoudre des problèmes économiques différents de ceux des pays membres. Parmi les Six, certains autres pays ne sont pas non plus

Tout passe. Aujourd'hui Les Halles, marché célèbre à Paris, n'existent plus. (Photo par Fritz Henle/Monkmeyer)

très enthousiastes à la perspective de son entrée dans le Marché Commun; mais ils abandonnaient avec joie à de Gaulle le soin de se charger du refus de la candidature britannique.

L'un des griefs contre les Anglais est bien entendu qu'ils sont si
5 contrôlés par les Etats-Unis qu'en fait l'entrée de la Grande Bretagne

dans le Marché Commun signifierait aussi l'entrée des Etats-Unis, qui éventuellement le domineraient. Les Américains nient cette possibilité; mais afin de bien comprendre la situation, sinon l'approuver, il est bon de voir le point de vue des Français. Ils ont, eux,

5 leur opinion bien assurée de ce que doit être une organisation: avant tout, son équilibre est fait de forces diverses elles-mêmes en état d'équilibre. Or, dans le monde démocratique actuel, ils voient un grand déséquilibre dû à la puissance gigantesque des Etats-Unis, Et, pour avoir un équilibre il faut plusieurs forces en présence.

10 Une troisième puissance, une Europe dont l'idéal et les intérêts sont différents de ceux des deux géants, entre les Etats-Unis et l'U.R.S.S., créerait un contrepoids et rétablirait l'équilibre. L'état général du globe n'en serait que meilleur. De Gaulle ne considérait pas sa politique comme anti-américaine; il l'envisageait bien plutôt

15 comme bonne pour le monde tout entier.

Nous avons vu, et ne saurions trop le répéter, que selon la mentalité française toute organisation doit avoir une structure hiérarchique modelée sur celle de la famille idéale. A l'intérieur du Marché Commun, bien que l'économie allemande soit particu-

20 lièrement forte, c'est le chef d'Etat français qui a réussi à s'imposer comme Père-Gérant-Administrateur. Si les nations anglo-saxonnes s'introduisaient dans le Marché Commun, il est peu probable que ce concept de l'organisation soit maintenu. Les Américains peuvent ne pas aimer la raison qui se dissimule derrière les obstacles aux

25 Etats-Unis d'Europe, mais pour être sûr de comprendre la situation, il faut accepter le fait que les Français ne sont pas des Américains, et admettre de même qu'ils conçoivent l'organisation de la société à leur manière. Ce que nous examinerons en détail plus loin.

QUESTIONS

1. Quels sont les membres actuels du Marché Commun?

2. Expliquez comment les Français conçoivent généralement l'organisation de l'économie nationale.

3. Indiquez une des conséquences de cette façon de concevoir l'économie.

4. Pourquoi les Français préfèrent-ils traditionnellement traiter avec de petits organismes?

5. Donnez quelques chiffres portant sur le nombre des firmes françaises et américaines respectivement, et le nombre de leurs employés.

6. Montrez la prédominance des petites affaires dans le monde français du commerce.

7. Quelles sont quelques-unes des raisons pour lesquelles l'économie française a toujours eu tendance à être conservatrice?

8. Pourquoi les Français ont-ils longtemps préféré placer leur argent dans des valeurs gouvernementales?

9. Que pensez-vous de la tendance française populaire à placer les économies dans un «bas de laine»?

10. Commentez le fait que le gouvernement français domine le secteur économique.

11. Nommez une demi douzaine de grands services publics que l'Etat français a pris en charge.

12. Nommez quatre grandes banques françaises nationalisées.

13. Qu'est-ce que la gabelle?

14. En quoi consiste théoriquement le paternalisme économique? Qu'en pensez-vous?

15. Que pensez-vous du droit de grève? Commentez.

16. Qu'appelait-on les 200 familles?

17. Quel secteur économique a été longtemps favorisé en France par le gouvernement, et pourquoi?

18. Donnez quelques-uns des résultats actuels du changement de politique agricole de l'Etat français.

19. Que peut-on lire dans le rapport de l'O.E.C.D. de 1962?

20. Donnez quelques chiffres montrant la richesse d'une demi douzaine de pays vers 1965.

21. Indiquez comment le gouvernement a essayé de relancer l'économie il y a une dizaine d'années.

22. Que pensez-vous des achats à crédit?

23. Montrez combien la notion de crédit a évolué à partir de 1950.

24. Que pensez-vous des investissements des grandes firmes américaines en France?

25. Indiquez quelques-uns des problèmes créés par la prise de contrôle des industries américaines en France.

26. Nommez trois écoles françaises spécialisées dans la préparation aux affaires.

27. Nommez les principaux organismes spécialisés du Marché Commun.

28. Quels sont les buts du Marché Commun?

29. Comment raisonnaient respectivement les Anglo-Saxons et le président de Gaulle au sujet de l'unification de l'Europe, avant le référendum du 27 avril 1969?

PLANIFICATION

CHAPITRE 22   Nous avons déjà[1] indiqué plusieurs motifs déterminants pour l'amélioration remarquable de la situation économique: la disparition de l'idéal limité de jadis, l'affaiblissement du malthusianisme, la diminution de la petite exploitation. Bien d'autres raisons encore peuvent expliquer ce phénomène, par exemple l'évolution démographique, qui amène les jeunes maintenant au pouvoir à se préoccuper surtout des problèmes de la jeunesse. Bref, l'économie familiale et l'économie nationale ne sont plus envisagées sous le même angle.

Les progrès spectaculaires de l'économie au cours des années 50 et 60 étaient dus, pensait-on aussi, à la planification. Certes les Plans successifs y ont beaucoup contribué, et ils constituent désormais un élément essentiel dans l'évolution de la vie française. Toutefois aujourd'hui, au cours de conversations avec des personnes bien informées—avec, par exemple, des fonctionnaires du Commissariat au Plan[2]—on découvre que la planification est traitée avec un léger scepticisme. Car ses auteurs ont rencontré de sérieux obstacles; en particulier dans leurs tentatives de changements dans la structure sociale; et surtout dans leurs efforts pour obtenir aux divers échelons de la hiérarchie administrative une participation plus dynamique des citoyens.

Le concept est nouveau, le mot même de «planification» est nouveau, et il faut consulter un Dictionnaire Larousse récent pour en trouver la définition. La planification est «la science qui a pour objet l'établissement de programmes économiques comportant non seulement l'indication des objectifs à atteindre, mais également

---

[1] Voir Chapitre 13.

[2] Au lieu de Commissariat au Plan on dit aussi très facilement «la rue Martignac», comme on dit «le Quai d'Orsay», pour le ministère des Affaires étrangères, et «la rue de Rivoli», pour le ministère des Finances, adresses respectives des différents bureaux.

un état prévisionnel des diverses étapes du financement et de la réalisation du programme, et, éventuellement, la description de la structure des organismes à créer en vue de cette réalisation».[3]

La planification n'existe en France que depuis la fin de la seconde guerre mondiale. Il y avait eu des tentatives manquées auparavant; toutefois, l'intervention amorcée de l'Etat dans les affaires des particuliers sous le nom de «dirigisme» demeurait impopulaire, et aucun parti politique n'avait réussi à la faire adopter par le parlement.

De nos jours, il est à peu près impossible de comprendre la France sans tenir compte du «Plan». Depuis 1945–1946, les Français

---

[3] Petit Larousse (1964).

Jean Monnet, premier Commissaire général au Plan. (Ambassade de France/Service de presse et d'information)

appliquent à l'économie nationale leurs tendances et leur aptitude
à tout rationaliser. Au lieu d'être traitée en fonction de la petite
unité familiale traditionnelle (rattachée directement à l'Etat), l'économie nationale est désormais considérée comme une machine très
compliquée, ou comme un ensemble chaotique de matériaux où
il faut introduire ordre et intentions. M. Pierre Massé (directeur de
la planification de 1954 à 1965) disait que la planification est un
«jeu contre la nature». Ce point de vue s'accorde parfaitement
avec la socialisation, sur le plan individuel que l'enfant doit subir.

Comment le Plan s'est-il développé? Le besoin s'en est vivement
fait sentir après la seconde guerre mondiale, alors qu'il fallait tout
reconstruire. Pendant la guerre même on avait perdu confiance en
la IIIe République. Les Français qui avaient rejoint à l'étranger la
France Libre du général de Gaulle annonçaient leur intention à
leur retour de refaire tout à partir de zéro. Entre 1940 et 1944,
pendant la guerre même, des projets de réformes circulaient.

En 1946, sous le gouvernement provisoire de de Gaulle, un
Commissariat au Plan a été créé, avec mission de formuler un vaste
projet de modernisation et d'équipement du pays, qui portait sur
sept ans. Jean Monnet[4] en était chargé. A ce jour, quatre autres
Plans ont suivi.

Le premier Plan, le Plan Monnet (1946–1953), avait pour but
de renforcer les secteurs de base de l'économie: le charbon, l'énergie
électrique, l'acier, le ciment.[5] Son succès a été immense. En sept
ans la productivité est montée de 100%. L'agriculture, moins heureuse, ne s'est élevée que de 21%, et le standard de vie, de 30% seulement.

En 1954, un second Plan a été mis en place, dont le but était la
production de qualité en vue de la compétition internationale. Il
s'agissait d'obtenir des produits meilleurs à des prix de revient
compétitifs sur le marché mondial. On a compris l'importance de
la recherche scientifique et technologique, et celle également de la
formation de la main-d'œuvre qualifiée. Cet objectif a été atteint
en fait un peu trop vite et aux dépens de certains secteurs de l'économie générale. Le coût de la vie est monté; il y a eu inflation et
insuffisance de main-d'œuvre, mais d'après le Tableau 22,1, où figure

---

[4] Jean Monnet (né en 1888) a été d'abord un brillant homme d'affaires avant de devenir
un grand économiste.

[5] La grande décision à prendre à ce moment-là avait été de bâtir pour l'avenir en sacri-
fiant toutes considérations politiques de même que le standard de vie immédiat (réfrigérateurs,
machines à laver, etc.).

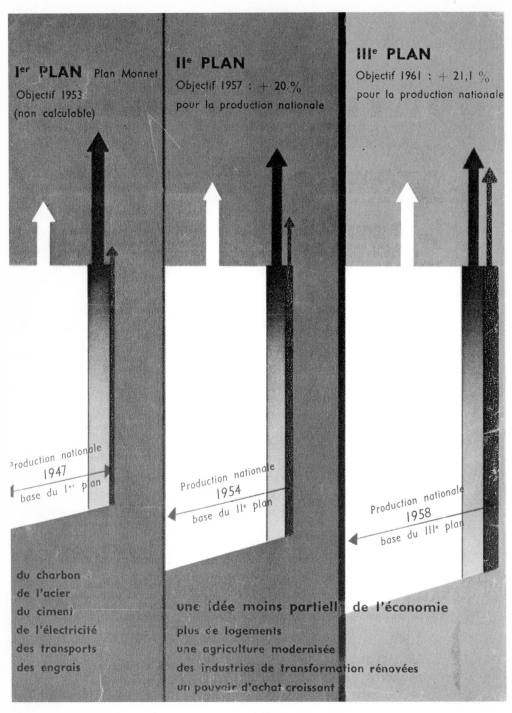

Fig. 22,1. (Commissariat général au Plan)

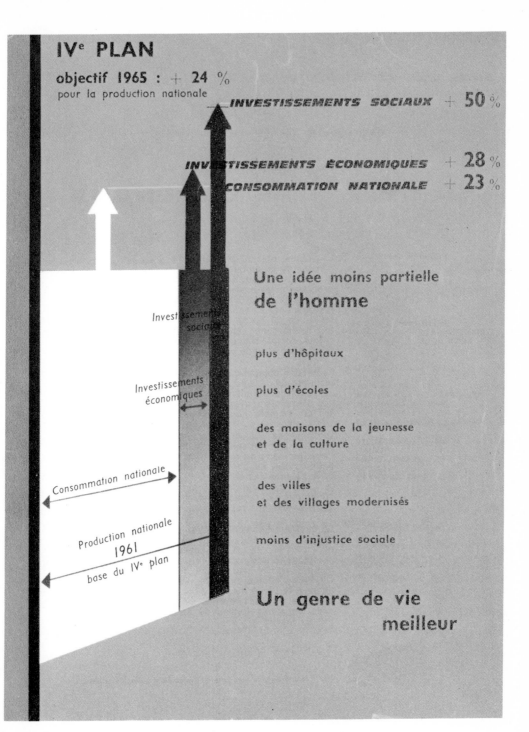

Fig. 22,2. (Commissariat général au Plan)

l'accroissement du produit national brut de plusieurs pays, la France était en bonne position.

Tableau 22,1 **Accroissement du produit national brut (par employé)**

Année	France	Allemagne fédérale	Royaume Uni	Etats-Unis
1951	5,4%	7,7%	0,9%	3,9%
1952	2,5	6,3	—0,4	2,4
1953	3,2	2,5	4,1	2,7
1954	4,7	4,7	2,9	0,3
1955	5,5	10,1	1,3	5,1
1956	3,6	4,2	2,1	—0,5
1957	5,7	3,1	1,4	1,3
1958	1,6	2,3	3,3	0,6
1959	1,8	5,5	2,3	4,2
1960	5,4	6,2	2,7	1,2
1961	4,7	4,2	0,9	1,7

En prévision du Plan suivant, le Commissariat général a fait établir des statistiques rigoureuses et une comptabilité nationale plus systématique. Il était en effet indispensable de savoir à chaque instant ce qui se passait dans chaque domaine, et de connaître les rapports des divers secteurs économiques au cours de leur développement.

Le troisième Plan (1958–1961) avait pour but d'accroître le produit national brut de 20% en quatre ans, tout en maintenant la stabilité monétaire et l'équilibre des paiements; il cherchait à multiplier les échanges économiques avec les autres pays du Marché Commun,[6] et à renforcer avec les anciens pays de l'Union Française,[7] pays francophones de l'Afrique noire, les rapports qui, avec la fin de l'Union Française, avaient beaucoup diminué. Ces objectifs, malgré un retard de six mois sur les prévisions, ont tous été finalement atteints.

Le quatrième Plan (1962–1965) envisageait une croissance annuelle du produit national brut de 5,5%, c'est-à-dire de 24% en quatre ans. Il recherchait l'emploi total des travailleurs; ce qui revenait à créer 250 000 postes nouveaux par an. Il voulait élever

[6] Voir Chapitre 21, note 1.

[7] L'Union Française, selon la Constitution de 1946, comprenait la République Française (la France métropolitaine), ses Départements et Territoires d'Outre-Mer et la plupart de ses anciennes colonies. En 1958, cet ensemble politique et économique a pris le nom de Communauté Française.

le niveau de vie des classes sociales défavorisées, augmenter le salaire minimum, les allocations familiales, etc.

Le cinquième Plan, entré en vigueur le 1er janvier 1966, porte sur cinq années. Un peu moins audacieux que ses prédécesseurs, il propose un accroissement annuel de 4,7% seulement du produit national brut, au lieu des 5% habituels, mais l'accroissement annuel de la production intérieure reste fixé à 5%. D'autre part, profitant des expériences passées, le cinquième Plan cherche à être plus souple que les autres en s'appuyant sur des données remises à jour périodiquement, et en prévoyant des moyens de parer aux situations imprévues et aux conséquences d'événements qui ont lieu hors de France, et que le gouvernement français ne peut contrôler. Des «indicateurs d'alerte» signalent toute tendance inflationniste ou tendance à la récession et permettent par suite de les enrayer d'avance.[8]

Le cinquième Plan, moins spécialisé que les autres, cherche à accroître la «joie de vivre» des Français, et en particulier des groupes les moins favorisés à notre époque: les cultivateurs, les personnes

---

[8] «Si les plans n'avaient pas ignoré l'incertitude, le cinquième Plan confère sa véritable dimension en remplaçant la notion de programme *ne varietur* par celle de stratégie adaptée aux circonstances.» (Pierre Massé, cité dans *Le Monde* [11 mars 1967], p. 21.)

Fig. 22,3. Le cinquième Plan. (Commissariat général au Plan)

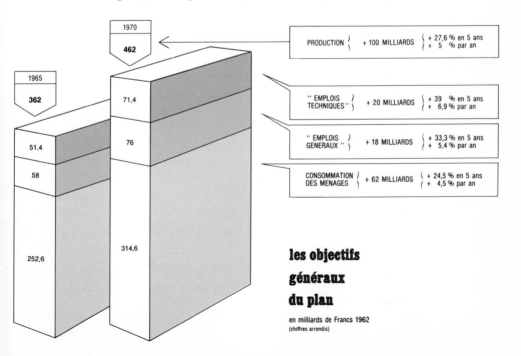

les objectifs généraux du plan

en milliards de Francs 1962
(chiffres arrondis)

âgées, les habitants des régions pauvres. Il accorde une aide assez généreuse aux hôpitaux, aux établissements scolaires, aux grands services d'utilité publique, à la construction, aux allocations familiales. Il donne une place importante à l'aménagement du territoire, c'est-à-dire à la planification systématique du milieu rural et du milieu urbain, afin de les empêcher de se développer spontanément et au petit bonheur. Un vaste plan d'ensemble prévoit le développement de Paris, et, pour contrebalancer l'attrait de la capitale, on cherche à accroître systématiquement l'importance et le rôle de huit grandes villes de la province,[9] au cours des vingt années à venir. L'aménagement de ces huit cités leur permettra de prendre la tête de huit centres régionaux et d'y exercer une influence économique et sociale. Industrie, enseignement et recherche scientifique seront ainsi plus effectivement décentralisés que par le passé.

Et alors que le cinquième Plan débutait à peine, de nouveaux préparatifs commençaient afin de mettre sur pied, en 1971, un sixième Plan. Certaines études se poursuivent même déjà pour déterminer ce que doit être la France de l'an 2000, ainsi que les mesures à prendre dès maintenant pour y parvenir.

En théorie, ce que la planification française offre de plus intéressant c'est l'esprit de son organisation et les principes qui l'animent. Elle présente en effet des caractéristiques inconnues de l'organisation traditionnelle de la société française. Les Tableaux 22,1 et 22,2 en montrent l'essentiel.

L'administration française—hiérarchique et centralisée—demeure l'élément prépondérant. La puissante hiérarchie traditionnelle existe toujours, puisque le Premier ministre, au sommet de l'échelle, transmet ses ordres et ses directives aux plus bas échelons par l'intermédiaire des préfets de régions et des préfets départementaux. Tous les pouvoirs de décision et d'exécution du Plan appartiennent encore à la structure qui a toujours fait la force de la France.

Un fait nouveau toutefois intervient: à chaque niveau de commandement ont été créés des groupes de citoyens chargés d'offrir leurs conseils au gouvernement. Le Premier ministre, par exemple, ainsi que les commissions interministérielles disposent toujours de l'autorité finale, mais il leur est possible de prendre conseil auprès du Conseil supérieur du Plan—où siègent une quarantaine de personnalités représentant les secteurs principaux de l'économie:

---

[9] Ces huit métropoles provinciales sont: Lille, Rennes, Nantes, Bordeaux, Toulouse, Marseille, Lyon, Strasbourg.

la banque, les cadres supérieurs, la main-d'œuvre, les chambres de commerce, les organisations agricoles, etc. Ils peuvent également consulter les centres de recherches (C.R.E.D.O.C., S.E.M.A.), ainsi que le Conseil économique et social. Ce dernier est une création de la Constitution de 1958. Deux tiers de ses membres sont élus par les organisations sociales et économiques du pays, alors que le gouvernement nomme le dernier tiers. Son pouvoir est surtout moral, car il n'a aucune part à la législation, mais, en principe, le gouvernement peut difficilement ne pas tenir compte de l'opinion des membres du Conseil, qui sont tous des experts éminents dans leur spécialité.

Le Commissariat au Plan, cerveau de la planification, groupe une centaine de personnes—économistes et administrateurs en nombre à peu près égal. Cet organisme n'a pas non plus de pouvoir légal: sa fonction est de conseiller le Premier ministre—de qui il dépend directement—et de diriger les travaux d'une trentaine de commissions nationales de planification.

Pierre Massé, Commissaire général. (Ambassade de France/Service de presse et d'information)

Cet aspect de la planification française est certes le plus audacieux. Il y a bien eu jadis des corps consultatifs auprès du gouvernement, comme, par exemple, le Conseil économique et social. Mais la trentaine de «Commissions de modernisation» procèdent d'une or-
5 ganisation fort différente. Chacune d'entre elles peut comprendre jusqu'à cent membres, que le Commissariat désigne et que le Premier ministre nomme pour trois ans; ces membres sont bénévoles; tous les métiers et professions sont représentés—il y a des

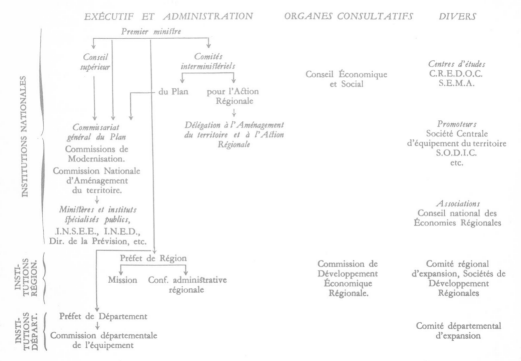

Fig. 22,4. Organisation du Plan et l'aménagement du territoire. Pierre Bauchet, La Planification française: Vingt Ans d'expérience, *1966.* (Editions du Seuil)

fonctionnaires, des dirigeants de syndicats, des capitalistes, des
10 professeurs, des chefs d'industrie. Ces commissions étudient dans le détail les changements économiques à faire, canalisant information et projets vers le Commissariat, qui alors les soumet en bonne forme au Premier ministre. Il existe deux types de Commissions de modernisation: (1) les «commissions verticales», qui
15 s'occupent de secteurs bien déterminés de la production économique, à savoir l'agriculture, l'industrie chimique, l'industrie automo-

bile, la pêche, le tourisme, etc.; (2) les «commissions horizontales»,
qui traitent de questions d'ensemble, comme, par exemple, la main-
d'œuvre, la productivité, la recherche, etc. Chaque commission
se subdivise en petits groupes de travail. Et c'est par l'intermédiaire
de ces commissions que les citoyens (à travers leurs représentants
tout au moins) peuvent théoriquement participer au développement économique du pays (tout comme ils prennent part par ailleurs à sa vie politique par l'entremise de leurs représentants élus).

Il est apparu toutefois qu'à l'échelon national cette participation
ne parvenait pas à résoudre certains problèmes spécifiques, et en
particulier à faire exécuter les programmes régionaux portant sur
l'aménagement du territoire. Dès 1954, des comités départementaux

Fig. 22,5. Circonscriptions d'action régionales. Ibid. (Editions du Seuil)

et interdépartementaux d'expansion économique ont été créés,[10] mais sans résultat très heureux—surtout parce que la notion de département est dépassée: la planification doit opérer à une échelle plus grande, une échelle régionale. Donc, en 1964, le territoire a été divisé en «Circonscriptions d'action régionales»—rappelant beaucoup les provinces de l'Ancien Régime![11] Chacune a été dotée d'une Commission de développement économique régional

---

[10] D'après le décret du 2 juin 1960 il y en a actuellement vingt et une. (Voir aussi *Cahiers français*, No. 106 [sept.–oct. 1965]).

[11] Les provinces de l'Ancien Régime présentaient pour la plupart une entité géographique ou économique.

Fig. 22,6. Grandes régions socio-économiques regroupant les Circonscriptions d'action régionales. Ibid. (Editions du Seuil)

(C.O.D.E.R.); de vingt à trente membres y représentent les divers groupes économiques et sociaux; le Conseil général en élit un quart; les organisations professionnelles en nomment la moitié; et le Premier ministre en désigne un quart. A la tête de chaque
5 Circonscription est le préfet du département principal de la région (administrateur professionnel que nomme Paris); en sa qualité de préfet de région il préside aussi C.O.D.E.R. et la Conférence administrative régionale—qui groupe les préfets et les principaux administrateurs de toute la région.

10 Plusieurs autres organismes participent aussi à la planification: ceux qui, privés et publics, se chargent en particulier de recueillir l'information nécessaire—l'Institut national de la statistique et des études économiques (l'I.N.S.E.E.), l'Institut national des études démographiques (l'I.N.E.D.), le Centre de recherches, d'études et
15 de documentation sur la consommation (C.R.E.D.O.C.), rattachés au gouvernement par l'intermédiaire de la Direction de la Prévision du ministère des Finances.

Comme les Circonscriptions d'action régionales ne coincident pas avec les divisions adoptées pour le C.O.D.E.R., il faut une
20 coordination délicate pour que l'aménagement du territoire réussisse. Le Tableau 22,2[12] montre combien complexe est l'élaboration d'un plan économique. Là où il faut décider des questions fondamentales portant, par exemple, sur le taux d'accroissement économique à atteindre, et sur les options à choisir sur la manière, le
25 temps et le lieu où cet accroissement doit se produire, l'intelligence du profane se trouve complètement dépassée; car tout ici est mathématique, abstrait et codifié pour les ordinateurs. L'étudiant américain d'aujourd'hui, nourri des «mathématiques nouvelles» comprendra peut-être les deux pages tirées d'un livre sur le quatrième
30 Plan (voir Figure 22,7); elles dépassent certes les connaissances des auteurs de ce livre.

J'ai cependant eu l'occasion d'observer comment la planification fonctionnait sur le plan local, auprès de gens que je connais à Angers[13] et à Chanzeaux, et je puis attester que le Français moyen
35 saisit l'importance et la signification des méthodes suivies.

Il croit sentir tout d'abord et pour la première fois de sa vie

---

[12] Tiré de Pierre Bauchet, *La Planification française: Vingt Ans d'expérience* (Paris: Editions du Seuil, 1966), p. 66.

[13] Angers (environ 200 000 habitants), ancienne capitale de la province de l'Anjou, aujourd'hui chef-lieu du département du Maine-et-Loire, se trouve entre Tours et Nantes.

Tableau 22,2 **Les étapes de l'élaboration**

au niveau national	*au niveau régional*
1. *PREPARATION DES GRANDES OPTIONS DU Vᵉ PLAN*	
— Elaboration des esquisses	
— rapport sur les options	— études et enquêtes régionales notamment sur l'emploi
— avis du Conseil économique	ment sur l'emploi
— vote du parlement sur les grandes options du Vᵉ Plan (fin 1964)	
2. *ELABORATION PROPREMENT DITE DU Vᵉ PLAN*	
— directives du gouvernement	
— travaux des Commissions de modernisation	— consultation régionale (rapport du Préfet de Région et avis de la C.O.-D.E.R. sur les aspects régionaux du Plan national: perspectives de développement régional, grandes options pour les investissements publics)
— synthèse du Commissariat du Plan	
— projet du Vᵉ Plan (gouvernement)	
— avis du Conseil économique	
— vote définitif du parlement (fin 1965)	
3. *ETABLISSEMENT DE TRANCHES REGIONALES*	
— directives du gouvernement (par exemple, enveloppes financières) adressées à chaque région	— consultation régionale (rapport du Préfet de Région et avis de la C.O.-D.E.R. sur la tranche régionale du Vᵉ Plan): perspectives de développement, répartition des investissements publics.
— adoption des tranches régionales par un comité interministériel	

qu'il façonne en quelque sorte son propre destin. Voici comment les choses se passent sur le plan local. J'ai vu à Angers et dans ses environs, par exemple, comment la chambre de commerce, la préfecture, la chambre agricole, les représentants des syndicats et
5 ceux des allocations familiales se sont réunis pour former leur comité régional d'expansion. Le comité s'est bientôt assuré les services d'un sociologue, M. Caillot, et de ses deux assistants. Les trois hommes travaillaient pour une organisation dominicaine, «Economie et humanisme».[14] Leur tâche était de faire en Anjou le même
10 genre d'enquête qu'ils venaient de terminer pour la région de Nantes-Saint-Nazaire,[15] c'est-à-dire préparer et faire préparer des questionnaires, les envoyer, rassembler l'information, l'analyser, la coor-

---

[14] «Economie et humanisme» est à la fois une revue mensuelle et une organisation animée par l'ordre religieux des Dominicains. La revue publie des études sur l'économie dans ses rapports avec les besoins de l'homme.

[15] Nantes (près de 400 000 habitants), chef-lieu du département de la Loire-Atlantique, est situé sur la Loire. Saint-Nazaire, son avant-port, est sur l'estuaire de la Loire. Ce sont deux villes industrielles assez actives.

Sous cette réserve, considérons pendant la période du Plan trois secteurs seulement. Si, pour obtenir le taux de croissance voulu, on sait que l'on doit laisser inchangée la croissance du premier, augmenter la croissance du second et diminuer la croissance du troisième d'un montant déterminé, on écrit :

$$(5)$$

$$T_v = \bar{P}_1 + \left(\bar{P}_1 \times \frac{\Delta P_1}{P_1}\right) + \bar{P}_2 + \left(\bar{P}_2 \times \frac{\Delta \bar{P}_2 + \alpha}{P_2}\right) + \bar{P}_3 + \left(\bar{P}_3 \times \frac{\Delta \bar{P}_3 - \gamma}{P_3}\right)$$

α est le coefficient d'augmentation du taux de croissance particulier de P_2 ; γ le coefficient de diminution du taux de croissance particulier de P_3.

En première approximation, on peut admettre que la croissance du secteur particulier est fonction de l'investissement appliqué à ce secteur et que l'augmentation de la croissance est liée à l'accroissement de l'investissement. Dans un secteur, l'investissement additionnel (ΔI) est lié au produit additionnel (ΔP) par le coefficient d'efficacité de l'investissement $\frac{\Delta I}{\Delta P} = n$; l'efficacité de l'investissement est d'autant plus grande que n est plus petit.

Un produit donné P peut être écrit comme l'investissement actuel I multiplié par $\frac{1}{n}$, $\left(P = I \times \frac{1}{n}\right)$;

---

dans le produit industriel total. Ces industries sont des moteurs du progrès économique. Tout ce qui les freine, freine aussi la croissance de l'économie nationale.

Les industries absolument nouvelles (électronique, énergie nucléaire, etc.) ou bien régularisent et améliorent de nombreuses autres industries (l'électronique), ou bien préparent les innovations massives des lendemains (énergie nucléaire). Le progrès économique d'une *nation vient principalement de ses industries modernes et de ses industries nouvelles bien plus encore* que des gains en productivité des industries depuis longtemps acclimatées ou déclinantes.

l'accroissement de ce produit comme ce produit :

$I \times \frac{1}{n}$ plus le taux d'accroissement du produit en termes d'investissement, soit :

$$I \times \frac{1}{n} + \frac{\Delta\left(I.\frac{1}{n}\right)}{I.\frac{1}{n}}$$

Pour obtenir le résultat voulu, il faudra donc :

$$\frac{\Delta\left(I_2.\frac{1}{n}\right)}{I_2.\frac{1}{n}} = \frac{\Delta(P_2 + \alpha)}{P_2}$$

I est affecté d'un indice pour bien marquer qu'il s'agit d'un *investissement spécifique* appliqué à un secteur bien déterminé. Cet investissement spécifique — ou bien, pour un coefficient donné et constant d'efficacité, augmente l'investissement du secteur — ou bien augmente l'investissement du secteur et augmente le coefficient d'efficacité dans le secteur, en y introduisant un supplément d'investissement efficace (1).

On peut traiter de façon analogue la diminution de la croissance du secteur P_3 : $\left(\frac{\Delta P_3 - \gamma}{P_3}\right)$. Le cas visé est la conversion de ce secteur (P_3). Après transformation, le secteur croîtra moins : son accroissement sera plus petit ; mais sa productivité sera

---

(1) On n'ignore pas que l'évaluation du montant de I (investissement total d'un sous-ensemble ou d'un ensemble, à un moment donné) rencontre des difficultés considérables. On raisonnera donc en termes d'accroissements pendant une période, en utilisant la formule

$$\frac{\Delta P}{P} = e \times \frac{1}{n}$$

où e est le taux d'épargne (supposé égal au taux d'investissement) et $\frac{1}{n}$ le coefficient d'efficacité du capital.

Fig. 22,7. Deux pages qui montrent la complexité des Plans. François Perroux, Le IVe Plan français (1962–1965), *1963. (Presses Universitaires de France)*

donner et publier ensuite un atlas économique très complet de l'Anjou (semblable à celui qu'ils venaient de terminer pour Nantes, Saint-Nazaire et la région environnante).

5   Les habitants de Chanzeaux et des localités voisines ont reçu trois questionnaires, rédigés en langage clair et compréhensible. L'un avait été préparé par le secrétaire de mairie, un autre par le propriétaire d'une petite usine, un troisième par des représentants d'artisans. Les trois hommes d'«Economie et humanisme» ont circulé de commune en commune pour expliquer le but de ces questionnaires.

10   Cette méthode a eu deux bons résultats. Le premier, tout normalement, a été de recueillir l'information souhaitée et de la canaliser vers le bureau du Plan à Paris, qui l'a soumise à des ordinateurs afin d'arriver à des réponses précises. Un atlas a été publié qui montre la situation locale au premier coup d'œil. La Figure 22,8,

15   par exemple, montre les relations téléphoniques dans le département du Maine-et-Loire en 1963.

L'autre résultat, plus intéressant encore, a été l'effet produit sur

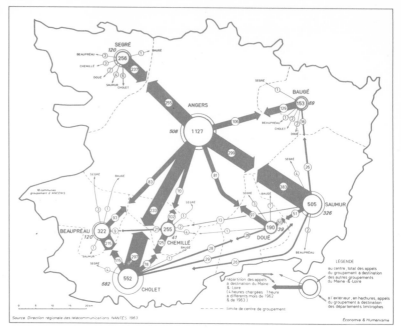

Fig. 22,8. *Les relations téléphoniques dans le département du Maine-et-Loire, 1963.*
(Conseil général de Maine-et-Loire)

ceux qui fournissaient l'information. Les cultivateurs de Chanzeaux,
par exemple, ont eu à répondre à des questions qu'ils ne s'étaient
jamais posées eux-mêmes, et que personne ne leur avaient jamais
posées. Où achetez-vous vos charrues? Pourquoi? Où vendez-vous
votre blé? Pourquoi? Quelles sont les ressources en eau potable
de votre village? Où faites-vous vos achats et votre marché? Quelle
banque utilisez-vous? Qui est votre docteur et à quelle distance est-il de chez vous? Quel hôpital ou clinique utilisez-vous? Le
simple fait de poser ces questions donne aux gens interrogés une
conscience plus claire de leurs difficultés et ils en viennent à les
résoudre eux-mêmes plus aisément.

C'est ainsi que le Plan pourrait être particulièrement effectif, puisque, outre la planification générale proprement dite, qui affectera
éventuellement la vie de tous, il modifie immédiatement l'attitude
et les habitudes de l'homme moyen qui contribue à le formuler.

Comment la planification affecte-t-elle l'homme d'affaires? Ima-
ginons-le avec un petit capital et désireux de se mettre à fabriquer des
chaussures. Il y a de la main-d'œuvre disponible autour de Chan-

zeaux. Il peut s'installer dans un village voisin et profiter de cette main-d'œuvre économique, comme d'autres fabricants de chaussures l'ont fait avant lui. Les bureaux du Plan à Paris lui fourniront la documentation la meilleure et la plus complète. On lui dira peut-être que ses chances de succès ne sont pas particulièrement bonnes à Chanzeaux, parce qu'il existe déjà d'autres petites usines de chaussures dans la région et que la compétition sera dure. Pourquoi n'essaie-t-il pas plutôt de monter une usine de ciment près de Roussillon, par exemple? Ses chances de succès y seront meilleures; l'Etat lui prêtera même de l'argent, parce qu'on a besoin d'une usine de ce genre dans cette région; il y jouira d'un dégrèvement d'impôts intéressant; on lui accordera des crédits et l'autorisation d'émettre des bons, et il recevra des contrats qui l'aideront à démarrer. Aux environs de Chanzeaux, des fabricants de chaussures vendent à l'armée, c'est exact, et font de bonnes affaires; mais ce marché est saturé, tandis que dans le Midi on a grand besoin de ciment pour construire des barrages, et le comité régional d'expansion est prêt à accorder tous les avantages souhaitables à celui qui prendra l'initiative de s'y installer.

L'aménagement de la Durance, rivière du sud-est de la France, qui comportera trois usines. Ici on travaille à sa canalisation. (Ambassade de France/Service de presse et d'information)

Outre les bénéfices qu'en tire une économie nationale bien dirigée, une des conséquences du Plan est donc de faire sentir à un certain nombre d'individus qu'ils participent un peu à l'évolution du pays; ses formules assez souples leur font aussi accepter en une
5 certaine mesure les conseils d'organismes dont, autrefois, ils auraient refusé toute directive par esprit d'individualisme, d'indépendance familiale ou de fierté locale.

QUESTIONS

1. Recherchez dans *Social Changes at the Grassroots* ou dans *Deux Villages* quelques-unes des causes de l'essor économique français.

2. Quelle définition le Petit Larousse donne-t-il de la planification?

3. Quelle est l'attitude des Français à l'égard de l'économie nationale depuis la fin de la seconde guerre mondiale?

4. Expliquez le mot de M. Pierre Massé: la planification est un «jeu contre nature».

5. Quand et comment l'idée de la planification a-t-elle pris forme en France?

6. Quels ont été les buts et les résultats du Plan Monnet (1946–1953)?

7. Quelles ont été les caractéristiques du second Plan (1954–1958)?

8. Qu'appelait-on l'Union Française? la Communauté Française?

9. Qu'est-ce que le troisième Plan (1958–1961) a cherché à réaliser?

10. Indiquez trois buts du quatrième Plan (1962–1965).

11. Quelle est l'originalité du cinquième plan (1966–1970)?

12. Montrez comment la planification essaie, en théorie tout au moins, de diminuer l'importance de la hiérarchie administrative traditionnelle.

13. Analysez et commentez la Figure 22,3. Expliquez en quoi consiste «l'aménagement du territoire».

14. Nommez et situez sur une carte les huit grandes villes de province qui ont été choisies afin de faire contrepoids à Paris.

15. Qu'est-ce que les Commissions de modernisation? Quelle est leur composition? Quel est leur rôle théorique?

16. Comment s'explique la création des Circonscriptions d'action régionales? Comment fonctionnent-elles?

17. Analysez et commentez le Tableau 22,2.

18. Résumez ce qui s'est passé sur le plan local de Chanzeaux.

19. A quels résultats les enquêtes locales effectuées à Chanzeaux ont-elles abouti?

20. De quelle manière la planification pourrait-elle être particulièrement effective?

21. Décrivez le cas d'un homme d'affaires qui cherche à monter une fabrique de chaussures à Chanzeaux et qui finira probablement par fabriquer du ciment dans le Midi.

Droits de l'Homme.

UNITÉ.

ORGANISATION SOCIALE: LE PLAN ET LES ASSOCIATIONS DE CITOYENS

Chapitre 23   Les premiers effets de la planification au niveau local de villages comme Chanzeaux ont montré qu'elle n'in-
fluençait pas le seul développement économique. Les Français de
toutes les couches de la société sentaient qu'ils participaient en quel-
5 que mesure à une opération collective. La nature même de l'organisation sociale allait-elle donc changer?

Nous n'ignorons pas que pour les Français le concept de l'autorité
est issu, traditionnellement, du Droit romain:[1] c'est-à-dire que le
pouvoir se situe au sommet d'une hiérarchie; il s'exerce de haut en
10 bas et contrôle tous les éléments intermédiaires. Bien qu'à partir
du XVIIIe et du XIXe siècles, un concept se soit répandu qui attribuait
la souveraineté au peuple, le concept traditionnel toutefois n'en a
pas souffert grâce à l'interprétation suivante: le pouvoir ne relevait
plus de Dieu, c'est exact; il relevait du peuple, mais celui-ci le
15 remettait promptement entre les mains des autorités supérieures,[2]
qui devaient l'exercer sur tous dans un esprit de justice et d'équité,
paternellement et inexorablement. Aux divers échelons, les individus, sûrs que leurs droits étaient bien protégés par les lois, ne
pouvaient cependant que transmettre le pouvoir, sans jamais l'exer-
20 cer directement eux-mêmes.

Malheureusement, même sous les régimes les plus démocratiques,
les Français se sont sentis individuellement trop rejetés de l'exercice
du pouvoir pour arriver à jouer un rôle actif dans le gouvernement.
Le suffrage universel manquait son but. Dans *Village in the Vaucluse*,
25 je concluais:[3]

A Peyrane, on a toujours estimé que l'individu était sans cesse exploité et
utilisé par les organisations humaines dont il dépendait. Depuis les hordes bar-

---

[1] Voir Chapitres 15–16.
[2] Le processus suivi afin d'effectuer ce transfert crée depuis deux siècles de grosses difficultés.
[3] *Village in the Vaucluse* (Cambridge: Harvard University Press, 1957), pp. 332-334.

bares itinérantes jusqu'à la bureaucratie du xxᵉ siècle centralisée à Paris, en passant par les Romains, les seigneurs féodaux (y compris les papes d'Avignon), les agents des comtes de Provence, les rois de France, et les régimes du xxᵉ siècle établis à Paris, tout un passé identique et monotone se presse confusément dans la mémoire des villageois. Ils en retiennent seulement que d'autres hommes, détenant pouvoir et autorité, les ont dominés, et que leur village n'y a jamais rien pu . . . . Les bienfaits que procure normalement un gouvernement . . . sont trop abstraits, distants et trop entachés d'intérêts particuliers pour provoquer autre chose que de l'indifférence ou du cynisme. [Le Peyrannais] atteint l'âge adulte pour découvrir qu'en dehors de la famille il est traité comme un objet, un numéro, en non pas comme une personne qui, capable de prendre ses responsabilités, travaille à une tâche commune.

Ce village du Vaucluse n'était certes pas à l'apogée de son développement, mais cette attitude est constante, et ne ressemble aucunement à celle des Américains à l'égard de leur gouvernement.

Vallée du Rhône, près de Vaisons-la-Romaine, Vaucluse. (Ambassade de France/Service de presse et d'information)

Il y a un peu plus d'un siècle, l'écrivain politique français Tocqueville,[4] voyageant à travers les Etats-Unis, signalait que les
Américains différaient des Français surtout parce qu'ils avaient le
sentiment de participer effectivement aux affaires de leur gouver-
5   nement, tandis qu'au contraire sur ce point, les Français se sentaient
plus objets que sujets de leur propre gouvernement. Selon Tocqueville, le trait américain le plus frappant était la tendance à se
réunir, à se grouper en toutes sortes d'organisation en vue du bien
commun. Grâce à ce goût de l'effort partagé et à l'entraînement qui
10   le développe, les citoyens ont appris à travailler ensemble dans un
régime démocratique. Tocqueville écrit:[5]

> L'Amérique est le pays du monde où l'on a tiré le plus de parti de l'association,
> et où l'on a appliqué ce puissant moyen d'action à une plus grande diversité
> d'objets.
>
> Indépendamment des associations permanentes créées par la loi sous le nom
> de communes, de villes et de comtés, il y en a une multitude d'autres qui ne
> doivent leur naissance et leur développement qu'à des volontés individuelles.
>
> L'habitant des Etats-Unis apprend dès sa naissance qu'il faut s'appuyer sur soi-
> même pour lutter contre les maux et les embarras de la vie; il ne jette sur l'autori-
> té sociale qu'un regard défiant et inquiet, et n'en appelle à son pouvoir que quand
> il ne peut s'en passer. Ceci commence à s'apercevoir dès l'école, où les enfants se
> soumettent, jusque dans leurs jeux, à des règles qu'ils ont établies, et punissent
> entre eux des délits par eux-mêmes définis. Le même esprit se retrouve dans tous
> les actes de la vie sociale. Un embarras survient dans la voie publique, le passage
> est interrompu, la circulation arrêtée; les voisins s'établissent aussitôt en corps
> délibérant; de cette assemblée improvisée sortira un pouvoir exécutif qui remé-
> diera au mal avant que l'idée d'une autorité préexistante à celle des intéressés se
> soit présentée à l'imagination de personne . . . .
>
> . . . Aux Etats-Unis, on s'associe dans des buts de sécurité publique, de com-
> merce et d'industrie, de morale et de religion. Il n'y a rien que la volonté humaine
> désespère d'atteindre par l'action libre de la puissance collective des individus.

Il est tout naturel que Tocqueville ait été surpris par l'existence
de nombreuses associations aux Etats-Unis, car alors en France,
les groupements d'individus étaient fort mal vus. On estimait en
15   effet qu'un des grands maux de l'Ancien Régime avait été causé
par des groupes qui défendaient leurs intérêts égoïstes contre le
bien commun et particulièrement contre le peuple: guildes, corporations, associations religieuses, dont l'existence même ne visait
qu'à maintenir leurs privilèges. Les associations politiques passaient

---

[4] Alexis de Tocqueville (1805–1859), homme politique et écrivain, est l'auteur de *De
la démocratie en Amérique* et de *L'Ancien Régime et la Révolution*.

[5] *De la démocratie en Amérique* (Paris: Editions M.-Th. Genin, 1951), Tome I, pp. 299–300.

Alexis de Tocqueville. Lithographie par Théodore Chassériau. (The Bettmann Archive)

pour s'efforcer de saisir le pouvoir afin de tyranniser la plus grande partie de la population au profit d'une minorité. Tocqueville dit encore:[6]

> En Europe, il n'y a presque point d'associations qui ne prétendent ou ne croient représenter les volontés de la majorité. Cette prétention ou cette croyance augmente prodigieusement leur force, et sert merveilleusement à légitimer leurs actes . . . .
>
> Les membres de ces associations répondent à un mot d'ordre comme les soldats en campagne; ils professent le dogme de l'obéissance passive, ou plutôt, en s'unissant, ils ont fait d'un seul coup le sacrifice entier de leur jugement et de leur libre arbitre; aussi règne-t-il souvent dans le sein de ces associations une tyrannie plus insupportable que celle qui s'exerce dans la société au nom du gouvernement qu'on attaque.

La démocratie américaine semble donc devoir sa force et même
5   son existence propre à la liberté d'association des citoyens, alors que la France révolutionnaire a paradoxalement supprimé cette liberté pour la raison qu'elle menaçait la liberté, l'égalité et la frater-

---

[6] *Ibid.*, pp. 307-308.

nité, pour lesquelles luttait un gouvernement représentant le peuple. Selon les chefs de 1789, le Français ne devait connaître qu'une seule association, celle des bons citoyens choisissant par voie d'élection leurs représentants, qui, en accord avec tous les autres représentants du peuple, sauraient agir pour le bien général du pays. Et, par conséquent, en 1791, la nouvelle assemblée de députés a interdit toute espèce d'association. Lorsqu'une dizaine d'années plus tard, le Code pénal a pris forme, il a été déclaré criminel de faire partie d'associations, puisqu'en théorie les citoyens étaient tous égaux à l'égard du gouvernement, et que tous jouissaient d'opportunités é-gales.

Telle était au XIXᵉ siècle la position de l'Etat. Cependant, une évolution s'est produite lentement, et certains groupes se sont organisés secrètement.

Entre 1820 et 1850 on a beaucoup parlé des congrégations reli-gieuses et des francs-maçons, qui, disait-on, essayaient chacun de leur côté de s'emparer des pouvoirs publics. Ces associations de-vaient nécessairement opérer dans l'ombre.[7]

Peu à peu toutefois, certaines associations d'un autre genre se sont développées: les Mutuelles (sociétés d'assurances mutuelles), qui donnaient quelque sécurité aux travailleurs—que la société ne protégeait alors aucunement. De même qu'aux Etats-Unis, il s'en est formé beaucoup en France, surtout pendant la seconde moitié du XIXᵉ siècle.[8]

Une autre catégorie d'associations, bien moins facilement tolé-rées que les précédentes, marque le début du syndicalisme. Les syn-dicats sont pourtant restés interdits en France jusqu'à la fin du Second Empire.[9] Ensuite, le syndicalisme s'est développé réguliè-rement, avec les mêmes luttes que plus tard dans d'autres pays, subissant les mêmes attaques et les mêmes accusations. Une des

---

[7] Voir Chapitre 19.

[8] La génération actuelle américaine ne comprend pas toujours le sens de petites plaques ou pancartes (vétustes et parfois comiques) qui désignent certains clubs de petites villes: les «Elks», les «Moose», les «Indiens» et les «Redmen». De nos jours, ces clubs ne semblent fré-quentés que par des vieillards jouant aux cartes; mais au XIXᵉ siècle, lorsqu'ils se sont orga-nisés, leur principal objectif était l'assurance mutuelle. Aujourd'hui, les grandes compagnies d'assurances sur la vie sont issues de ces «mutuelles».

En France, au début du XIXᵉ siècle, existaient aussi des «tontines», associations assez répan-dues formées entre amis se connaissant bien et possédant un petit capital (Balzac en parle dans plusieurs romans). Les survivants recevaient la part de ceux qui mouraient les premiers; les derniers à mourir devenaient ainsi de plus en plus riches; et le dernier survivant disposait à son gré de son capital.

[9] Voir Chapitre 21, note 12.

périodes où il a le mieux prospéré est celle du gouvernement Blum, en 1936.[10] Le socialisme a obtenu à ce moment plus de sécurité et des lois plus généreuses pour les ouvriers. Mais cependant à l'heure actuelle, les syndicats français, surtout parce qu'ils sont divisés selon des idéologies politiques ou religieuses, sont beaucoup plus faibles et moins bien organisés que les syndicats américains.

Récemment, d'autres organisations se sont fondées un peu partout, essayant d'établir une coopération d'un type nouveau avec le gouvernement. La Sécurité Sociale, par exemple, réglée et contrôlée par le gouvernement, fonctionne grâce à certains organismes mi-privés mi-officiels; son administration est mixte, puisqu'à son conseil d'administration siègent des représentants de ces organismes.[11] Or, un bon nombre de ces représentants sont élus au

---

[10] Voir Chapitre 3, note 16.

[11] Certains représentent des syndicats, d'autres des groupes de non syndiqués; il y a des représentants du patronat, des associations familiales, des fonctionnaires de la Sécurité Sociale, des organisations médicales et des experts nommés par le gouvernement; on en trouve à tous les échelons (local, départemental, régional et national) de l'administration de la Sécurité Sociale.

La Confédération générale du travail, 1945. (Ambassade de France/Service de presse et d'information)

suffrage universel, au cours d'élections périodiques (dont la presse américaine ne saisit pas toujours l'importance). Les syndicats ont leurs candidats, le patronat a les siens, etc., à tous les niveaux de la hiérarchie sociale, et ces représentants élus participent ainsi de leurs points de vue différents au fonctionnement de la Sécurité Sociale.

Les hommes politiques qui, dès la fin de la seconde guerre mondiale, se sont consacrés à la planification, vivement conscients de la faiblesse des associations de citoyens en France, ont organisé le Plan de manière à faciliter le rapprochement des citoyens et à les encourager à participer individuellement aux affaires de l'Etat.

Est-ce que ces associations ont pris assez d'importance pour que leurs membres aient le sentiment d'une participation plus intense et qu'ils puissent façonner, en partie tout au moins, leur destin? Pouvons-nous espérer que les Français vont travailler ensemble à l'édification d'une économie générale prospère, libérée désormais des vieilles divisions politiques qui freinaient jadis le développement d'un esprit de coopération? Est-ce que les citoyens peuvent travailler en coopération avec des administrateurs de profession qui possèdent, eux, le pouvoir politique?

L'optimisme des premiers jours a malheureusement fort diminué, et les critiques ont augmenté. Même si nous admettons que les critiques françaises ne doivent pas être prises au pied de la lettre[12] —comme les Américains ont trop souvent tendance à le faire—il apparait clairement que le Plan, avec tout ce qu'il implique, n'a pas été à même de pénétrer et transformer le tissu incroyablement serré de l'organisation sociale française. Les habitants de Chanzeaux et de Peyrane disent qu'après avoir répondu aux premiers questionnaires ils n'ont guère été consultés. Le Plan les affecte, leur semble-t-il, au moment de son exécution, mais ils n'ont pas le sentiment d'avoir vraiment participé à son élaboration. A entendre parler des membres du Commissariat au Plan, des personnes faisant partie de commissions consultatives aux différents échelons, des sociologues français, ou bien à lire des articles de journaux et des éditoriaux, on ne peut s'empêcher de conclure que de Gaulle énonçait un fait fondamental en disant: «Il n'y a pas de puissance réelle sans puissance politique.»[13]

---

[12] Voir dans Chapitre 11 les pages sur «l'agression verbale».
[13] Discours à l'Institut des hautes études de défense nationale; cité dans *Le Monde* (30 janvier 1968), p. 7.

Or, c'est le Premier ministre, nous le savons, qui dispose du pouvoir politique, lequel descend et se transmet verticalement le long de la hiérarchie administrative. Les associations de citoyens ont une place théorique mais guère d'influence dans ce cadre-là. En somme ce sont principalement les ministres qui définissent les options de base de chaque Plan; le rôle des commissions se limite à informer et à conseiller. Il se peut aussi que l'administration, pour des motifs politiques ou pour céder à des groupes de pression, fasse exécuter des projets importants qui ne figurent même pas dans le Plan. Ainsi, c'est elle qui a décidé et fait exécuter en dehors du Plan la construction du centre atomique de Pierrelatte[14] et du tunnel du Mont Blanc.[15]

---

[14] Petite ville dans la vallée du Rhône, à environ 60 km au nord d'Avignon.

[15] «Dans les deux cas, la décision n'a eu aucun rapport avec le Plan. D'autres centres de décision sont intervenus qui se sont révélés plus puissants pour surmonter les oppositions, même si elles provenaient du Commissariat au Plan.» (Georges Lavau, éd., *La Planification comme processus de décision* [Paris: Librairie Armand Colin, 1965], p. 181.)

Le tunnel du Mont Blanc en construction (1960). (Ambassade de France/Service de presse et d'information)

Le tunnel aujourd'hui. (Ambassade de France/Service de presse et d'information)

Dans le gouvernement même, des forces inégales s'opposent qui souvent font échec aux décisions des hommes de la planification. Le ministère des Finances, par exemple, exerce un pouvoir considérable et inexorable. Alors que le Commissariat, les commissions et le ministère de l'Education nationale peuvent fort bien se trouver d'accord sur certains programmes de développement de l'enseignement, le ministère des Finances intervient et impose son veto pour des raisons à lui qui n'ont aucun rapport avec le Plan. Tout en haut de la hiérarchie il y a aussi le pouvoir suprême, qui prend, entre autres, les décisions nécessaires à l'armement atomique. Selon le président de Gaulle toujours: «Il n'y a pas de puissance réelle sans puissance politique. Il n'y a pas de puissance politique sans puissance militaire.»[16] C'est-à-dire la puissance que le gouvernement est seul à détenir.

---

[16] Voir ci-dessus note 13.

Les membres des commissions régionales d'organisation (C.O.-D.E.R.) sont parfaitement conscients de leur faiblesse dans les rapports qu'ils doivent entretenir avec les représentants locaux de la hiérarchie administrative.

. . . [Les commissions régionales d'organisation,] ne possédant pas de secrétariat permanent ni de crédits propres de fonctionnement, sont convoquées par le préfet; leur ordre du jour est fixé unilatéralement et impérativement par l'autorité administrative. Uniquement chargées de donner un avis sur la préparation du Plan, elles sont saisies tout d'abord des «orientations générales» établies par le gouvernement, puis des «tranches opératoires régionales», définies également par le pouvoir exécutif. Dans l'ensemble, les membres des C.O.D.E.R. . . . estiment qu'ils ont connaissance trop tard de ces documents, qu'ils n'ont pas le temps de les étudier sérieusement et que, trop souvent, le gouvernement ne tient aucun compte de leur avis pour la fixation des «tranches régionales». Ils ont ainsi le sentiment de n'être qu'une Chambre d'enregistrement.[17]

---

[17] André Passeron, «Un véritable préfet de région», *Le Monde* (20 août 1966), pp. 1, 5.

Les marchands de la ville passent régulièrement vendre leurs denrées dans les villages. La société ne change que lentement. (Photo par Wylie)

D'autre part, l'administration se plaint de ce que les organisations régionales sont trop souvent motivées par des considérations politiques et non pas économiques. Des *leaders* politiques utilisent, dit-on, ce nouvel organisme comme tremplin politique. «Ils remplissent leur rôle souvent avec passion.»[18] Et non pas avec objectivité. L'Etat répugne donc à leur accorder plus de pouvoir. Les *leaders* répliquent en demandant que les organisations régionales deviennent des corps de représentants élus démocratiquement. Mais cette requête ravive chez les membres «de gauche» du gouvernement les craintes traditionnelles, à savoir que le régionalisme a toujours été lié dans beaucoup d'esprits aux forces conservatrices, et même aux mouvements réactionnaires: depuis les mouvements anti-révolutionnaires des années 1790–1793 jusqu'à l'importance accordée à certains aspects du régionalisme par le régime de Vichy entre 1940 et 1944.[19] Si les organisations recevaient plus de pouvoir, la structure hiérarchique fondamentale se trouverait affaiblie. C'est dans cette situation que la France se trouve prise: d'une part, le Plan s'efforce de renforcer l'économie des diverses régions, en procédant à une décentralisation générale et en diminuant la domination de Paris, mais, d'autre part, ce mouvement va contre le concept français traditionnel de l'organisation idéale de la société.

La France semble donc incapable de bien fonctionner sans une structure hiérarchique clairement définie; et toute tentative de réforme va souvent à l'encontre des buts recherchés. En somme, on peut dire que la planification est un facteur important du développement économique de la France, mais elle n'est pas arrivée, comme certains l'avaient espéré, à modifier le concept traditionnel de l'organisation sociale. C'est de ce point de vue que le Plan a le moins bien réussi.. Et, quoiqu'à beaucoup d'égards la France ait changé—rien dans la vie n'est immuable—le modèle de l'organisation sociale française ne se transforme que très lentement. Si Tocqueville revenait aujourd'hui, il serait certes effaré par les changements technologiques, mais il retrouverait la structure de base qu'il a connue il y a un siècle, cette structure française fondamentale qui présente les différences les plus graves avec celle des Etats-Unis. Même les clubs d'après-guerre, qui permettaient tant d'espoirs parce qu'ils groupaient des *leaders* venant de tous les horizons pour discuter apolitiquement de questions sociales variées,

---

[18] *Ibid.*

[19] Un sentiment analogue existe bien sûr aux Etats-Unis, où le gouvernement est souvent plus libéral que les autorités locales.

ont réintégré le moule ancien. Après de longs débats, la plupart d'entre eux ont désormais pris des positions politiques. Parallèlement, beaucoup d'associations ont dû se remettre à l'action politique, pour avoir quelque chance de succès auprès du gouvernement.

5   Nous voici donc à notre point de départ: les Français se sentent traditionnellement à la merci de l'Etat, et incapables de participer à l'élaboration de leurs destins politique et social. En dépit des efforts considérables effectués par les auteurs de la planification pour altérer ce sentiment, la structure traditionnelle de l'organi-

10   sation sociale est encore la plus forte. C'est qu'en effet on ne peut changer un système bien ancré dans les valeurs d'un peuple à moins que celles-ci ne se transforment d'abord.

«On ne peut changer un système bien ancré dans les valeurs d'un peuple à moins que celles-ci ne se transforment d'abord.» Ici, le 11 novembre, Jour de l'Armistice, le maire fait l'appel des villageois morts au champ d'honneur. (Photo par Wylie)

QUESTIONS

1. Comment les Français conçoivent-ils l'autorité? Expliquez.

2. D'après la conclusion de *Village in the Vaucluse*, quelle était la mentalité des Peyrannais en 1950–1951?

3. Selon Tocqueville, qu'est-ce qui différencie surtout les Américains des Français?

4. Résumez les remarques de Tocqueville.

5. Quel était le statut des associations en France lorsque Tocqueville est venu aux Etats-Unis?

6. Dites ce que vous savez des francs-maçons, en France et aux Etats-Unis.

7. Quel était le but des «mutuelles»?

8. En quoi consiste le syndicalisme? Dites ce que vous savez des syndicats français.

9. Comment fonctionne la Sécurité Sociale française?

10. Donnez les raisons pour lesquelles la planification ne semble pas transformer, comme prévu, la structure sociale française.

11. Quels reproches les Commissions de développement économique régional (C.O.D.E.R.) font-elles au système d'élaboration des Plans?

12. Dites ce que vous savez du régionalisme en France.

13. Expliquez comment et pourquoi le concept nouveau de la décentralisation administrative s'oppose au concept traditionnel de l'organisation idéale de la société française.

14. Expliquez et commentez les paroles de de Gaulle: «Il n'y a pas de puissance réelle sans puissance politique.»

SOUPLESSE ET RIGIDITÉ
DE LA STRUCTURE SOCIALE

CHAPITRE 24   Aux Etats-Unis, dans le monde de la sociologie et des sciences politiques, Tocqueville est devenu l'un des
grands analystes et l'un des grands prophètes des temps modernes. Son livre *De la démocratie en Amérique* est constamment utilisé
pour prouver combien le fonctionnement du système social est excellent, en fait supérieur à celui de la France.[1]

Selon Tocqueville, grâce en partie aux innombrables associations
libres de citoyens américains, une vaste opinion publique se créait,
susceptible d'assurer au pays un gouvernement stable et efficace,
sans pour cela nuire à la liberté individuelle. Ces associations constituent donc un facteur très important dans toute démocratie authentique.

En France, des années 1950 à 1960, des associations de citoyens
se sont créées, lentement au début; puis elles se sont rapidement
multipliées et ont pris de l'importance. Leurs membres, à la poursuite de résultats économiques concrets, paraissaient oublier leurs
différends politiques pour se rapprocher du type décrit par Tocqueville. Ils avaient l'impression d'être mieux représentés par leurs
organisations professionnelles et syndicales que par leurs représentants politiques.

Cet état d'esprit était très frappant dans les deux petits centres
ruraux que j'ai le mieux connus en France. Les coopératives agricoles et les syndicats de cultivateurs y ont soudain joué un rôle
plus important et ont servi à déclencher une action politique plus
rapide et plus efficace.[2]

---

[1] Voir, par exemple, Arnold Rose, «Voluntary Associations in France», Chapitre 4 de sa
Theory and Method in the Social Sciences (Minneapolis: University of Minnesota Press, 1954).
Voir aussi Seymour Martin Lipset, *Political Man: The Social Bases of Politics* (New York:
Doubleday & Company, Inc., 1960), p. 53n.

[2] Nous avons déjà signalé aussi combien les habitants de Chanzeaux et de Roussillon-
Peyranne ont volontiers participé aux premières étapes de l'élaboration du Plan.

J'ai accompagné les Chanzéens, par exemple, dans une manifestation à Angers. Les membres des diverses associations locales s'étaient entendus pour exercer une pression sur le préfet. Leur simple présence physique dans les rues de la ville a constitué l'essentiel de leur manifestation protestataire; à part quelques «phénomènes» qui ont lancé des pommes de terre dans les fenêtres de la préfecture, le tout s'est déroulé dans un ordre parfait. Plusieurs centaines de cultivateurs des environs, avec quelques tracteurs, sont parvenus à la place centrale de la ville. C'est une place à sens giratoire, et ces forces «révolutionnaires». au lieu de la traverser en ligne droite, ont paisiblement suivi les flèches du sens unique! Révolutionnaires? Peut-être, mais ils respectent encore certaines formes.

Les Français avaient coutume de dire que les Américains étaient «fous» de clubs et de sociétés. Aujourd'hui, ce sont les Français qui se groupent et fondent des sociétés locales et régionales. Il y a une quinzaine d'années, lorsque je désirais m'entretenir avec n'importe quel cultivateur, j'allais chez lui le dimanche; j'étais certain de le rencontrer. Maintenant, au contraire, on n'est jamais sûr de trouver quelqu'un chez soi; les uns sont peut-être en simple visite, entre amis; d'autres (moins souvent que jadis) sont sortis avec leur famille; mais beaucoup d'entre eux passent leur jour de repos en réunion avec les autres membres de l'une des associations dont ils font partie.

A Chanzeaux encore, une organisation de création récente, le Syndicat d'initiative, combine les services d'une petite chambre de commerce, d'une agence de tourisme et d'une agence publicitaire au profit de la région. Le Syndicat d'initiative a été fondé, non seulement pour faire connaître le village, sa beauté et ses derniers aménagements aux voyageurs et aux touristes, mais aussi tout simplement pour le bénéfice des habitants du village. Le conseil municipal le subventionne modestement parce qu'il organise toutes sortes de distractions dont la paroisse autrefois se chargeait. Pendant mon séjour à Chanzeaux, un car a été loué un dimanche, et avec une quarantaine de personnes, j'ai circulé dans la région toute la journée. Nous avons visité le nouveau centre atomique de Chinon,[3] puis nous sommes allés à une fête des fleurs à Saumur;[4] nous avons parcouru le village qui avait gagné, l'année précédente,

---

[3] Petite ville située sur la Vienne, un affluent de la Loire, où se trouvent aussi plusieurs châteaux en ruines de la fin du Moyen Age.

[4] Ville située sur la Loire connue pour son château du XVe siècle et son Ecole de cavalerie.

Le centre atomique de Chinon. (Ambassade de France/Service de presse et d'information)

le concours national du village de France qui produisait les plus belles fleurs, et nous sommes rentrés en passant par le château de Brissac.

Dans la ville de Cholet, près de Chanzeaux, des commis-voya-
5   geurs ont fondé la «société des roulants», afin de «rouler» en groupes, en voitures, dans la région, chaque dimanche et avec leur famille.

Parmi ces nombreuses sociétés ou associations il existe évidemment des groupements plus importants que celui des «roulants». Et j'ai cru alors estimer justement qu'un millier d'associations va-
10   riées pouvaient fort bien à la longue transformer un pays.

D'autant plus qu'à l'échelle nationale il semblait que les vieilles divisions politiques, les différences géographiques, l'isolement des groupes professionnels, les distinctions sociales elles-mêmes étaient en voie de disparition. Des clubs apolitiques surgissaient un peu
15   partout qui paraissaient devoir prendre la place des anciens cercles traditionnels d'action politique. Peu remarqués par les visiteurs étrangers, ils remplaçaient à certains égards les partis politiques (qui s'en sont plaint), et ils exprimaient alors la pensée politique

peut-être la plus vivante du pays. C'étaient de simples groupes de discussions; mais leurs membres s'intéressaient vivement à toutes les questions d'intérêt public. Certains se sont mis à faire des enquêtes et des études et en ont publié les résultats. Au printemps de 1964, ils se sont réunis en congrès, qu'ils ont appelés «les assises de la démocratie».[5] L'un de ces congrès s'est tenu à Vichy, rapprochement étrange![6] Le club Jean Moulin—du nom d'un martyr de la Résistance—était le plus important de tous.

Plus de mille personnes y participaient: des ingénieurs, des «cadres», des fonctionnaires,[7] des représentants des professions libérales et des universitaires. Aucun politicien n'était admis. Et la moitié des clubs n'étaient pas représentés, soit parce que, trop politisés encore, leur participation avait été rejetée, soit parce que, trop laïcs, ils n'avaient pas voulu être impliqués dans des problèmes religieux.

On parlait alors de «dépolitisation» et d'«apolitisation». Dans un livre important, le club Jean Moulin posait la question: «Le citoyen peut-il reconquérir l'Etat?»[8] Et ceci se passait au moment où les commissions variées qui travaillaient à l'élaboration du Plan semblaient devoir jouer un grand rôle civique.[9] Bref, il apparaissait alors que la structure fondamentale traditionnelle de la France était en voie de transformation.

Aujourd'hui, il est clair que ces efforts n'ont pas abouti. De même que dans l'élaboration du Plan le pouvoir central a maintenu son autorité aux dépens des commissions consultatives, de même les partis politiques ont repris le dessus sur les clubs, qui se sont vus forcés de prendre finalement des positions politiques. Les Français, moins divisés et isolés, il est vrai, que jadis, ne se sont point «dépolitisés» comme il avait été espéré; ils se sont «repolitisés». Et on est revenu au modèle traditionnel.

Le modèle américain en est très différent. Ici la société soutient et approuve une sorte de «pluralisme», c'est-à-dire «un système poli-

---

[5] Terme révolutionnaire, car les «assises» ou les «Cours d'assises» sont normalement chargées de juger les causes criminelles. (Voir Chapitre 16.)

[6] Etrange, parce que Vichy a été la capitale provisoire de l'Etat français «totalitaire» du maréchal Pétain (1940–1944).

[7] Ceci est nouveau: les fonctionnaires n'avaient pas coutume de se mêler aux autres segments de la société.

[8] Club Jean Moulin, *L'Etat et le citoyen* (Paris: Editions du Seuil, 1961). Voir aussi Georges Vedel, éd., *La Dépolitisation: Mythe ou réalité?* (Paris: Librairie Armand Colin, 1962) et Pierre Fougeyrollas, *La Conscience politique dans la France contemporaine* (Paris: Editions Denoël, 1963).

[9] Ces clubs faisaient songer aux clubs de la Révolution française: club des Jacobins, club des Girondins, etc.

tique qui repose sur la coexistence de groupements ou d'organismes différents et indépendants en matière de gestion ou de représentation».[10] Aux Etats-Unis, on affirme qu'aucun système ne doit être imposé à aucun groupe; on tolère des formes variées. Les Français aussi aiment la variété, mais ils ne l'appliquent pas à l'organisation de la société. L'autorité en France, nous l'avons vu, passe du sommet au bas de la hiérarchie, d'échelon en échelon bien distincts. Cette structure hiérarchique se retrouve bien sûr aux Etats-Unis dans certains organismes, comme dans le monde militaire et l'Eglise catholique. D'ordinaire toutefois, les Américains préfèrent arriver à un accord quasi unanime entre des groupes ou des individus reliés assez lâchement entre eux, accord qui permettra d'arriver à un compromis jugé satisfaisant par tous, et qui mènera à une action commune. L'accord et l'action importent plus que l'idéologie qui les motive. Un politicien français ne dira jamais, par exemple, ce qu'un député de l'Etat de Californie, Joseph C. Shell, a déclaré en 1962 lorsqu'il a été battu par Richard Nixon aux élections qui

---

[10] Petit Larousse.

Réunion d'un syndicat de cultivateurs dans la Loire-Maritime. (Ambassade de France/Service de presse et d'information)

désignaient les candidats au poste de gouverneur de Californie:
«Nous nous entendons sur bien peu de choses, car nous avons
chacun un point de vue très différent. Mais nul désaccord absolu
ne nous sépare.»[11]

M. Nixon s'est fait l'écho de M. Shell en précisant que même si
leurs différends essentiels demeuraient non résolus, il pouvait cependant compter sur le soutien total de M. Shell. Lorsque l'idéologie
tient si peu de place, la structure sociale n'a guère besoin d'être
rigide.

L'assassinat de Lee Harvey Oswald par Jack Ruby peut aussi servir d'exemple. En France, les diverses polices du pays ont des organisations quasi militaires, et leurs membres vivent séparés de la
population.[12] Par conséquent, pour les Français (et pour la plupart des Européens), puisqu'Oswald a été assassiné sous le nez des
agents de Dallas, la complicité des autorités supérieures ne fait aucun doute. Ces circonstances sont à rapprocher du scandale relativement récent où, en France, selon toutes les apparences, la police française a aidé le ou les assassins d'un chef marocain, Ben
Barka.[13]

Il est extrêmement difficile d'expliquer aux Français que le gouvernement fédéral américain n'a que très peu de contrôle et d'autorité sur la police des Etats et des localités: la garde nationale, le
F.B.I., la police de chaque état, la police municipale et celle des
comtés n'ont entre elles que des liens assez indécis. De plus, la
vie de la police locale se trouve si mêlée à celle de la population
qu'il n'y a rien de surprenant ni de louche à ce que les policiers de
Dallas, connaissant fort bien Ruby, ne l'aient aucunement soup-
çonné et ne l'aient pas empêché—lui ou tout autre habitant de la
ville—d'approcher du prisonnier Oswald.

A Paris, à cause de la centralisation (au ministère de l'Intérieur),
on est étonnemment bien renseigné au quartier général de la police sur tout ce qui se passe en France au niveau local. Les Américains se demandent parfois pourquoi ils doivent remplir une
«petite» fiche quand ils descendent dans un hôtel;[14] c'est pour que

---

[11] *The New York Times* (20 juin 1962), p. 18.

[12] Voir Chapitre 16.

[13] Il s'agit des affaires judiciaires (en avril 1966 et janvier 1967) qui ont suivi l'enlèvement
à Paris et l'assassinat mystérieux de Ben Barka, *leader* de l'opposition au roi du Maroc. Les
inculpés français, haut placés, ont été acquittés «faute de preuves», et un général marocain,
Ourkir, a été condamné *in absentia*.

[14] C'est la fiche qu'il faut remplir, parfois même avant de monter les bagages dans la
chambre, et qui comporte nom, lieu et date de naissance, adresse permanente, numéros de
passeport et de voiture, etc.

les déplacements de tous les voyageurs puissent être suivis. Il m'est arrivé un jour d'avoir à retrouver la fille d'un de mes amis, qui voyageait en province. Quelqu'un a pu demander pour moi à la police de rechercher «Mary White». «Quelle Mary White?» nous a-t-on répondu. Il y avait en effet treize Américaines portant ce nom qui circulaient alors en France au mois de juillet!

Est-ce à dire que la France est une dictature? La France n'est-elle pas une démocratie? Sans l'ombre du moindre doute la réponse est: «La démocratie française est tout aussi libérale que celle des Etats-Unis; elle n'en diffère que par son organisation et par son fonctionnement.» Mais il existe plusieurs sortes de démocraties, de même que le communisme revêt bien des formes; et ici c'est une simplification excessive qui empêche de comprendre la situation française. Les Français préfèrent leur organisation sociale parce qu'ils s'y trouvent plus libres que, pensent-ils, les Américains ne le sont dans leur société moins rigide.

Aux Etats-Unis, le sens de stabilité et de continuité provient d'un accord général de l'opinion publique, d'une Constitution que la Cour suprême adapte constamment aux circonstances, et des représentants élus. Les fonctionnaires, appelés couramment «serviteurs publics» et à qui on accorde peu d'importance, reçoivent leurs directives des représentants élus. Et la France est jugée selon les normes des Américains. Les Français leur apparaissent idéologiquement divisés: ils changent fréquemment de régimes politiques et de constitutions. Les Américains en concluent qu'ils sont révolutionnaires,[15] instables et pleins de surprises. Bien que les Français se passionnent autant qu'eux pour leurs élections, car les groupes idéologiques ont alors l'occasion de s'affronter, ils savent parfaitement que la vraie force et la vraie stabilité du pays résident dans sa structure hiérarchique. Les régimes changent, et par conséquent il faut changer de Constitutions, mais les règles du jeu politique qui sont modifiées semblent superficielles aux Français (tandis que les Américains les estiment sérieuses). On a montré que le gouvernement français peut subir d'importants changements sans entraîner beaucoup de déplacements parmi les hauts fonctionnaires chargés de l'administration du pays.[16] La structure de base de la France reste à peu près la même.

---

[15] Les Français exagèrent probablement leur tempérament révolutionnaire en partie pour se soulager verbalement de leurs sentiments «agressifs» et en partie parce que, essentiellement conservateurs, les épisodes révolutionnaires de leur histoire les choquent profondément.

[16] Les 23–25 février 1848; le 2 décembre 1851; le 2 décembre 1852. Voir aussi les premières pages du Chapitre 18.

«Les Français se passionnent… pour leurs élections.» (Photo par Wylie)

En fait, l'excès de rigidité et de fixité constitue la seule critique valable que l'on puisse faire à l'organisation sociale de la France.

Cette stabilité est due au fait que chaque niveau de la hiérarchie, de haut en bas de l'échelle, se trouve très distinctement délimité.

5 Chaque citoyen, chaque groupe connaît fort bien sa place dans la hiérarchie. Rôles à jouer et places à tenir sont clairement fixés. Le titre, la position officielle indiquent à chacun sa place. Au même niveau, tous les individus possèdent et gardent jalousement les mêmes droits et les mêmes privilèges; une forte pression sociale

10 empêche tous ceux qui font partie d'un même groupe d'obtenir des avantages spéciaux. A l'intérieur de chaque groupe, la loi reconnait certains «droits acquis»: personne ne peut priver quiconque d'une certaine «situation acquise». Il est, par exemple, beaucoup plus difficile en France qu'aux Etats-Unis d'exproprier quelqu'un

15 afin de faire passer une autoroute sur sa propriété; il est de même difficile de fermer une mine de charbon nationalisée déficitaire, parce qu'ainsi l'Etat toucherait à la «situation acquise» des mineurs. La liberté et l'égalité vont de pair: c'est l'un des sens du mot liberté! De plus, les «signes extérieurs» de cette classification des individus

20 sont strictement formels et vraiment «extérieurs»: ni la valeur interne et profonde de l'individu ni sa dignité ne sont en jeu ici. Car c'est un fait reconnu que le rang social auquel il atteint ne

dépend pas nécessairement de la vraie justice mais aussi de sa famille, de l'argent, du hasard, qui en décident souvent.

Pour ceux qui veulent passer d'une catégorie à la catégorie supérieure il suffit d'acquérir les «signes extérieurs» (c'est-à-dire l'étiquette) qui lui correspondent. Voilà pourquoi il est important d'étudier avec sérieux, d'obtenir des diplômes et d'apprendre à s'exprimer dans une langue élégante cultivée.[17] Jeunes gens et adultes atteignent, s'ils en sont capables, la «niche» sociale souhaitée en passant des examens et des concours.[18]

---

[17] Les diplômes et la réussite aux concours impliquent nécessairement une valeur intellectuelle, l'acquisition de connaissances spécifiques, une puissance de travail, une supériorité évidente sur ceux qui ont échoué; qu'il s'agisse d'une modeste école technique d'électromécanique ou d'une «grande école» comme Polytechnique, le certificat ou le diplôme donne la garantie d'une vraie valeur dans une catégorie précise. Il n'implique pas les autres valeurs humaines.

[18] De tous les étudiants étrangers qu'on essaie d'attirer aux Etats-Unis, pour même seulement une année, ce sont les élèves français qui ont le plus de mal à venir: interrompre le cours de leurs études, et ainsi risquer d'échouer à un concours ferait un tort sérieux à leur avenir. Ceux qui viennent ont déjà un diplôme en poche ou bien ont échoué quelque part, et ils recherchent une voie différente afin de se classer convenablement dans la société, ou bien encore ils veulent profiter des meilleurs aspects de l'enseignement supérieur américain: publicité commerciale, sciences appliquées, gestion moderne des entreprises.

Familles idéologiques et leurs symboles. (Photo par Wylie)

Les récentes réformes de l'enseignement, nous l'avons vu,[19] groupent les enfants de toutes les classes sociales pendant leurs premières années d'études; entre dix et treize ans ils sont «observés» et puis «orientés» vers la formation qui semble leur convenir le mieux, quelle que soit leur origine sociale. Cependant, la promotion sociale en cours de scolarité n'est point impeccable. Le professeur, si démocratique d'esprit soit-il, juge souvent ses élèves selon des «signes extérieurs»—le style, le vocabulaire, l'attitude, le comportement—signes subtils et mal définis, qui empêchent parfois de voir la valeur totale, la personnalité complète de l'élève.

Un autre facteur de la permanence de la structure sociale provient de ce que beaucoup de familles d'agriculteurs et d'ouvriers ne poussent pas leurs enfants vers «l'enseignement long»,[20] soit par ignorance, étroitesse d'esprit, soit parce qu'ils estiment qu'un bon «certificat d'aptitudes professionnelles» (comme maçon, dactylo, coiffeur, menuisier, etc.) assurera du travail et ne dépaysera pas les jeunes (comme le feraient le baccalauréat et des études supérieures): ils resteront plus sûrement dans leur milieu.

Nous l'avons vu,[21] les réactions des petits fonctionnaires à l'égard du public sont souvent difficiles à comprendre. C'est qu'il faut bien distinguer entre le rôle professionnel qu'ils jouent et leur propre personne. Aux Etats-Unis, les Américains ont le sentiment qu'à l'occasion ils peuvent prendre un ton amical avec les employés de bureau et les petits fonctionnaires. Même si le sourire du «serviteur public» n'est que superficiel, les rapports humains semblent plus agréables. En France, les Américains ont l'impression que dans un bureau tout inconnu ou étranger est reçu avec hostilité. Ce formalisme, cette impersonnalité, sont voulus par le Français, qui ne confond pas son rôle professionnel et son rôle personnel, et qui s'attend, bien sûr, à la réciproque.

Entre les Français eux-mêmes, ceux qui occupent une «situation acquise», à quelque niveau hiérarchique que se soit, voient leur autorité respectée, dans les limites légales. On admet qu'ils ont la place qui leur revient, avec les responsabilités et le comportement qui correspondent à leur position. On ne cherche généralement pas à en savoir davantage. S'ils remplissent leurs devoirs et obligations, il n'y a rien de plus à demander.[22] On accepte leur autorité

---

[19] Voir Chapitre 19.

[20] Voir Chapitre 19.

[21] Voir Chapitre 10.

[22] Et cette limitation du fonctionnaire à son rôle exact est une garantie de sa liberté en tant qu'individu. Sa vie personnelle est indépendante de sa vie professionnelle. Il y a une

dans la mesure où ils en respectent les limites. Ils doivent demeurer impersonnels, ne pratiquer aucun favoritisme, être objectifs, observer strictement les lois et les règlements, et par-dessus tout garder leurs distances et rester incorruptibles. Enfin, et ceci gêne souvent les visiteurs américains, le supérieur ne doit pas s'occuper des cas qui sortent de l'ordinaire ou de la légalité. En effet, si dans la vie quotidienne l'on creusait un peu sous la réalité légale, on apercevrait les mille ennuis qui sont le partage de chacun d'entre nous; on commencerait à s'apitoyer et on se mettrait à faire du favoritisme. Pour éviter les cas d'exception, il faut ne considérer que le côté officiel des problèmes.

Cette attitude freine l'initiative et l'action, puisque personne ne s'aventure au-delà de ses responsabilités directes. Qu'arrive-t-il lorsqu'un cas ne tombe sous la responsabilité de personne? Le problème est renvoyé alors à l'échelon supérieur. On s'entend dire souvent: «Je n'y peux rien; voyez mon chef.» Et, de cette manière, on pourrait monter jusqu'au président de la République! Mais le plus souvent, le système étant bien appliqué, on parviendra finalement à un supérieur qui, lui, aura le droit de prendre une décision en dehors du cadre prévu.

Les rapports en France entre deux niveaux hiérarchiques sont cause de nombreuses difficultés. Un sociologue français, Michel Crozier,[23] a étudié la question, et il a inventé l'expression «l'horreur du face à face». Son étude portait sur une manufacture des tabacs et sur un bureau de caisse d'épargne des Postes et Télécommunications.

La Figure 24,1 montre comment, la décision ayant été prise au sommet, l'exécution s'accomplit tout en bas, et quels sont les rapports entre les différents échelons. Le fonctionnement d'un certain bureau était défectueux; les gens d'un échelon détestaient ceux de l'échelon supérieur, parce que ceux-ci avaient reçu l'autorité de prendre des décisions par eux-mêmes, et donnaient directement des ordres à l'échelon subalterne, qui, lui, devait les exécuter. Or, les Français ont «horreur» d'être confrontés directement par les

---

génération, des professeurs dans de petites villes américaines pouvaient être mis à la porte parce qu'ils ou elles fumaient, buvaient un peu d'alcool, sortaient le soir, fréquentaient d'autres jeunes gens ou jeunes filles. Dans un village français, le comportement d'un instituteur ou d'une institutrice peut prêter à des commérages, mais, sauf en cas de scandale flagrant, ne portera pas préjudice à sa carrière. La liberté individuelle reste aussi séparée que possible des responsabilités de la profession.

[23] Michel Crozier, directeur de recherches au C.N.R.S., est l'auteur de plusieurs livres sur l'administration française, notamment *Le Phénomène bureaucratique* (Paris: Editions du Seuil, 1963).

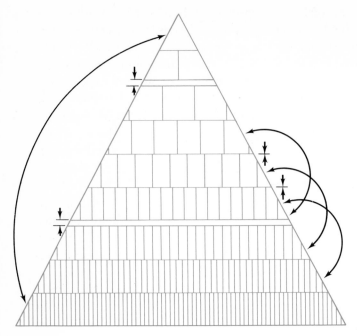

Fig. 24, 1. «L'horreur du face à face.»

autorités de l'échelon supérieur; ils acceptent naturellement d'exécuter les ordres qui leur sont transmis, mais non pas des ordres
donnés «face à face» par leurs supérieurs immédiats.

Dans l'autre bureau étudié, tout semblait marcher à merveille.
5 Pourquoi? Parce que les décisions importantes venaient de plus
haut; elles étaient relayées; en sorte que, lorsque les employés de
l'échelon inférieur commençaient à grommeler, leurs supérieurs
immédiats pouvaient leur répondre: «Ce n'est pas notre faute; cela
ne dépend pas de nous; nous ne faisons que vous transmettre ce qui
10 nous a été communiqué.» C'est la meilleure situation possible.

Il ne faut toutefois pas conclure à la rigidité définitive de l'organisation sociale de la France. Des changements se réalisent graduellement, et institutions et organisations peuvent se développer avec
imagination. Pour comprendre les voies suivies il faut revenir à
15 l'analyse de la formation des enfants, formation très stricte aux
yeux des Américains qui se demandent alors comment individualisme et spontanéité peuvent naître.

Nous savons déjà[24] que, grâce à un ensemble d'échappatoires
variées, les petits Français ne souffrent guère de la manière apparem-

---

[24] Voir Chapitres 10–11.

ment sévère selon laquelle ils sont élevés dans la famille et à l'école. En fait ils deviennent souvent et plus individualistes et plus heureux que les enfants américains.

Comme dans une même société tout se tient, le comportement des enfants explique en grande partie celui des adultes. La «débrouillardise» (c'est-à-dire l'art ou la technique de tirer parti tout seul —sans l'aide de personne—des circonstances) est considérée par les parents comme une grande qualité, car c'est pour eux la preuve que l'enfant et plus tard l'adulte ne seront pas passifs, qu'ils n'accepteront pas aveuglément les idées d'autrui. L'enfant sera tôt capable d'être un «homme» et d'avoir sa «personnalité». Il ne se laissera pas facilement enrégimenter et endoctriner. Car il aura su séparer le monde officiel, avec ses lois et ses règlements, du monde où lois et règlements n'étouffent pas l'action.

Adolescents, ils font partie de «bandes» pour se détendre librement. Des amitiés se forment; certaines se prolongent dans la vie adulte. Et comme d'ailleurs partout dans le monde, les relations

«Les petits Français... deviennent souvent et plus individualistes et plus heureux que les enfants américains.» (Photo par Wylie)

personnelles sont utilisées pour obtenir des faveurs, avancer dans sa carrière et tourner lois et règlements. La seule différence peut-être avec ce qui se passe dans d'autres pays, y compris les Etats-Unis, c'est qu'en France la plupart des gens se contentent de hausser les épaules et de dire en souriant: «Ah, les petits amis! le piston (*pull* en américain)! C'est la vie!»

C'est ainsi qu'un jeune sous-préfet dynamique, comprenant la nécessité de faire bâtir un ensemble de logements à loyers économiques dans une petite ville tranquille, vit se dresser contre son projet le conseil municipal. Celui-ci en effet redoutait l'afflux de nouveaux électeurs de la classe ouvrière qui manifestement voteraient pour d'autres conseillers municipaux aux prochaines élections. Le conseil municipal vota donc contre le projet sous le prétexte qu'il était impossible de recueillir les fonds nécessaires à la construction. Le sous-préfet les déjoua grâce à un vieil ami d'enfance (son ancien Scoutmestre) très bien placé au ministère et chargé d'accorder ou refuser les fonds gouvernementaux; il obtint ainsi promptement la participation financière de l'Etat à la construction des nouveaux logements. Ici le «piston», parce que le sous-préfet avait une «grosse légume» (*big shot*) parmi ses relations, lui permit de modifier l'état des choses dans la petite ville en question.

Dans d'autres milieux on remarque parfois qu'un simple viticulteur a des amis haut placés dans la hiérarchie sociale. C'est que ceux-ci sont tout disposés à faire accorder des faveurs en échange de quelques bonnes bouteilles d'un cru particulièrement rare et apprécié de ces messieurs!

Avoir «fait» l'Ecole Normale Supérieure ou Polytechnique, par exemple, vous place automatiquement dans des groupes de pression extrêmement puissants qui font preuve de grande solidarité et agissent avec discrétion et efficacité.[25]

Comme attaché culturel auprès de l'ambassade des Etats-Unis à Paris (1965–1967), j'étais considéré comme une «grosse légume» avec beaucoup de «piston» par les parents français qui cherchaient à faire entrer leurs enfants dans certains *colleges* américains. Quand j'expliquais que j'écrirais une lettre de recommandation après avoir fait la connaissance du jeune candidat, mais que toute tentative de ma part pour forcer la main du comité d'admission ferait plus

---

[25] L'équivalent américain se trouverait peut-être dans les *fraternities* universitaires dont les membres savent, plus tard, dans leur vie professionnelle, se reconnaître et s'entraider en bien des circonstances.

de tort que de bien à la candidature, je donnais l'impression très nette de ne pas vouloir rendre service.[26]

Il peut arriver aussi que, pour apporter quelque changement à la structure sociale, l'on tourne la loi, avec assez d'adresse pour ne pas empiéter sur les affaires des autres, et que la société intègre éventuellement le fait accompli. Un bon exemple en est celui d'un de mes amis qui, désireux de créer un Institut dans le cadre de l'enseignement supérieur français, et découragé par les formalités interminables à remplir, les approbations officielles à solliciter, les susceptibilités des groupes rivaux, est tout bonnement arrivé à ses fins en se faisant imprimer du papier à lettres avec en-tête de «l'Institut». Ses étudiants et lui-même se sont alors comportés comme si l'Institut avait une existence légale. Le groupe s'est mis tranquillement au travail sans autre formalité. Personne ne s'est jamais enquis de son statut exact, et au bout de quelques années, tout allant bien et sans heurts, l'Institut s'est vu incorporé dans l'université comme s'il avait été soigneusement et lentement conçu dans les formes traditionnelles.

A première vue, l'organisation sociale française pourrait sembler lourde de conséquences néfastes. Mais la société française est stable; les changements qui s'y produisent, cumulatifs et lents, ne sont que rarement violents. Et, de plus, le système fonctionne effectivement:[27] chacun sait où il en est; une certaine indépendance individuelle compense les responsabilités imposées par la structure; c'est une forme de bonheur, semble-t-il, de faire partie du système, en

---

[26] Il m'a été donné jadis de faire une étude sur un professeur de l'université de Paris décédé en 1873. Sa bibliothèque, demeurée intacte après sa mort, contenait de nombreuses lettres de personnages importants, amis et relations, recommandant instamment à sa bonté un fils ou un neveu. Ceci se passait au milieu du XIXe siècle et trahit une vieille tradition tenue plus ou moins secrète et plus ou moins reconnue. De nos jours, il est vrai, examens et concours laissent bien peu de jeu à ce procédé, grâce à l'anonymat de la plupart des épreuves écrites (identifiées par un numéro) et à la multiplicité des examinateurs pour les épreuves orales. Il est peut-être bon d'ajouter toutefois que l'abondance de ces lettres qui implorent une faveur spéciale diminue considérablement leur importance, et aussi que la majorité des lettres françaises de recommandation, même aujourd'hui, diffèrent énormément des lettres américaines: elles consistent en formules louangeuses, interchangeables; ces recommandations ne compromettent guère leur auteur; elles ne présentent pas l'analyse précise des qualités et des défauts du candidat.

[27] Il y a bien sûr du gaspillage et de la paperasserie. Pour chaque lettre officielle écrite, il faut conserver quatre ou cinq copies-carbone. Dans les banques et dans les bureaux, l'étranger est frappé par le nombre de copies de lettres empilées sur les tables, et que de nombreux employés classent soigneusement dans des fichiers. C'est parce que chaque feuille de papier est la preuve vérifiable que tel secrétaire ou employé s'est bien déchargé de sa responsabilité.

«La société française est stable; les changements qui s'y produisent... ne sont que rarement violents.» Ici, «La Marseillaise: Marianne à la tête du peuple». Dessin par Gustave Doré.
(The Bettmann Archive)

gardant son individualité et en se jugeant l'égal de tous ceux qui se trouvent au même échelon hiérarchique que soi.

Au total, cette forme d'organisation sociale, malgré sa rigidité, son inhumanité et son traditionalisme, permet aux Français d'avoir
5 un certain rayon d'action convenable, selon la conception qu'ils se font, nous le savons, de la nature physique, de la nature humaine et du temps.

QUESTIONS

1. Expliquez ce que sont les associations libres de citoyens aux Etats-Unis selon Tocqueville.

2. Dites ce que vous savez des associations françaises de citoyens.

3. Racontez la manifestation des cultivateurs des environs d'Angers.

4. Dans quel sens le point de vue des Français sur les clubs a-t-il changé récemment?

5. Que font généralement beaucoup de Chanzéens le dimanche?

6. Qu'est-ce qu'un Syndicat d'initiative? Dites ce que vous savez de celui de Chanzeaux.

7. Que recherchaient les clubs apolitiques entre 1950 et 1960?

8. Pour quelles raisons pouvait-on alors estimer que la structure sociale de la France était en voie de changement? Un changement s'est-il opéré? Que s'est-il passé en fait?

9. Quel type de structure la société américaine a-t-elle adopté? En quoi ce modèle se distingue-t-il du type français?

10. Expliquez pourquoi un politicien français ne pourrait pas tenir les propos de MM. Shell et Nixon.

11. Expliquez pour quelles raisons des Français estiment que des chefs de la police ont été complices dans l'assassinat d'Oswald.

12. Racontez l'épisode de «Mary White».

13. A quoi est due la stabilité sociale française?

14. Qu'est-ce qu'une «situation acquise»? Donnez deux exemples.

15. Donnez quelques exemples de ce que les Français appellent «signes extérieurs».

16. Pourquoi y a-t-il peu d'enfants d'agriculteurs et d'ouvriers dans «l'enseignement long»?

17. Commentez les réactions des petits fonctionnaires en France et aux Etats-Unis.

18. Comment le Français se sent-il dans une «situation acquise»?

19. Faites la liste des principales obligations du petit fonctionnaire français.

20. Quelles difficultés se présentent au petit fonctionnaire français quand on lui pose des questions hors de l'ordinaire? Comment sont-elles résolues?

21. Qu'appelle-t-on dans certains milieux «l'horreur du face à face»? Donnez un exemple.

22. Rappelez brièvement la formation stricte des enfants français et quelques-unes des échappatoires auxquelles ils ont recours.

23. Donnez des exemples de «débrouillardise». Pourquoi les parents français aiment-ils que leurs enfants soient «débrouillards»? Qu'est-ce que ce trait présage pour l'avenir de l'enfant?

24. A votre connaissance, est-ce que les relations personnelles ont joué un rôle autour de vous? Donnez un exemple.

25. Qu'est-ce que le sous-préfet a fait pour forcer la main du conseil municipal de la petite ville tranquille? Comment s'y est-il pris? Expliquez.

26. Pourquoi un modeste viticulteur n'est-il pas mécontent d'être en bons termes avec une «grosse légume»?

27. Que pensez-vous personnellement des lettres de recommandations? Pourquoi?

28. Racontez comment un certain Institut s'est créé en dehors des voies officielles.

Quatrième Partie
SYMBOLES

INTRODUCTION

Chapitre 25 Toute société organise d'après son système de valeurs ses individus et ses groupes, de telle sorte que les tâches essentielles de la vie puissent être accomplies; et nous avons constaté que ces valeurs sont inculquées aux individus pour faciliter leur encadrement dans le système tel qu'il est organisé. Si l'homme était un robot, ce serait tout simple; mais comme la psychologie de l'homme est compliquée, il nous faut approfondir cette question et toucher à un domaine plus mystérieux, plus difficile à analyser mais incontestablement plus important pour l'homme que l'organisation concrète qui les lie. C'est le domaine des symboles.

Chaque individu, chaque groupe, chaque société s'est bâti quelque système afin d'organiser son existence et lui donner un sens. Au niveau le plus simple, les symboles seront peut-être des conventions rudimentaires—les lettres qui forment les mots de ce livre, ou bien le triangle inversé de la signalisation routière qui annonce un arrêt obligatoire au prochain croisement. Au niveau le plus élevé, des symboles contiendront les réponses implicites aux questions les plus difficiles que se pose l'homme.

La croix, que le non-chrétien pourrait définir littéralement comme deux bouts de bois attachés ensemble, contient en puissance pour tout chrétien la réponse à des questions comme celles-ci: Qu'est-ce que l'homme, et que fait-il sur la terre? Pourquoi est-il né? Pourquoi doit-il souffrir? mourir? Qu'advient-il de lui après la mort?

Le comportement, tout comme les objets, peut impliquer des symboles. Avez-vous déjà vu dans la rue un homme qui en marchant le long d'une clôture frappait de sa canne un piquet sur trois? Ce geste correspond à quelque besoin profond que cet homme ne saurait expliquer sauf peut-être après de longues heures de psychanalyse. Pourquoi les jeunes gens portent-ils les cheveux courts

pendant une génération et les laissent-ils pousser à une autre époque?
C'est beaucoup moins une question d'habitude que le besoin de
susciter une réaction violente chez leurs aînés. Pourquoi étudiez-
vous le français? Ce phénomène recouvre certainement beaucoup
de symbolisme. En vérité, plus on y réfléchit, mieux on se rend
compte que toute parole et toute action est symbolique, et on é-
prouve le sentiment de mystère qu'évoque Baudelaire dans la première strophe de «Correspondances»:[1]

> La Nature est un temple où de vivants piliers
> Laissent parfois sortir de confuses paroles;
> L'homme y passe à travers des forêts de symboles
> Qui l'observent avec des regards familiers.

Ces symboles sont responsables de malentendus profonds entre
les peuples de cultures différentes, et ils sont particulièrement difficiles à expliquer parce qu'ils n'ont de sens que dans le contexte
culturel où l'on peut les observer. Les Français, par exemple, ne
sauraient comprendre pourquoi le président des Etats-Unis doit
prêter serment sur la Bible le jour de son investiture. Ils estiment en
effet que la politique et la religion doivent rester nettement séparées
l'une de l'autre. Les hommes politiques américains s'expriment
souvent en termes tirés de la religion, ce qui semblerait aux Français
déplacé et de fort mauvais goût dans la bouche des politiciens français. Il importe donc que les Américains essaient de saisir le comportement symbolique français s'ils veulent comprendre vraiment
la civilisation française.

L'étude des symboles est même plus nécessaire en France que
dans la plupart des cultures parce que la culture française est hautement stylisée et moins directe que celle des Etats-Unis. Nous savons
que les enfants français sont rigoureusement «socialisés»: ils doivent,
plus que les enfants américains, réprimer ou intérioriser soigneusement leurs sentiments, ce qui les force évidemment à se former un
comportement indirect afin de se libérer de leurs sentiments interdits, tabou. En France, les formes de la politesse sont admirablement
respectées, mais quel esprit et quelle imagination les Français n'ont-
ils pas pour donner libre cours à l'agressivité interdite par le code
de la courtoisie!

La tendance des Français à diviser la vie en compartiments, cha-

---

[1] Charles Baudelaire (1821–1867), poète et écrivain qui annonce la poésie moderne, est
l'auteur des *Fleurs du mal*, de *Poèmes en prose*, de *L'Art romantique*, et le traducteur des œuvres
d'Edgar-Allan Poe.

cun d'entre eux reconnu à ses symboles, joue aussi un rôle important. Car il faut nécessairement en tenir compte si l'on désire occuper la place qui revient à chacun.

   J'en ai fait la découverte quand j'étais en France comme *junior*:
5 un jour, dans la rue, j'ai rencontré la dame chez qui je logeais alors; je lui ai dit «bonjour» très poliment, sans m'arrêter. Au déjeuner,

Chacun vit dans son propre monde de symboles. (Photo par Wylie)

elle m'a vertement semoncé, car j'avais commis plusieurs fautes graves qui me plaçaient, a-t-elle dit, dans la catégorie des gens qui ne vivent pas d'ordinaire sous son toit. D'abord, je ne m'étais pas arrêté; ensuite, je n'avais pas enlevé mon chapeau; je ne lui avais pas serré la main, et je n'avais pas non plus pris le temps d'expliquer où j'allais. En d'autres termes, je n'avais pas accompli les rites spécifiques convenant à la catégorie dans laquelle elle estimait que

Le béret, comme symbole, comporte des implications très subtiles. (Photo par Wylie)

je devais me placer. Les manifestations et signes extérieurs sont donc de toute première importance.

Lorsque les étudiants américains vont en France pour la première fois, et qu'ils descendent le boulevard Saint-Michel à Paris, un de leurs premiers désirs est de 's'acheter un béret. C'est fort bien, mais ils devraient savoir que le port du béret aujourd'hui en France a plusieurs significations symboliques, en plus du fait qu'il est aimé par les Américains! Il correspond à certaines classes sociales. Même pour les étudiants, il n'est plus à la mode. Il y a vingt ou vingt-cinq ans, avec des ornements spécifiques, il était porté par les fascistes. Il est accepté à la campagne, et par bon nombre d'ouvriers dans les villes. Un bon petit bourgeois conventionnel, voyageant en train, peut fort bien sortir son béret pour le trajet. Toutefois, les gens comme il faut ne portent pas de béret à Paris, car s'il représente symboliquement beaucoup de groupes différents, ce n'est pas le couvre-chef ordinaire dans la «bonne société».

Un autre facteur qui renforce le comportement symbolique des Français provient de la place accordée au passé et à l'identification des différents groupes avec certains événements et certains partis politiques de l'histoire de France. Les symboles du passé retiennent leur puissance d'émotion et se greffent sur les symboles du temps présent. C'est ainsi que les Gaullistes ont été appelés bonapartistes[2] par leurs ennemis, alors qu'eux-mêmes parlaient de la Fédération de la gauche[3] comme d'un nouveau Front populaire.[4] Et les hommes de la planification sont surnommés néo-colbertistes[5] ou néo-saint-simoniens.[6] A toute nouveauté, et pour la rattacher au passé, les Français essaient de retrouver un symbole ancien.

Les Américains ont beaucoup de mal à accepter ces symboles français et à ne pas les considérer avec hostilité. Souvent un mot, un acte ou une idée est interprété à faux, parce qu'ils les jugent selon leurs propres valeurs symboliques. Ils se trompent; ce qui

---

[2] Les Bonapartistes étaient les partisans du régime impérial fondé par Napoléon Bonaparte.

[3] Après les élections législatives de mars 1967, la Fédération de la gauche groupait 121 députés (sur 486); ses principaux *leaders* sont François Mitterand, Guy Mollet, Pierre Mendès-France, mais en 1969 cette Fédération s'est désintégrée.

[4] Voir Chapitre 21.

[5] Voir Chapitre 21, note 10.

[6] Le comte Claude-Henri de Saint-Simon (1760–1825), philosophe et chef d'une école politique et sociale. Selon le saint-simonisme, «à chacun selon ses capacités, à chaque capacité selon ses œuvres»; la doctrine saint-simonienne critique aussi la propriété privée parce qu'elle aboutit à une organisation anarchique de la production.

provoque naturellement incompréhension, malaise et critiques.[7]
C'est dans leur comportement symbolique que nous trouvons que
les Français sont si français et si difficiles à comprendre.

---

[7] Ces critiques hargneuses sont tirées d'une brochure distribuée par les Services d'information et d'orientation de l'Armée américaine aux soldats américains qui arrivaient en France en 1944 et 1945. La plupart des pays occupés par les troupes américaines avaient leur propre brochure, dont le but était d'aider les Américains à s'entendre avec les populations.

Pour la France, la brochure relevait 112 critiques contre les Français communément formulées par les soldats américains. Chacune d'elles était suivie d'une explication et d'une mise au point destinées à créer une attitude plus intelligente à l'égard des Français et de leur culture. En voici quelques exemples:

— Deux fois en vingt-cinq ans nous avons dû venir en Europe pour défendre la France. Résumé de la réponse: La vraie raison est que nous avions peur pour nous-mêmes, pour notre propre sécurité.

— Nous aidons toujours les Français quand ils ont des ennuis. Qu'ont-ils jamais fait pour nous? Réponse: Ils nous ont énormément aidé pendant la guerre de l'indépendance américaine (et suivent quelques chiffres et statistiques).

— Les Français ne sont pas aimables. Réponse: Certains le sont, d'autres pas. Plus soucieux de la forme, plus polis que nous, ils tiennent aussi plus que nous à défendre leur vie privée. Et la langue enfin crée entre nous une barrière sérieuse.

— Les Français sont diablement indépendants. Réponse: Nous aussi, d'où une friction inévitable entre nos deux peuples.

— Les Français ne sont pas à la page; ils ne sont pas modernes; ils vivent dans le passé. Réponse: Ils ne recherchent pas les richesses, mais la sécurité. Le pays (surtout après quatre années de guerre et d'occupation par l'ennemi) est très faible sur le plan industriel; mais, dans les arts, la littérature, la législation sociale, la France est en excellente place dans le monde.

— Les Français se moquent de tout; ils ont même inventé un mot pour décrire leur attitude, le «laisser-faire», qui signifie «à quoi bon?» Réponse: La théorie du «laisser-faire» est la base de notre système capitaliste.

— Qu'est-ce que ces «grenouilles» ont jamais donné au monde? Réponse: Une liste assez longue d'écrivains, d'explorateurs, de savants et d'inventeurs, de musiciens, de peintres, de philosophes, d'historiens, de généraux, etc.

— Pourquoi les installations sanitaires, les toilettes, sont-elles si médiocres? Réponse: Les circonstances (hostilités, occupation) expliquent partiellement cette situation. D'autre part, à ces mêmes dates, 9 400 foyers américains n'avaient pas l'électricité, 80% des fermes n'avaient pas de salle de bains ni d'eau courante, et 3 500 000 foyers n'avaient pas de chasse d'eau dans les cabinets.

— Les Françaises sont légères. Réponse: Les femmes légères sont celles avec qui on fait le plus vite connaissance; c'est pourquoi nous en voyons tant. En fait, les Françaises sont moins libres que les Américaines.

— La France est une nation en décadence. Réponse: Comment mesure-t-on la décadence? Les Allemands avaient coutume de dire: «Les démocraties sont en décadence.»

— A les voir à Paris, les Français n'ont pas l'air d'avoir beaucoup souffert de la guerre! Réponse: Vue très superficielle; la sous-alimentation généralisée se voit mal. Suivent les pertes en hommes (635 000 Français ont été tués; 585 000 sont devenus des invalides), et les pertes matérielles: usines, ponts, routes, chemins de fer, ports, machines (500 000 immeubles détruits, 1 500 000 endommagés; 6 000 000 Français sans logement; un tiers de la richesse française anéantie).

— Tous les politiciens français sont corrompus. Réponse: La proportion est à peu près la même aux Etats-Unis.

— Le marché noir est une honte. Réponse: C'est bien ce que pensent la plupart des Français. Et une bonne partie de ce qui se vend au marché noir est fournie par les soldats américains.

L'étranger reconnaît ici deux symboles des Français, un dans chaque main. (Photo par Irene Bayer/Monkmeyer)

Un jour, dans le train qui va du Havre à Paris, j'avais pris la décision de noter sur un carnet tout ce qui me frappait et me paraissait différent. Cette lecture est pour moi aujourd'hui fascinante et décourageante à la fois, car je ne puis aucunement expliquer certains
5 des détails observés. Pourquoi les chemins de fer français roulent-ils à gauche? Parce que les Anglais en ont dirigé la construction des premières lignes. Ceci est clair; mais je ne sais pas pourquoi les chemins de fer anglais ne roulent pas à droite! Je ne comprends pas non plus pour quelles raisons les fenêtres en France ouvrent à
10 l'intérieur, au lieu de glisser de haut en bas et de bas en haut, comme les fenêtres américaines, que les Français appellent des fenêtres à

guillotine.[8] L'accumulation de détails de ce genre ne constitue qu'une petite partie de la culture française, vue sous l'angle de l'anthropologie.

Une des difficultés est que l'origine de tous les détails est si distante dans le temps qu'il est absolument impossible d'y remonter. Tout ce que l'on peut faire, avec la meilleure volonté du monde, c'est de parler des groupements généraux de comportement symbolique qu'on observe dans les institutions.

Nous savons qu'il en existe de deux sortes: les institutions premières et les institutions secondaires. Parmi les premières sont la famille, toute l'éducation du premier âge, le développement de la personnalité, le système de punitions et de récompenses. Les institutions secondaires continuent dans la même ligne que les institutions premières, qui servent ainsi de causes et de modèles. Elles deviennent rites, folklore, poésie, tabous, systèmes de philosophie, théories politiques, idéologies et rationalisations religieuses.

On peut étudier la politique, la religion, la littérature et l'art en tant qu'éléments constitutifs de l'organisation sociale. Mais ici nous examinerons ces questions du point de vue du symbolisme; nous les considérerons comme les institutions secondaires définies plus haut.

QUESTIONS

1. Décrivez deux gestes ou actions sans signification apparente mais de valeur symbolique, pour les Français ou pour les Américains.

2. Pourquoi faut-il adapter ses propres symboles à ceux du groupe dont on fait partie?

3. Donnez plusieurs exemples d'objets-symboles.

4. Donnez plusieurs exemples de comportement symbolique.

5. Pourquoi les symboles et les rites ont-ils si rarement un sens évident?

6. Que dit Baudelaire dans la première strophe de «Correspondances»?

7. Expliquez pourquoi les symboles jouent un rôle particulièrement important dans la culture française.

8. Racontez l'épisode du *junior* en France et de la dame chez qui il logeait.

---

[8] Du nom du docteur Guillotin, membre de la Constituante, qui fit adopter pour trancher la tête des condamnés à mort l'instrument déjà connu au XVIe siècle en Italie et en Ecosse.

9. Dites ce que vous savez du port du béret en France.

10. Pourquoi les Gaullistes étaient-ils parfois appelés bonapartistes?

11. Expliquez pourquoi la Fédération de la gauche rappellait à certains Français le Front populaire.

12. En vous reportant un peu aux chapitres précédents, expliquez pourquoi les hommes responsables du quatrième Plan ont été appelés néo-colbertistes et néo-saint-simoniens.

13. Choisissez cinq des critiques formulées par les soldats américains en France en 1945, et commentez-les.

14. Quelle différence y a-t-il entre les fenêtres françaises et les fenêtres américaines?

15. Qu'appelle-t-on ici les «institutions premières» et les «institutions secondaires»?

RELIGION

CHAPITRE 26 On estime en général que l'Eglise joue encore en France un rôle considérable. Presque tous les Français sont catholiques de tradition, de formation, d'attitude et de foi. Et lorsque je déclare que Roussillon-Peyrane est un village typique,[1] on est surpris et troublé, car on se demande alors si tous les catholiques français sont aussi peu pratiquants que ceux de Peyrane dans le Vaucluse.

Des sociologues catholiques ont établi, entre 1920 et 1930, les statistiques que donne le Tableau 26,1. La population s'élevait alors

Tableau 26,1 **Recensement religieux des Français.**

Catholiques baptisés	
Observants réguliers	8 000 000
Conformistes saisonniers	30 000 000
	38 000 000
Protestants	800 000
Musulmans	300 000
Israélites	250 000
Sans affiliation religieuse	2 500 000

à 42 000 000 d'habitants; elle a atteint aujourd'hui 50 000 000. Les chiffres donnés ici ne sont donc plus exacts, mais les proportions n'ont guère changé. Des 38 000 000 catholiques (sur 42 000 000 de Français il y a quarante ans), 30 000 000 étaient des catholiques «saisonniers», et huit millions, des catholiques pratiquants. Les premiers ne pratiquent leur religion qu'à certains moments de leur vie: pour la naissance, la première communion, le mariage et l'enterrement; ils observent en quelque sorte leur religion au

---

[1] Dans *Village en Vaucluse*, Roussillon est le nom réel, et Peyrane le nom fictif du village étudié. Voir Chapitre 8, note 11.

passage d'une saison de la vie à l'autre. Les mêmes sociologues vont plus loin, et distinguent parmi les catholiques pratiquants ceux qui reçoivent la communion chaque semaine, ceux qui vont à la messe chaque dimanche, ceux qui n'y assistent qu'une fois par an, etc.

5   Voici les pourcentages, établis en 1958, par l'Institut français de sondage de l'opinion publique: 33% des Français ont répondu que, catholiques, ils allaient à l'église; 43% qu'ils n'y allaient pas;

Fig. 26,1. *Carte religieuse de la France rurale.* F. *Boulard,* Problèmes missionnaires de la France rurale. (Editions du Cerf)

6% étaient musulmans, israélites ou protestants; 4% se sont déclarés déistes; 5% se sont dits athées sans grande conviction; et 9% se sont déclarés convaincus que Dieu n'existait pas. La population catholique est donc assez divisée sur ces points.

La distribution géographique de la pratique religieuse est intéressante aussi. La Figure 26,1 montre le degré de pratique des catholiques ruraux. Selon la légende de la figure, la France rurale se divise en «pays chrétiens», «pays indifférents» et «pays de mission» (les lignes en pointillé marquent les limites des anciennes provinces).

Dans les «pays de mission», où des missionnaires assurent un minimum de vie religieuse, l'Eglise ne recrute aucun prêtre et ne recueille aucun avantage pécuniaire. On les trouve en Champagne, en Bourgogne et dans le Massif Central occidental. Beaucoup de zones urbaines ouvrières sont également considérées comme «pays de mission».

Par contre, l'Ouest en général, le Pays Basque, les Pyrénées, le sud-est du Massif Central, les Alpes (en bordure de la frontière italienne), les monts du Jura, l'Alsace-Lorraine, les Flandres et les environs immédiats du Havre forment les «pays chrétiens».

Les pays de non-pratique religieuse recouvrent le reste de la France: une grande région économique au nord de la France, le Sud-Ouest (autour de Bordeaux) et le littoral méditerranéen (la Provence et le Languedoc); c'est la plus grande partie du territoire français, et nous y constatons la même absence de pratique religieuse qu'à Peyrane. Ce sont surtout les régions fertiles qui font les «pays indifférents»—zones de tradition catholique, mais au fond peu religieuses aujourd'hui; parmi elles se trouvent les grands vignobles: Bourgogne, Champagne, Bordelais, vallée du Rhône.

Il faut aussi tenir compte de ce qui affecte la pratique religieuse, à savoir l'âge, le sexe et les différences sociales. Les femmes sont, comme partout, plus religieuses que les hommes. Les ouvriers sont les moins religieux. A la ville, la pratique religieuse s'élève avec le statut social. Des études par paroisses montrent encore plus clairement les professions où la pratique religieuse est la plus forte.[2]

Les statistiques données plus haut risquent de nous induire en

---

[2] A Lyon, par exemple, une paroisse signale que la classe des professions libérales (en particulier les instituteurs et les professeurs) est très pratiquante: 45% d'entre eux vont à la messe (33% de ces catholiques fervents appartiennent aux cadres et à l'enseignement primaire); 20% sont des employés de commerce; 17%, des fonctionnaires; 14%, des courtiers; 11%, des artisans; 7%, des sous-officiers; 6%, des contremaîtres; 4%, des ouvriers de toutes catégories.

Prière dans une école privée. La plupart des enfants apprennent les rites religieux...
(Photo par Wylie)

erreur. Personnellement, j'estime que les Français sont probablement encore moins religieux que les sondages ne le montrent. L'un de ces sondages, par exemple, indiquait 21% d'athées convaincus, et 45% d'athées incertains, qui s'inscrivaient tout de même
5 comme catholiques de naissance, par une sorte de vague allégeance, de traditionalisme. Aucune nuance, il est vrai, n'est possible dans ces sondages, où l'on ne peut caser les individus que dans une seule catégorie.

Les enquêteurs de 1958 ont toutefois cherché à déterminer combien
10 bien de catholiques, parmi ceux qui croyaient au péché originel, pensaient que l'homme naissait avec des tendances au mal, qu'il faut combattre. Ils n'ont obtenu que 14% de réponses positives; et beaucoup ne croyaient pas à l'enfer. On a demandé aux catholiques «saisonniers» s'ils croyaient à l'immortalité, à la trinité, à l'enfer, au
15 purgatoire, au ciel et à la résurrection. Quarante-trois pour cent de ces catholiques disaient croire à l'immortalité; 43%, à la trinité;

24% seulement à l'existence de l'enfer, du purgatoire et du ciel; et 17% à la résurrection de la chair. En d'autres termes, la vérité de la statistique officielle dissimule une situation confuse et nuancée. Pour comprendre la religion en France, il faut en comprendre d'abord les fonctions, et le comportement symbolique qui y répondent.

La première de ces fonctions consiste à marquer rituellement les étapes de la vie. La plupart des hommes estiment qu'il faut avoir une église pour célébrer baptême, communion solennelle, mariage et funérailles. C'est pour eux la fonction la plus importante de la religion.

... «*mais les femmes sont, comme partout, plus religieuses que les hommes*». (Photo par Wylie)

C'est également un désir permanent de l'homme que d'influencer par la prière le cours des événements pour qu'ils se déroulent comme il le souhaite.

Pour ceux qui ont quelque idéal, la religion explique l'existence
5 et donne une interprétation à la réalité. Elle diminue aussi l'angoisse humaine devant le péché, la maladie et, par-dessus tout, devant la mort, dont elle abolit l'absurdité; elle nous donne l'encouragement et le support dont nous avons besoin dans les misères de l'existence.

Elle renforce, d'autre part, la morale et l'éthique de tous les
10 groupes sociaux. Elle demande à chaque individu de s'analyser constamment, de tendre vers une vie équilibrée en dominant certaines impulsions. Elle confirme en lui l'image qu'il a de lui-même et de ses rapports avec les autres, en renforçant un sens de solidarité avec ceux en qui il a confiance, et en le différenciant des
15 cercles hostiles qui l'entourent.

Enfin, la religion permet à l'homme de se construire un système de symboles (exprimant toutes les valeurs auxquelles il croit) qui facilitent ses actes et ses réactions.

La question des rites de passage (baptême, communion solennelle,
20 mariage, enterrement) crée à l'Eglise des difficultés; dans les publications religieuses, et surtout dans celles qui sont destinées aux ecclésiastiques, la question y est sans cesse reprise. Des fiancés viennent voir le prêtre pour lui dire: «Nous n'allons jamais à la messe, mais nous voudrions nous marier à l'église.» Que doit-il leur répondre?
25 Baptisés comme la plupart des Français, ont-ils droit à un mariage religieux? C'est chaque fois pour le prêtre un cas de conscience. Le mariage civil suffit légalement, mais presque tous les Français veulent que leur mariage soit béni par l'Eglise. Les mêmes sentiments les poussent, quelles que soient leurs opinions religieuses, à préférer
30 que leurs enfants soient baptisés.

Un sondage d'opinion publique de 1962 a posé la question: «Etes-vous baptisé?» Quatre-vingt-dix pour cent des hommes, et 93% des femmes ont répondu par l'affirmative. «Est-ce que vos enfants seront baptisés?» Environ 80% ont répondu «oui». «Ont-
35 ils fait ou feront-ils leur première communion?» Soixante-treize pour cent des hommes, et 83% des femmes ont répondu «oui». La question suivante adressée à ces mêmes personnes était alors: «Allez-vous à la messe aussi souvent que possible?» Treize pour cent ont dit «oui»; 25%, chaque dimanche; 36%, de temps en temps;
40 et 26% ont répondu qu'elles n'y allaient jamais.

Quant à l'interprétation de la vie—autre fonction de la religion—la gamme est immense des explications, des opinions et des

Au café, après le baptême, on boit un verre à la santé du bébé. (Photo par Wylie)

variations qu'elle propose. La religion cherche à expliquer le mystère de l'univers, de la vie, de l'homme, et elle enseigne un catéchisme que les enfants apprennent par cœur, en se préparant à la première communion.

5   A propos des catholiques qui se prétendent «pratiquants», et qui n'acceptent pas tous les dogmes de l'Eglise, il faut distinguer entre ce qui est retenu du catéchisme et ce qui ne l'est pas. Les données élémentaires d'une morale pratique et pragmatique, d'une science facile et vulgarisée, apprises à l'école, et la lecture des journaux et

10   des magazines, rivalisent de plus en plus avec l'enseignement traditionnel de l'Eglise.

La connaissance de la vie dépend toujours de deux sources : l'une, assez vague, ressort d'un bon sens populaire pseudo-philosophique.[3] Mais, d'autre part, les phénomènes de la vie sont de plus en plus souvent expliqués par un procédé mystico-spiritualiste assez confus,[4] et cela en dépit de l'expansion des connaissances scientifiques. La confiance dans les «guérisseurs» est plus grande que jamais.

Comment peut-on espérer influencer le cours des événements ? Traditionnellement, prières, processions et rites religieux suffisaient.

---

[3] Un cultivateur tient compte, par exemple, de la lune et de ses phases pour planter ou ne pas planter : si elle est en train de décroître (c'est-à-dire en forme de «C»), c'est un signe qu'il va pleuvoir ; si, au contraire, elle croît (elle prend la forme d'un «D»), cela indique qu'il ne va pas pleuvoir.

[4] A rapprocher de la morale de La Fontaine et de celle exprimée par Simone de Beauvoir dans *L'Existentialisme et la sagesse des nations* (Paris : Editions Nagel, 1948).

Après le baptême, le parrain et la marraine jettent des bonbons et des pièces de monnaie aux enfants du village. (Photo par Wylie)

Ils suffisent encore en bien des cas. On peut aussi aller en pèlerinage à Lourdes, Lisieux, Paray-le-Monial.[5] Ceci ne veut pas dire que l'on ne consulte pas non plus le docteur. En fait, la profession médicale est la plus respectée en France. Plusieurs numéros de Sondages[6] ont été consacrés aux docteurs et à des questions de santé. L'une des questions posées était: «Pour quelle profession éprouvez-vous le plus de respect?» Quarante-huit pour cent des réponses portaient: «les médecins». C'était le plus haut pourcentage. Venaient ensuite: 21% pour les prêtres, 11% pour les ingénieurs et 1% ou 2% pour plusieurs autres professions.

Dans les régions vinicoles, ce que redoute le plus le vigneron, c'est la grêle. Jadis, il brûlait les cierges bénis de la Chandeleur[7] pour la détourner. Aujourd'hui, la pratique s'en est perdue, et l'on ne fait plus de procession pour influencer le temps. Dans une petite ville, près de Chanzeaux, à Saint-Lambert, où il y a plus de vignes qu'à Chanzeaux, les viticulteurs se tournent vers la science pour influencer les conditions atmosphériques. A la moindre menace d'o-rage (susceptible d'entraîner de la grêle), ils font partir des fusées dans la direction des nuages menaçants. L'air crépite; les fusées sont censées faire éclater les nuages et empêcher la grêle de se for-mer. Personne toutefois ne peut garantir le succès du procédé. Après tout, pour les fusées comme pour les cierges, c'est peut-être une question de foi. Cependant, les hommes agissent ici symbolique-ment d'une manière différente, en se tournant vers la science au lieu de la religion.

Pour calmer l'angoisse humaine, la religion dispose d'une grande variété de moyens. Le signe de la croix—trait de culture—se fait encore, même en public parfois, bien qu'un sentiment de fausse pudeur retienne plus qu'autrefois les fidèles de le pratiquer. Aux approches de la mort, les bonnes paroles et l'amitié du prêtre atténuent sensiblement le chagrin de la famille. La fonction de l'E-glise est très réelle en ces moments-là. Tous les parents et amis du mort assistent aux funérailles, et vont à pied au cimetière (ou en voiture, selon la distance) après la cérémonie religieuse.[8] Devant la tombe encore ouverte, ils défilent et font sur le cercueil le signe

---

[5] Trois grands centres de pèlerinages: Lourdes, dans les Pyrénées; Lisieux, en Normandie; Paray-le-Monial, à environ 80 km au nord-ouest de Lyon.

[6] Sondages, Nos. 1-2 (1960).

[7] Candlemas, le 12 février.

[8] Au passage d'un enterrement dans la rue, tous les hommes se découvrent, et la majorité des passants font le signe de la croix.

de la croix avec le goupillon chargé d'eau bénite que leur tend le prêtre. Puis, à la porte du cimetière, les membres de la famille serrent avec une émotion contenue la main de tous les gens du village qui sont venus à l'enterrement. La famille doit alors faire face publiquement à sa peine; mais, grâce à toute la cérémonie, l'Eglise aide effectivement ses membres à réintégrer leur place dans le groupe, après un temps de chagrin et d'angoisse.

Quant à dire si les gens prient ou ne prient pas, il est fort difficile de le savoir. Les femmes, plus que les hommes, semblent recourir aux prières que leur suggère l'Eglise. Dans une paroisse comme

Les gens de Chanzeaux préparent la procession de la Fête Dieu. (Photo par Wylie)

La procession de la Fête Dieu. (Photo par Wylie)

Chanzeaux, d'autre part, où la piété est grande, les fidèles font brûler peu de cierges, tandis qu'on en voit beaucoup dans les grands édifices religieux, comme la cathédrale de Chartres. Cela s'explique, m'ont dit des prêtres, par le fait que dans les grands
5   centres religieux, ou dans les lieux de pèlerinages, beaucoup de touristes qui n'étaient pas entrés dans une église depuis longtemps, sont impressionnés et repris par une certaine inquiétude, et ils font brûler des centaines de cierges, qui servent, pensent-ils vaguement, de substituts à la prière pour communiquer avec Dieu.
10   Dans les questions d'assistance, de soins, d'hospitalisation, l'Eglise avait toujours joué un rôle charitable primordial. Les monastères et les couvents ont pendant des siècles pris soin des malades et des

Le prêtre portant l'ostensoir termine la procession. (Photo par Wylie)

indigents. A l'heure actuelle, quelques-uns des meilleurs hôpitaux de France, à côté des hôpitaux ordinaires de l'Etat, sont encore dirigés et gérés par des ordres religieux. Dans le département du Maine-et-Loire, essentiellement catholique, on ne songerait point

5 à aller à l'hôpital dès lors qu'on peut trouver de la place dans une clinique privée catholique.[9] L'Etat a cependant plus de crédits pour acheter les appareils compliqués nécessaires à la chirurgie et à la médecine moderne; il est également mieux placé pour former des techniciens et des infirmières; il a donc repris dans l'ensemble

10 son ancienne fonction à l'Eglise, dont l'action, sur ce plan, est nettement diminuée.

---

[9] L'hôpital (de la ville), payant, tout comme la clinique privée (dans les deux cas la Sécurité Sociale rembourse la presque totalité des frais médicaux et d'hospitalisation) admet aussi, à titre gratuit, les rares indigents non couverts par la Sécurité Sociale. Il existe de plus des cliniques privées «non conventionnées» (c'est-à-dire sans contrat avec la Sécurité Sociale) où les frais sont à la charge du malade.

En ce qui concerne le renforcement de la morale du groupe et de l'individu, le code défini par l'Eglise n'est pas très différent de celui des juristes français, avec lequel il coïncide parfois exactement. C'est-à-dire que l'enseignement de l'Eglise vient appuyer les codes
5 de morale de la société civile, tels que la loi les exprime sur le comportement sexuel, le vol, la fraude, etc.

La première communion solennelle. (Photo par Wylie)

Dans le sondage d'opinion de 1962, à propos des fonctions diverses généralement reconnues à l'Eglise, le questionnaire proposait un certain nombre de déclarations qu'il fallait reconnaître pour vraies ou fausses. Les réponses ont en majorité reconnu que «l'Eglise défend la moralité et maintient l'ordre et la bonne tradition». Cette même majorité estime, par contre, qu'il est faux d'affirmer que «l'Eglise rend les hommes fraternels», que «l'Eglise lutte contre la misère des hommes» et que «l'Eglise rappelle aux gouvernements l'existence des principes chrétiens». On reconnaît donc que, sur un plan idéal et théorique, elle remplit bien son devoir, mais non pas au niveau de l'action et de la pratique.

Quant à la fonction de l'Eglise qui est probablement la plus importante à notre point de vue—celle qui consiste à renforcer la propre image que l'individu se fait de lui-même et de la réalité, et l'idée qu'il a de son identité et de ses rapports avec les autres— considérons, pour la comprendre, la situation géographique et sociale des catholiques français.

La Figure 26,1 nous montre que, où qu'ils se trouvent, les huit millions de fidèles font tous partie de quelque minorité. Les Basques ont une culture traditionnellement minoritaire. De même les Alsaciens et les Flamands. Les zones-frontières qu'ils habitent, prises entre les masses de cultures variées, en France et hors de France, menacées sans cesse d'écrasement, semblent avoir toutes reconnu leur caractère de minorité culturelle. De même un pays comme la Vendée, en révolte contre le gouvernement républicain et

Dans les écoles catholiques, les protestants ne sont pas obligés de prendre part aux prières. (Photo par Wylie)

anticlérical en 1793, et dont la rébellion a été sévèrement écrasée par les armées républicaines et anticléricales, est peut-être la preuve que l'Eglise est la plus forte là où les voisins sont ses adversaires. Des centres protestants existent dans la région de La Rochelle, du Havre et également dans la vallée du Rhône, près de la Méditerranée.

En ville, les classes de la moyenne et de la haute bourgeoisie, restées les plus pratiquantes, sont précisément ces mêmes classes qui sont sur la défensive à l'égard de la République. Il paraît donc certain que l'Eglise offre un milieu auquel les populations des cultures menacées peuvent accorder leur confiance. Elle leur donne des moyens d'identification qui renforcent leur foi en eux-mêmes et dans les milieux auxquels ils appartiennent, tout en entretenant leur défiance des milieux hostiles, contre lesquels ils réagissent en affirmant leurs propres valeurs.[10]

Toujours dans le sondage d'opinion de 1962, plusieurs questions portaient sur le pouvoir temporel de l'Eglise. En voici quelques exemples:

1. «L'Eglise favorise plutôt les grands que les petits: oui ou non?» Cinq pour cent des catholiques pratiquants, 21% des catholiques «saisonniers», 41% des catholiques non-pratiquants et 63% des incroyants ont déclaré que c'était vrai.

2. «L'Eglise ne défend que les intérêts de la société: oui ou non?»

3. «Elle se préoccupe davantage de défendre ses intérêts temporels que de servir Dieu: oui ou non?»

Aux questions 2 et 3, les réponses se sont partagées à peu près selon les mêmes proportions que pour la première question.

Enfin, en tant que cause et source de tout un système de symboles,[11] l'Eglise a intensifié considérablement le conflit entre les cercles sympathisants et les cercles hostiles. Ce sont les signes ordinaires par lesquels on reconnaît ses camarades dans le cercle sympathique, et ses adversaires dans le cercle opposé.

---

[10] Une étude récente faite sur la paroisse de Lowell, Massachusetts, confirme ce point de vue. L'analyse de la structure sociale y démontre que les catholiques franco-canadiens n'auraient jamais l'idée de fréquenter la paroisse irlandaise. Elle indique aussi que lorsque des paroissiens avaient quitté Lowell pour aller s'établir ailleurs aux Etats-Unis, les anciens de la ville demandaient toujours: «Est-ce qu'ils continuent à parler français?» Car à Lowell, parler français implique aller à la messe.

[11] Il ne s'agit pas ici du symbolisme interne: symbolisme de la croix, forme de l'église, liturgie, etc.

A un jeune professeur d'histoire de l'enseignement privé, préoccupé des mêmes questions que moi, je proposais d'écrire avec sa collaboration un certain article. «Oh, mais non», m'a-t-il répondu immédiatement, «personne ne l'accepterait, car je suis classé.» Professeur dans un collège catholique, il était marqué par tous les signes extérieurs du cercle auquel il appartenait; il aurait donc été rejeté par tous les autres cercles.[12]

Le rôle de l'Eglise vis-à-vis de certaines cliques (cercles sympathisants et cercles hostiles) a toujours causé en France de grandes scissions parmi les catholiques. Pour la plupart d'entre eux il y a toujours eu l'Eglise proprement dite, d'une part, et, d'autre part, l'institution ecclésiastique traditionnelle. On peut refaire ici le parallèle que nous avons établi plus haut entre la patrie et le gouvernement: la patrie mérite toujours amour et dévouement, tandis que le gouvernement suscite fréquemment les doutes et les soupçons. Il en va de même pour l'Eglise. Beaucoup de fidèles, tout en respectant la religion, se disent anticléricaux, c'est-à-dire contre l'Eglise en tant qu'institution, car ils s'estiment plus religieux qu'elle. Une minorité a sans cesse cherché à y supprimer tout ce qui rappelle l'esprit partisan qu'on y trouve, afin de la rapprocher de la «vraie» religion. Et Rome a toujours surveillé, avec une certaine méfiance, les catholiques français qui se sont efforcés de la réformer en tant qu'institution humaine. L'Eglise de France—l'Eglise gallicane—a été surnommée «le banc d'essai»; si les expériences qu'elle tente réussissent, des changements seront accomplis dans la structure de l'organisation mondiale de l'Eglise; mais si elles échouent, les petits groupes français d'avant-garde sont promptement condamnés et supprimés. L'un des derniers exemples en date est celui des prêtres-ouvriers.

Les mouvements d'action catholique en France sont assez forts. Commencés autour de 1920, ils groupent plusieurs organisations: la Jeunesse ouvrière catholique, la Jeunesse agricole catholique, la Jeunesse étudiante catholique, etc. Ces «Jeunesses» sont préparées tout spécialement pour ouvrir plus grandes les portes de l'Eglise à la masse, et en particulier aux classes ouvrières: les prêtres-ouvriers ont engagé la lutte. Ils avaient l'autorisation de leurs supérieurs ecclésiastiques de travailler comme simples ouvriers d'usines; leur

---

[12] Les groupes se donnent souvent des surnoms. Les élèves de l'Ecole normale supérieure, par exemple, ont baptisé «tala» le normalien qui allait à la messe (t à la); une formule de ce genre, symbolique, amène les gens à agir plus facilement avec ou contre l'intéressé.

La Jeunesse agricole catholique a beaucoup contribué à la formation des chefs syndicalistes agricoles. (Photo par Wylie)

établi était leur paroisse; rien ne devait les différencier des ouvriers de métier au milieu desquels ils vivaient et auxquels ils apportaient l'évangile (évangile, les statistiques l'ont prouvé, que les classes ouvrières ignoraient à peu près totalement). Mais une fois plongés dans le monde ouvrier, les prêtres se sont vite sentis solidaires des travailleurs; dans les milieux communistes, ils ont dû adopter leurs symboles, avec l'espoir de ramener quelques brebis égarées. Ils ont dû parler un langage compréhensible aux communistes, et parler, par exemple, du «camarade Jésus». C'était aller très loin. Comme ils étaient intelligents, ils sont parfois devenus des meneurs à l'intérieur des syndicats. Ils ont eu des problèmes très graves de loyauté à résoudre, et Rome leur a ordonné, en 1954, de rentrer dans le rang.[13]

Ce qu'il faut retenir ici, c'est qu'il y a toujours eu, à l'intérieur de l'Eglise de France, des esprits réformateurs qui ont voulu que l'institution ecclésiastique s'identifie exactement avec l'idéal qu'elle est censée poursuivre.

Ces hommes ont parfois réussi: saint Thomas d'Aquin et saint Benoît ont certainement obtenu des résultats appréciables.[14] D'autres par contre, ont été condamnés, et excommuniés s'ils ne s'inclinaient pas: Calvin, Pascal (et les jansénistes), Lamennais, Marc Sangnier (et *Le Sillon*).[15] *L'Action française* (avec Léon Daudet), également condamnée, était toutefois différente, car elle utilisait l'Eglise pour des fins politiques.[16]

On se souvient surtout de ceux qui ont réussi en dépit des conventions de leur temps: saint Bernard, Jeanne d'Arc, saint Vincent

---

[13] Mais Vatican II (en décembre 1965) a permis la reprise de ces tentatives, à titre d'expérience à une petite échelle, avec plus de coordination avec les évêques, et moins d'indépendance; les prêtres désormais portent le nom de «prêtres au travail».

[14] La doctrine de saint Thomas d'Aquin (1225-1274) dans *Somme contre les gentils* et *Somme théologique* constitue le fondement de la théologie officiellement adoptée par l'Eglise catholique d'aujourd'hui. Saint Benoît (480-547) est le fondateur du monastère du Mont Cassin et de l'ordre religieux des Bénédictins.

[15] Jean Calvin (1509-1564), réformateur et auteur de *L'Institution chrétienne*, somme théologique du protestantisme français. Blaise Pascal (voir Chapitre 1, note 15); vers 1646, il entre en rapport avec les jansénistes, dont la doctrine, austère, veut que la grâce soit accordée à certains êtres privilégiés, dès leur naissance, alors qu'elle est refusée aux autres. Félicité de Lamennais (1782-1854), philosophe, auteur de l'*Essai sur l'indifférence en matière de religion* et des *Paroles d'un croyant*. Marc Sangnier (1873-1950), homme politique qui a développé dans son journal, *Le Sillon*, les idées d'une démocratie chrétienne.

[16] *L'Action française*, dirigée par Léon Daudet (1868-1942), a été un quotidien violemment antidémocratique (1908-1944), utilisant une idéologie royaliste.

de Paul, sainte Bernadette (de Lourdes), sainte Thérèse de l'Enfant Jésus (de Lisieux), le Père de Foucauld et tout récemment l'abbé Pierre.[17] Saints ou saintes pour la plupart, c'est-à-dire finalement sanctionnés par l'Eglise, ils ont été à certains égards des révoltés, car ils ont dû parfois réagir contre l'organisation ecclésiastique afin d'en retrouver l'esprit.

En conclusion, nous dirons que les Français, en majorité, reconnaissent que l'Eglise organise les cérémonies dont ils ressentent encore le besoin. Un grand nombre d'entre eux, de plus, déçus par la science facile et la superstition, trouvent en la religion un soulagement à leur angoisse. Pour d'autres enfin, l'Eglise est un instrument entre les mains de groupes sympathisants ou intéressés. Elle tient tellement de place dans l'histoire qu'une simple allusion à un fait historique est susceptible d'enflammer les esprits.

Les Français en viennent aisément à estimer que la religion est surtout une question personnelle, qu'elle n'a rien à voir avec le gouvernement, et qu'elle ne doit pas s'insérer dans la politique; ils n'ont pas oublié les abus de l'Eglise «religion d'Etat» dans les siècles de la monarchie absolue; ils l'accusent encore d'avoir eu parfois, dans un passé plus récent, le tort de servir les intérêts particuliers de petits groupes.

Par suite de cette attitude, ils ne comprennent pas certains traits de la culture américaine. En France, personne n'est tenu de parler de sa religion, ni même d'en avoir une; c'est une affaire personnelle qui ne regarde pas les autres.

Une jeune Française, venue étudier aux Etats-Unis, était restée perplexe devant le questionnaire qu'elle avait dû remplir à son arrivée à l'université. Elle n'avait pas répondu à la question: «Quelle est votre religion?» Elle a dit au doyen qui lui téléphonait pour lui

---

[17] Saint Bernard (1091–1153), moine contemplatif et fondateur de l'abbaye de Clairvaux, a réformé les ordres religieux et prêché la seconde croisade. Jeanne d'Arc (1412–1431), jeune paysanne, brûlée vive comme hérétique et sorcière, après avoir aidé Charles VII à chasser les Anglais hors de France et donné aux Français d'alors un grand sens patriotique; elle a été déclarée sainte en 1920. Saint Vincent de Paul (1581–1660) est le premier qui ait donné aux catholiques le sens des responsabilités sociales, et qui ait fondé des «œuvres» à la manière moderne—pratiques et bien organisées. Sainte Thérèse de l'Enfant Jésus (1873–1897), carmélite, déclarée sainte en 1925. Sainte Bernadette (1844–1879), dont les visions de la Vierge ont amené à Lourdes de grands pèlerinages français et internationaux depuis près de cent ans. Le Père Charles de Foucauld (1858–1916), explorateur et missionnaire en Afrique du Nord et au Sahara. L'abbé Pierre, né Henri Grouès à Lyon en 1910 de riches soyeux de Lyon, a fondé les Compagnons d'Emmaüs, pour le secours des pauvres et des destitués, au cours des années qui ont suivi la fin de la seconde guerre mondiale.

Bretonnes en pèlerinage. (Photo par Wylie)

signaler son omission, que ce n'était pas un oubli, qu'elle n'avait pas de religion, à quoi le doyen a répliqué: «Ah, vous autres Euro- péens, vous êtes drôles, mais nous vous comprenons; il y a eu tant

de persécutions religieuses chez vous! Mais ici la religion n'a pas
tant d'importance; vous pouvez sans crainte indiquer la vôtre.» La
jeune Française, affirmant qu'elle n'en avait vraiment pas, l'Américain lui a dit: «Mettez donc que vous êtes israélite; personne n'y
5   fera attention.» —«Eh bien, d'accord, mais je ne suis pas juive!»
—«Alors, qu'êtes-vous donc?» —«Je ne suis rien.» —«Et vos parents?»
—«Rien non plus.» —«Et vos grands-parents?» —«Oh, ma grand-
mère était peut-être catholique!» —«Très bien, alors, inscrivez-vous
comme catholique!» Attitude et situation totalement incompréhen-
10 sibles aux Français.

QUESTIONS

1. Commentez les statistiques catholiques de 1920–1930 portant sur la
pratique religieuse en France.

2. Qu'appelle-t-on catholiques «saisonniers»?

3. Donnez les résultats auxquels aboutit l'Institut de sondage d'opinion
publique en 1958.

4. Qu'appelle-t-on pays de mission?

5. Quelles parties de la France forment les pays chrétiens?

6. Où la pratique religieuse semble-t-elle la plus médiocre?

7. Quels avantages offrent les sondages d'opinion? Présentent-ils des inconvénients? Lesquels?

8. Nommez les principales fonctions reconnues de l'Eglise en France.

9. Expliquez comment la religion marque le passage du temps.

10. Quel est un des buts de la prière mentionnés ici?

11. Selon vous, comment la religion explique-t-elle l'existence?

12. De quelle manière la religion essaie-t-elle de diminuer l'angoisse humaine devant la mort?

13. Comment la religion renforce-t-elle la morale des sociétés?

14. Devant quel cas de conscience le prêtre se trouve-t-il souvent à
propos de mariages?

15. Commentez les réponses aux deux questions du sondage de 1962
portant sur le baptême et la première communion, d'une part, et l'assistance à la messe, d'autre part.

16. Qu'est-ce que le catéchisme?

17. Quels sont les rivaux récents de l'enseignement traditionnel de l'Eglise dans la formation de l'enfant et de l'adolescent?

18. Recherchez ce qu'il faut entendre par «la sagesse des nations».

19. Que pensez-vous personnellement de l'influence de la lune sur l'agriculture? Expliquez.

20. Avez-vous confiance dans les «guérisseurs»? Expliquez.

21. Qu'est-ce qu'un pèlerinage religieux? Nommez et situez trois grands lieux de pèlerinages français.

22. Comment le vigneron d'aujourd'hui essaie-t-il de combattre la grêle?

23. Dites ce que vous savez d'un enterrement français dans un village ou dans une petite ville.

24. Qu'est-ce que le cierge représente pour le catholique? Pourquoi en brûle-t-on plus dans certaines églises que dans d'autres?

25. Quel rôle jouait l'Eglise d'autrefois en matière d'hospitalisation, de soins aux malades et d'assistance aux pauvres? Expliquez.

26. Quelle différence y a-t-il en France entre un hôpital et une clinique?

27. D'après le sondage de 1962, quelles influences reconnaît-on, d'une part, et refuse-t-on, d'autre part, à l'Eglise?

28. Analysez la situation géographique des catholiques d'après la Figure 26,1?

29. Quelle est, en gros, la situation sociale des catholiques pratiquants?

30. Quelle opinion les Français semblent-ils avoir sur le pouvoir temporel de l'Eglise?

31. Commentez la réponse du professeur qui refuse d'écrire un article en collaboration avec quelqu'un d'étranger à son milieu religieux.

32. Qu'est-ce qu'un anticlérical français?

33. Expliquez la différence entre l'Eglise proprement dite et l'institution ecclésiastique traditionnelle.

34. Pourquoi qualifie-t-on parfois l'Eglise de France de «banc d'essai»?

35. Nommez trois associations de jeunes catholiques français, et indiquez leurs buts.

36. Dites ce que vous savez des prêtres-ouvriers.

37. Choisissez quatre hommes ou femmes qui ont «réussi», et dites ce qu'ils ont accompli sur le plan religieux ou social.

38. Choisissez deux hommes qui n'ont pas «réussi», et donnez le titre de leurs œuvres philosophiques ou théologiques.

39. Quelle est l'attitude générale des Français à l'égard de leur propre religion ou de celle des autres?

40. Racontez ce qui est arrivé à l'étudiante française qui cherchait à s'inscrire dans une université américaine.

LA MAJORITÉ C'EST VOUS

VOUS VOULEZ
LE PROGRÈS, L'INDÉPENDANCE, LA PAIX

VOUS CHOISIREZ
LA STABILITÉ, L'EFFICACITÉ

Ve RÉPUBLIQUE

Ve
RÉPUBLIQUE

LE COMPORTEMENT POLITIQUE

CHAPITRE *27*   Les Américains ont beaucoup de mal à comprendre le comportement politique des Français. Il y a tellement de partis! Que représentent-ils? Les gouvernements ne durent pas et le pays change souvent de constitution à la suite de révolutions
5   plus ou moins violentes.[1] Pourquoi un grand nombre de Français ont-ils soutenu de Gaulle, alors que la plupart des Américains le considéraient avec hostilité? «Que se passera-t-il après son départ?» disaient-ils. Désorientés, les Américains se posent périodiquement toutes sortes de questions de ce genre.
10   La connaissance des facteurs symboliques du comportement politique français permettra peut-être de répondre à ces questions, et fera probablement comprendre—sinon admettre—aux Américains ce qui pousse les Français à penser et à agir comme ils le font, car aux Etats-Unis on dispose d'un autre système de symboles et de
15   standards différents. Accepter le système de valeurs des autres est à la base de la vraie tolérance.

On commence d'ordinaire l'étude de la politique française en considérant la composition de l'Assemblé nationale, la force des partis et leur programme. En novembre 1962, par exemple, après
20   des élections assez typiques, les partis se présentaient comme dans la Figure 27,1. Il y avait en gros six partis, ce qui permettait à certains commentateurs de soutenir que la France avait un système politique hexagonal.[2]

---

[1] De la Révolution française à nos jours la France compte une quinzaine de constitutions; mais la Constitution de 1875, celle de la IIIe République, a tout de même duré soixante-cinq ans.

[2] Les élections de 1962 servent d'exemple ici parce que les six tendances idéologiques y sont clairement indiquées. Dans certaines élections les nuances sont cachées par les changements de nom des partis, par les combinaisons et les apparentements, par le jeu des personnalités des chefs, par l'évolution de l'opinion publique, par des événements inattendus. On voit la complexité du problème si l'on cherche à suivre les courants idéologiques dans les élections de mars 1967 et de juin 1968:

Si nous les examinons comme on le fait en France, de gauche à droite, il y avait d'abord le parti communiste (le P.C.).[3] Puis, le parti socialiste (la S.F.I.O., la Section française de l'Internationale ouvrière).[4] Ensuite venait la «Fédération de la gauche», le parti

LES ÉLECTIONS DE 1967

Parti communiste français	73
Parti socialiste unifié (petit parti fondé en 1960 par des militants socialistes et radicaux; le parti des intellectuels; sans attrait pour la masse des votants mais important idéologiquement)	4
Fédération de la gauche (combinaison des éléments conservateurs des anciens partis S.F.I.O. et radical)	121
Centre démocrate (parti fondé en 1963 par des chefs M.R.P. conservateurs, soutenus par des éléments dissidents parmi les radicaux et les indépendants)	42
Ve République (nouvelle étiquette adoptée par l'ancien parti U.N.R., soutenu par les gaullistes de gauche portant l'étiquette «Union démocratique du travail»)	199
Républicains indépendants (parti héritier du Centre national des indépendants; fondé par Valéry Giscard d'Estaing pour soutenir de Gaulle, tout en se tenant à l'écart des éléments de gauche parmi les gaullistes)	43

LES ÉLECTIONS DE 1968

P.C.F.	34
P.S.U.	0
Fédération de la gauche démocrate et socialiste	57
Union des démocrates pour la République (héritier de la Ve République)	293
Centre progrès et démocratie moderne (héritier du Centre démocrate)	33
Républicains indépendants	61

Dans la grande peur qui a déterminé les résultats des élections de juin 1968, la représentation du courant socialiste a presque disparu, mais il continue très vivant parmi les gaullistes de gauche et parmi les intellectuels étudiants qui sont trop jeunes pour voter mais qui s'expriment dans les manifestations.

[3] Le P.C., né en 1920 d'une scission à l'intérieur du parti socialiste, organise ses cellules dans chaque magasin, usine, chantier, bureau ou atelier; les membres élisent leurs responsables. C'est le parti de masses. Vingt pour cent de la nation votent communiste, mais les lois électorales sont telles que leur représentation au parlement est beaucoup plus faible (sur un nombre total de députés qui varie entre 600 et 550 environ, ils étaient 180 en 1946, 150 en 1956, 10 en 1958, 40 en 1962, 73 en 1967 et 34 en 1968). Ils n'ont fait partie du gouvernement qu'une seule fois, et brièvement, après la Libération. Le parti communiste est au fond conservateur sauf dans son soutien de l'U.R.S.S.

[4] La S.F.I.O., créée en 1905, fonctionne par sections locales et fédérations départementales (c'est-à-dire selon une structure géographique). Marxiste et révolutionnaire à ses débuts, le parti socialiste, sous la direction de Léon Blum, a accédé au gouvernement en 1936, grâce au

radical-socialiste.[5] Il y avait alors un parti important, dont les forces ont diminué ces dernières années, le Mouvement républicain populaire (le M.R.P.).[6] Le parti gaulliste (l'U.N.R., l'Union pour la Nouvelle République) rassemblait les partisans de de Gaulle.[7] Enfin, le parti des indépendants, aux origines assez récentes, était le parti conservateur, des points de vue économique et idéologique.[8]

Cette description, exacte et utile, est toutefois si générale qu'elle risque d'induire en erreur. La situation est en fait beaucoup plus complexe. Si, afin de suivre l'évolution de l'opinion politique, on essaie de comparer les résultats des élections de 1962 avec ceux de 1958 et de 1968, on s'aperçoit d'abord que tous les partis n'ont pas été présents à toutes les élections. Certains se forment et disparaissent, comme le M.R.P. et l'Union de défense des commerçants et artisans.[9] D'autres persévèrent, mais dissimulent leur identité dans une coalition, comme le parti de la S.F.I.O. qui, en 1967, a été absorbé par la Fédération de la gauche démocratique et socialiste, ou bien encore le parti radical qui s'est pendant quelque temps appelé le Rassemblement de gauche républicaine. Aux élections du Président de la République ou du Sénat, on constate que les partis

---

triomphe électoral du Front populaire (radicaux, socialistes et communistes). Après 1946, il est devenu anticommuniste et nationaliste. Paradoxalement, c'est un gouvernement socialiste qui a mené avec acharnement la guerre d'Algérie, alors que c'est un gouvernement gaulliste qui a fait la paix en 1962. Dans les élections de 1967 et de 1968 il a fait front commun avec les radicaux sous l'étiquette «Fédération de la gauche».

[5] Le parti radical-socialiste, créé en 1901, est, malgré son nom, un parti du centre. Le grand parti gouvernemental sous la IIIe République, il a perdu presque toute son influence avec le naufrage de 1940. Aujourd'hui, c'est un parti de cadres qui ne groupe guère plus de 50 000 membres représentant les classes moyennes et les petits bourgeois. Sa politique est nationaliste, économiquement conservatrice et anticléricale. Il essaie de vivre en groupant les éléments S.F.I.O. et radicaux sous l'étiquette «Fédération de la gauche».

[6] Le M.R.P., créé en 1944, a un idéal chrétien et une politique sociale réaliste; il est «européen», et soutient l'enseignement libre (c'est-à-dire catholique). L'étiquette «M.R.P.» a été remplacé par «Centre démocrate progrès et démocratie moderne», mais la tendance reste la même.

[7] L'U.N.R., créée en 1958, a succédé au Rassemblement du peuple français de 1947, qui groupait les partisans du général de Gaulle. Sa politique est nationale, sociale et réformatrice. Les gaullistes ont adopté l'étiquette «Ve République» dans les élections de 1967, «Union des démocrates pour la Ve République» dans les élections de 1968 et «Union des démocrates pour la République» en juillet 1968.

[8] Les indépendants siègent à droite; ils représentent la droite classique. Leur parti, constitué en 1952 sous le nom de «Centre national des indépendants et paysans», entretient des rapports étroits avec les grands intérêts économiques de la nation; il défend les classes possédantes et se pose parfois en adversaire du parlementarisme. Normalement il soutient les gaullistes dans leurs tendances conservatrices.

[9] Pierre Poujade, né en 1920, petit boutiquier du sud-ouest et homme politique—ou plutôt démagogue—a fondé en 1954 l'Union de défense des commerçants et artisans pour protester contre les contrôles fiscaux.

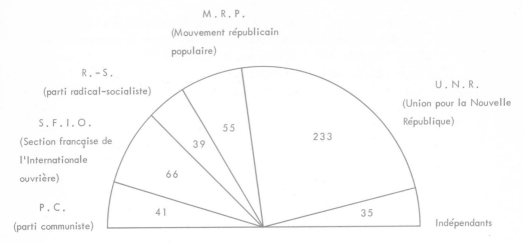

Fig. 27,1.

n'ont pas toujours de candidat présidentiel, et que les groupes politiques n'ont pas nécessairement les mêmes noms au Sénat et à l'Assemblée nationale. Il faut enfin reconnaître que si certains groupes constituent des partis très organisés sur le plan national
5   —comme le P.C. et la S.F.I.O.—d'autres sont composés d'individus —sans liens stricts et étroits—qui feront des alliances provisoires afin d'atteindre certains buts communs. Bref, l'image que les Américains se font de leur propre organisation politique leur obscurcit plus qu'elle ne leur éclaire la politique française.
10   Les Américains devraient donc ne pas tenir compte de ce qu'ils savent de la politique américaine, et considérer la politique française comme un phénomène purement français. Nous examinerons d'abord le comportement politique sur le plan local et sur le plan régional afin d'être mieux à même ensuite de comprendre et d'expliquer la situation politique nationale.
15   quer la situation politique nationale.
Sur le plan local, à Chanzeaux et à Roussillon, par exemple, les divisions ne jouent pas purement sur le plan politique. Au fond il n'y a que deux partis réels—les deux mêmes partis que l'on retrouve partout dans le monde—(1) le parti de ceux qui sont sa-
20   tisfaits de l'état présent des choses et qui estiment qu'un changement ne peut qu'empirer la situation, et (2) le parti de ceux qui sont plutôt mécontents et qui croient à la nécessité d'une amélioration. De plus, nombre d'individus se sentent attirés à la fois par des idées conservatrices et des idées de progrès.
25   Il faut ajouter aussi, bien entendu, que tous les habitants de

Chanzeaux et de Roussillon ne sont point également engagés dans la politique. Il y a ceux qui croient à l'action et à ses résultats, mais d'autres sont parfaitement disposés à laisser courir les événements. Et comme partout ailleurs, ce sont les gens actifs et dynamiques qui font marcher les affaires de la ville ou du village, qui décident de la politique à suivre, de la stratégie à adopter, qui en fait représentent la communauté sur la carte politique. C'est bien le cas à Roussillon et à Chanzeaux, quelles que soient les étiquettes portées par les partis.

On doit toutefois parler d'un troisième groupe, neutre, qui ne prend point une part efficace à la vie politique: il est composé de ceux qui tout simplement ne votent pas, ou qui votent pour de petits groupes dissidents. Des experts américains en sciences politiques ont montré qu'un bon nombre d'électeurs aux Etats-Unis ne votaient pas parce qu'ils se sentaient déchirés entre les deux partis en présence, et qu'ils ne savaient se décider. Il en va de même en France.

Une étude récente faite sur Chanzeaux a prouvé aussi que certains électeurs s'abstenaient pour d'autres motifs que leur indéci-

Hémicycle de l'Assemblée nationale. (Services culturels français)

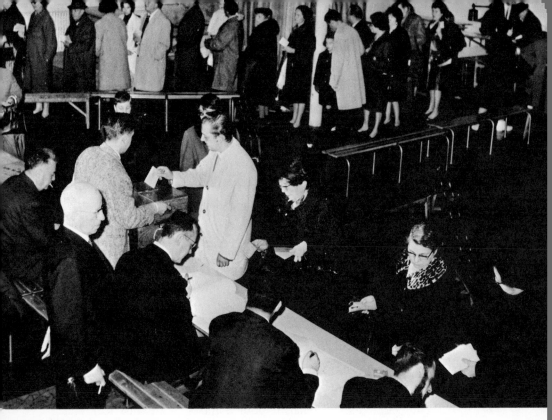

Bureau de vote. (Ambassade de France/Service de presse et d'information)

sion.[10] L'auteur de cette étude, faisant porter ses recherches sur les sept dernières élections, a pu, avec l'aide du secrétaire de mairie et d'autres personnes, dresser d'abord la liste des malades, des absents, des grands vieillards; puis, par voie d'élimination, il a établi le petit nombre de gens qui tout simplement ne tenaient pas à voter.

Une femme âgée et pieuse, par exemple, s'abstiendra probablement d'aller voter. Elle s'est tournée vers la religion et l'église de son village; elle ne s'intéresse plus à la politique. Son mari est plus libre qu'elle de participer à l'action politique locale; elle est davantage prise par les soucis du ménage et de la famille; l'Eglise suffit à ses besoins d'expression et d'extériorisation.

Il y a également ceux qui vivent plus ou moins en marge de la société: les déclassés et les miséreux sans métier ni moyens réguliers d'existence. S'ils votent, ce sera pour les partis dissidents.

Il semble enfin que le lieu de domicile ait quelque influence sur

---

[10] Laurence Wylie, ed., *Chanzeaux: A Village in Anjou* (Cambridge: Harvard University Press, 1966), pp. 259–278, 383.

le vote. Ceux qui habitent à égale distance de deux villages profitent de leur indécision pour n'aller voter ni dans l'un ni dans l'autre.

Pour en revenir aux électeurs actifs, il est probable que c'est la tradition familiale qui les pousse dans le clan conservateur ou bien dans celui du progrès. Ceux qui sont nés dans la commune acceptent la plupart du temps les vues politiques de leur famille. Ceux qui viennent de l'extérieur gardent généralement leur position politique antérieure, même si elle ne s'accorde pas avec celle de leur nouveau milieu. Plusieurs communistes de Chanzeaux se rangeraient dans cette catégorie: ils ont été élevés dans des «zones rouges» (régions à majorité communiste), ou ils viennent de familles communistes.

Un facteur déterminant résulte des rapports personnels ordinaires entre voisins: on tient à s'identifier avec eux, ou au contraire à se dissocier d'avec eux. Si l'on déteste le voisin d'en face, on ne partagera probablement pas ses vues politiques, et on ne sera pas porté à voter comme lui.

Un autre facteur, d'ailleurs surestimé peut-être, est le statut socio-économique. Les gens à l'aise, au sommet de l'échelle sociale, se trouvent généralement satisfaits et sont conservateurs, de même ceux qui possèdent quelque bien; les autres, les insatisfaits, souhaitent évidemment que la société change. Les rapports entretenus avec les organisations locales, en particulier avec l'Eglise en tant qu'organisation, influent beaucoup sur le comportement idéologique. Un sociologue français[11] a montré que dans la manière dont les groupes se forment à la veille des élections, la participation des partis politiques est bien moins efficace que celles des organisations associées aux mouvements syndicaux et à l'Eglise catholique.

Enfin, l'opinion de chaque électeur sur les questions politiques, économiques et religieuses ne détermine pas autant qu'on le croit son comportement idéologique. D'ordinaire, ces points de vue ne servent qu'à expliquer rationnellement la propre conduite de chaque individu. Ce qui compte, ce sont surtout les affinités et les hostilités.

Cette situation n'est pas seulement vraie à Chanzeaux et à Roussillon. Elle se retrouve identique à Vincennes, dans l'état d'Indiana, où j'ai grandi. Elevé dans l'église méthodiste, je ne pouvais ressentir que de l'hostilité pour les deux autres groupes principaux de la petite ville: d'un côté, la vie des garçons catholiques différait de la mienne en tous ses aspects; de l'autre, les épiscopaliens

---

[11] Mattei Dogon, spécialiste des problèmes de sociologie politique, travaille au Centre national de la recherche scientifique.

«Ce qui compte, ce sont surtout les affinités et les hostilités.» (Ambassade de France/Service de presse et d'information)

se montraient grands pécheurs évidemment puisqu'ils buvaient et fumaient (même leur pasteur fumait!). Et, de plus, les épiscopaliens occupaient un rang social bien supérieur aux méthodistes, qui, eux, se trouvaient au-dessus des baptistes; tandis que les catholi-
5 ques se rangeaient alors à Vincennes tout au bas de l'échelle sociale. Il est certain que la situation a changé au cours des cinquante dernières années, et surtout depuis le dernier Concile œcuménique, mais il est certain aussi que d'autres divisions dans la structure sociale jouent aujourd'hui un rôle analogue.
10 Sur le plan local, le comportement politique est déterminé par tous ces éléments, de même que le comportement idéologique, et il en résulte que toute attaque ou accusation sur le plan politique fait réagir l'individu au plus profond de son identité, réfléchie dans toute appartenance politique, d'où l'importance de la politique et
15 son caractère explosif sur le plan local.

Dans n'importe quel village il existe donc essentiellement deux familles idéologiques en vraie compétition. Les autres familles ou partis ne jouent qu'un rôle mineur. Dans le département du Vaucluse, par exemple, les seuls partis qui comptent sont ceux que nous avons signalés à Roussillon, c'est-à-dire le parti radical-socialiste (l'élément conservateur), qui, dans d'autres régions moins «avancées», compterait comme parti de gauche, et le parti communiste (l'élément qui prône le changement).

A Chanzeaux et dans l'ensemble de l'Anjou, beaucoup plus traditionalistes, les deux partis en présence sont celui des indépendants (qui préfèrent le statu quo), et le M.R.P. (qui préconise le changement, mais qui dans des régions plus «socialistes» ne semble pas assez à gauche). Situation curieuse, car voter M.R.P. en Anjou (département du Maine-et-Loire) équivaut sur beaucoup de points à voter communiste dans le département du Vaucluse. L'un et l'autre départements envoient chacun au parlement deux types de députés et de sénateurs qui, à Paris, se trouvent représenter alors quatre points de vue différents.

Sur le plan local ou régional on observe donc un système «bipartite». Chaque région, tout comme le Vaucluse et l'Anjou, possède sa personnalité propre et ses traditions. En général, la France de l'ouest et celle de l'est élisent des conservateurs: les partis catholiques et le parti gaulliste y sont forts. Le Midi vote plus à gauche: le Vaucluse en est un bon exemple. La moitié occidentale du Massif Central a une tradition de gauche, tandis que l'autre moitié, à l'est, est plus conservatrice. Dans le nord du pays, les mineurs et les ouvriers des usines votent socialiste, alors que les cultivateurs et les ingénieurs votent pour les partis conservateurs. Dans les régions où la monoculture domine et où les grandes fermes sont de formidables complexes industriels, comme en Beauce,[12] les ouvriers agricoles votent traditionnellement pour les communistes. On se trouve parfois devant des situations étranges, comme, par exemple, dans le département du Gard,[13] dans le Midi, où les travailleurs sont par tradition catholiques, alors que le patronat est protestant. Avant la seconde guerre mondiale, les travailleurs votaient donc pour les partis conservateurs, protecteurs des intérêts de l'Eglise, tandis que le patronat votait pour le parti radical, anticlérical et alors très à gauche. Après la guerre et la formation du M.R.P., les travailleurs ont pu pour la première fois voter pour un parti

---

[12] Région riche en blé, au sud-ouest de Paris. Chartres en est la ville principale.
[13] Nîmes en est la ville principale.

à la fois fortement catholique et de gauche par son programme économique; ainsi, pour la première fois, leur vote se situait plus à gauche que celui de leurs employeurs.

Ces phénomènes paradoxaux ont des causes multiples. Des facteurs géographiques, économiques et historiques expliquent une certaine inégalité d'évolution qui change selon les régions. Quelques-unes ont accepté le changement plus rapidement que d'autres; elles semblent mieux aptes à adopter la nouveauté. Ce sont surtout les bonnes terres, la vallée du Rhône spécialement (qui sert aussi de voie de passage aux denrées, puis aux peuples et à leurs idées). Les points de vue politiques ou idéologiques varient donc selon la géographie physique.

La carte religieuse[14] de la France fournit aussi une explication partielle, car la foi ou l'absence de foi influence considérablement le comportement politique.

Il faut également tenir compte de la transformation causée par les événements au cours des temps. En Anjou, par exemple, la guerre que la Vendée a menée contre les armées républicaines révolutionnaires a amené les Vendéens à considérer le reste de la France comme hostile à leur religion et à leur politique, tandis qu'ils trouvaient en eux-mêmes et dans leur propre groupe leur cercle de partisans et d'amis; ils se sont presque toujours conduits et présentés en adversaires de la nation, et toutes les fois qu'ils ont cru courir le risque d'épouser l'idéologie nationale, les vieux symboles ont été brandis, les vieux drapeaux agités, les vieux mythes ranimés, et la Vendée est rentrée promptement dans la vieille tradition. Autrefois le mythe jouait ici un rôle capital.

A Paris, la situation est autre. Si un système bipartite prévaut en province, la capitale, nous le savons, attire des Français de tous les coins du pays, et par conséquent toutes les traditions provinciales se trouvent représentées dans la capitale. De plus, lorsque les représentants élus arrivent à Paris, leurs idées et leur position politique —avancée ou conservatrice—deviennent, loin de leurs électeurs, plus abstraites, plus théoriques et plus fermes en quelque sorte qu'elles ne l'étaient dans leur circonscription. Cette situation comporte bien sûr des exceptions. Beaucoup de Bretons, dit-on, se dépouillent de leur appartenance à l'Eglise pour devenir communistes en arrivant à Paris. D'ordinaire toutefois, les provinciaux arrivent à la capitale avec leur idéologie régionale, et le système

---

[14] Voir la Figure 26,1.

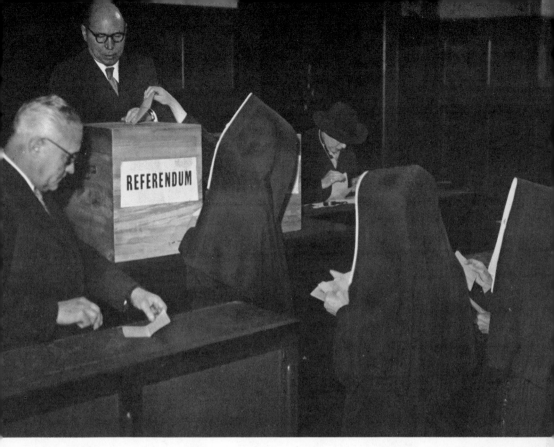

«La foi influence considérablement le comportement politique.» (Ambassade de France/ Service de presse et d'information)

bipartite se transforme en système multipartite. Les distinctions entre ces idéologies et les transformations qu'elles subissent en passant du plan local au plan national démontrent le caractère inévitable du système politique français, et répondent en même temps à la question que se posent fréquemment les Américains: «Pourquoi y a-t-il tant de partis en France?»

Le système bipartite n'existe donc pas à l'Assemblée nationale à Paris; six partis assez peu stables en tiennent lieu. Même s'ils changent de noms, les partis poursuivent toujours à peu près les mêmes buts. En 1932, Albert Thibaudet écrivait:[15]

On distinguerait dans la carte générale actuelle des idées politiques françaises six familles d'esprit, que j'appellerais: la famille traditionnelle, la famille libérale, la famille industrialiste, la famille chrétienne sociale, la famille jacobine, la famille

[15] Albert Thibaudet (1874–1936), critique littéraire et essayiste, dans *Les Idées politiques de la France* (Paris: Editions Stock, 1932), p. 11.

socialiste. En d'autres termes, on distinguerait six idéologies politiques françaises, lesquelles s'arrangent tant bien que mal, plus souvent mal que bien, et ne coïncident que d'assez loin avec des groupes parlementaires. . . .

Ces six familles spirituelles correspondent fort bien aux six partis de l'Assemblée nationale de 1962, de même qu'aux tendances générales observées à la plupart des élections législatives en France.

L'Assemblée nationale. (Ambassade de France/Service de presse
et d'information)

Ce sont ces familles qu'il faut connaître pour comprendre les raisons
d'être du comportement politique français. Il existe bien entendu
aux Etats-Unis des familles spirituelles analogues, mais les Américains ont tendance à passer vite sur ce qui les sépare afin de pouvoir
tous et chacun accéder à l'un de leurs deux énormes partis aux programmes mal définis. Le Français a horreur de toute situation ou

position mal définie et vague; il tient aux définitions et aux distinctions nettes et claires. Le système politique des deux pays reflète donc les valeurs fondamentales des deux peuples. Toute élection en France ne se peut comprendre que si l'on sait quelle famille spirituelle chaque parti représente.

Quant à l'instabilité apparente des gouvernements de la IIIᵉ et IVᵉ Républiques, il faut d'abord se souvenir du sens du mot «gouvernement» et admettre par suite qu'il est en fait beaucoup plus stable qu'on ne le prétend souvent.[16] Mais il suppose, pour bien fonctionner, des coalitions et des alliances entre les partis.

Les socialistes préconisent, par exemple, une économie nationale contrôlée par l'Etat, mais les indépendants s'y opposent; pour que les socialistes l'emportent, il leur faudra obtenir l'aide du M.R.P., parti qui désire le contrôle de l'économie, mais qui se sépare des socialistes quand il s'agit de subventionner les écoles catholiques. Par conséquent, à ce moment-là, le gouvernement qui avait pu trouver un terrain d'entente sur la question religieuse va devoir se séparer et se reconstituer sur d'autres bases, puisque les deux partis ne peuvent s'entendre que sur une seule question.

En politique étrangère il en va de même: le parti socialiste, qui a des liens avec le parti socialiste allemand ou le «Labor Party», voire avec le syndicat américain «AFL-CIO», a une politique plus «internationaliste» que le parti indépendant qui défend des positions étroitement nationalistes. De même la politique fiscale et budgétaire de ces deux partis est tout à fait inconciliable.

Bref, pour légiférer, les partis doivent constamment modifier leurs alliances. En cas d'échec, on a coutume de dire que le gouvernement tombe. En fait, on assiste simplement à un déplacement des principaux hommes politiques. Tantôt le gouvernement se reformera à l'aide de quelques éléments empruntés à la droite, et tantôt de quelques hommes de la gauche. Le gouvernement conserve sa stabilité.[17] Des solutions de compromis sauveraient peut-être la face. Mais en France, si une philosophie fondamentale sépare deux partis, il leur paraît totalement impensable de travailler ensemble.

---

[16] Voir Chapitre 17.

[17] On pourrait même dire que, si l'obligation dans laquelle se trouvaient les partis de négocier des alliances provisoires était la cause de l'instabilité gouvernementale—toute en surface—elle était aussi le reflet d'une très profonde stabilité: celle des positions idéologiques des partis (positions qui reflétaient le désir de leur clientèle). Et il devient donc raisonnable de dire que les changements fréquents de gouvernements sous les IIIᵉ et IVᵉ Républiques étaient causés par un désir très profond d'éviter tout changement.

QUESTIONS

1. Nommez six partis politiques français. Dites ce que vous savez de chacun d'entre eux.

2. Donnez quelques exemples de la situation complexe des partis politiques en France.

3. Pourquoi l'image que les Américains se font de leur propre politique ne les aide-t-elle pas à comprendre la politique française?

4. Décrivez la situation politique française dans un village ou une petite ville. Comment la population se divise-t-elle réellement?

5. Dites ce que vous savez des élections, d'après *Chanzeaux: A Village in Anjou.*

6. Indiquez deux ou trois raisons d'abstention chez les électeurs ruraux.

7. A l'égard du vote, quel rôle jouent les rapports personnels entre voisins? Expliquez l'importance des affinités et des hostilités entre électeurs.

8. Commentez la structure sociale à Vincennes, Indiana, il y a une génération.

9. Quelles sont dans chaque village les deux familles idéologiques les plus importantes?

10. Expliquez comment il se fait que le système politique soit bipartite au niveau local et multipartite à Paris.

11. Indiquez les régions qui votent généralement plus à droite et les régions qui votent généralement plus à gauche. Expliquez.

12. Quelles sortes de terres et de régions économiques semblent les plus aptes à adopter les changements sociaux? Pourquoi?

13. Comment le mythe vendéen s'est-il formé?

14. Enumérez les familles d'esprits que Thibaudet distingue sur la carte des idées politiques françaises. Analysez successivement chacune de ces idéologies.

15. Que faut-il finalement penser de l'instabilité des gouvernements français? Expliquez brièvement.

16. Expliquez la formation et le rôle des partis dans la politique française.

DE GAULLE ET LES FAMILLES SPIRITUELLES

CHAPITRE 28   Chacune des familles spirituelles estime qu'elle représente à elle seule toute la nation française et accuse les autres familles, et en particulier sa rivale la plus directe, de représenter des intérêts particuliers et égoïstes. Quand on croit voir la patrie menacée par «les autres», on murmure «pauvre France!» On accusera même peut-être les autres familles spirituelles, dans leurs éléments étrangers, d'être vendues à l'étranger. Ainsi les démocrates socialistes chrétiens (M.R.P.), par exemple, passent pour être l'instrument de Rome, et le parti communiste, celui de l'U.R.S.S. Quant aux radicaux-socialistes, francs-maçons athées selon les chrétiens, ils essaient d'exiler Dieu de la culture française, ou bien, s'alignant avec les protestants, ils prennent les intérêts des Anglo-Saxons. Les indépendants, très conservateurs, se sont alliés avec des généraux, les Algériens et les colons;[1] ils ont été partisans d'un empire colonial; ils ont souhaité étendre le territoire national bien au-delà des vieilles frontières de l'hexagone. En face des indépendants, la section française de l'internationale ouvrière (la S.F.I.O.) ne limite évidemment pas ses intérêts à ceux de la nation; pour certains ce n'est pas un parti politique purement français;[2] on le soupçonne d'être financé par des puissances étrangères. Quand M. Gaston Deferre, maire socialiste de Marseille, était candidat à la présidence de la République contre de Gaulle, à l'occasion de sa visite à New York et à Washington (au printemps de 1964), on a fait courir le bruit qu'il venait solliciter des fonds pour sa campagne électorale. La S.F.I.O. aurait donc l'honneur d'être à la fois le parti de «l'Internationale ouvrière» et celui des financiers antigaullistes de Wall Street! Les industrialistes enfin ont toujours été par tradition alliés

---

[1] Pendant la guerre d'Algérie (1954–1962).

[2] Toutefois, de Gaulle n'a jamais considéré les communistes comme d'authentiques Français de France; il les appelait «séparatistes».

aux plus grands capitalistes de France et des pays étrangers. Vers 1930, on parlait couramment des «200 familles»[3] qui possédaient les plus belles fortunes de la nation; parmi elles on citait des familles protestantes, puis des familles juives, les Rothschild, des étrangers et des familles internationales; elles étaient alors accusées de collusion avec l'Allemagne et avec Wall Street. Quoiqu'il en soit, cela réussit presque toujours d'accuser le parti ennemi d'être en rapport avec les grandes banques (juives ou protestantes). Chaque parti a souvent le sentiment que «les autres» sont vendus d'une façon ou d'une autre.

Quand des étudiants extrémistes rejettent le parti communiste comme étant réactionnaire et font leurs manifestations, les meneurs communistes accusent ces étudiants d'être sous l'influence des Chinois et des Cubains! Toutes ces accusations ne doivent point être prises à la lettre; elles ne peuvent servir qu'à distinguer les tendances fondamentales de chaque famille spirituelle.

Après les avoir comprises, les Américains sauront mieux répondre à la question: «Pourquoi de Gaulle a-t-il eu tant d'emprise sur la nation?» Il rejettait en tout cas les éléments extrémistes de toutes les familles d'esprits pour s'attacher étroitement à leurs éléments modérés. C'est ainsi que de Gaulle avait pour lui les familles de la droite. Traditionaliste par nature, il parlait de la grandeur de la France et il continuait le mythe de la culture française; il avait le sens de la hiérarchie, des limitations appropriées; il protégeait la France contre le monde extérieur. Il satisfaisait la plupart des indépendants, mais en s'opposant toujours cependant aux extrémistes de droite. Quant à ses idées sur l'industrialisation de la France et la planification économique, elles étaient probablement assez vagues. Il était certes opposé à une Europe qui serait créée trop vite et sur des bases sentimentales et fausses. Mais, d'autre part, il a toujours soutenu ceux qui ont été chargés de mener à bien la tâche de la planification.[4] Pour les démocrates chrétiens, de Gaulle était certainement un très bon catholique. Son gouvernement a été le premier à soutenir financièrement les écoles catholiques. Mais il était pour l'Eglise gallicane, l'Eglise de France, plutôt que pour l'Eglise universelle (l'Eglise de Rome, à l'intérieur de laquelle l'Eglise de France

---

[3] Voir Chapitre 21, note 11.

[4] A un moment donné, il devait choisir pour ministre des affaires économiques entre Wilfred Baumgartner, banquier protestant aux vues modernes, et Antoine Pinay, indépendant et un représentant de la vieille école libérale et individualiste de l'économie. Sans hésitation, de Gaulle a choisi Baumgartner.

Le jeune général, 1940. «Il acceptait de se sacrifier pour une idée.» (Ambassade de France/Service de presse et d'information)

doit, traditionnellement, maintenir une certaine indépendance). Toutefois, de Gaulle n'était pas non plus hostile au socialisme. Il était certainement dur pour les grévistes; les syndicats ouvriers et paysans se sont plaint souvent de lui et de son gouvernement. Aux cultivateurs en grève de Normandie qu'il était allé voir, il a dit, sur un ton un peu paternaliste: «Mais surtout ne vous plaignez pas!» En d'autres termes, il ne se laissait jamais emporter par le programme socialiste, qu'il acceptait néanmoins en grande partie. Il ne s'est point opposé à la nationalisation des grandes industries. Il a soutenu la Sécurité Sociale et les allocations familiales qui, avec la planification économique, donnent à la France une économie dirigée. Un vieux membre du parti socialiste m'a dit: «Oui, j'ai voté pour de Gaulle; c'est le seul chef d'Etat français qui ait jamais mis des généraux en prison!»[5] On peut également relever quelques

---

[5] Plusieurs généraux de l'armée d'Algérie ont été démis de leurs fonctions, arrêtés et emprisonnés par le gouvernement de la Ve République, parce qu'ils refusaient d'appliquer la politique de Paris, qui voulait négocier avec le Front de Libération nationale algérien.

traits jacobins[6] dans la philosophie pratique du général. Il s'est adressé plusieurs fois directement au peuple,[7] par voie de référendum, sans se préoccuper d'abord des formes légales. Ennemi des extrémistes, soit communistes à gauche, soit membres de l'Organisation de l'armée secrète[8] à droite, de Gaulle a donc tenu pour l'idéologie essentielle, celle qui sert les valeurs et les intérêts profonds de la France, et il s'est opposé à tout excès.

[6] Le Club des Jacobins, fondé en octobre 1789, était d'abord composé de monarchistes constitutionnels (bourgeois riches, nobles, etc.); il est ensuite devenu plus démocratique; aujourd'hui, le terme «jacobin» s'applique à quiconque possède des idées démocratiques très avancées.

[7] Ses allocutions et discours commençaient presque toujours par «Françaises, Français», au lieu du traditionnel «Mesdames, Messieurs».

[8] Organisation terroriste qui voulait à tout prix que l'Algérie demeure française.

A Colombey-les-Deux-Eglises, où il a établi sa résidence personnelle. (Ambassade de France/Service de presse et d'information)

Les libéraux l'ont vivement critiqué pour avoir restreint la liberté de parole, par la censure des programmes de la radio-télévision, ainsi que par celle de la presse. Les libertés bourgeoises toutefois ont été pour la plupart maintenues (protection de la propriété privée, etc.). Peu de ses actes, semble-t-il, ont pu alarmer les vieux esprits libéraux.[9]

Dans les périodes de crise, comme en mai-juin 1968, de Gaulle a su grouper les éléments modérés de toutes les familles idéologiques et ainsi redonner à la France un certain sens d'unité. Raymond Poincaré[10] a peut-être donné par avance l'explication la plus plausible de l'emprise de de Gaulle sur le peuple français quand il a dit que pour avoir toute la France avec soi il faut donner l'impression que l'on est soi-même pour toute la France et que l'on domine les divisions idéologiques. Les Français ont toujours su, en face d'un grand danger, surmonter les barrières spirituelles qui les séparent d'ordinaire, et trouver leur unité. La période 1914–1918 en est un bon exemple; le gouvernement a alors formé «l'Union sacrée».[11] En 1940[12] et en 1958,[13] de Gaulle s'est dressé à deux reprises, alors que le pays se trouvait en danger grave. Il a paru accepter et vouloir préserver les valeurs essentielles communes à tous les groupes (négligeant en chacun ce qui n'était pas primordial). Le pays a été soulagé de se voir représenté par cet homme, qui n'était ni un sauveur ni un dictateur (bien que beaucoup d'Américains se soient plu à le croire), mais quelqu'un qui a su au bon moment faire appel comme il convenait aux valeurs profondes des diverses familles spirituelles, tout en faisant peu de cas des extrémistes de gauche ou de droite.

Un jeune gaulliste de Chanzeaux à qui je demandais ce qu'il

---

[9] Cependant, ce n'est pas tout à fait exact; il a en effet soutenu le Fonds d'orientation et de régulation des marchés agricoles (F.O.R.M.A.), organisme destiné à empêcher des gens importants et riches d'acheter des terres aux cultivateurs. Selon F.O.R.M.A., le fermier a priorité au cas où la propriété qu'il cultive est mise en vente. Le gouvernement lui prête —à un taux d'intérêt très bas—l'argent qu'il lui faut pour acquérir l'exploitation et en devenir propriétaire (s'il le désire). Ceci constitue certainement une violation des droits de propriété, et les libéraux ont vivement protesté contre cette législation. Mais de Gaulle a laissé faire, car il a toujours eu en vue le Français moyen et le principe même de l'idéologie considérée.

[10] Raymond Poincaré (1860–1934), plusieurs fois président du Conseil des ministres (1912, 1922–1924, 1926–1929), président de la République (1913–1920); membre de l'Académie française.

[11] Voir Chapitre 1, note 14.

[12] Voir plus bas, note 15.

[13] Devant la menace d'une guerre civile entre les partisans d'une «Algérie française» et les partisans d'une Algérie indépendante, de Gaulle, reconnu alors par la plupart des Français comme seul capable de maintenir l'autorité de l'Etat, a pris la tête du gouvernement.

Le président de la République, 1959-1969. (Ambassade de France/Service de presse et d'information)

pensait de de Gaulle m'a répondu: «A sa place quelqu'un d'autre aurait pu faire pire!» On ne dirait pas cela d'un dictateur, et la remarque reflète bien l'opinion générale à l'égard de l'ancien président de la Vᵉ République.

5   Il faut aussi énumérer ses qualités personnelles, qui, pour bon nombre de Français, ont toujours symbolisé un idéal noble et beau: et tout d'abord, son sens de ce qui convient et son style dans l'action et dans l'expression. Rejettant constamment les définitions et les bonnes volontés vagues, il a sans cesse rejeté le type d'organisation

10   où l'on entend dire: «Ici, nous sommes tous copains; allons-y, travaillons ensemble.» Très lucide, il a toujours eu du mal à coopérer avec les Anglo-Saxons, qui se plaisent trop souvent à discuter longuement avant de donner forme à leurs idées. Son esprit le faisait respecter. Son sens de la dignité était celui de quelqu'un qui semble

isolé du reste du pays et qui ne veut servir d'instrument à personne. Son courage plaisait aux Français, qui aiment voir un homme se dresser, face à l'adversaire, sans tenir compte du qu'en dira-t-on.

5 En 1940, lorsque de Londres il a fait appel aux Français battus par les Allemands et divisés par les événements, et qu'il a annoncé la formation de la «France Libre»,[14] il était pour beaucoup un objet de dérision. Il semblait en effet n'avoir aucune chance de réussir, sans argent, sans troupes, sans même l'appui du gouvernement britannique. Il acceptait de se sacrifier pour une idée.

10 Le souvenir du jeune général inconnu de 1940 luttant pour se faire accepter par les géants de l'époque—Churchill, Roosevelt et Staline—a donné confiance en son habileté, son autorité et son courage. Et une certaine ruse paysanne en lui n'était pas dépourvue d'attrait; il a su marchander et attendre, afin d'obtenir au mo-
15 ment opportun ce qu'il voulait. Très réaliste, il parlait souvent de «la force des choses» que personne ne peut combattre; car personne ne peut changer la nature; on ne peut que l'adapter; et c'est ce qu'il a fait. Malgré certains aspects de sa personnalité, qui prêtaient au ridicule, et dont la presse hostile a fait grand usage, il semblait bien
20 représenter la France et être un symbole excellent des valeurs françaises.

QUESTIONS

1. Quelles accusations les familles spirituelles en France se lancent-elles les unes aux autres?

---

[14] «Certes, nous avons été, nous sommes, submergés, par la force mécanique, terrestre et aérienne de l'ennemi. . . . Mais le dernier mot est-il dit? L'espérance doit-elle disparaître? La défaite est-elle définitive? Non!

Croyez-moi, moi qui vous parle en connaissance de cause et qui vous dis que rien n'est perdu pour la France. Les mêmes moyens qui nous ont vaincus peuvent faire venir un jour la victoire.

Car la France n'est pas seule . . . . Elle a un vaste Empire derrière elle. Elle peut faire bloc avec l'Empire britannique qui tient la mer et continue la lutte. Elle peut, comme l'Angleterre, utiliser sans limites l'immense industrie des Etats-Unis . . . .

Cette guerre est une guerre mondiale . . . .

Foudroyés aujourd'hui par la force mécanique, nous pourrons vaincre dans l'avenir par une force mécanique supérieure. Le destin du monde est là . . . .

Quoiqu'il arrive, la flamme de la résistance française ne doit pas s'éteindre et ne s'éteindra pas.» (Londres, le 18 juin 1940)

La libération de Chartres, 1944. «Il semble bien représenter la France et être un symbole excellent des valeurs françaises.» (Ambassade de France/Service de presse et d'information)

2. Quel a été le programme politique des indépendants il y a une dizaine d'années?

3. Qu'a-t-on dit du maire de Marseille quand il est venu aux Etats-Unis en 1964?

4. Qu'appelait-on les «200 familles» il y a une quarantaine d'années?

5. Les Français sont-ils violents en politique? Expliquez.

6. Comment peut-on expliquer l'emprise que de Gaulle a semblé avoir sur l'ensemble de la nation?

7. Dans la carrière politique de de Gaulle, que représente pour lui-même l'année 1958?

8. Faites un portrait du général montrant comment il a réussi à plaire

Quoiqu'il arrive, il y a toujours la France.

jusqu'à un certain point à chacune des grandes familles spirituelles de la France.

9. Qu'est-ce qu'un référendum? Quels en sont les avantages et les inconvénients?

10. Qu'est-ce que les libéraux ont reproché au président de la Ve République?

11. Quels sont les buts de F.O.R.M.A.?

12. Enumérez quelques-unes des qualités personnelles de de Gaulle.

13. Que représente la date du 18 juin 1940 pour la France?

14. Analysez la position du jeune général de 1940.

15. Résumez l'extrait de l'appel de Londres du général.

16. Que peut-on prévoir aujourd'hui de la vie politique française?

belle Pieces de Theatre,
& le fameux Moliere ne
nous a point trompez,
dans l'efpérance qu'il nous
avoit donnée il y a tantoft
quatre ans, de faire repre-
fenter au Palais Royal une
Pièce Comique de fa fa-
çon qui fut tout-à-fait
achevée: On y eft bien
diverty tantoft par ces
Prétieufes, ou Femmes
Sçavantes, tantoft par les
agreables railleries d'une
certaine Henriette, & puis
par les ridicules imagina-
tions d'une Vifionaire qui
se

se veut perfuader que tout
le monde eft amoureux
d'elle. Je ne parle point
du caractere d'un Pere,
qui veut faire croire qu'il
eft le Maiftre dans fa Mai-
fon, qui fe fait fort de tout
quand il eft feul, & qui
cede tout dés que fa Fem-
me paroift. Je ne dis rien
auffi du Perfonnage de
Monfieur Triffotin, qui
tout rempli de fon fçavoir,
& tout gonflé de la gloire
qu'il croit avoir meritée,
paroift fi plein de con-
fiance de luy-mefme, qu'il

Tome I.   S

LITTÉRATURE

La Documentation française

Chapitre 29   Afin d'expliquer aux Américains le comportement des Français on ne peut exagérer l'importance du rôle de la littérature dans la société française. Mieux peut-être que toute autre expression artistique, les œuvres littéraires permettent de re-
5   connaître les valeurs françaises et les exigences psychologiques des Français. Bien entendu il ne s'agit point de les interpréter littéralement comme des miroirs de la société, puisque les auteurs ont voulu transformer en œuvres d'art ce qu'ils voyaient; d'ailleurs les romans les mieux réussis sur le plan sociologique sont rarement de bons
10   romans, pour la raison même qu'ils ne donnent point de vision artistique. Mais afin de saisir l'image fidèle de la société dans une œuvre littéraire de qualité, il faut percer les apparences, aller au-delà de la réalité superficielle. On découvre alors, indirectement et sous forme de symboles, les valeurs et les exigences de la culture qui
15   ont suscité l'œuvre littéraire.

     Plus importante que pour les Américains, la littérature représente pour les Français l'apogée de la virtuosité verbale, qu'on leur inculque, nous l'avons vu, dès l'enfance. Les écrivains sont regardés en France comme de grands hommes. Nul Français ne peut être
20   grand s'il n'est doué de virtuosité verbale—ce qui n'est probablement pas le cas chez les Américains.

     La littérature révèle aussi par l'intuition la réalité profonde qui se trouve masquée par la réalité superficielle d'un monde que la société a créé. A l'époque contemporaine surtout, les écoles lit-
25   téraires (romantiques, réalistes, naturalistes, symbolistes, surréalistes, existentialistes, objectivistes, structuralistes, etc.) s'efforcent de percer le masque de notre univers particulier pour arriver à la vérité.

     L'œuvre littéraire est devenue encore un instrument efficace qu'utilisent les familles spirituelles; chacune d'elles a ses auteurs,
30   qui les défendent contre les cercles hostiles des autres groupes idéolo-

giques. La littérature peut donc devenir une arme politico-sociale importante, avec une signification qu'elle prend rarement aux Etats-Unis. Certains chefs-d'œuvre littéraires français, véritables armes politiques, le prouvent sans peine: *La Chanson de Roland*,[1] les *Provinciales*[2] de Pascal, *Le Tartuffe*[3] de Molière, les contes de Voltaire,[4] les romans de Zola.[5]

Ces quelques pages ne peuvent donner qu'une idée sommaire de la manière dont la littérature reflète les grandes lignes que nous avons indiquées de la culture française. Nous choisirons deux œuvres seulement: un essai philosophique et une comédie. Et par leur auteur et par leur caractère et par l'époque de leur composition, elles sont très différentes. Nous essaierons d'établir leurs rapports avec les images qu'elles donnent de la culture française. Nous considérerons *Le Rire* de Bergson[6] et *Le Misanthrope* de Molière.

Parmi les sujets auxquels touche Bergson dans *Le Rire*, l'un des plus intéressants pour nous est celui des deux niveaux de réalité.[7] Bergson parle du monde du subconscient, que ni la matière ni la réalité physique ne limitent; c'est le niveau fondamental de la réalité; l'émotion et le changement le caractérisent; ni les sens ni la raison—utiles pour la vie quotidienne—ne le peuvent percevoir. Et au-dessus, à un autre niveau, Bergson distingue la réalité superficielle—celle du monde physique que gouvernent les lois de la mécanique et que nos sens et notre intelligence perçoivent directement.

Selon Bergson, notre information provient, suivant des voies différentes, de ces deux sources—les deux niveaux de réalité. Seule l'intuition nous révèle la nature de la réalité fondamentale de notre existence. Ce ne peut être une vérité quantitative; elle ne peut être mesurée; c'est une vérité qualitative. Par contre, la raison

---

[1] Voir Chapitre 1, note 13.

[2] Ou *Lettres à un provincial*, dans lesquelles Pascal, en 1656-1657, défend les jansénistes contre les jésuites. Voir aussi Chapitre 1, note 15.

[3] Comédie de caractère où Molière distingue entre la vraie et la fausse religion.

[4] Voltaire (1694-1778), écrivain, «philosophe», auteur des *Lettres philosophiques, Zaïre, Zadig, Candide*. Dans ses contes nous trouvons toutes les idées philosophiques du XVIIIe siècle français—justice sociale, haine de la guerre, tolérance religieuse, etc.

[5] Emile Zola (1840-1902), dans *L'Assommoir, Germinal* et d'autres romans (de l'énorme série des *Rougon-Macquart*) dépeint les misères sociales.

[6] Henri Bergson (1859-1941), philosophe, auteur de l'*Essai sur les données immédiates de la conscience, Matière et mémoire, L'Evolution créatrice, Les Deux sources de la morale et de la religion*. Membre de l'Académie française, il a gagné le prix Nobel en 1927.

[7] Voir Wylie et Bégué, *Deux Villages* (Boston: Houghton Mifflin Co., 1966), pp. 109-113, où la question de la double réalité se trouve longuement analysée.

Henri Bergson. (The Bettmann Archive)

—instrument pratique—nous sert à saisir la réalité superficielle—la réalité quotidienne.

Or l'homme existe dans ces deux mondes à la fois. Il reçoit son impulsion et sa force créatrice de cette réalité mystérieuse et profonde; elle lui est nécessaire pour vivre et se développer, et elle le prépare à affronter les problèmes de l'existence.

La tentation est de n'admettre que la réalité superficielle et de s'enliser dans l'existence matérielle, pratique et quotidienne. La routine semble résoudre plus facilement les difficultés; elle peut envahir l'homme, qui n'est plus alors qu'un automate, une machine. Les problèmes pressants à résoudre chaque jour absorbent toute son attention; ils monopolisent son existence et détruisent l'élan qui devrait lui permettre de s'élever. La routine est rigide et statique. La réalité vraie et profonde est mobile et dynamique.

Bergson voit dans le rire l'arme que la nature, ou la société, a conçue pour maintenir les hommes éveillés, avertis et conscients de leur force créatrice; c'est le rire qui les fait progresser, créer et se développer. Lorsque quelqu'un, pris dans la réalité quotidienne, laisse voir qu'il s'enlise dans la routine, qu'il devient une machine, alors le rire éclate. Quelqu'un trébuche, se cogne la tête contre une poutre du plafond et les spectateurs éclatent tous de rire s'ils ne sont pas impliqués personnellement.

La démonstration de Bergson devient plus intéressante et plus plausible au fur et à mesure qu'il analyse et illustre les trois caractéristiques du rire. C'est d'abord une fonction de la raison; l'émotion et le rire sont incompatibles; dénué de toute émotion, le rire est impitoyable; il est cruel dans son essence. Ensuite il est une fonction de la vie en société; on ne rit jamais seul; car, dit Bergson, quand l'on croit être seul, on imagine quelqu'un d'autre à ses côtés; ou bien l'on rit avec son autre soi-même. Le rire enfin est un instrument de punition humaine; si l'on rit d'un animal, c'est parce que l'animal en question nous semble humain.

Bergson affirme que la comédie, par son essence, diffère de l'art (par quoi il entend toutes les formes artistiques dont la fonction est de nous faire pénétrer, rapidement et par intuition, dans la réalité fondamentale. La tragédie est une révélation de la vérité —vérité de base vue à travers la situation difficile ou atroce d'un homme. La comédie, d'autre part, présente un personnage transformé en machine au point de n'être plus un homme; il n'est plus que l'incarnation de son vice. La plupart des comédies prennent donc pour titre le vice ou le nom du vicieux: *L'Avare, Le Misanthrope, Le Bourgeois Gentilhomme*, etc. La tragédie a une fonction essentiellement esthétique, tandis que la comédie a une fonction essentiellement sociale. Rapprochant ce point de vue de la «socialisation» en France, et le rôle du ridicule et du rire dans la formation de l'enfant, on peut dire que la tragédie nous donne l'ultime vérité, tandis que la comédie nous apporte la sagesse sociale.

Pourquoi rions-nous? Les êtres humains ne sont pas aimables par nature, mais fondamentalement cruels. La comédie, vue sous cet angle, est plus amère que drôle.

Molière, dans *Le Misanthrope*—une de ses meilleures comédies— présente un homme (Alceste) qui est incapable de s'adapter aux conditions de la société. Malgré ses concepts rigides, il est cependant constamment forcé de faire face à tout ce qui change, croît, se crée autour de lui. Et c'est un homme admirablement vertueux. Mais il est inflexible et intransigeant.[8] Sa vertu est devenue son vice. Le misanthrope veut que ceux qui l'entourent partagent son idéal et se conduisent comme lui. Lui seul est dans le vrai. La dualité de l'existence, il la repousse et la condamne. Il veut toujours dire leurs vérités à ses amis comme à ses ennemis, ce qui lui crée sans cesse des ennuis: des procès, des chagrins d'amour, etc.

D'autre part, Molière fait défiler sur la scène toute une galerie de gens qui s'incarnent trop dans leur personnage social; eux aussi manquent de nuances. Ce sont les deux marquis, aveuglés par leur vanité, et la fausse dévote, aux paroles hypocrites. Il y a la femme dont Alceste est amoureux: sans grande personnalité, trop jeune,

---

[8] *Alceste:*   Tous les hommes me sont à tel point odieux
            Que je serais fâché d'être sage à leurs yeux.
Philinte: Vous voulez un grand mal à la nature humaine!
Alceste: Oui, j'ai conçu pour elle une effroyable haine.
. . . .
            Elle est générale, et je haïs tous les hommes,
            Les uns parce qu'ils sont méchants et malfaisants,
            Et les autres pour être aux méchants complaisants,
            Et n'avoir pas pour eux ces haines vigoureuses
            Que doit donner le vice aux âmes vertueuses.

Acte I, Scène i, vv. 111–123

changeante selon les gens avec qui elle se trouve. Entre Alceste et la galerie de personnages, Philinte et Eliante se comportent avec plus de bon sens. Ils s'efforcent de concilier les exigences de la

Molière, d'après une gravure par Ficquet. (The Metropolitan Museum of Art, don anonyme, 1924)

société et celles de l'individu. Ils voient le vice, mais ils n'en sont pas dupes; ils acceptent la vie telle qu'elle est.[9]

Le vertueux Alceste a une faiblesse (qu'il admet): il aime Célimène, et ne peut s'empêcher d'aimer.

---

[9] *Philinte:* Mon Dieu, des mœurs du temps mettons-nous moins en peine,
Et faisons un peu grâce à la nature humaine;
Ne l'examinons point dans la grande rigueur,
Et voyons ses défauts avec quelque douceur.
Il faut, parmi le monde, une vertu traitable;
A force de sagesse on peut être blâmable;
La parfaite raison fuit toute extrémité
Et veut que l'on soit sage avec sobriété.

. . . .

Il faut fléchir au temps sans obstination,
Et c'est une folie à nulle autre seconde
De vouloir se mêler de corriger le monde.

Acte I, Scène i, vv. 145–158

Dessin d'une ancienne édition du Misanthrope: *Alceste avec les deux fats, Acaste et Clitandre.* (The Bettmann Archive)

La pièce n'a guère d'intrigue; elle n'est qu'un prétexte à mettre en valeur le vice de chacun des personnages. A la fin, lorsque Célimène doit faire face à tous ceux qu'elle a tour à tour bernés et calomniés, afin d'être l'amie de tout le monde, elle se voit abandonnée
5 de tous sauf d'Alceste. Lui seul lui reste fidèle, à la condition qu'elle parte avec lui vivre à l'écart du monde. Proposition que la jeune femme ne peut évidemment pas accepter.

Selon la théorie de Bergson, *Le Misanthrope* est fondamentalement comique. Et pourtant, de nos jours, la pièce de Molière est
10 bien près de nous émouvoir au lieu de nous faire rire. Depuis Jean-Jacques Rousseau et le xviiie siècle nous avons plutôt tendance à respecter Alceste et à sentir avec lui la fausseté et l'hypocrisie de la société. Peut-être allons-nous trop loin. Le sérieux extrême et absolu d'Alceste devient excessif et comique. Pour les spectateurs du
15 xviie siècle, moins individualistes que nous, la comédie l'emportait certainement. Et d'ailleurs les plus grandes comédies n'ont-elles pas toujours un certain caractère poignant?

Ceci est important pour comprendre, dans l'art et la littérature de l'Europe, le personnage du clown, qui reste pathétique, en
20 même temps qu'il provoque le rire. La culture américaine lui accorde peu de place; Charlie Chaplin est certainement moins apprécié aux Etats-Unis qu'en Europe.

Bien entendu tous les Français n'ont pas recours au seul théâtre pour satisfaire leurs exigences esthétiques. Parmi les moyens utilisés
25 pour la culture des masses, le cinéma est intéressant à considérer; nous y trouvons les mêmes grands thèmes que dans la meilleure littérature. L'expression artistique varie, mais le message culturel ne diffère guère de celui des livres. Les films qui illustrent quelque aspect de la civilisation française présentent généralement un être
30 humain en désaccord avec la société, qu'il soit incapable d'accepter la condition humaine, ou qu'il la rejette. Il refuse de suivre les règles du jeu et ne peut donc pas fonctionner dans le cadre de la société.

Les raisons de son inadaptabilité varient. Elle est due peut-être à un manque de «socialisation», ou à un excès d'innocence. Celle-ci
35 est souvent dangereuse et pour soi-même et pour les autres. Il faut en effet être capable de voir clairement la nature de la société, et prendre conscience de l'existence «des autres». Sinon, des conséquences néfastes peuvent en résulter. Mal «socialisé», quelqu'un peut grandir dans une mauvaise famille ou dans une mauvaise situation
40 sociale, sans modèle adéquat. Ou bien encore, pour une raison quelconque, créature innocente de la nature, il demeure naïf; cet être-là est extrêmement dangereux.

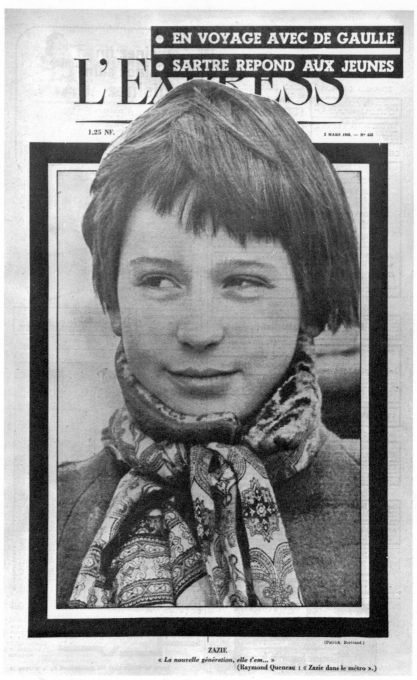

ZAZIE

« *La nouvelle génération, elle t'em...* »
(Raymond Queneau : « Zazie dans le métro ».)

(Patrick Bertrand.)

Zazie, personnage littéraire réalisé au cinéma par Catherine Demongeot, est devenue un symbole d'une génération qui «emmerde» tout. (L'Express, 3 mars 1960)

Il est dangereux celui qui manque de lucidité, et qui ne peut tolérer ce qu'il désapprouve; celui qui n'a pas appris à se défendre, ni à résister aux forces extérieures; qui ne sait pas «se débrouiller» en dépit des règles communes; celui qui n'a pas appris à réaliser ses désirs et à déployer correctement les signes extérieurs attendus de lui.

Cet individu, personnellement vulnérable, est dangereux également pour l'ensemble de l'ordre social. Dans beaucoup de films et de pièces, d'un côté se tient le monstre, sorte de «Frankenstein», créé par les gens qui savent se tirer d'affaire, tandis que de l'autre se trouvent les saints, c'est-à-dire ceux qui sont incapables d'accepter l'existence des deux niveaux de réalité, et essaient désespérément de réformer le monde.

Ceux qui rejettent la nécessité sociale qu'est l'hypocrisie, et acceptent en pleine connaissance de cause les conséquences d'une décision qui rend leur cas inévitablement tragique, sont souvent des héros; ils représentent le désir symbolique d'une bonne partie de l'humanité: s'affranchir de la société, et planer au-dessus du monde matériel. C'est un thème favori de la littérature française, surtout depuis le XIXᵉ siècle: s'élever, prendre son essor dans le ciel bleu, dans l'azur.[10] L'azur symbolise la pureté, la liberté, l'affranchissement des règles du jeu social (dont l'importance n'est en fait qu'une fiction inventée par les hommes dans notre monde quotidien et stupide). Tel est le tableau que donnent la plupart des grandes œuvres littéraires et des films français.

Ceux qui détiennent l'autorité dans le monde ne comprennent ou ne veulent pas comprendre la double réalité. Aveugles ou naïfs, ils prennent la réalité de la société pour la seule réalité. Sadiques, ils font peut-être passer leur amertume sur les autres. Ils sont comiques parce qu'ils prennent trop au sérieux leur rôle et eux-mêmes. Ou bien, égoïstes, ils savent et se désintéressent. Au fond, ceux qui ont l'autorité—agents impersonnels—comprennent qu'ils doivent surtout bien jouer leur rôle: ce sont des exécutants; ce sera, par exemple, l'agent de police qui arrête un innocent, simplement parce que sa fonction est d'arrêter.

Philinte, dans *Le Misanthrope*, se conduit comme il le faut. Il voit, comprend et accepte tout; il offre les compromis nécessaires, et il se tire d'affaire. Montaigne se conduisait de même.[11] Celui qui fait de son mieux pour bien comprendre le monde, et bien vivre

---

[10] Thème que l'on trouve fréquemment chez les poètes.
[11] Voir Chapitre 10.

Les enfants arrachés à leur famille (par la guerre ou pour toute autre raison) ne peuvent être convenablement socialisés. Il en résulte des catastrophes. (Photo du film Les Jeux interdits)

selon les règles du jeu, ne peut pas toutefois éviter totalement les ennuis. Car il est impossible de s'isoler complètement; on ne peut pas échapper à certains accidents, aux malentendus, aux divers risques de l'existence, à la jalousie «des autres».

5   L'homme est, d'autre part, un être de passion, et lorsque celle-ci l'emporte sur sa raison, il se trouve entraîné vers un drame; il n'est plus à l'abri dans sa petite cellule; mais le plus souvent l'amour, la haine, les vices y pénètrent, et, comme Phèdre,[12] qui aimait son

---

[12] Dans la tragédie du même nom, de 1677, par Jean Racine (1639–1699), auteur également d'*Andromaque, Britannicus, Bérénice.*

beau-fils, cet amour peut l'entraîner vers le crime; une femme
peut tomber amoureuse d'un ennemi de la patrie.[13] L'amour n'obéit
pas aux convenances sociales. Ou bien encore, l'on tombe amoureux
de soi-même, ce qui fournit le thème de la vanité.

5   Toutes les fois que la passion l'emporte sur la raison, la tragédie
s'ensuit, car les barrières protectrices s'écroulent et laissent pénétrer

---

[13] Voir *Horace*, de 1640, par Pierre Corneille (1606–1684), auteur du *Cid, Cinna, Polyeucte.*

Mais si l'enfant l'emporte sur la société, il deviendra peut-être plus tard un héros ou un saint—comme, par exemple, saint Vincent de Paul. (Photo du film *Monsieur Vincent*)

quelqu'un qui peut amener le malheur. La situation de l'homme est telle que «l'arrière-boutique» (de Montaigne), où il voudrait se réfugier, ne peut échapper au danger d'intrusion. En tant qu'êtres humains, nous n'y pouvons rien. C'est là la condition humaine

5 (et l'un des grands thèmes de la littérature et du cinéma français). L'amour ainsi traité n'a rien à voir avec l'élément sexuel que les Américains croient y trouver. Etudes littéraires et artistiques ne visent ici qu'à sonder la nature profonde de l'homme, et à nous donner une vue intérieure, et vraie, des hommes, et d'abord des

10 Français et de leur culture qui, après tout, est une sous-culture de la culture humaine toute entière.

QUESTIONS

1. Quels buts les Français reconnaissent-ils à l'œuvre littéraire? Pour quelles raisons l'estiment-ils?

2. Expliquez ce qu'on entend ici par «double niveau de réalité». Comment découvrons-nous ces deux niveaux? Analysez ce qui les caractérise.

3. Comment Bergson conçoit-il le rire? Quelles sont, selon lui, les caractéristiques du rire?

4. Comment Bergson conçoit-il l'œuvre tragique?

5. Comment définit-il la comédie? Quelle en est la fonction?

6. Quel est le thème du *Misanthrope*?

7. Faites un bref portrait d'Alceste.

8. Qu'est-ce que Philinte pense de la vie en société?

9. Que pensez-vous des clowns professionnels?

10. Quelle sorte d'homme les films français présentent-ils généralement?

11. Pourquoi les «héros» de ces films s'adaptent-ils mal à la société? Quelles sont les conséquences de cette situation pour la société et pour l'individu? Donnez un exemple.

12. Que représente l'azur pour le poète? Recherchez des exemples chez Baudelaire, par exemple, ou chez un poète symboliste.

13. Quelle est généralement l'attitude de ceux qui détiennent l'autorité dans le monde vis-à-vis de la double réalité?

14. Quelle est l'attitude de Philinte devant la vie dans *Le Misanthrope*?

15. Si vous avez lu *Phèdre*, de Racine, ou *Horace*, de Corneille, résumez brièvement la pièce.

16. En littérature, lorsque la passion l'emporte sur la raison, quelle forme littéraire obtient-on? Pourquoi? Expliquez.

17. Comment les meilleurs auteurs français traitent-ils l'amour dans leurs œuvres?

The Galveston Daily News.

TH YEAR—NO. 170. GALVESTON, TEXAS, SUNDAY, SEPTEMBER 10, 1899. ESTABLISHED 1842

RECEIVING THE VERDIC

Imprisonment of Dreyfus for Ten Years in Corte Fortress, Corsica.

He Must Serve His Time From Day of Second Degradation.

Scenes in the Rennes Court Room When the Verdict in the Dreyfus Case

Was Delivered by the President of the Court-Martial.

CAPTAIN DREYFUS, FROM HIS LATEST PHOTOGRAPH.

Words Can Not Des the Painful, Trem dous Shock of th Verdict.

There Was No Outb No Threat, No Passion.

Reporting the Verdi the Prisoner by t Court-Martial Usher

And Conveying the mation to Madam Dreyfus.

(Copyright by New York Journal and Advertiser.)

Special to The News.

RENNES, Sept. 9.—The judges returned at a quarter to five, the audience all standing, not sitting down. All ears were strained to catch the vital word, the president's voice being low and rapid.

Jouaust read rapidly in a low monotone till he came to the word "guilty." A strange sound rose all over the court, a general gasp, a curse, a stamp of the foot, then breathless silence. Confusion was caused by a man fainting. He was held up by his friends, who kept their eyes fixed on the judges. The end of the judgment was awaited with anxiety. All the gendarmes turned and faced the audience, expecting an outbreak. But there was no manifestation whatever. The audience filed out in good order without a word.

After judgment had been read to Dreyfus, I interviewed Coupois, who said:

"Dreyfus showed no sign whatever of hearing his sentence."

The sentence · 'en years' imprisonment in the fortress of Corte, in Corsica. The five years he has already served do not count; he must serve ten years from the day of degradation, which must take place within fifteen days if there be no appeal to the court of revision within eight days.

The judges took one ballot on retiring—is Dreyfus guilty or not? Two judges voted no. The judges then discussed the penalty. The two judges in favor of Dreyfus pressed for a low penalty on account of his sufferings, and induced the others to fix it at ten years, which is the very lowest possible penalty for the crime of which he was found guilty. In fact the judges have lowered the penalty by two degrees less than ever known in the French army before for a conviction of this kind.

Dreyfus was waiting, with feelings which can only be imagined, in a room back of the stage.

When word was given to the audience to disperse, M. Hild, Labori's assistant, at a sign from Labori, went to tell him.

Labori sat in a chair as if paralyzed. A moment before, as the judges came in, he had been pulling the end of his beard in quiet satisfaction, confident that after Demange's speech the verdict would be four to three. The result stupefied him.

Demange sat collapsed, saddened to the last degree. It was evident in the heat and fervor and feeling of the close of his speech that his whole heart was set in securing the freedom of his client. His voice was deeply hoarse, worn down by his long speech; his face as solemn as tragedy. When the verdict came he sat silent, like a man collapsed; like a man who has just heard news of death.

Hild stepped along the corridor to the room where Dreyfus was, went in and closed the door. Dreyfus looked at him and saw from his face he had bad news. Dreyfus said:

"Tell me."

"Ten years in a French fortress."

Dreyfus turned white, sank into a chair and covered his face with his hands. He sat a long time, neither Hild nor the gendarme saying anything. Then an usher came to Dreyfus. He said:

"One moment."

He rose like a drunken man, his eyes unsteady, and passed his hand over his brow. The color was all gone out of his face, which was the color of ashes. The usher gave him a moment to pull himself together. Then he went into court to hear the decision read again. Dreyfus listened stupidly, facing Coupois, who read it. He said nothing, went out and was taken over to prison like a man under the influence of morphine.

Words can not describe the painful, tremendous shock of the verdict. When the judges came in, their faces were eagerly scanned. They gave everybody hope. Jouaust looked gentle and genial; even Brogniart looked quietly pleased. All the court looked like men who had done a kindly act and felt better. The curse which went up from the audience was so bitter, so strange, that those who heard it will never forget it. Then men turned their heads away and took no further notice of the penalty.

Hope was gone. The audience went out absolutely quietly. Not a word was said. There was no demonstration, not even a single cry. The Dreyfusards were depressed, busy with their own thoughts. The anti-Dreyfus men were maliciously satisfied. Their lips curled in contemptuous triumph. The police and gendarmes hurried everybody away from the Lycee, and absolutely barred return.

Outside the court, in the squares and cafes, was a sharp silence. A sort of spell seemed to be men, over the whole city. There was no outbrea threat, no anger, no passion. Everybody seem be in a state of shock. This shows how very g was the conviction that the verdict would be at four to three. It was fully an hour before bitt began to manifest itself, beginning with fiery, c dispatches which socialists and Dreyfusards to place on the wires.

Meanwhile, the sickening news was being co to Madame Dreyfus by George Hadamard brother. Hadamard is a gentle-natured fellow, der, about 35, with pale and small blonde mus Yesterday he rode up the Rue with confidence an and left his bicycle just inside the gate of the He fully expected acquittal, as did Madame D up to yesterday. To-day, however, he did not his bicycle, but walked slowly up the avenue Gare to the house, about three blocks away. father, impatient, came out of the gate to mee When he heard the news he stopped a mom realize it. Then both went in together. M Hadamard, the mother of Madame Dreyfus, w the steps of the house crying. She did not n be told. Then all went in together. George to news to the old people, who tried to comfort daughter.

Madame Dreyfus took it calmly, as if prepar it. The only agony she seemed to experienc dread of the second degradation, from which s coils in horror.

It was a time of strange, sickening suspense wait in the courtyard for the verdict. It seen affect everybody in the same way. Men would their hands on their hearts and say, "I am ill." men said this in my hearing in court, five in the yard, when we went out to wait for the v Three men were so ill they had to leave and be to hotels in cabs.

When the verdict was announced one man f but was held erect, unconscious, by the men n him in the packed crowd, while they looked not a but at the judges.

HARRY J. W.

URBANCES IN RENNES

BY THE ANTI-DREYFUSARDS.
MEN ENTERED THE HOTEL
MODERNE AND

TED LADIES IN THE GARDEN

me Blanche the Special Object
Their Ire—Raised Trouble
Elsewhere.

es, Sept. 9.—Scenes of great excite- occurred at Rennes to-night. The eyfusards broke loose and started nstration which, but for prompt and s measures by the police, would un- dly have developed into serious dis-

irst sign of trouble manifested itself iately after the verdict became . The streets leading to the Lycee at that time filled with crowds of awaiting news from the court room. nouncement of the prisoner's con- ion was agreeable to a majority of and cheers and cries of "Vive l'ar- were raised, the gendarmes and the looking on without making any at- at interference. The terrace in front Cafe de la Paix, the leading cafe in , was filled with people taking their on drinks and aperitives. When the of the court was announced the ers rose to their feet and demanded e string band should give "The Mar- e." The band struck up the air and wds, both inside and out, joined in tional song.

el Jouaust passed by a little later and in full uniform on his way from cee to his home. The crowd, with heads, cheered him, crying: "Vive ."

el Jouaust, in reply to their cheers, l with his hand to his kepi.

inner time approached the streets be- mpty, but about 8 o'clock the crowds gathered. Just then an incident oc- at the Hotel Moderne, which is as the Dreyfusard center. Two men, ous anti-Dreyfusard, entered the win- rden, inside the hotel, and sat down of the little marble tables under the trees and ordered coffee. At an ad- table sat La Dame Blanche, with panion, while at other tables were MM. Bernard, Lazare and Gorzinetti, other Dreyfusards. The two new- at once began to make offensive ks about Dreyfus and Jews generally. them, turning to La Dame Blanche, "Oh, these dirty Jews; these dirty usards."

Dame Blanche replied, telling him not ress her. The men, however, per- and added personal insults, where- La Dame Blanche became greatly l and called them cowards to insult a . The man retorted offensively and oment La Dame Blanche clutched a card in a heavy metal frame and it at the head of her insulter, nar- missing him. The other diners, see- e trouble, rose en masse and threat- o throw the men out of the garden. instant the place became a perfect every one shouting at the top of his calling the men cowards and "ca- "

ladies present hastily withdrew, Ma- Lazare being carried away in a faint- ndition. Just as the threatened free was at the point of breaking out a de- ent of gendarmes arrived and after a of intense excitement put the men ad caused the row into the street.

however, was but the beginning. en proceeded to the terrace of the e la Paix, which was now crammed nti-Dreyfusards, and there gave their ersion of the row, and in a few mo- an anti-Dreyfus demonstration was swing.

people sitting at the tables rose with of "Down with the Jews!" and l'armee!" and demanding that the play the "Marseillaise." The band ompelled to comply with the demand e crowd bawled the air at the top of voices, altering the words to "March rch on, against the Jews."

s, canes and hats were waved and he crowd chanted "Vive l'armee! Vive e! Conspuez les Juifs!"

lly one man waved his hat and d, "Let us march on the Hotel Mod- The crowd showed a strong dispo- to take this advice, and as the hotel hin a hundred yards of the cafe the ion began to look ugly. Two English- ho were sitting in the cafe were rec- d as foreigners and the crowd hustled out.

his moment the cry "Police!" was and in an instant a strong body of rmes and police, headed by a detect- shed into the cafe and cleared every t, demonstrators or not. At the same several squadrons of mounted gen- s and dragoons, with carbines slung their backs, galloped up and threw elves across the road leading to the Moderne. Other detachments of cav- cordoned all the approaches to the and then gradually closed in on the , which was now rather large and ex- y threatening, and drove them like across the bridge over the river and into the upper part of the town, which was filled with shouts of "Vive l'armee!" and "Down with the Jews!"

A number of the most noisy of the demonstrators were arrested, and the cavalry at a quick trot broke up every group and forced the participants in the demonstration out of the center of the town, around which was formed a cordon through which no one was allowed to pass except he was provided with a pass from the police authorities.

The demonstrations dwindled from this time until this evening, when only a few noisy bands were left, parading the smaller streets, but running at the first sight of a man in blue.

Strong repressive measures, however, alone can prevent serious disturbance. The cafes in the neighborhood have been closed, some of them by the police and others through panic, and tranquillity is now practically restored, though to-night's trouble may be only the prelude to a bigger demonstration to-morrow.

INDEX OF TO-DAY'S IMPORTANT NEWS

Bridge Building Trust.

New York, Sept. 9.—The first steps in the consolidation of 90 per cent of the bridge building concerns of the United States under the name of the American bridge company are completed, the representatives of the thirty companies that have formed the combination having concluded their work here to-day. The capital will be in the neighborhood of $65,000,000.

Train Wrecked in Mexico.

City of Mexico, Sept. 9.—The south bound express and mail train on the Mexican National road was wrecked last night south of Acambaro. The passengers escaped unhurt, but Engineer Rafferty received severe injuries.

Lieutenant Appointed.

Washington, D. C., Sept. 9.—Among the army appointments announced to-day was that of Fred Dingley, late first lieutenant of the First Arkansas volunteers, to be a second lieutenant in the Forty-fourth regiment.

Venezuelan Revolution.

Caracas, Venezuela, Sept. 8.—(Delayed in transmission.)—The revolution under the leadership of General Castro is gaining ground. The insurgents now occupy Nir-

PAPERS IN GERMANY

Lie Ready for Publication Which Will Prove Henry and Esterhazy Guilty of Treason and the Condemnation of Dreyfus a Brutal Judicial Crime.

(Copyright by the New York Journal and Advertiser.)

Special to The News.

BERLIN, Sept. 9.—In the safe keeping of the military staff of the German empire all the documents, which positively and unmistakably will prove that Major Esterhazy and Colonel Henry are guilty of high treason, lie ready for publication.

It is confidently expected that after the judicial outrage at Rennes to-day that the kaiser will give the magic word that will reveal the truth to the whole world.

These documents will brand the condemnation of Dreyfus as a brutal judicial crime. That France will be in the throes of another revolution in a short time is not doubted here.

The Ereisninge Zeitung says that the generals who secured the condemnation of Dreyfus stand condemned before the moral court of the world.

THE SENTIMENT IN WASHINGTO

Special to The News.

WASHINGTON, D. C., Sept. 9.—The news of the verdict in the Dreyfu was received in Washington with a feeling of astonishment in official qu notwithstanding the general opinion that, regardless of the evidence, the martial would find him guilty.

The liveliest interest had been manifested in this case among army and others in official life. The president, himself, has watched it close has carefully followed the evidence adduced before the court. Mr. Mc was in his office this afternoon when a bulletin announcing the verdict w ried to him. What the president may have said is maintained as a pr secret at the white house, but no effort was made to disguise the fact t president was full of sympathy for the prisoner and was much depressed verdict of the court-martial.

Every member of the cabinet in the city discussed the case privat expressed regret that Dreyfus should have been made the victim of stances that made it impossible to clear him of the charges. One mem the cabinet who has never been heard to utter an oath used a vigor pletive when told of the verdict and denounced it as an outrage.

THE VIEWS OF ZANGWILL, THE FAMOUS JEWISH AUTHOR.

Special to The News.

NEW YORK, Sept. 9.—Israel Zangwill, the famous Jew author, speaking of the Dreyfus case in to-morrow's Journal, says:

"The idea said to be simmering in Chicago of a boycott of the Paris exposition by the Jews of America because of the conviction of Dreyfus does not seem to me entirely well advised, although I sympathize very strongly with the moral indignation that lies behind it. But this attempt to meet force by force seems to me the wrong way for the Jews to assert their place and mission in history.

"What I suggest myself is that every Jew who feels an injustice has been committed should of himself stay away from the exposition, and I fully expect that this course will be followed by thousands of Christians. Instead of a specific

Let Jews, if they will, take the lead in stimulating this protest if nobod found to initiate it, but let the protest be that of humanity and civiliza of a scattered race, a member of which has been wronged.

Dreyfus himself places France first and Israel second. He in no tends to be part of a Jewish nation working for common aims. His desire is to die, not for Israel, but for France. If ever ethics is to ru national relations, as it already does in private relations, then a beginning made somewhere, and France certainly should be made to feel that offended against the moral code and shocked the conscience of civilizati I repeat, the protest of Jews should be a protest on behalf of civiliza humanity, and not on behalf of a brother Jew—a protest on behalf of th

FRANÇAIS ET AMÉRICAINS

Chapitre 30   Au début de cette étude nous avons considéré les réponses des Français aux problèmes posés par tout groupe social à ses individus. Leur concept du monde physique qui les entoure—et la façon de le mettre en œuvre—leur concept de la nature humaine, et celui du temps—passé, présent et à venir—expliquent le caractère de la société française et le comportement français. Il faut maintenant se demander en quoi ces points de vue nous affectent, nous autres Américains, dans nos rapports avec les Français.

Ces rapports ont toujours été assez étranges à cause de leur caractère lourdement sentimental. Ils font penser parfois à quelque liaison amoureuse bizarre où les deux partis éprouvent simultanément une attraction très forte et un dégoût violent et désapprobateur. Même parmi les francophiles de profession que sont les professeurs de français, j'en ai connu certains qui, tout en «adorant» la littérature et la civilisation françaises, et les voyages en France, détestaient intensément la plupart des Français dont ils avaient fait la connaissance. Parmi les deux générations d'Américains qui sont allés se battre en France au cours de l'une des deux guerres mondiales du siècle, beaucoup d'anciens combattants sont encore remplis de nostalgie au souvenir des moments qu'ils ont vécus là, et cependant ils sont les premiers à faire de cruelles remarques sur de nombreux aspects du comportement des Français. Surtout pour de Gaulle, personnalité éminemment française, certaines réactions américaines ont atteint souvent à une susceptibilité maladive. Si les Français désapprouvent ce que font les Américains, ceux-ci s'empressent de répliquer que les Français sont des ingrats qui oublient ce que les Etats-Unis ont fait deux fois dans l'histoire pour les tirer de leur «pétrin». Après avoir récemment écrit dans un article que les

Français aimaient les Américains mais n'étaient pas du tout d'accord avec leur politique au Viet-Nam, j'ai reçu de mes compatriotes quelques lettres fort désagréables. Voici la conclusion, typique, de l'une d'entre elles:

> Mon cher professeur, voici ce que je vous dirai: sans l'ombre d'un doute et sans sourciller, les Français ont approuvé notre politique étrangère au cours de deux générations, en deux occasions; et à cause des milliers d'Américains qui, *six pieds sous terre*, sont les hôtes permanents de la France, et à cause des centaines de milliers d'Américains qui avaient à ce moment-là la chance d'être aimés par les Français, le mot «ingratitude» est devenu l'un des plus affreux mots de la langue anglaise, et vous me voyez absolument ravi par le refus de cet hôtel new yorkais de donner une chambre à Mitterand[1] parce qu'il était français.

5   En dépit des nombreuses raisons qu'ils ont de se sentir attirés mutuellement, Français et Américains ont du mal à entretenir un dialogue calme et significatif. Pour expliquer cette situation il faut considérer à nouveau les divergences extrêmes dans les réponses qu'ils donnent respectivement aux questions fondamentales for-
10   mulées au début de notre étude. L'analyse de ces divergences permet de comprendre les motifs des réactions défavorables réciproques.

    A propos du milieu physique qui les entoure, nous avons vu que les Français estiment généralement que la matière n'a pas d'ordre
15   en soi, qu'elle est dépourvue de signification. C'est donc à l'homme de lui donner une forme et de rationaliser la nature, qui, si elle ne saurait être changée, peut et doit être adaptée. Le mode d'organisation de l'existence et le résultat obtenu constituent ce qu'on appelle la «civilisation», et cette civilisation devient l'exploit le plus
20   grand de l'homme.

    L'Américain, d'autre part, semble voir dans la nature une sorte de machine que l'homme doit apprendre à utiliser. Il en découvre la structure de manière à la contrôler. Ce n'est qu'une question de temps, de ressources, d'énergie, d'organisation, de coopération
25   et d'imagination. Un jour ou l'autre, il la connaîtra, la contrôlera totalement et la dirigera. Son but final est de transformer son milieu physique afin d'apporter à l'homme confort et bonheur.

    Pour beaucoup de Français qui tiennent la civilisation en haute estime, les notions de confort et de bonheur ont moins de prix que
30   pour les Américains qu'ils accusent de matérialisme. Aux Etats-Unis le matérialisme est présent partout; «que ne ferait-on pas pour

---

[1] Homme politique, candidat aux élections présidentielles de 1965, et leader de la Fédération de la gauche d'alors.

Est-ce qu'on comprendra jamais les Français? (Photo par Ruth Block/Monkmeyer)

un dollar?» Le monde du commerce suscite et alimente les désirs des jeunes, trop riches, prodigues, inexpérimentés, et qui dominent finalement les adultes. Rien d'étonnant à cela, puisque l'argent et la richesse matérielle servent à tout mesurer, puisque même les
5 valeurs esthétiques et spirituelles se mesurent en termes matérialistes. L'exclamation d'un Américain qui n'acceptait pas cette critique est significative. «Comment? Matérialistes? Mais, c'est absolument faux! Dans ma ville, nous venons de construire une église magnifique, et nous y avons consacré un million de dollars!» Et c'est bien
10 là ce que veulent dire les Français.

Le culte des statistiques, des chiffres et des nombres est un signe de matérialisme. L'Américain moyen a du mal à parler de quoi que ce soit sans introduire des précisions chiffrées. Après que le guide a longuement expliqué les beautés de l'art gothique, des
15 sculptures, des vitraux de Notre-Dame de Paris—«Et combien de tonnes de pierres a-t-il fallu pour construire cette cathédrale?» demande le touriste américain précis.

Et les Américains insistent excessivement aussi sur le confort matériel: chrome, porcelaine, salles de bains aux décorations ex-
20 quises, fauteuils rembourrés, systèmes perfectionnés de chauffage,

machines à laver le linge, machines à laver la vaisselle, condition-
nement d'air partout font la valeur et la beauté d'une demeure, et
sans doute le bonheur de la vie de ses propriétaires.

La publicité faite pour tout ce qui est confort matériel (et pour
le renouvellement périodique des éléments qui le constituent)
domine la vie américaine; les grands coupables en sont le monde
des affaires, et Wall Street, l'une des plus grandes forces du mal sur
la terre! Ces proverbes, appris dès le plus jeune âge et si typiquement
américains aux yeux du monde entier, «les affaires sont les affaires»
et «le temps c'est de l'argent», les Français ont plaisir à les citer
pour prouver leur point de vue.

Bien entendu, ces accusations exaspèrent les Américains qui en
retour accusent les Français d'être encore plus matérialistes. Des
touristes reviennent de France avec des histoires d'hôtels et de
restaurants qui les ont trompés, volés, pensent-ils, et ils concluent:
«Les Français sont avides de dollars!» Nous autres Américains, nous
nions notre matérialisme et nous signalons nos riches musées, nos
orchestres symphoniques excellents, la formation artistique donnée
aux enfants par nos écoles. Nous parlons de notre *Peace Corps* et
de notre politique étrangère qui vise à donner aux peuples du
monde l'occasion de décider de leur propre destin.

Les Français ne voient point nos actes du même œil. La plupart
d'entre eux ignorent l'existence de nos musées, mais tous voient
clairement notre politique étrangère à l'œuvre. Et nous leur donnons l'impression de menacer vraiment la civilisation toute entière.
Nous semblons soutenir les classes sociales les plus réactionnaires
et les plus corrompues des pays que nous prétendons «sauver».
Nous manquons de principes généraux et d'une philosophie de
base; notre système politique, que nous appelons démocratie, n'est
que pragmatique; nous n'avons ni but esthétique—autre que celui
d'améliorer les conditions matérielles—ni but économique—autre
que celui de favoriser l'industrie et le commerce. Les Français se
voient donc justifiés dans leur opinion quand nos forces armées,
splendidement organisées et pourvues du meilleur équipement au
monde, se trouvent mises en échec par les ruses d'un petit peuple
décidé à maintenir coûte que coûte sa propre dignité. Finalement,
ils redoutent la violence brutale avec laquelle nous paraissons
enclins à imposer notre volonté malgré notre prétendu désir d'aider
les faibles à choisir par eux-mêmes leur propre gouvernement.

Cette image semble horriblement injuste à de nombreux Américains. Nous pensons que les Français sont incapables de nous comprendre, et nous nous défendons en signalant à notre tour ce qui

Les Français redoutent la violence des Américains. Couverture du New York Times Magazine, *le 16 juin 1968.* (The New York Times)

s'est passé à l'île du Diable,[2] en Algérie, et autrefois au cours de violentes révolutions sur le territoire français même.

---

[2] Nom donné à la principale colonie pénitentiaire de la IIIᵉ République, en Guyanne (aujourd'hui département d'outre-mer), sur la côte atlantique de l'Amérique du Sud.

Plutôt que d'accroître indéfiniment notre incompréhension mutuelle, il serait préférable, pour la dissiper, de réexaminer nos concepts fondamentaux respectifs à l'égard du milieu où nous vivons.

Les différences qui opposent notre concept respectif de la nature humaine sont encore plus frappantes et plus difficiles à éliminer. Les Français estiment qu'elle fait partie de la nature physique générale, et ils veulent lui donner une forme et un sens. En soi, la nature humaine est plutôt sauvage, mauvaise, hostile et bestiale; des règlements artificiels et détestables, mais nécessaires, doivent discipliner l'homme.

L'Américain, par contre, estime que la nature humaine est bonne. Laissé à lui-même, l'homme se développera comme il le faut. Limitations et restrictions nuiront en général à son développement. Les seuls règlements valables sont ceux qui sont inhérents à la nature physique en tant que machine, et à la nature humaine que l'homme essaie de découvrir. L'enfant les découvre de lui-même, s'il est placé dans une situation adéquate, qu'on lui fournit. Il n'a besoin que d'être guidé pour ne pas risquer d'abîmer les composantes de l'existence. Tous les rouages doivent fonctionner harmonieusement; les hommes ont donc l'obligation de s'entendre, car la société est une machine, dont nous sommes les éléments. Pour le bien commun il faut travailler ensemble et apprendre à faire fonctionner la machine.

Nous avons vu comment le concept français de la nature humaine se reflète dans la formation et l'éducation que les Français donnent à leurs enfants. Les Américains ont tendance à juger avec sévérité les méthodes employées. A propos du tableau que j'ai fait du village de Roussillon, j'ai souvent entendu dire aux Etats-Unis qu'il faut que les Français soient bien cruels pour traiter si durement leurs enfants. Une femme m'a même proposé d'expédier des jouets aux petits de Roussillon en guise de consolation. Bien entendu les Français de leur côté jugent les méthodes américaines avec une semblable sévérité. Ils trouvent nos enfants «mal élevés», et puisque notre socialisation est insuffisante, ils ne sont pas surpris que les adultes américains restent «de grands enfants». A leurs yeux nous semblons posséder toutes les qualités et tous les défauts d'enfants mal dressés. Gâtés, violents et turbulents, trop familiers et impolis, les Américains adultes ne savent pas se tenir droit sur une chaise; ils ont l'habitude de s'allonger, de s'étendre dans un fauteuil, les pieds sur une table ou sur un rebord de fenêtre; ils sont obsédés par le confort du derrière.

«Les adultes américains restent 'de grands enfants'.» (The New York Times)

Comme des enfants également, ils sont illogiques, irrationnels, sentimentaux et impatients. Ils n'ont pas le sens des limitations, du temps opportun, de la définition, de ce qui convient. Une Europe unifiée serait une bonne chose, pensent-ils. Eh bien, allons-y;
5 unifions l'Europe tout de suite. Attendre que l'unification se fasse plus ou moins spontanément ne leur vient pas à l'idée, pas plus que de chercher à définir les rapports mutuels des différentes parties de cette Europe nouvelle. Non; que l'unification se fasse vite, vaguement et sentimentalement; attitude que les Français rejettent
10 comme puérile.

Ils estiment aussi que les Américains sont naïfs, inconséquents et crédules; on les trompe facilement, et on ne peut jamais prévoir ce qu'ils vont faire.

Les Américains en France se plaignent souvent de la manière
15 des Français de concevoir la nature humaine qui résulte souvent en une ambiance inamicale. Dans les magasins et dans la rue les gens ne sourient pas aux étrangers. S'ils ne se connaissent pas entre eux, ils ne se parlent point aussi facilement que cela se fait aux Etats-Unis. Les familles françaises invitent rarement des étudiants étran-
20 gers. Les vivacités du langage, l'hostilité qu'il manifeste, heurtent

«La vie américaine, standardisée, ne permet guère le développement des goûts personnels.»
(Photo par Botwick/Monkmeyer)

et blessent les Américains, qui ont plutôt l'habitude de dissimuler leur inimitié derrière un sourire et quelques paroles vaguement aimables.

Les Français sont bien entendu stupéfiés et choqués par les rapports humains qui prévalent aux Etats-Unis. Notre amitié et notre cordialité dépassent d'abord ce qu'ils avaient imaginé, mais plus leur séjour se prolonge plus ils se sentent pour la plupart déçus. Ils s'aperçoivent en effet que notre cordialité du début ne mène pas, comme cela se passerait probablement en France, à une amitié profonde; notre amitié demeure presque toujours très superficielle. Ils nous accusent même d'hypocrisie puisque nous ne nous comportons pas selon nos vrais sentiments. Et, d'autre part, les grandes amitiés qu'ils ont coutume de cultiver en France leur manquent vivement. Ils regrettent les cafés où, sans façon et régulièrement, entre amis ils se retrouvent. La facilité avec laquelle nous entrons chez les uns et les autres les trouble: à leurs yeux le sens du privé nous fait totalement défaut; et de même la «pudeur» (mot sans équivalent en américain), qualité humaine qu'ils estiment par-dessus tout.

Et les Américains de répliquer: «Voilà bien ce dont souffrent les Français. Seuls et s'isolant, ils ne savent pas s'entendre entre eux afin de coopérer à des travaux communs, à la manière américaine.» De leur côté, les Français répondent: «Le goût du groupe et son importance sont tellement estimés aux Etats-Unis que l'individu devient l'esclave de la pression sociale et de la culture des masses.» La vie américaine, standardisée, ne permet guère le développement des goûts personnels dans le sanctuaire de la famille. La lettre qui suit, adressée au *Washington Post*, et la réponse de la journaliste Mary Haworth, illustrent bien le différend qui sépare Américains et Français (ainsi que la plupart des Européens):

Mariée à un soldat américain pendant la guerre je suis arrivée dans ce pays pleine d'enthousiasme à la perspective d'une vie nouvelle et différente. Très amoureuse de mon mari, j'étais convaincue de pouvoir m'adapter parfaitement à mon nouveau milieu.

Mais dès que notre premier bébé s'est mis à marcher, les ennuis ont commencé. Les enfants de nos voisins—de son âge et quelques-uns plus âgés—ont tout simplement pris possession de notre cour et jardin. Ils se sont mis à bousculer Michel, à casser ses jouets, et, lorsque je le faisais rentrer à la maison, les autres suivaient aussi, en masse.

J'étais stupéfaite de voir que les mères américaines toléraient ces manières. Malgré l'avis plus sage de mon mari («cela va fâcher tout le monde», disait-il), nous avons placé une clôture de fils de fer pour décourager les envahisseurs. Sans résultat heureux. Les mères ouvraient tout simplement la grille et faisaient entrer leurs enfants.

En attendant de déménager dans un autre quartier avec l'espoir d'y trouver de meilleures manières, j'ai eu un autre enfant. Les enfants des voisins, avec leurs rhumes et leurs rougeoles, ont continué de nous envahir, se moquant de l'attitude distante de Michel, et j'ai fait une dépression nerveuse. Nous avons dû emprunter de l'argent pour me soigner, et en quelques mois j'ai retrouvé mon équilibre, grâce à un excellent traitement.

A notre grande joie nous avons été nommés à un autre poste, et lorsque je suis allée faire mes adieux à mon psychiatre, il m'a dit: «Ma femme a eu des ennuis semblables aux vôtres avec nos voisins. Inspiré par vos souvenirs de jeunesse paisible et tranquille derrière une clôture de bois, j'en ai fait élever une de huit pieds de hauteur autour de notre jardin. Pour ma femme et les enfants le résultat a été excellent!»

A notre retour d'Asie l'an dernier, la terreur de l'Amérique m'a prise, mais pas pour longtemps, car nous avons vite fait poser une bonne clôture autour de notre nouveau jardin. Tout s'est d'abord bien passé. Puis une voisine a essayé de nous faire garder ses enfants; une autre a traité nos enfants de snobs. Je me suis tirée d'affaire à ma manière, la seule que je connaisse. J'ai expliqué que nous tenions particulièrement à notre liberté individuelle et notre indépendance. . . .

Derrière nos murs les envieux et ceux qui nous méprisent ne peuvent guère nous atteindre. Nous ne sommes pas grégaires, et nous pouvons être sociables. Nous nous retrouvons entre nous à notre gré. En d'autres termes nous vivons en personnes civilisées.

Ayons donc du respect pour nous-mêmes, notre vie privée et la sensibilité de nos enfants, les autres, le temps aidant, nous respecteront.

Sincèrement vôtre,

L. Y.

Voici la réponse de Mary Haworth:

Chère L. Y.:

J'ai beaucoup aimé, dans votre analyse des mœurs populaires américaines que vous considérez comme dépourvues de sensibilité et typiques, l'esprit amical et le soi-disant désir que, en tant que bonne voisine, vous avez de vouloir édifier les autres.

Toutefois, vous répondant sur le même ton de franchise, je dois vous dire que ce que vous prétendez concevoir comme une vie de famille civilisée (et que vous estimez exemplaire) n'est qu'un vieux reste d'une époque de l'histoire de l'humanité en voie de disparition. Cette conception, primitive («la première»), limitée, est par essence centrée sur elle-même.

De nos jours, l'humanité chemine péniblement le long des pentes du christianisme vers un concept de vie—issu de Dieu—orienté sur la communication avec les autres; et nous reconnaîtrons bientôt la vérité de la déclaration de saint Paul que «nous sommes tous membres les uns des autres».

Du point de vue du confort intérieur et extérieur, l'existence que vous préconisez, dans un petit parc privé et bien clos de grands murs, peut fort bien sembler extrêmement préférable à celle où l'on se trouve constamment à la merci de voisins peu sympathiques. Mais la vérité est que votre espèce est, à la longue, condamnée à disparaître, à moins que vous ne sachiez vous adapter et rejoigniez l'évolution en cours.

La routine et la protection ne peuvent absolument pas produire des individus qui aient la force, la puissance, la résistance, la prise de conscience éprouvée, l'assurance robuste et la souplesse nécessaires pour affronter avec succès les rudes difficultés de la vie, tenir à ses propres valeurs tout en coopérant efficacement à l'ensemble, dans un monde où les hommes dépendent de plus en plus les uns des autres.

Votre propre retraite en est un bon exemple.

M.H.

Comment L. Y. et Mary Haworth pourront-elles jamais se comprendre? Elles doivent nécessairement se rendre compte que c'est leur concept respectif de la nature humaine qui les sépare. Une fois cette prise de conscience accomplie, une certaine tolérance pourrait s'ensuivre.

Ce dialogue de sourds implique toutefois une autre différence causée par la question des rapports de l'homme et du temps.

A propos du temps, les Français estiment généralement que le passé a été meilleur que ne l'est le présent, et que le présent dépend largement du passé. Si le présent est mauvais, c'est à cause de projets mal élaborés dans le passé, par bêtise, manque de logique ou perversion de groupes idéologiques égoïstes. Quant à l'avenir, il dépend de la qualité des projets actuels, qui doivent être établis avec vision et objectivité.

Les Américains estiment généralement que le passé est pittoresque et bizarre. Ils en sont fiers; les anciens ont fait de leur mieux avec les moyens dont ils disposaient. Quant au présent, «Mais, c'est formidable!» Et l'avenir sera encore meilleur; à la longue, les choses s'amélioreront; seuls les gens qui ont des idées fausses sont dangereux pour la préparation de l'avenir. Le passé est le

A Versailles, par exemple, le passé et le présent se rencontrent. (Photo par Ruth Block/ Monkmeyer)

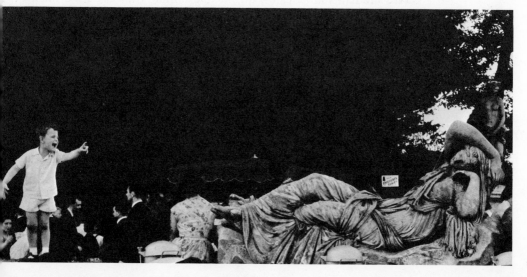

passé. Il faut et il suffit de s'adapter aux circonstances au fur et à mesure que le temps s'écoule.

Les Américains sont fiers de leurs ancêtres qui ont abandonné les pays où ils se sentaient trop liés par de vieilles traditions. Mais à mon premier séjour en France, un vieux monsieur m'a beaucoup choqué quand il m'a dit: «Après tout, qui a colonisé l'Amérique du nord? Des aventuriers, des mécontents, des hors la loi, des anormaux, des criminels, des mystiques; des gens, somme toute, qui n'étaient pas à leur place chez eux. Les premiers Américains n'ont pas été, ainsi que vous le dites, des gens braves et courageux; les premiers Américains étaient les Européens les moins bien socialisés qui ont traversé les mers pour se refaire une vie à partir de zéro. Quelle civilisation peut-on attendre d'individus qui n'étaient pas civilisés au départ? L'Amérique est un pays jeune, sans passé solide; elle agit donc d'une façon enfantine.»

Les Américains, d'autre part, accusent les Européens de ne pas être à la page, d'être empêtrés dans de vieilles habitudes et des querelles traditionnelles dont il faut de temps en temps aller les sortir. Lorsque de Gaulle parlait du passé et disait qu'il voulait refaire «la grandeur de la France», nous étions complètement écœurés.

Les Français estiment que les Américains, trop facilement oublieux du passé, dont ils ne savent tirer de leçon, n'inspirent aucune confiance. D'abord, diront-ils, nous faisons la guerre à l'Allemagne, puis nous l'aidons à redevenir forte, et cela nous mène à une seconde guerre mondiale. Pendant une dizaine d'années, nous nous faisons gloire d'avoir Chinois et Russes pour amis, et au cours des dix années qui suivent, nous les accusons de tous les péchés capitaux. Même en amitiés personnelles les Français nous jugent peu sûrs. Nos étudiants américains, quand une famille française les a finalement acceptés, sont traités exactement comme les autres membres de la famille. Au bout d'une année d'études en France ils rentrent aux Etats-Unis, et la plupart du temps ne donnent jamais signe de vie à la famille française qui les a reçus. Vexée, celle-ci conclut qu'elle s'est trompée sur les jeunes gens qu'elle avait accueillis sous son toit.

Il est difficile d'expliquer aux Français que nous ne sommes ni froids ni cruels, mais, au contraire, plutôt courageux de chercher à briser les liens qui nous rattachent au passé afin d'être mieux à même de construire un bel avenir—tout comme nos ancêtres ont su couper leurs attaches avec la vieille Europe afin de créer les Etats-Unis actuels. C'est ce que nous chantons:

«Il est difficile d'expliquer aux Français que nous ne sommes ni froids ni cruels.» (United Press International)

O beautiful for pilgrim feet,
    Whose stern, impassioned stress
A thoroughfare for freedom beat
    Across the wilderness.

America! America!
God shed his grace on thee,
And crown thy good with brotherhood
    From sea to shining sea.

Comment les Français peuvent-ils nous persuader des dangers que fait courir à la civilisation une grande nation forte qu'un sens d'attachement au passé ne freine point?

Nous autres Américains avons beaucoup de mal à admettre que les autres peuples n'acceptent pas toujours l'image que nous avons de nous-mêmes. Mais quelles images nous faisons-nous des autres? Sont-elles plus belles que la leur à notre égard? Les clichés
5 faux et les stéréotypes par lesquels les peuples se représentent les uns les autres sont pathétiques. Notre seul espoir consiste donc peut-être à rechercher derrière ces clichés et stéréotypes ce pourquoi les uns et les autres perçoivent et interprètent différemment l'existence. Ce n'est qu'après avoir compris ces différences que Français
10 et Américains parviendront un jour à un certain degré de tolérance mutuelle.

QUESTIONS

1. A quoi font penser parfois les rapports franco-américains? Pourquoi? Illustrez votre réponse avec l'exemple des anciens combattants américains et celui de certains professeurs de français aux Etats-Unis.

2. Qu'indiquent beaucoup de lettres écrites à l'auteur à propos d'un de ses articles sur les rapports franco-américains?

3. Comparez les points de vue respectifs des Français et des Américains sur le milieu physique environnant.

4. Comment les Français voient-ils le matérialisme américain? Que répliquent les Américains à ce sujet?

5. Quels doivent être selon vous les rapports entre le confort matériel et le bonheur?

6. Quels sont les avantages et les inconvénients de la publicité moderne?

7. Que pensez-vous du *Peace Corps*?

8. Expliquez les deux proverbes: «les affaires sont les affaires» et «le temps c'est de l'argent».

9. Qu'entend-on par «culture de masse»? Donnez des exemples.

10. Qu'est-ce que les Français reprochent à la politique étrangère des Etats-Unis? Pourquoi?

11. Analysez les principales différences qui opposent Français et Américains dans leur concept respectif de la nature humaine.

12. Comment Français et Américains jugent-ils respectivement leurs méthodes d'éducation?

13. Pourquoi en France l'ambiance générale semble-t-elle parfois hostile?

14. Comparez le sentiment de l'amitié tel que Français et Américains le conçoivent respectivement.

15. Comment définiriez-vous et illustreriez-v

16. Résumez la lettre de la jeune femme franç
américain. Résumez la réponse de la journaliste
personnelle sur chacune de ces lettres?

17. Commentez la notion respective du temps
les Américains.

18. Où réside l'espoir d'une meilleure compréhe
et Français?

CONCLUSION

Chapitre 31 Il n'est plus très original de déclarer aujourd'hui que la France est en pleine transformation. Au cours des quinze dernières années, elle s'est modernisée d'une manière étonnante, et certains changements profonds en ont résulté. Toutefois,
5   on détermine encore mal l'influence des changements sociaux sur l'évolution des valeurs culturelles. Le fait, par exemple, que la France s'est modernisée, implique-t-il, selon l'opinion générale, qu'elle perd son caractère propre et «s'américanise»? Il se pourrait qu'à certains égards, Français et Américains soient en train de se
10 rapprocher. Il est fort possible aussi que les Français soient moins attachés ou «enchaînés» à leur passé que jadis, et que leurs manuels d'histoire ne semblent encore l'indiquer.

La société française change visiblement beaucoup; mais nous exagérons sans doute les conséquences qu'ont ces changements à
15 l'égard des valeurs humaines proprement dites—valeurs autrement plus subtiles et plus difficiles à observer que les changements. Au cours d'un passage récent à Roussillon—près de vingt ans après mon premier séjour—j'ai assisté à la distribution des prix en fin d'année scolaire, et j'ai été frappé par l'influence de la télévision sur
20 le programme qu'avaient préparé les élèves. Il y a vingt ans, il aurait été tout à fait inconcevable que ces enfants reproduisent si exactement des événements de culture (une leçon de cuisine, une exposition de mode, un fait divers, un événement sportif, etc.) appartenant à tous les autres petits Français. Grâce à la télévision,
25 les enfants du village avaient acquis les goûts et les intérêts par lesquels ils s'assimilaient désormais aux enfants du reste du monde dans les pays semblablement évolués. Cependant, un examen approfondi de ces scènes fabriquées pour la circonstance m'a prouvé que la France traditionnelle était encore très proche. Des enfants
30 américains auraient peut-être présenté les mêmes scènes, mais ils

«'Ces Français' sont loin de succomber à l'américanisation.» Ici un viticulteur goûte son vin nouveau. (Photo par Wylie)

auraient conçu ces scènes d'une façon très différente. C'est dans cette différence de conception, dans cette différente façon de penser et de sentir, que se manifestent le plus clairement les différences que nous avons analysées dans les systèmes de valeurs, dans l'organisation sociale et dans l'expression esthétique des Français et des Américains.

Les Américains qui aiment la France traditionnelle se réjouiront de constater qu'aujourd'hui des formes nouvelles expriment toujours ces caractéristiques fondamentales. Ceux qui ne comprennent pas le comportement des Français, et qui voudraient tant les voir se conduire «avec bon sens, comme nous autres Américains», découvriront à regret que «ces Français» sont loin de succomber à l'américanisation. Au lieu de les refaire à notre image il vaut mieux accepter le fait que les malentendus entre peuples existeront tant que nous ne ferons pas l'effort de comprendre la nature fondamentale de la culture, et l'action réciproque des valeurs, structures et symboles dans la vie des hommes.

NOTES BIBLIOGRAPHIQUES

La liste bibliographique la plus pratique pour faire un cours de civilisation française est probablement celle que la Modern Language Association a publiée en novembre 1961: *Six Cultures: Selective and Annotated Bibliography* (MLA, 60 Fifth Avenue, New York, N.Y. 10011). Une nouvelle édition est annoncée. *Background Data for the Teaching of French*, par Howard Nostrand, se trouvera également bientôt à l'Educational Research Information Center.

Les publications mensuelles de la Documentation Française (31 quai Voltaire, Paris 7ᵉ), et au National Information Bureau de l'American Association of Teachers of French (972 Fifth Avenue, New York, N.Y. 10021)—*La Documentation française illustrée* et *La Documentation française photographique*—peuvent être fort utiles pour l'enseignement. De plus, deux livres assez récents (aux mêmes adresses) sont particulièrement recommandés: *Quinze Jours en France* (1965) et *Panorama de la France* (1966).

Depuis quelque temps paraissent des recueils d'essais sur la France qui, à cause de leur diversité, donnent, espère-t-on, une bonne idée générale de la culture du pays. Ces nombreux essais sont de valeurs très inégales: certains sont fort instructifs, d'autres sont techniques et très ennuyeux. Notons comme spécialement intéressants: *In Search of France* (Cambridge: Harvard University Press, 1963), Stanley Hoffmann, éd., en collaboration avec Charles Kindleberger, Jesse Pitts, Laurence Wylie, Jean-Baptiste Duroselle et François Goguel; *Tendances et volontés de la société française* (Paris: S.E.D.E.I.S., 1966), Jean-Daniel Reynaud, éd.; et *Le Partage des biens* (Paris: Editions de Minuit, 1966), Claude Grazon, éd.

La bibliothèque de la Sorbonne. (Ambassade de France/Service de presse et d'information)

Parmi les bonnes collections enfin qui sortent actuellement, les deux plus utiles semblent être celle de Skira, «Art-Idées-Histoire» (Albert Skira, Editeurs, 31 rue Deparcieux, Paris 14e), et la «Collection U» (Librairie Armand Colin, 103 boulevard Saint-Michel, Paris 5e). Ajoutons que la Librairie Hachette (79 boulevard Saint-Germain, Paris 6e) publie aussi une série qui ne manque pas d'intérêt, sur «la vie quotidienne» à diverses époques de l'histoire.

VOCABULAIRE

Not included here: all cognates and near cognates, and most of the words listed in *Le Français fondamental*, 1er degré and 2e degré.

A

abeille *f* bee
abîme *m* abyss
   marche au bord de l'— brinkmanship
abîmer to ruin
(s')abonner to subscribe
aboutir (à) to end (in), to end up (by)
abri *m* shelter
   à l'— de sheltered from
abuser to misuse, to take advantage
accablé overwhelmed
accomplir to achieve
   s'— to be achieved
accordé in agreement
accouchement *m* childbirth, delivery
accoucher to give birth
accroché attached
accroissement *m* increase, growth
accroître to increase
acharné (à) eager (to)

acharnement *m* obstinacy, zeal
aciérie *f* steel factory
acquis acquired
   situation —e vested interest
(à l')actif de to the credit of
action *f* share
actuel present, current
affaiblir to weaken
affaire *f* business
   avoir —(à) to deal (with), to be concerned (with)
   les —s contemporaines the world today
(s')affermir to become stronger
afficher to post, to show
(s')affranchir to free oneself
affranchissement *m* liberation
affreux frightful
affronter to face
agent *m* policeman
   —de change stockbroker
agricole agricultural
   exploitation — farm

A Paris, la signalisation (dans le métro, les autobus, les rues, etc.) est extrêmement bien faite. Ici, dans le métro, certains tableaux sont traduits à l'intention des étrangers. (Photo par Irene Bayer/Monkmeyer)

aiguille *f* needle
ail *m* garlic
aimanté magnetic, magnetized
aîné oldest; elder
aînesse seniority
   droit d'— primogeniture
ainsi thus
   pour — dire so to speak
aisance *f* ease
aise *f* ease
   à l'— comfortable; rich
   mal à l'— uneasy, uncomfortable
aisé comfortable, well-to-do
alentour in the vicinity, all around
alléché attracted
(s')alléger to become lighter
allemand German
allocation *f* allowance

(s')allonger to stretch
amant *m* lover
ambiance *f* atmosphere, climate
ambulant itinerant
   marchand — street vendor
aménagement *m* preparation; parceling out; adjustment; *pl* facilities
amende *f* fine
amer bitter
amertume *f* bitterness
amicale *f* club
amitié *f* friendship
ampleur *f* size, amplitude
ancienneté *f* seniority
ancré anchored
âne *m* ass
   pont en dos d'— arched bridge
anéantir to reduce to nothing

427

angoisse *f* anxiety
antichambre *f* waiting-room
    faire — to wait, to cool one's heels
antipathique disliked, unlikable
apaisement *m* appeasement, satisfaction
aperçu *m* general view
(s')apitoyer (sur) to have pity (on)
appareil *m* set, apparatus
apparentement *m* political alliance
appauvrir to impoverish
appel *m* call
    faire l'— to call the roll
apport *m* contribution
apprenti *m* apprentice
approfondir to investigate, to examine thoroughly
appui *m* support
appuyer to lean; to support, to defend
    s'— to rest; to side with
(d')après according to, after
arachide *f* peanut
arbitre *m* arbitrator
    libre — free will
ardoise *f* slate
argileux made of clay, clayey
armoirie *f* coat of arms
arracher to uproot, to tear away
(s')arranger to find a way; to correspond
arrêté *m* administrative decision, decree
arrière-boutique *f* room at the back of a shop
arrondir to enlarge
arroser to spray, to water, to irrigate
assesseur *m* assistant judge
assister to assist
    — à to attend
aspersion *f* sprinkling, spraying
assujetti subjected
astreint obliged, subjected
atelier *m* workshop
âtre *m* hearth
(s')attendre (à) to await, to expect
atténuer to lessen, to attenuate
attitré full-fledged, recognized, regular
attrait *m* charm
au-delà beyond
aumônier *m* chaplain
auparavant before, formerly
auréole *f* halo
autant as much
    d'— plus ... que all the more ... than
    en faire — to do the same
autrement by far; otherwise
aventure *f* adventure; accident
    à l'— at random
(s')avérer to prove to be
avertir to warn
aveugler to blind
avis *m* opinion
    être d'— to be of the opinion
avoué *m* solicitor

B

baie *f* bay window; bay, gulf
baigner to bathe
baignoire *f* bathtub
baise-main *m* hand-kissing
baiser *m* kiss
baisse *f* decrease
    en — on the way down
baisser to lower
banc *m* bench
    — d'essai testing ground
bande *f* gang
    — dessinée comic strip
banqueroute *f* fraudulent bankruptcy
barrage *m* dam; obstacle
barde *m* poet
barre des témoins witness box
barreau *m* bar
barrer to obstruct
barrière *f* fence
    — douanière tariff
bas low
    en — at the bottom; below
bâtiment *m* building; construction industry
bavardage *m* babbling, chatter
bavarder to chat
beau-fils *m* stepson
bec *m* beak
bénévole unpaid
bénir to bless
bénit blessed
    eau —e holy water
berner to make a fool of
bête *f* beast, animal; stupid person
    — noire pet aversion
bêtise *f* stupidity
biberon *m* feeding bottle, baby bottle
bien well; much
    — des many

bien-être *m* well-being
biens *mpl* property, goods
bienveillant well-disposed, benevolent
bilboquet *m* cup-and-ball
bille *f* marble
bimensuel twice a month
blanchissage *m* laundry
blé *m* wheat
blesser to hurt, to wound
blouson *m* sports jacket
bohémien *m* gypsy
boîte *f* box
   — de nuit nightclub
bon *m* bond (banking)
bon good
   à quoi —? what's the use?
bordure *f* border
   en — alongside
borne *f* landmark, marker; *pl* limits
bouché blocked, clogged, stopped up
boucle *f* loop, buckle
bouleversement *m* upset, upheaval
bouleverser to upset
bourrelier *m* harness-maker
bourse *f* scholarship
bousculer to jostle
boussole *f* compass
boutade *f* witticism
brandir to brandish
brebis *f* lamb
brèche *f* breach, gap
brut gross; raw, unrefined
bruyamment noisily
(école) buissonnière hookey

C

cabinet *m* small room; office; *pl* toilet
cache-nez *m* muffler
cadet *m* younger or youngest child in a family
cadre *m* frame, framework; *pl* staff
cadrer to fit
caisse *f* chest, coffer
   — d'épargne savings bank
calcaire *m* limestone
calcaire calcareous
calculatrice *f* computer
caleçon *m* shorts, bathing trunks
calomnier to slander
canevas *m* sketch
carrefour *m* crossroad
carnet *m* notebook

cas *m* case, matter
   faire grand — to esteem
case *f* box
caser to place, to locate
caserne *f* barracks, camp
cassis *m* bump (in a road)
caution *f* bail; surety
   sous — on bail
caverne *f* cave
cellier *m* wine cellar
cellule *f* cell
censé supposed, considered
cercueil *m* coffin
chahut *m* noisy manifestation by students to interrupt teaching
chai à vin *m* large wine cellar
champ *m* field
   — de course racetrack
chance *f* opportunity
change *m* exchange; currency
   agent de — stockbroker
chantier *m* construction yard
charge *f* burden, responsibility
   à — de provided
charretier *m* cart driver
charrue *f* plow
chartrier *m* archives
chasse *f* chase
   — d'eau toilet flush
châtelain *m* owner of a castle
châtiment *m* punishment
chauffage *m* heating
chaussée *f* road
chef *m* leader
   — de famille head of a family
   — d'œuvre masterpiece
   — -lieu main administrative city in a *département*
chemin *m* road, way
   à mi- — halfway
   faire son — to succeed in life
cheminer to proceed along, to amble along
chêne *m* oak
chercheur *m* researcher, scholar
chèvre *f* goat
chevreau *m* kid (*animal*)
chiffre *m* figure, number
chiffrer to calculate, to figure out
chirurgical surgical
chômage *m* unemployment
chose *f* thing
   à peu de —s près closely, nearly
choyer to pamper

cible *f* target
ci-contre opposite
ci-dessous below
ci-dessus above
ciel *m* sky
  à — ouvert in the open
cierge *m* church candle
circonscription *f* constituency
circulation *f* traffic
circuler to travel, to move along
citadin *m* city dweller
citation *f* quotation
clairière *f* clearing
clairsemé dispersed, scattered
classé marked
classement *f* classification, ranking
classer to file
clé *f* key
  fermer à — to lock
  mot — key word
  poste — key position
clerc *m* learned person
clôture *f* fence, enclosure
cœur *m* heart
  apprendre par — to memorize
(se) cogner to knock (against), to hit
collé glued
  le dos — aux maisons his back to
  the houses
colon *m* colonist
colonie de vacances *f* camp (for
  young people)
combattant *m* fighter
  ancien — war veteran
comble *m* peak
  de fond en — totally
commérage *m* gossip
commerçant *m* shopkeeper
commissaire *m* commissioner
  — au Plan head, chairman of economic planning
commis-voyageur *m* traveling sales-
  man
communément usually, generally
comparaître to appear
complaisance *f* kindness
complaisant obliging
complot *m* plot
comportement *m* behavior
comporter to include, to contain
  se — to behave
composante *f* component
comprimer to compress
compris understood

y — including
comptabilité *f* bookkeeping
compte *m* (bank) account
  — rendu report, account
  se rendre — (de, que) to realize
  tenir — take into account
compter to account; to matter
concevoir to conceive, to imagine, to
  understand
concilier to reconcile
concorder to concur, to agree
concours *m* competitive examination
condisciple *m* schoolmate
conduire to drive
  se — to behave
confondre to confuse
confronter to face, to confront
congé *m* vacation; leave of absence
  donner — to dismiss, to give notice
congrégation *f* religious order
conjoint *m* married person
connaissance *f* acquaintance, knowl-
  edge
  en pleine — de cause fully aware,
  knowingly
  prendre — to find out, to discover
conquérir to conquer
conquis tamed
consacrer to devote
conscrit *m* draftee
conseil *m* advice, counsel; council
  — de guerre military tribunal
conservateur *m* curator
consommation *f* consumption
constater to observe, to notice
conte *m* short story
contestation *f* protest
contrainte *f* coercion, restraint
contravention *f* minor offense, violation
contre against
  — interrogatoire *m* cross examination
  par — on the other hand
contremaître *m* foreman
contrevenant *m* offender
contribuable *m & f* taxpayer
convenable proper, decent
convenance *f* propriety
convention *f* covenant, agreement
convier to invite
copain *m* pal
coquet trying to please
coquille *f* shell

corbeau *m* crow
cornet de glace *m* ice cream cone
corporation *f* guild
corps *m* body
  faire — avec to be united with, to be part of
cortège *m* procession
  — funèbre funeral procession
côté *m* side
  marcher de — to walk sideways
coteau *m* hill
cotisation *f* dues
couche *f* layer
coulisse *f* backstage
coup *m* blow
  — d'œil glance
  faire les 400 —s to paint the town red
coupe *f* cut; outline; section
coupure *f* cut, cutting
  — de journal clipping
cour *f* yard; court
  — de récréation playground
couramment fluently
courant common
  main —e handrail on escalator
  tenir au — to keep informed
couronne *f* crown
courrier *m* mail
cours *m* course; private school
  au — de during, in the course of
  — d'eau river, stream
  donner libre — to liberate
  en — in progress
courtier *m* broker
courtisan *m* courtier
coussin *m* cushion
coutumier customary
  droit — common law
coûter to cost
  coûte que coûte at any cost
couvre-chef *m* headdress
cracher to spit
crainte *f* fear
crépiter to crackle
(se) creuser to become hollow
creuset *m* crucible, melting pot
creux hollow, unfilled
(se) croiser to meet
croissance *f* growth
croître to grow
croulant crumbling
cru *m* vintage
cru raw

crue *f* flood
cueillir to pick up
cuir *m* leather
  rond-de—— *m* (*fam*) civil servant
cuirasse *f* armor
cul *m* (*vulg*) ass
cultivateur *m* farmer
culture *f* culture
  grande — large-scale agriculture
cumul *m* moonlighting
cure *f* medical care, cure
cuvette *f* basin, bowl
cyprès *m* cypress tree

D

dactylo *f* typist
date *f* date
  de longue — for a long time (past)
débouché *m* outlet
débrouillard clever, handy
débrouillardise *f* adroitness, cleverness
(se) débrouiller to get by, to know how
déceler to find out, to discover
décerner to award, to bestow
déchargement *m* unloading
déchet *m* waste
déchiffrer to decipher
déchirer to tear apart, to split
déclassé lowered in social status, rejected by one's social group
déclencher to start
décollé loosened
déconcerter to confuse
découler to result
découpage *m* cutting up
(se) découvrir to remove one's hat
décret *m* decree
  — -loi executive order
décroître to decrease
dédommager to compensate
défaillance *f* failing
défaut *m* fault
  à — de for lack of
  faire — to lack, to fail
défiance *f* distrust, mistrust
défilé *m* parade
défiler to parade
dégât *m* damage, destruction
dégradé dilapidated
dégrèvement *m* tax allowance
dégustation *f* small meal

dehors out, outside
  au — outside
déjouer to thwart, to foil
délit *m* misdemeanor
demande *f* application
démarche *f* step, procedure
démarrer to start
déménager to move
démesuré out of proportion
démettre to demote
démissionner to resign
démographique demographic
  explosion — population explosion
dénatalité *f* decline in the birth rate
dénombrement *m* count
dénommer to name
(se) dénoncer to give oneself up
denrée *f* commodity; *pl* goods
dénué lacking
dépanner to help, to make emergency
  repairs
dépasser to go beyond, to surpass
dépaysement *m* lack of familiarity
dépayser to remove from one's own
  country or neighborhood
dépeindre to depict
dépens *mpl* cost, expense
  aux — de at the expense of
déplacé out of place
déployer to display
dépouille *f* spoils
(se) dépouiller to strip, to get rid of
dépourvu deprived, lacking
(se) dérouler to unfurl
derrière *m* buttocks, backside
désaccord *m* disagreement
déséquilibre *m* imbalance
désintéressé not interested in mone-
  tary remuneration
désormais henceforth
dessin *m* pattern, drawing
dessiner to draw, to sketch
  se — to take shape
détachement *m* leave of absence
  (from a civil service position)
(se) détendre to relax
détenir to hold (back)
(se) détourner to shy away
détritus *m* refuse, waste, garbage
(par-) devers soi to oneself
dévêtir to undress
dévot pious, devout
dévoué devoted
différend *m* difference

dignité *f* self-respect, dignity; function
dire to say
  en — long (sur) to explain a lot
  (about)
(en) direct live (TV)
dirigeant *m* leader
discernement *m* reason, discretion
disculper to vindicate, to justify
(se) disperser to scatter
disponible available
dissoudre to dissolve
dit so-called
dominical (occurring on or pertaining to) Sunday
  noce —e Sunday spree
dommage *m* injury, wrong, damage
dompter to tame
don *m* gift, present
donnée *f* datum
donner (sur) to open (on), to face
dorénavant from now on
dortoir *m* dormitory
dos *m* back
  pont en — d'âne arched bridge
dossier *m* file
douanier customs officer
douche *f* shower
doué gifted
doyen *m* dean
dressage *m* training
dresser to train; to set up
  se — to stand up, to get up, to rise
droit *m* right; law
  avoir — à to be entitled to
  —s acquis vested interests
  —s de succession inheritance taxes
  faire son — to study law
dûment duly
(se) durcir to harden
durée *f* duration
durer to last
dureté *f* harshness

E

eau *f* water
  ville d'— spa
(à l')écart aside
échappatoire *f* evasion, subterfuge
échéant falling due
  le cas — eventually
échec *m* failure
  mettre en — to check, to stop

échelle *f* ladder; scale
échouer to fail
éclater to burst, to split
— **de rire** to burst out laughing
écœuré disgusted
économies *fpl* savings
écorce *f* bark, cover
écossais Scottish
écran *m* screen
petit — TV set
écrasement *m* extermination
écriteau *m* sign
écriture *f* handwriting
(s')écrouler to crumble away, to collapse
éditer to publish
édition *f* publication; edition
maison d'— publishing house
effectif *m* strength, number
(s')efforcer to try, to attempt
effrayant frightening
également also
égard *m* consideration, viewpoint
à l'— de toward
égaré misled, lost
élan *m* momentum, enthusiasm
élargir to broaden, to widen, to enlarge
élastique *m* rubber band
élevé high, elevated, raised
enfant bien — well brought up child
émaner to come from
embaucher to hire
(d')emblée right away, immediately
émettre to issue
émeute *f* riot
emmagasiner to store, to stock
emmaillottement *m* swaddling
emmaillotter to swaddle
emmerder (*vulg*) to say to hell with
(s')emparer to seize
empêtré entangled
empiéter to encroach, to infringe
empiler to pile up, to stack
empirer to worsen
(l')emporter (**sur**) to win over
(s')empresser to hasten
emprise *f* hold
emprunt *m* loan
encadrer to serve as a frame or setting; staff
encaisser to cash in
enceinte pregnant

enchaînement *m* linking
enclume *f* anvil
(à l')encontre in opposition
enfant *m* child
faire l'— to act childishly
enfantin childish
enfer *m* hell
engrais *m* fertilizer
(s')enliser to get bogged down in
ennui *m* trouble
énoncé formulated, expressed
enquête *f* investigation
(s')enraciner to become rooted
enregistrement *m* registry; recording
enseigne *f* sign (on a shop)
(s')ensuivre to get along, to agree
entaché tainted
entente *f* understanding
enterrement *m* burial
en-tête *m* letterhead; headline
entraide *f* mutual aid
entraîner to train; to bring about; to take along
entrave *f* obstacle
entretenir to keep, to keep up
entretien *m* talk, conversation; upkeep
envahir to invade
envahisseur *m* invader
envers toward
envie *f* desire
avoir — de to feel like
(s')épanouir to develop fully
épanouissement *m* expansion, opening, brightening, radiation
épargne saving
caisse d'— savings bank
épée *f* sword
épineux thorny
éponge *f* sponge
épopée *f* epic
époux *m* husband; *mpl* husband and wife
épreuve *f* trial, test
épuisé exhausted
équilibré well-balanced
espérance *f* hope
espionnage *m* spying
esprit *m* mind; wit
(s')esquiver to escape, to steal away
essence *f* gasoline
essor *m* boom
prendre son — to take flight, to soar

estimer to think, to believe
estrade *f* platform
établi *m* workbench
étape *f* stage
état *m* state
   — civil vital statistics
(s')éteindre to go out (light, fire)
étendue *f* extent
étiquette *f* tag, label
étouffer to choke
étroit narrow; close
étroitesse *f* narrowness, limitation
(s')évader to escape
évangile *m* gospel
évasion *f* escape, escapism
évêché *m* bishopric
éveillé awake
  rêve — daydream
évêque *m* bishop
(s')évertuer to strive
évincer to oust
évolué developed
exécutant *m* performer
exécuter to carry out
  s'— to obey
exemplaire *m* copy
exigence *f* requirement, demand
exploitation *f* management
  — agricole farm
exposé *m* lesson; explanation
express *m* through train, express
exutoire *m* outlet, way out; derivative

F

fabrique *f* small factory
face *f* face
  faire — à to face
fâché annoyed
facteur *m* mailman
faculté *f* school (law, letters, sciences)
faiblesse *f* weakness
(se) faire à to get used to
fait divers *m* news item
falaise *f* cliff
famille *f* family
  — nombreuse large family
fantaisiste fanciful, unrealistic
fantasque fanciful
farci stuffed
farouche wild, fierce
fat *m* fop
faute *f* fault; lack
  en — doing wrong

  — de failing, for lack of
(se) féliciter (de) to be happy (about)
fermage *m* tenant farming
fermier *m* tenant farmer
feu *m* fire; traffic light
fichier *m* filing cabinet
fierté *f* pride
figurer to appear, to show
fil *m* thread; wire
  — de fer wire
finisseur *m* one who likes to apply finishing touches
fisc *m* internal revenue department
fixer to establish, to set, to determine; to stare
fléau *m* plague, calamity; flail
flèche *f* arrow
fléchir to bend
flot *m* flow
foin *m* hay
  faire les —s to make hay
foncier pertaining to real estate, landed; fundamental, thorough
fonctionnaire *m & f* civil servant
fond *m* back; bottom
  au — fundamentally, basically
  de — en comble totally
fondement *m* foundation
(se) fondre to mix, to melt, to fuse
(à) force de by dint of
(à) forfait (payment) by contract
forgé coined
formation *f* training
foudroyé thunderstruck
fouetter to whip
fourmiller to teem
foyer *m* hearth, home
frais *mpl* expense, cost
  — de scolarité tuition
franc free, independent
franchir to cross
frapper to hit, to strike
  — des mains to applaud
freiner to slow down, to brake
froncer les sourcils to frown
frotter to rub
(au) fur et à mesure que as
fusée *f* rocket

G

gabelle *f* salt tax
gain *m* gain, profit
  avoir — de cause to win

gamme *f* gamut
garde *f* guard; custody
  — à vue house arrest
  — champêtre *m* rural policeman
  prendre — to take care, to be careful
garni furnished; lined
gars *m* boy, lad, youth
gaspillage *m* waste
gâter to pamper, to spoil
gendre *m* son-in-law
gêné bothered
gêner to hinder, to embarrass
génie *m* spirit, nature; talent; engineering
géographe *m* geographer
gérer to manage, to administer
gestion *f* administration, management
gifler to slap (one's face)
giratoire gyratory
  sens — traffic circle
girouette *f* weather vane
goupillon *m* aspergillum, sprinkler for holy water
grâce *f* favor; pardon
  faire — à to pardon, to be lenient toward
  — à thanks to
grand-chose + *neg* not much
gravure *f* picture
gré *m* liking, taste
greffer to graft
greffier *m* clerk
grêle *f* hail
grenouille *f* frog
grève *f* strike
  se mettre en — to go on strike
grief *m* grievance, gripe
grille *f* gate; grating, railing
grommeler to grumble
gronder to scold
(en) gros altogether, to sum up
grossier vulgar
guérisseur *m* professional healer
guetter to watch
gui *m* mistletoe
guichet *m* office window, desk
(en) guise de as

H

hachure *f* shading
haïr to hate
hampe *f* (flag)staff

hantise *f* obsession
hargneux surly
hasard *m* chance
herbe *f* grass
héritage *m* inheritance
héritier *m* heir
heurt *m* shock, bump
historique historical
  faire l'— to trace the history
honte *f* shame
  faire — to shame
horaire *m* schedule, timetable
hors-la-loi *m* outcast
hospitalier hospitable
huile *f* oil
(à) huis clos behind closed doors
huître *f* oyster
  parc à — oyster bed
humecté moistened
humeur *f* mood

I

idée *f* idea
  — reçue cliché
ignorer not to know
illusoire illusive
imagé vivid
imbécillité *f* stupidity
immeuble *m* building
impassible motionless
impitoyable pitiless
importer to matter
impôt *m* tax
imprévisible unforeseeable
imprévoyant lacking foresight
imprévu unforeseen, unexpected
imprimer to imprint, to impress
impromptu on the spur of the moment
inattendu unexpected
incarner to embody
(s')incliner to bend, to yield
incomber to fall upon
inconvénient *m* drawback
incroyant *m* nonbeliever
inculpé accused
(s')indigner to become indignant
indivis undivided, joint-tenancy
induire to lead, to induce; to infer
inébranlable unshakable
inévitable unavoidable
influent influential

influer (sur) to influence
infraction *f* breach, violation
(s')ingénier to wrack one's brains
ingrat ungrateful
injurier to insult
inlassablement untiringly
inné inborn
(s')inquiéter to worry
inquiétude *f* anxiety
(s')inscrire to register, to enroll
insensiblement gradually
(s')insérer to insert oneself
(s')installer to settle down
(s')instaurer to establish, to install one-
    self
instituteur, institutrice school teach-
    er (lower grades)
instruit well-educated, informed
(à l')insu de unknown to
intenter un procès to sue
(à l')intention de for the benefit of
interdiction *f* taboo
intéressé *m* party concerned
intimité *f* privacy
(s')intituler to be entitled
irréfléchi thoughtless, unreasonable
issu (de) born (of), descended (from)
ivrogne *m & f* drunkard

J

jadis formerly
jalon *m* mark, landmark
jeter to throw
    — de la poudre aux yeux to show
    off
    se — to flow (into)
jeu *m* gamble; game;
    — de règles set of rules
    salle de —x gambling spot
(à) jeun on an empty stomach, fast-
    ing
jouer to play
    faire — to make use of, to apply
jouet *m* toy
jour *m* day
    au grand — in the open
joug *m* yoke
joute *f* contest, joust
jumelé coupled, paired
juste just, right
    — milieu *m* happy medium

K

kilomètre *m* 1 000 meters (1 093 yards)

L

là there
    par — in that manner
laborantin *m* laboratory assistant
lâche cowardly; loose
laïc lay; neutral
lancer to start, to launch
las weary, tired
lassé weary, tired
lecture *f* reading
légende *f* caption
(à la) légère lightly
légiférer to legislate
legs *m* legacy
léser to wrong, to hurt
(à la) lettre literally
levier *m* lever
    — de commande important posi-
    tion
liaison *f* love affair
lien *m* bond, tie
lieu *m* place
    en dernier — finally
    en second — secondly
    — commun platitude
    —x d'aisance public toilets
limogeage *m* dismissal
limoger (*fam*) to dismiss; to demote
lisière *f* limit, border, edge
litige *m* litigation
littoral *m* shore, coastline
livrer to hand out, to deliver
livret *m* booklet
    — militaire military papers
local *m* quarters, premises
lointain distant, remote
long long
    en dire — to say a lot
    tout au — all along
(à la) longue in the long run
longuement at length
lors then
    dès — que since
    — de at the time of
louche suspicious, sly
louer to hire; to praise

loup *m* wolf
— **-garou** werewolf; bogeyman
loyer *m* rent
lubrifiant *m* lubricant
lueur *f* glimmer
luire to shine
lunettes *fpl* glasses, spectacles

M

maçon *m* mason
magistral professorial
magistrature *f* body of magistrates
maillon *m* link
main-d'œuvre *f* labor, labor force
maire *m* mayor
mairie *f* town hall
maïs *m* corn
maîtriser to dominate, to conquer
majeur of age
majuscule *f* capital letter
mal *m* evil
avoir du — to have difficulty, trouble
pas — **de** a good deal of
maladif unhealthy, morbid
malentendu *m* misunderstanding
malheur à woe to
malin shrewd
mandat *m* term of office; money order
— **d'arrêt** warrant
manœuvre *m* unskilled laborer
manque *m* lack
manquer to fail
manuel *m* textbook
maquis *m* underground forces
marchander to bargain
marche *f* step
— **à suivre** steps to take
— **au bord de l'abîme** brinkmanship
marché *m* market; business deal
marcher to walk; to work, to function
faire — to operate, to run
marécage *m* swamp
marital marital
autorisation —**e** husband's permission
marquant outstanding, striking, conspicuous
marraine *f* godmother

Maternelle *f* preschool class, nursery school
matière *f* subject matter
— **première** raw material
table des —**s** table of contents
matinée *f* morning
faire la grasse — to sleep late
mécontentement *m* dissatisfaction
médaillon *m* inset
médisance *f* slander
méfait *m* misdeed, crime
(se) méfier (de) to distrust, to guard oneself (against)
(se) mêler (de) to get involved (in), to interfere (with)
(à) même right on, directly
être — **de** to be able to
ménage *m* couple; household
travaux du — household chores
ménager to spare
ménager *adj* household
travaux —**s** household chores
meneur *m* leader
mentir *m* to lie
menuiserie *f* woodwork
mépris *m* scorn
merde *f (vulg)* shit
(à) merveille marvelously
mésentente *f* misunderstanding
mesquinerie *f* pettiness, shabbiness, meanness
mesure *f* measure, gauge
à — **que** as
faite de — without excess of any kind
outre — excessively
métier *m* trade; craft; profession
— **à tisser** loom
(se) mettre en peine to trouble oneself
meublé furnished
meurtre *m* murder
meurtri hurt
milieu *m* middle; environment
juste — happy medium
minerai *m* ore
minier pertaining to mines
ministère *m* ministry
— **public** prosecuting magistrate
minutie *f* minute care
mise *f* putting, placing
— **au point** clarification
— **en application** execution, implementation

miséreux destitute
mixte coeducational; dual
mode *m* type; *f* fashion
mœurs *fpl* manners, customs
(à) moins que unless
moisson *f* harvest
mondial worldwide
  guerre —e world war
moniteur *m* adviser, camp counselor
montant *m* amount
morcellement *m* parceling (of land)
moule *m* mold
mouler to shape, to mold
moult (*arch*) much, many
moutonnier sheepish
mouvoir to move
moyen *m* means, way
moyen average
  l'homme — the man in the street
mû moved
muraille *f* wall

N

naguère recently, not long ago
naissance *f* birth
  prendre — to come into the world
natalité *f* birth rate
naufrage *m* shipwreck; catastrophe
néant *m* nothingness
nécessiteux needy
néfaste harmful
nier to deny
niveau *m* level
noce *f* wedding; spree, binge
nombre de many
non-lieu *m* dismissal of a charge due to insufficient grounds for prosecution
nourriture *f* food
noyau *m* nucleus, pit (of a fruit)
noyé drowned, lost
nuire to harm

O

obéissance *f* obedience
obligation *f* (bank) bond
occurrence *f* event
  en l'— in this case
œuvre *f* work
  à l'— at work, in action
  bonnes —s charity, good works

mettre en — to carry out, to implement
office *m* charge
oiseau *m* bird
  à vol d'— as the crow flies
ombrageux shy; easily offended
ordinateur *m* computer
ordonné in order, in good order
organisme *m* agency
orgueil *m* haughtiness, pride
originaire (de) originally from
ostensoir *m* monstrance
oubli *m* oblivion
outil *m* tool
outre beyond
  en — in addition to, besides
  — mesure excessively
outrepasser to exceed

P

(à la) page up-to-date, well-informed
pair *m* peer, equal
  de — together
paisiblement peacefully
palissade *f* fence
pancarte *f* sign, board
panier *m* basket; box, crate
panne *f* breakdown
  être en — to have a breakdown
paperasserie *f* red tape
par by
  de — by reason of, by
  — -ci — -là here and there
  — -dessus above
parcourir to cover (distance or time)
paria *m* outcast
paritaire equally representative of employers and employees
parjure *m* perjury
paroisse *f* parish
parquet *m* prosecution magistrates
parrain *m* godfather
part *f* share; part
  à — except; aside
  de la — **de** from
  d'une — ... d'autre — on the one hand . . . on the other hand
  quelque — somewhere
partage *m* division, sharing
particulier *m* individual
partie *f* part; game
  faire — **de** to belong to
(à) partir de from

partisan favorable
pas *m* step
  céder le — à to give way to
passage *m* passage, corridor
  — à tabac third degree
passant *m* passer-by
(se) passer de to do without
patrimoine *m* inheritance
patron *m* boss
patronat *m* management, employers
patte *f* paw
  à quatre —s on all fours
paysage *m* scenery, landscape
péché *m* sin
peine *f* trouble, difficulty
  à — hardly
  — capitale capital punishment
  se mettre en — to worry
(se) pencher to lean
pénible painful, hard
pensionnat *m* boarding school
pente *f* slope
pénurie *f* shortage
pépinière *f* nursery; hotbed
percepteur *m* tax collector
périmé outdated
personne *f* person
  grande — adult
peste *f* plague
pétrin *m* mess
phénomène *m* (*fam*) smart guy
pièce à conviction *f* (courtroom) exhibit
piéton *m* pedestrian
pieuvre *f* octopus
piment *m* incentive; attraction, appeal
pinceau *m* paint brush
piquet *m* stake, peg, picket
  au — standing (like a stick) in the corner of a classroom
placement *m* investment
place *f* public square; room; place
  en — in service, in power
  sur — on the spot
placer to invest; to place
plaidoirie *f* pleading; counsel's speech
(se) plaire (à) to like, to be happy (about)
plan *m* outline; planning; field, realm; level; map
  arrière- — background
  poste de premier — very important position
planer to glide
planification *f* (economic) planning

(en) plein right in the midst
poêle *m* stove
point *m* mark, point
  faire le — to determine where one stands
pointillé dotted
  en — dotted (line)
polonais Polish
port *m* wearing
porté (à) inclined (to, toward)
potinage *m* gossip
poudre *f* powder
  jeter de la — aux yeux to show off
  — à cannon gunpowder
poulailler *m* hen-house
poule *f* hen
  — au pot boiled fowl (for Sunday dinner)
pourri rotten
poursuite *f* prosecution
pourtour *m* periphery
pourvoir to provide, to take care (of)
pourvu (de) endowed (with), provided (with)
poutre *f* beam
pouvoir *m* power
  —s publics authorities, government
préau *m* covered playground
préconiser to advocate
prédication *f* preaching
préjugé *m* prejudice
prélever to raise; to deduct, to appropriate
(s'y) prendre to go about it
préposé à in charge of
près near
  à peu de choses — almost, nearly
(en) présence face to face
pression *f* pressure
prestation *f* benefit
prêt *m* loan
prétendre to claim
prévaloir to prevail
prévenu *m* accused
prévenu forewarned
prévisionnel anticipated
prime *f* bonus
prise *f* taking
  — de conscience realization
privé private
  à titre — as an individual
  en — in private, privately
prix *m* price; prize
  à tout — at all cost
  — de revient net cost

procès *m* lawsuit
  intenter un — to sue
  — -verbal police report
prochain *m* neighbor
procureur *m* prosecuting attorney
profane lay, secular
proie *f* prey
projet *m* plan
  — de loi bill
prôner to extol, to preach
propos *m* topic
propriété *f* property, estate
protestataire *m & f* plaintiff, complainant
provenir (de) to result (from)
provisoire temporary
(grand) public general public
pudeur *f* shame, reserve, modesty
puissance *f* power
  en — potentially
  — paternelle paternal authority
puits *m* (water) well
pupitre *m* desk

Q

quadriller to divide into squares
quartier *m* neighborhood
(en) quête (de) in search (of), in quest (of)
queue *f* tail
  faire la — to stand in line
quiconque anyone
quotidien *m* daily (newspaper)

R

raboter to plane (wood), to level (land)
radiodiffuser to broadcast
rage *f* rabies
  faire — to rage
ramage *m* voice, singing
rampe *f* handrail
rang *m* rank
  rentrer dans le — to return to one's place
(se) ranger to fit
rapport *m* relationship; report
rapporter to tell (on someone)
  se — to refer; to compare

rapprocher to bring together; to compare
(se) rattacher to be connected
rayon *m* shelf
  — d'action zone of influence
réagir to react
réalisation *f* achievement
réaliser to achieve, to accomplish
rebord *m* sill
rebut *m* rubbish, scrap
  mettre au — to throw aside
recensement *m* census
recenser to take a census
recoin *m* corner
recourir to have recourse
récréation *f* recess (in school)
recru worn out
recul *m* regression, step backward
reculé remote
rédaction *f* writing; editing
redevance *f* bill
rédiger to write up; to edit, to publish
redoutable dreadful
redouter to fear, to dread
redressé straightened up
refonte *f* remolding
refoulement *m* frustration
réfractaire opposed; rebellious
regarder to look at; to be one's business, to concern
régime *m* regime; management, administration
  — matrimonial marriage laws
registre *m* book, register, record
règlement *m* regulation, rule
rejeter to exclude, to discard
relâche *f* respite
  sans — unceasingly
relever (de) to belong (to)
  se — to rise again, recover
religieuse *f* nun
rembourré padded
remettre to put back, to replace
  — sur pied to put back in shape
remonter to go back; to go up; to raise
rempart *m* city wall
remporter to win
rendre to make
  se — compte to realize
renier to repudiate, to disavow
renouveau *m* renewal

renouveler to renew
  se — to come again and again
rentable profitable
rente *f* yearly income
rentier *m* holder of an annuity
rentrée *f* return; reopening, start of a
  new term
renversement *m* overthrow
renvoi *m* dismissal
réparateur *m* repairman
(se) répartir to be distributed
répartition *f* distribution
repas *m* meal
repassage *m* ironing
(se) répercuter to resound, to echo
repère *m* reference
  point de — landmark
repos *m* rest
  de tout — quite safe
réprimer to repress
réprouver to disapprove, to condemn
réseau *m* network
ressentir to feel
ressort *m* jurisdiction, scope
  être du — de to concern, to be
  concerned
ressortir to stand out
  faire — to stress
reste *m* rest, remnant
restreint limited
résumer to sum up
rétablissement *m* restoration
retirer to draw; to withdraw; to obtain
retombée *f* fall, falling
  — nucléaire nuclear fallout
retomber to fall back
retrait *m* withdrawal
  en — recessed, in the background
retraite *f* retirement
rêve *m* dream
  — éveillé daydream
revenir to be due
  — à to amount to
revenu *m* income
rêver to dream
rêverie *f* musing, dreaming
(prix de) revient *m* net cost
rigueur *f* strictness, severity
  à la — if need be
  de — compulsory
risible comical, ridiculous
romancier *m* novelist

romanichel *m* gypsy
rompre to break
rond-de-cuir *m* (*fam*) civil servant
ronéotypé mimeographed
ronger to gnaw, to nibble
roseau *m* reed
rosée *f* dew
rouage *m* machinery
rougeole *f* measles
rouler to ride, to travel
royaume *m* kingdom
ruban *m* ribbon
rubrique *f* heading; newspaper col-
  umn *or* section
ruche *f* beehive
ruisseau *m* stream; gutter
rupture *f* break, quick change

S

sablonneux sandy
saboter to sabotage
sabotier *m* maker of wooden shoes
sadique sadistic
saisir to understand, to grasp
saisonnier seasonal
sale nasty
saleté *f* dirtiness, dirt
salle *f* room
  — de jeux gambling spot
sanglier *m* wild boar
sauf except
(à) savoir to wit
savoureux tasty
sceau *m* seal
scolaire (pertaining to) school, scho-
  lastic
scolarité *f* school attendance
  frais de — tuition
secouer to shake
secours *m* help
  voie de — *f* emergency route
selle *f* saddle
  aller à la — to have a bowel movement
semoncer to scold
sens *m* meaning; direction; sense
  — unique one-way
sensible sensitive; appreciable
sensiblement considerably
série *m* series
  production en — mass production

sérieux serious
  prendre au — to take seriously
serré dense, thick
serment *m* oath
  prêter — to take an oath
serrer to clasp
  — la main to shake hands
serviteur *m* servant
seuil *m* threshold
sevrage *m* weaning
siège *m* seat
  — social head office
siéger to sit; to reside
signalement *m* description (of a man), particulars
sillon *m* furrow
simpliste oversimplified
sis located
soi-disant so-called
soierie *f* silk-goods
soigné neat
soigneusement carefully
solide strong, powerful
somme *f* sum
  en — in short, on the whole
sondage *m* sounding, probing
  — d'opinion public opinion poll
sonnerie *f* ringing of bells
sonnette *f* small bell
sorte *f* sort, kind
  en quelque — somewhat
sortie *f* party, «date» ; exit
  porte de — way out
soubassement *m* basis, understructure
souche *f* stump (of a tree)
  faire — to start a family
soucieux worried; finicky
souffle *m* breath
soufre *m* sulfur
  sentir le — to be hellbound
souhaitable desirable
souillé polluted
soulager to relieve
souligner to emphasize
souplesse *f* flexibility
sourcil *m* eyebrow
  froncer les —s to frown
sourciller to frown
  sans — without batting an eyelid, without the slightest hesitation
sous-officier *m* noncommissionned officer
soutenir to uphold; to assist
soyeux *m* silk manufacturer

spirituel intellectual; spiritual; witty
sportif *m* sportsman
stage *m* probationary period
stagiaire *m & f* probationer, trainee
statuer to decree, to enact
store *m* (window)shade
stupéfiant *m* narcotic
subir to undergo, to experience
subventionner to subsidize
succession *f* succession, series
  droits de — inheritance taxes
sueur *f* perspiration
suite *f* sequel; following
  ne pas avoir de — to have no consequence
  par — consequently
  par la — later on
  par — de on account of
suivant according to
superficie *f* area
supportable bearable
surcharger to overload
surgir to surge, to appear
surmonter to dominate, to conquer
surnommer to nickname
surprendre to overhear (a conversation)
sursis *m* deferment, postponement
survenir to befall, to happen
survivant *m* survivor
sus (*arch*) on, upon
susceptible apt, likely
susciter to bring about
sympathique likable
syndical pertaining to labor unions
syndicat *m* labor union

T

tabac *m* tobacco
  passage à — third degree
tant so much, such
  en — que as
  — bien que mal more or less
  — que as long as
tapissier *m* upholsterer; interior decorator
(se) tasser to settle
taudis *m* slum
taux *m* rate
tel such
  un — so and so
témoigner to attest, to testify

(à) tempérament on the instalment plan

tendre to aim (at); to stretch

tendu tense; outstretched

tenir (à) to be anxious (to); to insist (upon)

tentative *f* attempt

terme *m* term
    prêter à long — to make a long-term loan

terrain *m* ground; lot
    — vague vacant lot

terre *f* earth, land
    — à — down-to-earth

terrestre earthy

tesson de bouteille broken glass

testament *m* will

(en) tête foremost, leading

tétée *f* breast feeding

tiers third

timbre *m* bell; stamp
    — -poste postage stamp

tiré-à-part offprint, separate reprint

tirer to obtain, to extract; to shoot; to publish, to print
    se — d'affaire to come out, to get out
    — parti to benefit

tisser to weave
    métier à — loom

titre *m* title
    à — de as, for
    à — privé privately

titulaire *m &f* incumbent; holder of tenure

titulariser to grant tenure to

(au) total altogether

tour *m* turn
    faire demi- — to turn around

tourner to turn; to turn sour
    — mal to take a bad turn

tournure *f* course, direction
    — d'esprit turn of mind

tout all
    à — jamais forever
    au — début at the very beginning
    — à côté next to
    — au long all along
    — comme just as
    — d'abord at the very outset
    — -petit *m* very small child

train *m* pace, rate
    — de vie way of life

trait *m* feature, characteristic

avoir — à to concern

traitable manageable

traitement *m* treatment; salary
    toucher un — to receive a salary

traiter to deal; to call

trame *f* course; progress; woof
    — de l'histoire course of history

tranquille calm
    laisser — to leave alone

travaux *mpl* works, labors
    — pratiques applied exercises

travers *m* wrong direction
    tomber dans les — to go astray

trébucher to stumble

tremplin *m* springboard

tricheur *m* cheater

trou *m* hole
    boire comme un — to drink like a fish

tutelle *f* guardianship, trusteeship

tuteur *m* guardian

(se) tutoyer to address as *tu*

U

usine *m* factory

V

vaisseau *m* ship, vessel

valable valid

vanter to praise
    se — to boast

veille *f* day before; eve

vendange *f* grape harvest

vendu (à) bought out by

vent *m* wind
    avoir — (de) to hear (about)

vente *f* sale
    — à tempérament sale on the instalment plan

vergogne *f* shame

véridiquement truthfully

verser to pour; to pay

vertement sharply, harshly

vestimentaire (pertaining to) clothes

(se) vêtir to dress

vétuste antiquated

vierge *f* virgin

vigne *f* vine

vigneron *m* winegrower

vignoble *m* vineyard

(en) **vigueur** in force
villageois *m* villager
ville d'eau spa
vinicole wine-growing
viser to aim
viticulteur *m* winegrower
vitrail *m* stained glass window
vitrine *f* show window, display case
vivant living, lively
    langue —e modern language
voie *f* way; itinerary, route
    en — de about to, on the way to, in the process of
    — de secours emergency route

voire indeed
voisinage *m* neighborhood
vol *m* theft; flight
    à — d'oiseau as the crow flies
voler to steal; to fly
volet *m* shutter
vraisemblablement likely

Z

zone *f* zone
    — rouge Communist suburbs of Paris